普通高等院校国际化与创新型人才培养·现代经济学专业课程"十三五"规划系列教材

- **主 任**

  张建华

- **副主任**

  欧阳红兵　江洪洋

- **委 员**（以姓氏拼音为序）

  崔金涛　范红忠　方齐云　刘海云　钱雪松　宋德勇

  孙焱林　唐齐鸣　王少平　徐长生　杨继生　张卫东

普通高等院校国际化与创新型人才培养
现代经济学专业课程"十三五"规划系列教材

投资银行学

Investment Banking

周少甫◎编著

华中科技大学出版社
http://www.hustp.com
中国·武汉

内 容 提 要

投资银行学是金融专业本科教育的一门基本理论与基本业务知识相结合的核心课程。在当前经济新常态的宏观大背景下,我国的投资银行的业务种类逐渐丰富,需要培养更多投资银行专业人才来促进行业发展。本教材将以现代投资银行的业务运作实践为基本素材,全面覆盖了投资银行的最新内容及其发展:阐述投资银行的功能、业务、组织结构和投资银行业的监管,系统介绍投资银行业务的基本原理、运作机制和管理方法,探讨我国投资银行业发展的基本理论与实际问题,最后还从职业道德的角度分析了投资银行从业人员的诚信建设的必要性。本书可作为高等院校经济、管理和金融相关专业本科以上教学用书,也可作为金融机构从业人员的参考用书。

图书在版编目(CIP)数据

投资银行学/周少甫编著. —武汉:华中科技大学出版社,2019.9(2022.7重印)
普通高等院校国际化与创新型人才培养·现代经济学专业课程"十三五"规划系列教材
ISBN 978-7-5680-5675-5

Ⅰ.①投… Ⅱ.①周… Ⅲ.①投资银行-经济理论-高等学校-教材 Ⅳ.①F830.33

中国版本图书馆 CIP 数据核字(2019)第 204029 号

投资银行学 周少甫 编著
Touzi Yinhang Xue

策划编辑:周晓方 陈培斌
责任编辑:苏克超
封面设计:原色设计
责任校对:刘 竣
责任监印:周治超

出版发行:华中科技大学出版社(中国·武汉) 电话:(027)81321913
　　　　　武汉市东湖新技术开发区华工科技园　邮编:430223
录　　排:华中科技大学惠友文印中心
印　　刷:武汉市籍缘印刷厂
开　　本:787mm×1092mm 1/16
印　　张:23.25 插页:2
字　　数:548 千字
版　　次:2022 年 7 月第 1 版第 2 次印刷
定　　价:68.00 元

本书若有印装质量问题,请向出版社营销中心调换
全国免费服务热线:400-6679-118 竭诚为您服务
版权所有 侵权必究

总序

习近平总书记在全国高校思想政治工作会议上指出,要坚持把立德树人作为中心环节,把思想政治工作贯穿教育教学全过程,实现全程育人、全方位育人。根据这一要求,对于致力于世界一流大学和一流学科建设的中国高校来说,其根本任务就是贯彻落实立德树人宗旨,全面促进一流人才培养工作。

为了体现这一宗旨,华中科技大学经济学院制定了教学与人才培养"十三五"规划。基本思路是:贯彻坚守"一流教学,一流人才"的理念,抓好人才分类培养工作,更加重视国际化与创新型拔尖人才的培养。在教学方面,立足中国实际和发展需要,参照国际一流大学经济系本科和研究生课程设置,制定先进的课程体系和培养方案,为优秀的学生提供优质的专业教育和丰富的素质教育,培养具有创新能力的领军人才。为此,我们必须推进教学的国际化、数字化、数量化、应用化,改进教学方式,大力推进研讨式、启发型教学,加强实践性环节,着力培养创新型、领导型人才;进一步推进教学内容与方式的改革,规划建设一流的现代经济学专业系列教材,构建起我们自己的中国化的高水平的教材体系(即这些教材应当具有国际前沿的理论、中国的问题和中国的素材)。与此同时,注重规范教学,提高教学质量,建设并继续增加国家级精品课程及教学团队,组织教学与课程系统改革并探索创新人才培养的新模式。此外,还要加强实践环节,广泛建立学生实习实训基地。以此培养出一批具备扎实的马克思主义理论功底、掌握现代经济学分析工具、熟悉国际国内经济实践、能够理论联系实际的高素质人才,以适应国家和社会的需要。总之,这 规划确立的主题和中心工作就是:瞄准"双一流"目标,聚焦人才培养,积极行动,着力探索国际化与创新型人才培养新方案、新模式与新途径。我们也意识到,高质量的课程是科研与教学的交汇点,没有一流的课程,"双一流"就不可能实现。因此,抓教学改革、抓教材建设,就是实施这种探索的重要体现。

那么,如何做好现代经济学专业课程系列教材编写呢?习近平总书记提出,应按照"立足中国、借鉴国外,挖掘历史、把握当代,关怀人类、面向未来"的思路,着力建设中国特色社会主义政治经济学。根据习近平总书记系列讲话精神,一是要在经济学科体系建设上,着力在继承性、民族性、原创性、时代性、系统性、专业性上下功夫。要面向未来,从教材体系建设入手,从战略层面重视教材建设,总结提炼中国经验、讲好中国故事,教育引导青年学子在为祖国、为人民立德、立言中成就自我、实现价值。要着眼未来学科建设目标,凝练学科方向,聚焦重大问题,在指导思想、学科体系、学术体系、话语体系等方面充分体现中国特色、中国风格、中国气派。二是要研究中国问题。张培刚先生开创的发展经济学植根于中国建设与发展的伟大实践,是华中科技大学经济学科的优势所在。经济学科要继承好、发扬好这个优良传统,要以我国改革发展的伟大实践为观照,从中挖掘新材料、发现新问题、提出新观点、构建新理论,瞄准国家和地方的重大战略需求,做好经济学科"中国化、时代化、大众化"这篇大文章。

编写本系列教材的思路主要体现在如下几个方面。第一,体现"教书育人"的根本使命,坚持贯彻"一流教学,一流人才"的理念,落实英才培育工程。第二,通过教材建设,集中反映经济学科前沿进展,汇聚创新的教学材料和方法,建立先进的课程体系和培养方案,培养具有创新能力的领军人才。第三,通过教材建设,推进教学内容与方式的改革,构建具备中国特色的高水平的教材体系,体现国际前沿的理论、包含中国现实的问题和具备中国特色的研究元素。第四,通过教材建设,加强师资队伍建设,向教学一线集中一流师资,起到示范和带动作用,培育课程团队。

本系列教材编写的原则主要有如下三个。第一,出精品原则。确立以"质量为主"的理念,坚持科学性与思想性相结合,致力于培育国家级和省级精品教材,出版高质量、具有特色的系列教材。坚持贯彻科学的价值观和发展理念,以正确的观点、方法揭示事物的本质规律,建立科学的知识体系。第二,重创新原则。吸收国内外最新理论研究与实践成果,特别是我国经济学领域的理论研究与实践的经验教训,力求在内容和方法上多有突破,形成特色。第三,实用性原则。教材编写坚持理论联系实际,注重联系学生的生活经验及已有的知识、能力、志趣、品德的实际,联系理论知识在实际工作和社会生活中的实际,联系本学科最新学术成果的实际,通过理论知识的学习和专题研究,培养学生独立分析问题和解决问题的能力。编写的教材既要具有较高学术价值,又要具有推广和广泛应用的空间,能为更多高校采用。

本系列教材编写的规范要求如下。第一,政治规范。必须符合党和国家的大政方针,务必与国家现行政策保持一致,不能有政治错误,不涉及有关宗教、民族和国际性敏感问题的表述。第二,学术规范。教材并非学术专著,对于学术界有争议的学术观点慎重对待,应以目前通行说法为主。注意避免在知识产权方面存在纠纷。第三,表述规范。教材编写坚持通俗易懂、亲近读者的文风,尽量避免过于抽象的理论阐述,使用鲜活的案例和表达方式。

本系列教材的定位与特色如下。第一,促进国际化与本土化融合。将国际上先进的经济学理论和教学体系与国内有特色的经济实践充分结合,在中国具体国情和社会现实的基础上,体现本土化特色。第二,加强中国元素与案例分析。通过对大量典型的、成熟的案例的分析、研讨、模拟训练,帮助学生拓展眼界、积累经验,培养学生独立分析问题、解决问题、动手操作等能力。第三,内容上力求突破与创新。结合学科最新进展,针对已出版教材的不足之处,结合当前学生在学习和实践中存在的困难、急需解决的问题,积极寻求内容上的突破与创新。第四,注重教学上的衔接与配套。与经济学院引进版核心课程教材内容配套,成为学生学习经济学类核心课程必备的教学参考书。

根据总体部署,我们计划,在"十三五"期间,本系列教材按照四大板块进行规划和构架。第一板块:经济学基本原理与方法。包括政治经济学、经济思想史、经济学原理、微观经济学、宏观经济学、计量经济学、国际经济学、发展经济学、中国经济改革与发展、现代管理学等。第二板块:经济学重要分支领域。包括国际贸易、国际金融、产业经济学、劳动经济学、财政学、区域经济学、资源环境经济学等。第三板块:交叉应用与新兴领域。包括幸福经济学、结构金融学、金融工程、市场营销、电子商务、国际商务等。第四板块:创新实践与案例教学。包括各类经济实践和案例应用,如开发性金融、货币银行学案例、公司金融案例、MATLAB与量化投资、国际贸易实务等。当然,在实际执行中,可能会根据情况变化适当进行调整。

本系列教材建设是一项巨大的系统工程,不少工作是尝试性的,无论是编写系列教材的总体构架和框架设计,还是具体课程的挑选,以及内容取舍和体例安排,它们是否恰当,仍有待广大读者来评判和检验。期待大家提出宝贵的意见和建议。

华中科技大学经济学院院长,教授、博士生导师

张建华

2017 年 7 月

投资银行是证券和股份公司制度发展到特定阶段的产物,是发达证券市场和成熟金融体系的主要主体,在现代社会经济发展中发挥着沟通资金供求、构造证券市场、推动企业并购、促进产业集中和规模经济形成、优化资源配置等重要作用。经过近百年的发展,现代投资银行已经突破了证券发行与承销、证券交易经纪、证券私募发行等传统业务框架,企业并购、项目融资、风险投资、金融衍生品交易、资产证券化、资产管理等都已经成为投资银行的核心业务组成。在中国,经过30多年的发展,已经形成了一批制度完善、规模较大、高素质专业人才众多的投资银行,这些投资银行为中国资本市场发展做出了巨大贡献。

本书共分十三章,从理论到实践详细阐述了现代投资银行业务的最新发展。第一部分介绍投资银行的基本概念、发展历史与发展趋势。第二部分介绍投资银行的传统核心业务,也是投资银行在一级市场上的业务——股票和债券的发行和承销。第三部分介绍投资银行在二级市场上的延伸性业务,包括并购、项目融资、风险投资等。第四部分介绍投资银行创新性业务,涵盖投资银行的金融衍生品交易、资产证券化、资产管理等。在系统丰富地介绍投资银行的业务后,从投资银行的内部管理与外部监管两个方面对投资银行风险控制进行了详细而深入的探讨,最后从从业人员的职业道德方面分析了其对投资银行经营与管理的重要性。本书所涉及的投资银行业务与经营管理的章节,均按相关内容的基本原理到具体操作的逻辑安排,使读者易于理解与记忆,并做到理论与实际相结合。

本教材力图突出以下特色:一是建立系统理论框架;二是加入丰富的投资银行业实践(案例)和最新的行业数据;三是引入现行的政策法规,选取证监会最近几年的新政策在书中给出解读,法规信息与时俱进;四是有别于其他教材,教材中列举了大量的案例,并对案例进行了分析以便读者学习、了解;五是教材中列举了很多证券市场上的违法犯罪的事实,并针对这些事实,查找证券市场法律法规的漏洞并给出完善方法。

值得特别指出的是,本书的写作参阅了国内外大量的研究资料,在此向本书参考的所有文献的作者致以谢意!

在本书编写过程中,周少甫负责编写大纲的拟定统筹和全书编写;硕士生黄应裴、张杰夫、王文畅对有关章节进行了整理,并分别对第四、五、六、八章,第一、二、三、十一章,第七、九、十、十二、十三章进行了修改,增添了案例分析及案例启示;硕士生龙威协助周少甫教授根据审稿人的意见对初稿进行了全面细致的修改、调整与补充。

作者

2019 年 6 月

目录 Contents

第一章 投资银行概述 /1

第一节 投资银行的界定 /1
第二节 投资银行的起源与发展 /10
第三节 投资银行的主要业务 /15

第二章 股票市场及其发行 /18

第一节 股票概述 /18
第二节 股票发行制度及其变迁 /21
第三节 股票发行与股票承销 /28

第三章 债券市场及其发行 /38

第一节 债券基础 /38
第二节 美国债券市场及其发行 /52
第三节 中国债券市场及其发行 /55
第四节 2016年国内债券市场新规 /62

第四章 证券交易 /64

第一节 证券交易基础 /64
第二节 我国证券交易市场 /75
第三节 投资银行的经纪业务 /77
第四节 自营业务 /89
第五节 做市商业务 /94
第六节 证券交易新规 /97

/102　第五章　企业兼并与收购

/102　第一节　并购概述
/107　第二节　并购程序和并购风险
/117　第三节　投资银行的作用和报酬
/119　第四节　杠杆收购与管理层收购
/126　第五节　反收购策略

/134　第六章　项目融资

/134　第一节　项目融资的基本概念
/141　第二节　项目融资的基本结构
/150　第三节　项目融资的具体操作

/155　第七章　风险投资

/155　第一节　风险投资概述
/166　第二节　投资银行的风险投资业务

/173　第八章　资产证券化

/173　第一节　资产证券化概述
/179　第二节　资产证券化的基本流程
/185　第三节　资产证券化产品
/188　第四节　我国资产证券化市场

/199　第九章　金融工程

/199　第一节　金融工程概述
/204　第二节　期货
/209　第三节　期权
/212　第四节　互换

/216　第十章　资产管理

/216　第一节　资产管理概述
/228　第二节　证券公司资产管理业务

第十一章 投资银行的管理 /246

第一节 投资银行的组织结构 /246
第二节 投资银行的经营战略 /255
第三节 投资银行的风险管理 /261

第十二章 投资银行监管 /283

第一节 投资银行监管概述 /283
第二节 金融监管体制 /287
第三节 投资银行监管内容 /297

第十三章 投资银行职业道德分析 /315

第一节 道德与职业道德 /315
第二节 投资银行职业道德的内涵和具体要求 /317
第三节 投资银行职业道德的核心 /318
第四节 加强我国投资银行职业道德建设 /320

附录A 中国证券市场主要历史事件(1983—2017) /324

附录B 证券分析师执业行为准则 /350

附录C 证券期货经营机构及其工作人员廉洁从业规定(征求意见稿) /352

参考文献 /356

第一章 投资银行概述

第一节 投资银行的界定

一、投资银行的基本概念

(一) 投资银行的定义

何为投资银行？这个问题听起来似乎简单，要确切回答却十分困难。迄今为止，中外理论界对投资银行仍然没有一个规范统一的定义和概念解释。最早出现与"投资银行"概念相关的称谓，是20世纪40年代末美国成立的投资银行家协会。随着投资银行的发展，其业务范围不断拓展，人们已无法从其字面上去解释其自身的含义。要了解投资银行，必须从它的业务范围入手，即通过考察它的外延来导出它的内涵。

根据美国著名投资银行学专家罗伯特·库恩(Robert Kuhn)在20世纪50年代所著的《投资银行学》中所给的定义，投资银行按业务范围的大小次序，可分为以下四种定义。

(1) 最广义的定义：任何经营华尔街金融业务的金融机构，都可以称为投资银行。

(2) 次广义的定义：投资银行是从事资本市场业务的金融机构。这个定义不包括证券零售、房地产经纪、抵押贷款、保险产品等业务。

(3) 次狭义的定义：投资银行业务只限于某些资本市场活动，证券承销、企业兼并与收购是其业务重点。基金管理、风险投资、风险管理和商品交易等其他业务不包括在此定义范围内。

(4) 最狭义的定义：投资银行的业务严格限制于其最传统的业务，包括一级市场的证券承销、资本筹措和二级市场的证券经纪与自营交易业务。

罗伯特·库恩和许多经济学家认可上述第二种定义。如美国经济学家弗朗哥·莫迪利亚尼等在《资本市场：机构与工具》中指出：在金融服务业中，只为客户代理买卖证券而自身没有融资功能的公司是证券公司或经纪公司，即"投资银行有两项功能：对于需要资金的公司、美国政府机构、州和当地政府以及国外实体，投资银行帮他们获得资金；对于希望投资的投资者，投资银行充当证券买卖的经纪人和交易商"。

我国许多经济学者认为证券承销是投资银行的本质[①]，其理由如下。

（1）从各国投资银行产生的历史看，证券承销是各国投资银行的基本业务，证券承销业务的出现是各国投资银行诞生的标志。

（2）随着投资银行的发展，投资银行业务不断扩大，然而证券承销业务是投资银行各业务中最基础、最核心的一项，没有证券承销，证券发行难以顺利进行，二级市场不能及时补充新鲜血液，整个证券市场难以继续和发展，投资银行的其他业务也难以存在和发展。

（3）从事证券承销业务使投资银行和证券市场具有相互依存、相互共进的辩证关系。一方面，投资银行的形成与发展依赖证券市场的形成与发展；另一方面，投资银行在证券市场中居于核心、特殊地位，投资银行发展壮大反过来促进证券市场发展壮大。总之，投资银行、证券承销、证券市场三位一体、不可分割，这就是投资银行的本质特征。

基于此，我们认为，投资银行是在资本市场上从事证券发行、承销、交易及相关的金融创新和开发等活动，为长期资金盈余者和短缺者双方提供资金融通服务的中介性金融机构。

根据投资银行的定义和业务范围的分类，我国证券公司是次广义上的投资银行。我国证券公司的主要业务包括证券发行承销业务、证券经纪与自营业务、企业兼并与收购业务、资产管理业务、咨询业务、理财业务以及《中华人民共和国证券法》（以下简称《证券法》）规定的其他业务。

投资银行在世界各国的称谓不一致，投资银行是美国等一些国家的叫法，而其他国家还有不同的叫法，如英国称投资银行为商人银行，日本则称投资银行为证券公司。各国对投资银行叫法不相同的原因与各国投资银行的起源、发展各具特色有一定的关系。如英国称投资银行为商人银行，因为英国投资银行的前身是商人银行；日本称投资银行为证券公司，因为它的产生与发展直接依赖于日本证券市场的产生与发展。各国投资银行称谓各不相同，反映了各国投资银行业务范围各有侧重，但各国投资银行的本质是相同的。

二、投资银行的本质

大危机之前的投资银行和商业银行是混业经营的，它们之间的业务存在交叉和渗透，投资银行和商业银行的业务界限十分模糊。1929年大危机之后，为控制金融风险和金融危机给社会造成的冲击，西方国家开始加强对金融体系的监管，1933年美国颁布《格拉斯-斯蒂格尔法案》（又称《1933年银行法》），开始了投资银行和商业银行的分野。因此，我们有必要将投资银行和商业银行进行对比，以充分了解投资银行的本源和实质。

---

① 方秀丽：《投资银行国际比较研究》，厦门大学博士学位论文，2003年。

(一)本源业务不同

商业银行是提供间接融资服务的金融机构,其业务主要包括负债业务、资产业务和派生出来的表外业务。负债业务是商业银行吸收外来资金的业务,包括存款业务和借款业务,其中最主要的是存款业务。资产业务是运用其所支配资产的业务,主要包括贷款业务和投资业务两部分,核心是贷款业务,一般占商业银行总资产业务量的一半以上。资产业务和负债业务能够在资产负债表上反映出来,合成表内业务。表外业务是在表内业务的基础上,利用自身的资金、信息、人才、技术等优势发展起来的金融服务项目。可见,资金存贷业务是商业银行业务的本源和实质,其他业务则是在此基础上的延伸和扩展,商业银行在本质上是贷款银行。

对投资银行来说,其业务十分广泛,一般包括证券一级市场、二级市场、项目融资、资产管理和咨询服务等,而证券承销则是投资银行的核心业务,没有证券承销业务,证券的发行和交易就不能实现。投资银行是证券市场的主角和关键环节,而证券承销是投资银行业务的轴心,从本质上讲,投资银行就是证券承销商。

(二)融资功能上的差别

投资银行和商业银行是现代金融市场中两类最重要的中介机构,从本质上讲,它们都是资金盈余者与资金短缺者之间的中介:一方面使资金供给者能够充分利用多余资金以获取收益;另一方面又帮助资金需求者获得所需资金以求发展。从这个意义上来讲,二者的功能是相同的。

然而,在发挥金融中介作用的过程中,投资银行的运作方式与商业银行有很大的不同。商业银行是间接融资的中介,它对于资金供给者来说是资金需求者,从事负债业务。而对于资金短缺者来说又是资金供给者,从事资产业务。资金盈余者和资金供给者之间不承担任何权利与义务,其只与商业银行发生关系,债权债务和风险大小均由商业银行和筹资者承担。

投资银行是直接融资的中介。所谓直接融资,即由资金盈余者以最终贷款人的角色通过购入资金筹集者所发行的债权凭证的方式而进行的融资。投资银行可以向投资者推介发行股票或债券,也可以为投资者寻找合适的投资机会,投资银行是直接融资的中介,并不介入投资者和筹资者的权利与义务,其利益主要来自佣金。

银行中介作用如图1.1所示。

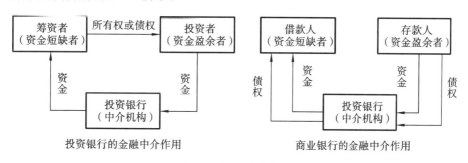

图1.1 银行中介作用

(三) 利润和来源不同

商业银行的利润来源包括三个方面：存贷款利差、资金运营收入和表外业务收入。投资银行的利润来源包括三个方面：一是佣金，佣金是投资银行主要的利润来源，包括一级市场上承销证券获取的佣金和二级市场上作为证券交易经纪收取的佣金，以及金融工具创新中收取的佣金；二是资本运营收入，它是投资银行参与债权股票、外汇以及衍生金融工具投资和资金对外融通而获取的收益，包括投资收益和其他收入；三是利息收入，包括信用交易中的利息收入和客户存入保证金的存差利息收入。

商业银行和投资银行的主要区别如表1.1所示。

表 1.1　投资银行与商业银行的区别

区别	投资银行	商业银行
本源业务	证券承销	存款、贷款
融资功能	直接融资，侧重长期融资	间接融资，侧重短期融资
活动领域	主要是资本市场	主要是货币市场
利润来源	佣金收入	存贷利差
经营方针	在风险控制的前提下，稳健与开拓并重，追求高额回报	追求安全性、盈利性和流动性的结合，坚持稳健原则
监管部门	主要是证券监管当局	主要是银行监管当局

三、投资银行的功能

1. 资金供需媒介

在资本市场中，由于初始资本配置往往并非有效，导致出现了资金盈余者和资金短缺者，资金盈余者希望能够利用手上的资金获得更大的利润，而资金短缺者则希望以最小的成本筹集到所需要的资金以谋求发展。这时需要一个专门的金融机构承担起沟通资金供求双方、帮助资金进行匹配的融资中介的角色。所以，包括投资银行和商业银行都客观地充当了这样的角色。但相对于商业银行，投资银行是一种直接的信用方式，即它可向投资者推荐介绍发行股票或债券的筹资者，也可为投资者寻找合适的投资机会。但从根本上说，投资银行不作为资金转移的媒体，并不直接与投资、筹资双方发生契约关系，而是帮助一方寻找或撮合合适的另一方，最终使双方直接接触。

投资银行完成中介作用后，一般向筹资方收取手续费而盈利，不同于商业银行以间接信用的方式，通过与筹资、投资双方分别接触签订契约，并赚取存贷利差的方式盈利。这种方式使得贷款的质量不稳定，容易产生不良贷款和坏账，使得商业银行面临巨大的违约风险和利率风险。所以商业银行严格监管其贷款的质量和期限，导致其倾向于短期信贷业务。因此，中长期资金需要者很难从商业银行获得贷款，而转投投资银行。投资银行和商业银行各司其职，以不同的方式和侧重点共同行使资金媒介的作用。

2．构造证券市场

1）构造证券一级市场

在证券发行过程中，投资银行通过咨询、承销、分销、代销、融券等方式辅助构建证券发行市场，证券发行人聘请投资银行帮助制定各券种的发行价格、发行方式、发行规模和时间后向投资者进行证券承销。一般采取包销的方式，这种方式使得投资银行承担了在证券没有全部出售时买入剩余证券以降低发性风险的包销义务。投资银行还利用自身分支机构和销售网络的优势组织一定规模的分销集团，使证券可以顺利发行。投资银行帮助构造了高效率、低成本、规范化的证券一级市场。

2）稳定二级市场

在证券交易过程中，投资银行以自营商、经纪商和做市商的身份参与其中，不仅将零星资金和证券结合起来实现了交易，同时还根据证券价格的变化，适时吞吐大量证券、收集市场信息、进行市场预测，促使证券价格围绕自身的预期价值波动，从而起到活跃并稳定市场的作用，吸引广大投资者，促进二级市场的繁荣。

3）创新金融工具

投资银行从事金融工具和投资工具的创新，本着风险控制、保持最佳流动性和追求最大利益的原则，为了满足客户需求，不断推出创新的金融工具，如期货、期权、互换等金融衍生工具。不仅有效控制了自身风险，客观上还使包括证券市场在内的各种金融市场得以在衍生工具的辅助下更加活跃，不断向纵深发展。

4）证券信息传播

投资银行通过收集资料、调查研究、介入交易、提供咨询等方式积极从事信息传播的工作，使信息更迅捷、更客观地反映在交易过程中，保障了证券市场的信息效率与信息公平。

5）提高证券市场效率

投资银行通过代理发放股息、红利、债息，代理偿还债券本金等业务，使投资者及时获取投资收益，降低运作成本，提高证券市场的整体运营效率，在一定程度上成为投资者与证券发行者沟通的重要中间环节。

3．优化资源配置

投资银行通过证券发行、投资基金管理、并购等业务，在促使资源在整个经济体系中的合理运用和有效配置方面发挥着重要作用，使得社会经济资源都能在相应的部门发挥出最佳效益，帮助整个社会达到帕累托最优。

第一，在一级市场中，投资银行将企业的经营状况和发展前景向投资者做充分的宣传，那些发展前景好、效益高的企业就很容易通过证券融资从而被投资者所接受，进而在二级市场形成被认可的交易价格。社会经济资源通过这种价格信号的导向作用进行配置，促进资金向边际产出高的企业或产业流动，限制低效率、无效部门的盲目扩张，实现社会资源的优化配置。

第二，投资银行便利了政府债券的发行，使政府可以获得足够的资金用于提供公共产品，加强基础建设，从而为经济的长远发展奠定基础。同时，政府通过买卖政府债券等方式，帮助中央银行充分利用货币政策工具调节货币流通量，进行经济资源的宏观调控，促进其稳定发展。

第三,投资银行不仅为效益良好的企业进行资金融通,还利用其媒介作用,为资信较低的企业融通资金。通过将这些企业的财务状况完全暴露在市场中,让投资者在充分了解其中的风险后谨慎投资,起到风险投资宣传的"播种机"的作用。这样既督促企业向更好的方向发展,又更加有效地利用所筹资金,有利于建立科学的激励机制与约束机制,以及产权明晰的企业制度,从而提高经济效益,促进资源合理配置。

第四,高科技产业的发展,除了要拥有创造精神和高素质人员外,资金支持也是一个非常重要的因素,而许多高科技产业在初创阶段风险很大,难以从商业银行获取贷款。而投资银行的风险投资业务从事组织制度化的创业资本运作,通过为这些企业发行股票或债券,或直接进行股本投资的方式,为高科技产业的迅速发展提供巨大的动力,促进产业的升级换代和经济结构的进步。

4. 促进产业整合

在近几年全球大规模的企业兼并和收购浪潮中,无处不见一些大的投资银行在幕后操纵的身影。自19世纪末到现在,经历了5次企业并购浪潮。在企业并购过程中,投资银行发挥了重要的功能,不仅成为各国企业兼并的主体,而且对企业实力的增强、企业兼并的产生与发展起到了推波助澜的作用。

企业兼并与收购是一个技术性很强的工作,选择合适的并购对象、合适的并购时间、合适的并购价格以及进行针对并购的合理财务安排等都需要大量的资料,专业的人才和先进的技术,这是一般企业所难以胜任的。而投资银行凭借其专业优势,依赖其广泛的信息网络、精明的战略策划、熟练的财务技巧以及对法律的精通,来完成对企业的前期调查、事物评估、方案设计、协议执行以及配套的融资安排、重组计划等诸多高难度、专业化的工作。从这种意义上说,投资银行促进了企业实力的增强、社会资本的集中和生产的社会化,最终推动了经济社会的加快发展。

四、国内外投资银行的发展模式

(一) 国外投资银行的发展模式分析

根据商业银行业和投资银行业关系紧密程度的不同,我们可将投资银行的发展模式分为三类:独立发展模式、全能附属发展模式和金融控股关系型模式。

1) 独立发展模式

该发展模式下的投资银行是指独立的、具有市场主体地位的专业性投资银行。该种发展模式下最具影响力和代表性的投资银行主要集中在美国,如美国的高盛公司、美林公司、所罗门兄弟公司、摩根士丹利公司等。与其他发展模式相比,独立模式发展的投资银行具有各自擅长的专业方向,并且具有业务集中,不用分散资金、人员等经营其他业务的特点。

2) 全能附属发展模式

投资银行的这种发展模式以完善强大的全能银行制度作为基础,全能银行设立业务分部,分别经营商业银行业务和投资银行业务。经营投资银行业务的机构不具备独立法人资格,是全能银行的附属机构。这种通过全能银行经营投资银行业务的发展模式在欧洲大陆比较盛行,包括德国、瑞士、奥地利等国,其中以德国的全能银行最具代表性。

3) 金融控股关系型模式

金融控股公司是指在同一控制权下,完全或主要在银行业、证券业、保险业中至少两个不同的金融行业提供服务的金融集团。控股公司通过母子公司这种组织结构来开展经营活动,而子公司之间属于合作伙伴关系。母、子公司控股关系法律地位的承认,在各个国家、各个时期都有所不同。一般来说,只有控股50%以上,才能取得子公司的支配权,使母公司有可能成为控股公司。如在日本、英国,控股公司或母公司是指拥有其他子公司50%以上表决权股票的公司,持10%~50%股票的公司为其关联公司;但在美国,只要取得银行子公司25%以上的发行股票,或取得对执行董事的选举具有实质性影响的支配力,就承认控股关系的法律地位;我国台湾地区也设立了与美国相似的规定。一般来说,控股在50%以上形成母公司和具有实际控股权的子公司的关系,控股在10%~50%形成母公司和关联公司的关系,控股在10%以下属于资本参加。

在这种模式下,投资银行与商业银行以及其他金融机构同属于某一金融控股公司,相互之间是合作伙伴关系,虽保持一定距离,但业务上相互支持。金融控股公司在20世纪80年代后期在世界上普遍发展起来,并迅速成为大型金融集团普遍采用的组织结构形式。从投资银行角度看,当今世界投资银行隶属的控股公司多是商业银行,即主要是大型商业银行对现存的投资银行通过兼并、收购、参股或建立自己的附属公司等手段从事商业银行及投资银行业务。金融控股发展模式的主要代表有花旗集团、摩根大通集团及瑞银集团等。

(二) 国外投资银行的发展模式优劣分析

1. 独立发展模式优劣分析

首先,独立发展投资银行普遍实行"大业务部门架构",结合适当的协调机制,使组织结构充分地扁平化、拓宽管理跨度、提高管理效率。并且,由于美林、摩根史丹利都采用独立发展模式,主要从事投资银行业务,不存在与其他金融机构如商业银行等的股权利益关系,这在一定程度上也简化了管理层组织结构,使管理层能进行简单、快速、有效的管理指挥。另外,完善的公司部门组织结构,使各部门既能各司其职、职能明确,又能在特定项目上实现资源共享,如美林的投资管理部在为机构投资者确定投资对象时,就会通过全球私人客户部的金融咨询师和其他金融中介分销产品和提供服务,并联手全球市场与投资银行部,共同进一步为机构投资者提供服务。此外,由于独立发展投资银行可以集中人力、物力等各种资源主攻擅长的专业领域,最大化利用资金、人力等稀缺资本,一方面可以在投资银行界树立具有竞争力的专业品牌,另一方面也保证了投资银行稳定的业务收入,这也是独立发展投资银行能在金融超级航母组建日成趋势的金融市场获得一席之地的重要原因。

总之,独立发展投资银行的以客户为导向的业务部门设置、大业务部门架构下扁平化的组织结构以及集中资源发展所长的做法对我国的投资银行发展具有一定的借鉴意义。

经典案例
美国分业型投资银行模式限制了本国银行的业务活动

当然,此种发展模式也有一定的弱势:由于是独立发展,投资银行无法获得其他金融机构,特别是通过股权建立利益关系的其他金融机构的有形或无形资源,如不易争取资金支持、无法取得信息共享、难以实现规模收益等,这也是独立发展投资银行在资本高度集中、产业规模化发展成大势所趋的现代金融市场中面临的主要挑战和困难。

2. 全能附属发展模式优劣分析

与独立发展投资银行相比,全能附属发展投资银行的优势具体表现为以下方面。

首先,在全能银行实行综合经营战略的情况下,客户可以在同一家金融机构享受全面的金融服务,而不用因为需要不同的金融服务再挑选其他服务机构。这对客户来说,节约了时间、费用,也避免了改变服务机构可能带来的信用风险。并且,客户可以在全能银行提供的广泛金融产品和服务中挑选最合适的一种或几种商业银行产品或投资银行产品,实现收益最大化。

其次,对于机构客户或小型、中型商户这些银行重要的客户来说,全能银行全面的金融服务也是建立更为密切银企关系的桥梁。通过多次的金融服务,全能银行与机构客户等大客户之间更容易形成稳定的业务关系,这对于目前不少投资银行机构客户收入占营业总收入一半甚至更多的独立发展投资银行来说,是无以比拟的优势。

再次,全能银行的多种业务统一的内在联系使得全能银行经营更加稳健。银行一部分的亏损可以由其他部门的盈利来补偿,通过这种补偿机制,全能银行可以形成较为稳定的营业收入。在这种情况下,全能银行附属投资银行不会因一时的亏损或资金不足等其他原因而发生经营不稳定状况,因此可以为客户提供更好的信用保证,更有利于投资银行的长期发展。

当然,全能银行附属机构的发展模式也有其不完善的地方。最突出的就是风险在全能银行内部跨部门传递、造成风险扩大的问题。作为附属业务部门,投资银行缺乏独立法人资格,在基于市场分析做出最快判断和行动方面存在缺陷。

3. 金融控股关系型模式优劣分析

与独立发展模式与全能附属发展模式相比,金融控股关系型模式下的投资银行子公司的主要优势在于以下方面。

1) 通过集团控股发挥协同优势

由于商业银行、投资银行、保险业等金融产业的经营对象都是货币资产,客户之间很大程度上的交叉性,决定了它们的业务也具有很强的关联性,这种关联性使这些金融产业的综合化经营更容易形成规模经济和范围经济。因此,建立控股公司,将商业银行业务、投资银行业务甚至保险业务纳入同一品牌,能更大范围地集中资源,实现营销网络、客户资源、经营管理等优势的共享,降低经营成本,实现更多收益。以金融控股公司模式发展起来的投资银行可以借助商业银行开发客户和销售产品,而独立发展模式下的投资银行则不具备这种优势。因此,不难理解花旗集团、摩根大通、美洲银行等不少全球顶级的商业银行同时又是全球知名的投资银行。

2）通过设立独立法人降低风险

金融控股公司的另外一个重要优势就是通过对不同金融业务设立独立法人、进行独立运作,来降低金融风险在不同业务之间进行传递,最大限度地遏制可能的风险扩散。如花旗集团利用全资控股的三大子公司分别开展不同的金融业务:花旗银行有限公司开展商业银行业务;花旗集团环球金融公司(原所罗门美邦)开展投资银行业务;旅行者保险集团国际有限公司开展保险业务(已售出)。花旗集团规定由花旗银行有限公司将客户介绍给其他两家子公司,实现客户资源共享;荷兰国际集团下分设独立法人的两个全资子公司荷兰商业银行和荷兰保险有限公司分别经营着所有商业银行业务、保险和资产管理等投资银行业务。因此,集团下各个子公司在很大程度上还是分业经营的模式,这种内部"防火墙"相比欧洲全能银行模式,在风险控制上更具优势,可以有效控制因风险扩散而带来大范围损失的发生。

3）独立自主的经营权

金融控股公司的子公司日常业务经营不受集团总部的直接干涉,集团总部只是主要负责整个集团发展战略制定、协调各子公司信息共享、优势互补等宏观工作,子公司独立核算、独立经营,控股集团通过设立审计部门和财务总监对子公司进行定期检查。如荷兰银行和瑞士银行都在控股公司层面设立了一个审计委员会,审计委员会下设企业中心,企业中心下设集团审计,负责集团日常的工作检查;花旗集团也设有独立的审计部门定期对各子公司进行检查。这种管理统一,经营独立的组织结构使金融控股公司的领导层更容易集中精力制定整个集团的战略规划与管理组织,同时投资银行子公司也获得了充分的经营决策权,避免因组织结构庞大而导致经营效率下降。因此,金融控股公司形式为当前因并购而日益庞大的金融组织提供了较为理想的组织结构形式。

虽然借助金融控股公司形式发展,从事投资银行业务的子公司能够获得协同优势增加收益、通过内部防火墙降低经营风险,以及在统筹规划发展策略的前提下获得充分的经营自主权,但是,随着部分金融控股公司规模的日益扩大、涉及的业务面日益宽广,金融控股公司也面临着不少问题。如规模过于庞大带来的有效管理和收益持续增长问题,业务运作的复杂性带来的风险问题,业务范围的多面性带来的利益冲突协调问题等。以花旗集团为例,美联储曾要求花旗集团暂停任何并购,就是因为花旗集团由于并购过于频繁而出现规模膨胀过快带来的经营管理混乱局面。事实上,花旗集团也已经对此做出了回应:2002 年 2 月,花旗出售盈利不佳的旅行者集团财产、意外险保险业务;2004 年 11 月,花旗集团向通用电气公司出售了旗下的一家卡车租赁公司,开始了出售非核心业务的行动;2005 年 2 月,花旗集团出售旅行者的人寿和年金业务,以及花旗的全部国际保险业务,完成了全部保险业务的分拆,从三业混营变成两业——商业银行与投资银行业混营;同年,花旗集团开始对投资银行部门进行改革——向 Legg Mason 出售资产管理业务,换取后者的财富管理业务。花旗集团的一系列行动似乎都透露着花旗集团整合集团

资产、缩小业务跨度、发展核心业务——消费者业务的决心。花旗集团经营战略的转变——从力求产品多样化和市场广度的横向拓展到围绕核心业务向产品和市场纵向拓展，是金融控股集团发展到一定规模时的调整和修正，也向世界其他大型金融控股公司传递了某种市场信号。投资银行依托金融控股的形式发展究竟应该定位于何种尺度，市场也将拭目以待。

（三）我国投资银行发展模式分析

一国选择独立发展模式、金融控股关系型模式还是全能附属发展模式，取决于该国的历史特点、经济环境、习惯偏好、实际情况、社会利益集团状况等方面的因素。往往一个国家在不同的历史阶段采用不同的发展模式，我国亦是如此。独立发展模式在我国的实践主要有券商的独立发展和中外合资的新建发展（如中国国际金融有限公司）等。而全能银行附属机构发展模式是指商业银行经营投资银行业务的方式，具体到我国，是指商业银行下设投资银行部的发展模式，如20世纪80年代前的四大国有商业银行纷纷经营投资银行业务。20世纪80年代后期，我国建立了统一的证券市场，从事证券业务的商业银行逐渐被各地的证券公司所取代。发展到今天，中国证券市场上传统的大小券商就形成了最简单的投资银行经营主体，商业银行也就从此退出了证券承销发行的市场。近年来金融控股公司下的投资银行作为一种创新金融组织形式，也在中国金融市场上初现雏形，且目前可分为银行控股关系型投资银行、非银行控股关系型投资银行以及国家政策性注资控股型投资银行。银行控股关系型投资银行，如1998年中国银行和中国工商银行先后在香港成立的中国国际控股有限公司和工商东亚金融控股公司，2005年中国工商银行、中国建设银行、中国交通银行分别成立的工银瑞信基金管理公司、交银施罗德基金管理有限公司和建信基金管理公司等。非银行控股关系型投资银行，如中国光大集团控股下的光大证券以及中国中信集团控股下的中信证券。国家政策性注资控股型投资银行，如由中央汇金投资有限责任公司和财政部注资70亿元的中国银河金融控股有限责任公司。

第二节 投资银行的起源与发展

一、国内外投资银行的发展历程

3000年前美索不达米亚平原的金匠为商人提供的票据兑现、各类证券抵押放贷、财务顾问等活动可以说是投资银行的原始形态。随着商品经济的发展和国际贸易的兴起，产生了商人银行，其业务范围与一般商业银行差别不大，只是其业务不断向专业化的方向发展。国际金融中心先后由荷兰的阿姆斯特丹转移到英国的伦敦。欧洲工业革命的到来，促使商人银行的业务范围扩展为帮助公司筹集股本金、进行资产管理、协助公司融资以及提供投资顾问等。20世纪以后，商人银行业务中的证券承销、证券自营、债券交易等业务的比重增大。当时世界范围内商人银行比较发达的国家包括美国、英国、德国、瑞士等。

现代投资银行是伴随着内战时期兴修铁路而出现的。为了筹集兴修铁路资金，美国政府发行了大量债券，并通过投资银行进入欧洲市场，这些债券一度成为欧洲证券市场的主要交易对象。与此同时，欧洲投资银行的地位和实力遭到削弱。此时美国著名的投资银行有摩根·塞利格曼·斯培叶·摩顿·罗斯、梅里尔林奇（即美林公司）、雷曼兄弟公司、戈德曼·萨克斯公司（即高盛公司）等。这时投资银行和商业银行的差别开始显现出来，投资银行不能通过发行货币或存款创造来增加货币供应量，而主要充当资本市场的中介，沟通资本需求者和资金供给者，并逐渐成为投资业务的专家。投资银行的规模和实力提高以后，许多投资银行家开始直接参与客户公司的经营管理，并不断控制信托公司、保险公司和商业银行，扩大自己的实力和影响从而成为金融寡头。

美国经济在第一次世界大战之后迅速发展，随着新兴企业不断崛起，债券和股票市场得到快速发展，也就是我们通常所说的美国经济进入了20世纪20年代的繁荣时期。这一时期美国商业银行和投资银行处于混业经营状态，投资银行主营证券承销和分销业务，商业银行通过其控制的投资银行从事投资银行业务。为了追求巨大的利润，商业银行将储户的资金置于证券市场的巨大风险之中，使股市泡沫加剧。美国在巨大的证券泡沫情形下，终于爆发了著名的"大危机"。股市的崩溃带来了持久和深刻的经济危机。投资银行业遭到重创，陷入萧条。1933年，美国通过了《格拉斯-斯蒂格尔法案》，目的在于重振投资银行业，在这个法案中大规模地调整了对证券投资活动的布局和渠道，制定了证券投资活动的根本原则，引起了美国银行史上深刻的变革。从此，美国投资银行与商业银行进入分业经营段。

从1934年开始，美国乃至整个世界的经济开始复苏，投资银行业也趋向活跃。当时欧洲和日本由于受战争的影响，其投资银行的发展受到严重制约。这个时期整个世界的商业银行和投资银行基本上处于分业经营状态。受战争的影响，美国国库券成为证券市场的主导；投资银行的承销方式主要以竞价承销和协议承销为主。二战后国际金融市场实行美元汇率同黄金挂钩，其他各国货币汇率同美元挂钩的汇率制度，被称为布雷顿森林体系。布雷顿森林体系垮台之前，美国金融业的格局发生了重大的变化。20世纪60年代，证券市场的复杂多变使投资银行业内部掀起了并购浪潮。在这次并购浪潮中，一流投资银行开始大量介入企业并购活动，风险套利变得流行起来。在这个时期，美国一流的投资银行进入欧洲市场，美国的商业银行也通过附属公司参加承销辛迪加和推销集团。同时关于股票交易量、各种制度以及法律法规愈发完善。随着日本经济迅速崛起，日本的投资银行业在1965年以后，短期公开市场有了很大发展，投资银行开始从事短期金融中介业务。

20世纪80年代以来，美国放松了对金融业的管制，投资银行进入了快速发展的新阶段。金融创新与金融工程兴起，出现了杠杆收购、期货、期权、互换等金融工具，使商业银行、投资银行、信托公司、储贷机构、保险公司等绕过传统的严格企业管理体制,彼此经营领域重叠,金融竞争日趋激烈。1999年美国《金融现代化法案》的通过意味着美国商业银行、投资银行、信托机构、保险公司的业务界限已不复存在,美国进入混业经营时代。与此相类似,世界其他国家也逐步进入了混业发展阶段。日本泡沫经济崩溃,使一大批著名的投资银行受到牵连;而经济发展迅猛的东南亚国家出现了一批新的投资银行,这批投资银行在经历了亚洲金融风暴后逐步走向成熟。

2007年,美国的次贷危机引发了美国投资银行业的崩溃,华尔街的五大投资银行在一夜之间崩溃。贝尔斯登、美林证券相继被收购,雷曼兄弟宣布破产,高盛宣布将成为美国第四大银行控股公司并接受美联储的监管,同时宣布成为银行控股公司的还有摩根士丹利。至此,美国投资银行进入转型期。

中国投资银行的产生以1985年深圳特区证券公司的成立为标志。中国投资银行早期从结构层次来看,基本可分三个层次:全国性投资银行、地方性投资银行、兼营性投资银行。1996年,中国规定了分业经营的模式,中国投资银行业的格局从经营机构和分布格局上出现了第一次大规模的调整。各家投资银行都在经纪、自营、投资银行三大传统业务上展开争夺;投资银行全行业盈利与亏损步调基本一致,盈亏程度基本与券商的规模成正相关。1999年7月1日《证券法》颁布实施,从法律上规定了中国金融业分业经营的模式,将其划分为综合商和经纪商,实现了银行、证券、信托与保险的分业经营,从而一批信托投资机构转变成大型的投资银行。

二、投资银行的发展趋势

20世纪90年代以后,随着证券市场的迅速发展,投资银行出现了混业化、全球化和网络化等趋势。

(一) 混业化趋势

近20多年来,随着信息技术的发展、金融领域的创新、金融管制的放开和新金融市场的开拓,传统的投资银行与商业银行的区别日渐模糊,两者之间的差别已日益缩小。

除了投资银行和商业银行本身的内在利益驱动之外,混业发展倾向的原因可归结为以下几点:

(1) 许多国家金融监管机构和有关人士认为,造成20世纪30年代"大危机"的社会条件已经不复存在。

(2) 二战之后,随着世界经济的迅速发展,许多新的金融市场被开拓出来,过去的金融法律对商业银行和投资银行在这些市场中的业务活动并没有做出限制,因此新金融市场就成了投资银行和商业银行竞逐的场所。

(3) 无论是投资银行还是商业银行,都找到了互相侵蚀对方传统业务领域的方法。

(4) 国际业务的拓展,极大地推进投资银行和商业银行的混业发展。

(二) 全球化趋势

随着世界金融一体化、全球化发展,投资银行也走出了一国界限,经营着越来越多的国际业务。回顾历史,展望未来,投资银行的全球化历程主要有以下三个阶段。

1. 萌芽阶段

在 1960 年之前,并没有形成真正意义上的投资银行国际业务。投资银行国际业务基本上依靠其在国外的代理行开展,双方之间并不存在隶属关系,只是通过协商谈判确立了一种佣金分享、互相独立、互相合作的关系。

2. 大发展阶段

20 世纪 60 年代和 70 年代,是投资银行国际业务大发展的时期。此阶段的投资银行国际业务的特点为:①世界大投资银行纷纷设立国外分支机构,从而使国际业务依靠代理行的局面得到彻底改变;②投资银行业务出现了综合化、一体化的趋势,一家投资银行开始兼营多种国际业务,不再局限于某一两项专门业务;③投资银行国际业务的发展与欧洲债券市场有非常密切的关系;④虽然投资银行和商业银行的国际业务有着明显的区别,但是由于国际金融环境相对宽松得多,所以投资银行和商业银行已经在许多国际金融市场上展开直接竞争。

3. 最终确立阶段

进入 20 世纪 80 年代以来,投资银行的国际业务取得了惊人的进展,尤其在 80 年代中后期和 90 年代,许多大投资银行都发展成为全球投资银行。这主要表现在以下几个方面。第一,全球业务网络已经建立并完善。许多投资银行已经在几乎所有国际或区域金融中心设立了分支机构,投资银行的海外分支机构遍布全球。第二,国际业务规模膨胀。在纽约、伦敦、东京、新加坡等证券市场上位居交易量前列的已不再是清一色的本国金融机构,许多海外投资银行已成为这些证券市场的重要力量。近几年来,资本的国际化使得投资银行业务不断国际化,如美林公司为世界各大公司提供经济咨询和研究服务,为世界各国政府和大公司在世界各大资本市场融资,还协助一些国家的中央银行管理外汇储备、股票、债券及其他证券交易。日本证券公司不仅办理外国投资者向本国的投资,而且办理日本发行外债的交易业务,在海外设立的营业点可谓遍布五大洲。第三,国际业务经营机构已经比较完善,全球投资银行都有了负责协调管理全球业务的组织机构,例如,摩根士丹利的国际管理和运行部,高盛公司的全球管理委员会。第四,国际金融一体化已成为现实,投资银行不仅仅在国际金融市场上经营着证券承销、代理买卖和自营等传统业务,而且在国际范围内从事兼并与收购、资产管理、财务咨询、证券清算、风险控制、资金借贷等活动,成为国际金融市场尤其是国际资本市场上的"金融百货公司"。第五,投资银行拥有大量的国外资产,在国际范围内从事资产组合管理和风险控制等。

4. 促成全球化的因素

1) 投资银行的主观要求

(1) 拓展国际业务有利于投资银行获取更多的利润来源,突破相对较狭小的国内市场限制。

(2) 通过国际网络和国际业务,投资银行可以获得更多、更迅捷、更准确的信息,从而改善对本国客户的服务质量,满足国内外客户的需要。

(3) 国际业务有利于投资银行通过国家和地区间的分散经营来降低风险。

(4) 将业务领域拓展到新兴工业国家和迅速发展的第三世界国家,投资银行可以分享这些国家经济起飞时所带来的巨大利润。

2）投资银行全球化的客观条件

（1）从20世纪70年代末起,各国相继拆除了金融壁垒,使投资银行的全球化成为可能。

（2）世界经济一体化和不平衡发展都有力地促进了投资银行全球化。

（3）国际证券业在20世纪80年代的发展是导致投资银行国际化的重要因素之一。

（4）企业需要投资银行提供全方位、一体化、多功能的服务,只有规模庞大、实力雄厚的全球投资银行才能满足其需要。

全球化在给投资银行带来巨大的利益的同时,也向投资银行提出新的要求。同样,投资银行全球化也给各国金融监管机构带来了新的挑战。

三、网络化趋势:互联网金融时代的来临

20世纪90年代初期,随着现代信息技术革命的迅速发展,互联网的日益普及和电脑的大量应用,使得证券的电子化交易方式具有高效、经济的优势已日益为世界各国主要证券市场接纳并认同,成为当今世界证券市场发展的潮流。因特网极大地影响和改变了投资银行的发行和交易业务,导致网上虚拟投资银行产生,使投资银行产生了网络化的趋势。互联网对投资银行的影响突出表现在承销发行和交易两个方面,网上发行和网上交易逐步兴起,同时也深刻影响了投资银行的管理模式。

1. 证券市场网络化

网络技术的发展,为证券市场提高效率、增加信息流通和扩大交易规模创造了机会。越来越多的市场参与者、投资银行、证券交易所、登记清算机构、证券监管机构以及其他中介机构均利用因特网拓展和从事证券业务,整个证券市场出现了网络化的趋势。

2. 承销发行网络化

网络改变了承销发行的传统作业习惯,降低了承销发行的成本和投资银行的收入,网络给投资银行带来了机遇和挑战。

3. 证券交易网络化

网络交易是互联网对证券交易影响的具体表现,它是指证券商通过互联网在市场上投资,金融当局取消了某些国内金融制度上的限制并给予税收上的优惠待遇,允许资本自由交易。证券交易的网络化主要体现为网上交易的迅猛发展。

四、中国投资银行的发展

我国投资银行是伴随着资本市场的发展而产生的。改革开放之前,中国没有资本市场,也就没有投资银行可言。20世纪80年代末,随着我国资本市场的产生和证券流通市场的开放,一批以证券公司为主要形式的投资银行产生了,并经历了较快的发展。改革开放以来,我国投资银行体制经历了以下重要发展阶段。

1. 混业经营阶段

1997年以前,中国金融业实行混业经营,银行、保险公司可以经营信托、证券等业务。此外,当时也成立了一批证券公司,独立经营证券业务,如深圳特区证券（现改为巨田证券）、华夏证券、南方证券等就是在这一时期成立的。

2. 分业经营阶段

1995年以《中华人民共和国商业银行法》的立法形式确立了我国金融业分业经营的格局。1997年底,国务院进一步强调了分业经营、分业管理的原则。与之相对应,银行业和证券业进一步明确了各自的监管主体——中国人民银行和中国证券监督管理委员会。按照分业经营原则,证券业务必须与商业银行、保险、信托业务分离,由此诞生一批金融集团下属的证券公司,如招商证券、中信证券、光大证券等就是分业经营的产物。

以上两阶段产生的证券公司可以归为传统体制下的投资银行,其经营活动是参照商业银行模式进行的,其特点是通过营业部网点开展粗放式经营,以经纪业务为主导,承销业务比重不大。

3. 现代投资银行阶段

我国真正的现代投资银行是成立于1995年的中金公司,以及2002年初成立的中银国际证券。它们是以承销、并购业务为主,与传统的证券公司经营模式有很大的不同。中金公司和中银国际证券分别为中国建设银行和中国银行下属的公司,其发展模式为银行控股公司。

4. 规范发展阶段

2001年,中国加入WTO(世界贸易组织),为应对来自国际资本市场的压力,中国投资银行再一次掀起了增资扩股浪潮。

通过以上分析,我国投资银行发展模式可划分为三类:第一类是独立发展模式,目前大部分证券公司属于这种模式;第二类是金融控股公司关系型发展模式,包括金融集团下属的证券公司;第三类是银行控股公司关系型发展模式,中金公司、中银证券属于此种模式。

第三节 投资银行的主要业务

一、传统业务

(1) 证券承销(Securities Underwriting):一级市场(Primary Market)上股权和债权的购买和销售,这是投资银行的本源业务和传统核心业务。在直接融资的资本市场中,投资银行的承销活动使筹资活动高效、正规、快速进行。投资银行承销的范围很广,不仅承销本国中央政府及地方政府、政府部门发行的债券,各种企业发行的债券和股票,外国政府与外国公司发行的证券,甚至还承销国际金融机构,如世界银行、亚洲发展银行等发行的证券。

(2) 证券经纪(Broker)：投资银行在二级市场(Secondary Market)上代客户买卖证券，不承担买卖风险，属于经纪业务。作为经纪人，投资银行充当客户的委托代理人，接受客户指令，促成客户的买入和卖出交易。其自身不拥有证券，在价格变更或利率变动时不承担风险，收益来自委托佣金。

(3) 自营买卖(Dealer)：以自有资金买卖证券，自担风险，属于投资业务。作为自营商，投资银行自己拥有证券，参与证券投资。由于投资银行管理受客户委托的大量资产，加之其自身拥有的资产，可通过证券组合投资获取投资收益，但同时承担价格风险。

二、创新业务

(1) 并购顾问(M&A Adviser)：协助企业进行兼并、收购等股权重组活动。并购顾问业务被称为投资银行的现代核心业务。

(2) 基金管理(Fund Management)：投资银行参与基金的发起、销售、管理和运作，是基金业务的最重要当事人。

(3) 资产管理(Asset Management)：受托管理养老金、退休金、保险资金等资产，谋求保值增值。

(4) 资产证券化(Asset Securitization)：把流动性不强的各单笔贷款和债务工具包装成流动性很强的证券的过程，提供设计、证券发行、承销、现金管理等服务。

(5) 理财业务(Financial Management)：投资银行受客户委托管理公司资产，根据协议管理、运用受托资金，并获得相应报酬，具有信托业务性质。

(6) 风险投资(Venture Capital, VC)：投资银行对无法通过传统渠道融资的风险企业进行中长期股权投资，为风险企业提供资金、管理、技术，然后在适当的时候将投资变现退出。

综合案例
高盛集团

(7) 项目融资(Project Finance)：投资银行作为融资顾问，设计以项目资产为基础的融资方式，并在一定程度上参与融资。

(8) 私募发行(Private Placement)：私募发行通常是由发行企业直接发行，一般不采用投资银行承销方式，但投资银行可在私募市场上协助企业筹资，设计融资结构、起草私募计划、寻找潜在投资者。

综合案例
中信证券

(9) 咨询服务(Consultation)：为客户提供财务、融资、项目决策、战略规划等方面的意见和建议，收取咨询费。

(10) 金融工程(Financial Engineering)：投资银行通过开发、设计、运用金融衍生工具，为客户避险或赢利寻找机会。

（1）投资银行是在资本市场上从事证券发行、承销、交易及相关的金融创新和开发等活动，为长期资金盈余者和短缺者双方提供资金融通服务的中介性金融机构。

（2）投资银行主要经营的业务涵盖所有资本市场的活动，包括股票和债券的承销、交易、私募、兼并与收购、基金管理、金融衍生、咨询服务、公司理财等业务。

（3）随着经济形势的发展，现代投资银行和商业银行的区别越来越模糊，但是两者的本源业务差别仍然是很明显的。

（4）现代投资银行作用的核心是作为资金需求者和资金供应者相互结合的中介，以最低成本实现资金所有权与资金使用权的分离。

第二章 股票市场及其发行

第一节 股票概述

一、股票的定义

股票作为一种有价证券,是指股份有限公司为筹集权益性资金而发行的权益凭证,是股东入股并取得股息和红利的书面凭证。股东的权益表现在对利润和资产的分配上,股东具有索取公司对债务还本付息后的剩余收益的权利,即剩余索取权;同时股东能够通过投票决定公司的重大经营决策,如经理的选择、重大投资项目的确定等,这种股东对公司的控制变现为合同规定的经理职责范围之外的决策权,被称为剩余控制权。剩余索取权和剩余控制权两者构成了公司的所有权。如果公司破产,股东只负责有限责任,即以其出资额为限对公司承担责任。

二、股票的种类

(一) 股票的一般分类

1. 按股东权利可以分为普通股和优先股

普通股是在公司的经营管理和盈利及财产的分配上享有普通权利的股份,代表满足所有债权偿付要求及优先股东的收益权与求偿权要求后对企业盈利和剩余财产的索取权。它构成公司资本的基础,是股票的一种基本形式,也是发行量最大、最为重要的股票。目前在上海证券交易所和深圳证券交易所交易的股票,都是普通股。

优先股是相对于普通股而言的,主要指在利润分红及剩余财产分配的权利方面,优先于普通股。优先股有固定的股息率,不参与红利分配,普通股则参与红利分配。当公司破产清算时,优先股股东清偿顺序在普通股股东之前。优先股权利范围比普通股小,一般没有选举权、被选举权和表决权,但涉及自身利益时可以参与表决。而普通股这些权利都具有。

2. 按股票业绩可以分为绩优股、蓝筹股和垃圾股

绩优股是业绩优良公司的股票,在我国,投资者衡量绩优股的主要指标是每股税后利润和净资产收益率。

与绩优股相对应,垃圾股指的是业绩较差的公司的股票。

蓝筹股是那些在其所属行业内占有重要支配性地位、业绩优良、成交活跃、红利优厚的大公司股票。

3. 按照记名与否可以分为记名股和无记名股

记名股是指在股票票面和股份公司的股东名册上记载股东姓名的股票。它与无记名股(又称"不记名股")相对应,过户要办理过户手续。公司向发起人、国家授权投资的机构、法人发行的股票,应当为记名股。

无记名股是指在股票票面上不记载股东姓名的股票。无记名股只凭股票所附息票领取股息,可以自由转让,不许办理过户手续。

(二) 我国股票的其他分类

1. 按照上市地点和面对的投资者可以分为 A 股、B 股、H 股、N 股、S 股、L 股

A 股,即人民币普通股,是指以人民币计价,面对中国公民发行且在境内上市的股票。

B 股,即境内上市外资股,是指以人民币标明面值,以美元/港元计价,面向境外投资者发行,但在中国境内上市的股票。

H 股是指注册地在内地、上市地在香港地区的外资股。

此外,中国企业在纽约、新加坡、伦敦等地上市的股票,分别称为 N 股、S 股、L 股。

2. 按照投资主体可以分为国有股、法人股和社会公众股

国有股是指有权代表国家投资的部门或机构,用国有资产向股份公司投资获取的股份(股票)。国有资产属于国家所有即全民所有,有权代表国家投资的部门或机构有国务院和地方政府授权的国有资产管理委员会(简称"国资委")、投资公司等。

法人股是国有法人股和社会法人股的总称。法人股是指企业法人或具有法人资格的事业单位和社会团体,以其依法可支配的资产,向股份有限公司非上市流通股权部分投资所形成的股份(股票)。

社会公众股是指股份公司采用募集设立方式设立时向社会公众(非公司内部职工)募集的股份(股票),也是指社会公众依法以其拥有的财产投入公司时形成的可上市流通的股份(股票)。

三、股票的特性

1. 不可偿还性

股票是一种无偿还期限的有价证券,投资者认购了股票后,就不能再要求退股,只能

到二级市场卖给第三者。股票的转让只是意味着公司股东的改变,并不减少公司的资本。从期限上看,只要公司存在,它所发行的股票就存在,股票的期限等于公司存续的期限。

2. 参与性

股东有权出席股东大会,选举公司董事会,参与公司重大决策。股票持有者的投资意志和享有的经济利益,通常是通过出席股东大会来行使股东权。股东参与公司决策的权利大小,取决于其所持有的股票的多少。从实践中看,只要股东持有的股票数量达到左右决策结果所需的实际多数时,就能掌握公司的决策控制权。

3. 收益性

股东凭其持有的股票,有权从公司领取股息或红利,获取投资收益。股息或红利的大小,主要取决于公司的盈利水平和公司的盈利分配政策。股票的收益性,还表现在股票投资者可以获得价差收入或实现资产保值增值。通过低价买入和高价卖出股票,投资者可以赚取价差利润。

以美国可口可乐公司股票为例。如果在1983年底投资1000美元买入该公司股票,到1994年7月便能以11554美元的市场价格卖出,赚取10.6倍的利润。在通货膨胀时,股票价格会随着公司原有资产重置价格上升而上涨,从而避免资产贬值,股票通常被视为在高通货膨胀期间可优先选择的投资对象。

4. 流通性

股票的流通性是指股票在不同投资者之间的可交易性。流通性通常以可流通的股票数量、股票成交量以及股价对交易量的敏感程度来衡量。可流通股数越多,成交量越大。价格对成交量越不敏感(价格不会随着成交量一同变化),股票的流通性就越好,反之就越差。

股票的流通使投资者可以在市场上卖出所持有的股票,取得现金。通过股票的流通和股价的变动,可以看出人们对于相关行业和上市公司的发展前景和盈利潜力的判断。那些在流通市场上吸引大量投资者且股价不断上涨的行业和公司,可以通过增发股票,不断吸收大量资本进入生产经营活动,收到优化资源配置的效果。

5. 风险性

股票在交易市场上作为交易对象,同商品一样,有自己的市场行情和市场价格。由于股票价格要受到诸如公司经营状况、供求关系、银行利率、大众心理等多种因素的影响,其波动有很大的不确定性。正是这种不确定性,有可能使股票投资者遭受损失。价格波动的不确定性越大,投资风险也越大。因此,股票是一种高风险的金融产品。

例如,称雄于世界计算机产业的国际商业机器公司(IBM),当其业绩不凡时,每股价格曾高达170美元,但在其地位遭到挑战、出现经营失策而招致亏损时,股价又下跌到40美元。如果不合时宜地在高价位买进该股,就会导致严重损失。

6. 永久性

股票所载有的权利的有效性是始终不变的,因为它是一种无限期的法律凭证。股票的有效期与股份公司的存续期间相联系,两者是并存的关系。

第二节 股票发行制度及其变迁

一、股票发行制度

股票发行制度主要有三种,即审批制、核准制和注册制,每一种发行监管制度都对应一定的市场发展状况。在市场逐渐发育成熟的过程中,股票发行制度也应该逐渐地改变,以适应市场发展需求。其中,审批制是完全按计划发行的模式,核准制是从审批制向注册制过渡的中间形式,注册制则是目前成熟股票市场普遍采用的发行制度。

(一) 注册制

发行人在发行新证券之前,需按照法律规定向证券主管机关注册,要求发行人提供关于证券发行本身及相关的一切信息,并且要求所提供的信息真实可靠。证券主管机关的权力在于保证发行公司的公开条款得到尊重,保证发行公司所提供的各项文件中不存在任何不真实的陈述及事项。证券主管机关必须尽到核查发行公司信息真实性的义务,以保护投资者的利益。

注册制是在市场化程度较高的成熟股票市场普遍采用的一种发行制度。证券监管部门公布股票发行的必要条件,只要达到所公布条件要求的企业即可发行股票。发行人申请发行股票时,必须依法将公开的各种资料完全准确地向证券监管机构申报。证券监管机构的职责是对申报文件的真实性、准确性、完整性和及时性做合规性的形式审查,而将发行公司的质量留给证券中介机构来判断和决定。这种股票发行制度对发行人、证券中介机构和投资者的要求都比较高。

(二) 核准制

核准制又称特许制,发行者在公开发行股票之前,不仅必须公开有关真实情况,而且必须符合公司法中规定的若干实质条件,包括发行者所处的行业、经营性质、管理人员的资格、资本金规模和结构等。核实公开资料的真实完整性。

核准制则是介于注册制和审批制之间的中间形式。它一方面取消了指标和额度管理,并引进证券中介机构的责任,判断企业是否达到股票发行的条件;另一方面证券监管机构同时对股票发行的合规性和适销性条件进行实质性审查,并有权否决股票发行的申请。在核准制下,发行人在申请发行股票时,不仅要充分公开企业的真实情况,而且必须符合有关法律和证券监管机构规定的必要条件,证券监管机构有权否决不符合规定条件的股票发行申请。证券监管机构对申报文件的真实性、准确性、完整性和及时性进行审查,还对发行人的营业性质、财力、素质、发展前景、发行数量和发行价格等条件进行实质性审查,并据此做出发行人是否符合发行条件的价值判断和是否核准申请的决定。

(三) 审批制

企业的选择和推荐,是由地方政府和政府主管机构根据额度决定的;企业发行股票的规模,按计划来确定;发行审核直接由证监会审批通过;在股票发行方式和股票发行定价上进行较多的行政干预。

审批制是一国在股票市场的发展初期,为了维护上市公司的稳定和平衡复杂的社会经济关系,采用行政和计划的办法分配股票发行的指标和额度,由地方或行业主管部门根据指标推荐企业发行股票的一种发行制度。公司发行股票的首要条件是取得指标和额度,也就是说,如果取得了给予的指标和额度,就等于取得了保荐。因此,审批制下公司发行股票的竞争焦点主要是争夺股票发行指标和额度。证券监管部门凭借行政权力行使实质性审批职能,证券中介机构的主要职能是进行技术指导,这样无法保证发行公司不通过虚假包装甚至伪装、做账等方式达到发行股票的目的。

二、我国股票发行监管制度的变迁

1990 年,沪深证券交易所相继成立。1993 年,证券市场建立了全国统一的股票发行审核制度,并先后经历了行政主导的审批制和市场化方向的核准制两个阶段。具体而言,审批制包括额度管理和指标管理两个阶段,而核准制包括通道制和保荐制两个阶段。

(一) 额度管理阶段(1993—1995 年)

在上海证券交易所和深证证券交易所成立以后的将近 3 年内,股票的发行没有实质性的监管制度来进行监管。1993 年 4 月 25 日,国务院颁布了《股票发行与交易管理暂行条例》,这是我国证券市场的首部条例,标志着审批制的正式确立。同年 12 月 29 日,第八届全国人大常委会第五次会议通过的《中华人民共和国公司法》(以下简称《公司法》)也对公开发行股票做出相应的规定。

在审批制下,股票发行由国务院证券监督管理机构根据经济发展和市场供求的具体情况,在宏观上制定一个当年股票发行总规模(额度或指标)。省级政府和国家有关部委在各自的发行规模内推荐预选企业,证券监管机构对符合条件的预选企业的申报材料进行审批。对企业而言,需要经历两级行政审批,即企业首先向其所在地政府或主管中央部委提交额度申请,经批准后报送证监会复审。证监会对企业的质量、前景进行实质审查,并对发行股票的规模、价格、发行方式、时间等做出安排。

主要做法是,国务院证券管理部门根据国民经济发展需求及资本市场实际情况,先确定融资总额度,然后根据各个省级行政区域和行业在国民经济发展中的地位和需要进一步分配总额度,再由省级政府或行业主管部门来选择和确定可以发行股票的企业(主要是国有企业)。

(二) 指标管理阶段(1996—2000 年)

这一阶段实行"总量控制,限报家数"的做法,由国务院证券主管部门确定在一定时期内发行上市的企业家数,然后向省级政府和行业主管部门下达股票发行家数指标,省级政府或行业主管部门在上述指标内推荐预选企业,证券主管部门对符合条件的预选企业同意其上报发行股票正式申报材料并审核。

1996年,国务院证券委员会公布了《关于1996年全国证券期货工作安排意见》,推行"总量控制、限报家数"的指标管理办法。由国家计委、证券委共同确定股票发行总规模,证监会在确定的规模内,根据市场情况向各省级政府和行业管理部门下达股票发行家数指标,省级政府或行业管理部门在指标内推荐预选企业,证券监管部门对符合条件的预选企业同意其上报发行股票正式申报材料并审核。

(三) 通道制阶段(2001—2004年)

2001年3月正式实施股票发行核准制下的通道制,也就是向综合类券商下达可以推荐拟公开发行股票的企业家数。只要具有主承销商资格,就可获得2至9个通道,通道制改变了过去行政机制遴选和推荐发行人的做法,使主承销商在一定程度上承担起股票发行风险,同时也获得了遴选和推荐股票发行的权力。

通道制是核准制的第一个阶段。核准制以强制性信息披露为核心,旨在强化中介机构的责任,减少行政干预。2001年3月17日,证监会宣布取消股票发行审批制,正式实施股票发行核准制下的通道制。2001年3月29日,中国证券业协会对通道制做出了具体解释:每家证券公司一次只能推荐一定数量的企业申请发行股票,由证券公司将拟推荐企业逐一排队,按序推荐。所推荐企业每核准一家才能再报一家。通道制改变了由行政机制遴选和推荐发行人的做法,使主承销商在一定程度上承担起股票发行的风险,同时也获得了遴选和推荐股票发行人的权利。

(四) 保荐制阶段(2004年至今)

中国证监会于2003年底颁布《证券发行上市保荐制度暂行办法》,正式推出证券发行上市保荐制度。保荐制的实施标志着核准制进入了一个比较完善的阶段。目前我国的股票发行实行核准制并配之以发行审核制度和保荐制度。

保荐制下,企业发行上市不但要有保荐机构进行保荐,还需要具有保荐代表人资格的从业人员具体负责保荐工作。保荐工作分为两个阶段,即尽职推荐和持续督导阶段。

保荐制起源于英国,全称是保荐代表人制度。中国的保荐制是指有资格的保荐人推荐符合条件的公司公开发行证券和上市,并对所推荐的发行人的信息披露质量和所做承诺提供持续训示、督促、辅导、指导和信用担保的制度。保荐制的重点是明确保荐机构和保荐代表人的责任并建立责任追究机制。与通道制相比,保荐制增加了由保荐人承担发行上市过程中连带责任的内容。保荐人的保荐责任期包括发行上市全过程,以及上市后的一个时期(比如两个会计年度)。

(五) 注册制:不远的将来

1. 关于注册制的最新动态

2013年11月15日发布的《中共中央关于全面深化改革若干重大问题的决定》提出,健全多层次资本市场体系,推进股票发行注册制改革,多渠道推动股权融资,发展并规范债券市场,提高直接融资比重。

2013年11月30日,中国证监会发布《中国证监会关于进一步推进新股发行体制改革的意见》,这是逐步推进股票发行从核准制向注册制过渡的重要步骤。

2015年12月27日,十二届全国人大常委会第十八次会议在北京经表决,通过了关于授权国务院在实施股票发行注册制改革中调整适用《中华人民共和国证券法》有关规定的决定。决定指出,为实施股票发行注册制改革,进一步发挥资本市场服务实体经济的基础功能,十二届全国人大常委会第十八次会议决定:授权国务院对拟在上海证券交易所、深圳证券交易所上市交易的股票的公开发行,调整适用《中华人民共和国证券法》关于股票公开发行核准制度的有关规定,实行注册制度,具体实施方案由国务院做出规定,报全国人大常委会备案。该决定的实施期限为两年,决定自2016年3月1日起施行。

2016年2月,刘士余接替肖钢出任证监会主席,在李克强总理的《政府工作报告》中,关于注册制的表述被删除,注册制改革将无限延后。对于暂缓注册制,业内人士认为,最主要的原因是现在仍不具备实施注册制的条件。贸然推出注册制,就有可能进一步助长上市公司的圈钱行为,威胁证券市场的基本稳定。

2018年2月,受国务院委托,证监会主席刘士余汇报了对股票注册制的改革情况,认为目前还存在不少同股票注册制改革不相适应的方面,还应进一步探索,建议延长授权的实施期限。最终经过全国人大常委会审议,延长至2020年2月29日。

虽然注册制改革的步伐放缓,但股票发行注册制的到来是大势所趋。当前新股发行是核准制,它有几大弊端,包括导致企业过度包装、超额募资屡见不鲜、一级市场定价过高、权力寻租、发行效率低。要解决这些问题,就需要从核准制走向注册制。

2. 注册制特征

证券发行注册制实行公开管理原则,实质上是一种发行公司的财务公布制度。它要求发行人提供关于证券发行本身以及与证券发行有关的一切信息。发行人不仅要完全公开有关信息,不得有重大遗漏,并且要对所提供信息的真实性、完整性和可靠性承担法律责任。实行证券发行注册制可以向投资者提供证券发行的有关资料,但并不保证发行的证券资质优良、价格适当。①不审核真假:证券发行审核机构只查文件交得齐不齐,内容披露全不全,不查内容真假。②披露即可上市:只要按证券管理机构规定披露材料,就可以注册上市。③不干涉价值:只要公开材料没假,证券主管机关无权干涉股票定价。

3. 注册制的优缺点

1) 优点

(1) 决定权交给市场。好股、差股都能上市,可能出现发行失败的股票。

(2) 监管部门将精力主要放在打击造假上,信息更透明。

2) 缺点

(1) 政府只管材料对不对,不管股票好不好,不会分析股票的散户是否面临巨亏。

(2) 短期可能引发大量股票上市,证券市场大跌。

4. 实行注册制需要的配套措施

1) 集体诉讼制度和市场做空机制

市场做空与集体诉讼是一股来自民间和市场的重要监察力量,它可以补充、辅佐政府的单一行政监管的不足,从而形成强大的市场威慑力,这有利于倒逼上市公司诚实守信、遵纪守法,从而净化市场,也有利于让投资者学会"用脚投票",学会自我保护、自我维权。

2）严格落实退市制度

美国纳斯达克每年大约有8%的公司退市,纽约证券交易所每年大约有6%的公司退市,英国创业板每年大约有12%的公司退市。

相比之下,我国A股上市公司退市制度实则早已有之,但其失于软、失于松始终是个不争的事实。截止到2014年7月,我国证券市场已有2500多家上市公司,尽管早在1993年《公司法》确立了我国上市公司退市制度,但20余年来退市的公司只有78家,仅占全部上市公司的3%左右,而选择主动退市的公司更是屈指可数。

3）加强事中事后监管

在美国注册制中,事后惩罚很严格,公司一旦发生问题需要追索,保荐人有的要终身取消保荐资格等。

5. 注册制与现有核准制的区别

注册制与现有核准制的区别如表2.1所示。

表2.1 注册制与现有核准制的区别

证券发行制度	注册制	审核制
对发行做出实质判断的主体	中介机构	中介机构、证监会
发行监管性制度	证监会形式审核 中介机构实质审核	中介机构和证监会分担实质审核职责
市场化程度	逐步市场化	逐步市场化
发行效率	较高	较低
代表国家	美国、日本	欧洲各国

1）对发行做出实质判断的主体不同

在注册制下证券发行审核机构只对注册文件进行形式审查,不进行实质判断。我们称之为形式审核,它主要是美国公司常见上市方式。注册制主张事后控制。

核准制采用所谓的实质管理原则,以欧洲各国的公司法为代表。证券的发行不仅要以真实状况的充分公开为条件,而且必须符合证券管理机构制定的若干适于发行的实质条件。我们称之为实质审核,主要是欧洲和中国公司常见上市方式。

2）监管理念不同

在核准制中,价值判断主要是来自政府监管部门中的专业人士,而广大投资者则是在其筛选过的选择中进行再选择。而注册制体系中,政府监管部门将价值判断全权交予投资者,自身则仅仅对证券发行进行形式审查。

3）市场准入不同

在注册制中,除了法律规定的需要公开的资料信息以外,法律并未授予政府证券监督管理机构实行相关实质条件审查的权力。在核准制中,发行人在满足法定公开资料信息的要求之外,还需要符合一系列的实质条件,面对政府证券监督管理机构的实质审查。

4）监管效率不同

注册制中,符合法定条件的证券发行只需在注册登记后,便有可能自动生效,其效率较高。反观核准制,由于监管部门负有繁重的实质审查任务,肩负着排除不良公司的证券发行以及保护广大投资者利益的重责,因此其监管效率也随着监管成本的提高而减小。

值得注意的是,股票发行由审核制向注册制过渡,并不意味着发行标准的降低和监管的放松。相反,注册制对事后监管提出了更高要求,需要以更加严格的监管维护市场健康运行。这要求证监会的职责随之发生根本性变化,监管重心后移。证监会需要把更多精力由审批转移到查处市场违规行为、打击证券犯罪和维护市场"三公"(公开、公平、公正)等方面。

与此同时,在注册制全面铺开之际,配套措施、配套规则等相关项目,也必须全面跟进。这是为注册制的全面铺开创造良好的市场环境,为投资者创造出持续稳定的投资回报预期。显然,如果缺乏良好的市场环境给予配合,则注册制改革的效果将会大打折扣。

三、发行与承销新规——迎接"独角兽"企业

为了迎接"独角兽"企业,中国证监会特意修改了相关上市公司上市准则。企业存托凭证(CDR)细则公布之后,创新企业的上市推进工作还在继续。

2018年5月11日,证监会宣布对《证券发行与承销管理办法》(以下简称《管理办法》)进行修订,并向社会公开征求意见,意见反馈截止时间为2018年6月10日。

证监会表示,这次修改是根据3月30日公布的《关于开展创新企业境内发行股票或存托凭证试点的若干意见》而制定,主要旨在服务创新驱动发展战略,稳妥安排创新试点企业境内发行股票或存托凭证。

自《证券发行与承销管理办法》在2013年12月13日正式公布以来,已经经历过多次修改,目前设有43条。

本次修改涉及其中的8条规定,其中不少属于微调,即将CDR纳入规定的涵盖范围,而其他几条修改则对CDR的发行定价、网上回拨和信息披露等环节做出细化规定。本次修改涉及以下六大方向。

1. 修改一:将试点企业在境内发行存托凭证纳入《管理办法》的适用范围

《管理办法》中第二条第一款修改为:"发行人在境内发行股票、存托凭证或者可转换公司债券(以下统称证券),证券公司在境内承销证券以及投资者认购境内发行的证券,适用本办法。中国证监会另有规定的,从其规定。"在原规定中,并没有包括"存托凭证",证券的范围仅限于股票和可转换公司债券。此外,第二条还增设了第二款,用来明确发行CDR的义务和法律责任。这一条款规定:"存托凭证境外基础证券发行人应履行本办法中发行人、上市公司的义务,承担相应的法律责任,境内发行与承销存托凭证适用本办法中关于发行与承销股票的相关规定,但本办法对存托凭证另有规定的除外。"

2. 修改二:允许发行规模在2000万股(含)以下的企业可通过直接定价的方式确定发行价格

《管理办法》的第二章就定价与配售做出规定。其中,第四条涉及发行价格的确定方式,其中新增了一句:"公开发行股票数量在2000万股(含)以下且无老股转让计划的,可以通过直接定价的方式确定发行价格。"

修改后的第四条为:"首次公开发行股票,可以通过向网下投资者询价的方式确定股

票发行价格,也可以通过发行人与主承销商自主协商直接定价等其他合法可行的方式确定发行价格。公开发行股票数量在 2000 万股(含)以下且无老股转让计划的,可以通过直接定价的方式确定发行价格。发行人和主承销商应当在招股意向书(或招股说明书,下同)和发行公告中披露本次发行股票的定价方式。上市公司发行证券的定价,应当符合中国证监会关于上市公司证券发行的有关规定。"

证监会表示,此条修改主要是考虑到,创新企业普遍存在业务模式新、估值难度大等特点,专业投资者参与询价可促进其价格发现。这项修改主要是为了提高企业定价方式的灵活性。

3. 修改三:明确申购新股或存托凭证的市值计算包含存托凭证

《管理办法》规定,投资者申购新股或存托凭证需持有一定市值,市值的计算包括股票和存托凭证市值。市值计算规则由中国证券登记结算公司与沪、深证券交易所具体制定。网下投资者参与报价,以及网上申购流程中,都在范围内增加了存托凭证。

第五条第二款修改为:"网下投资者参与报价时,应当持有一定金额的非限售股份或存托凭证。发行人和主承销商可以根据自律规则,设置网下投资者的具体条件,并在发行公告中预先披露。主承销商应当对网下投资者是否符合预先披露的条件进行核查,对不符合条件的投资者,应当拒绝或剔除其报价。"

另外,在第十一条中也增加了"存托凭证"。内容修改为:"首次公开发行股票,持有一定数量非限售股份或存托凭证的投资者才能参与网上申购。网上投资者应当自主表达申购意向,不得全权委托证券公司进行新股申购。采用其他方式进行网上申购和配售的,应当符合中国证监会的有关规定。"

4. 修改四:明确网下设锁定期的股份或存托凭证均不参与向网上回拨

第十条第二款修改为:"网上投资者有效申购倍数超过 50 倍、低于 100 倍(含)的,应当从网下向网上回拨,回拨比例为本次公开发行股票数量的 20%;网上投资者有效申购倍数超过 100 倍的,回拨比例为本次公开发行股票数量的 40%;网上投资者有效申购倍数超过 150 倍的,回拨后无锁定期网下发行比例不超过本次公开发行股票数量的 10%。本款所指公开发行股票数量应按照扣除设定限售期的股票数量计算。"

证监会在同日发布的起草声明中介绍,此项修改是为了便于形成网上网下合理的股份分配结构,稳定市场、平抑炒作,同时增强对网下投资者的报价约束,充分发挥专业机构投资者的定价能力。

5. 修改五:允许发行存托凭证时可根据需要进行战略配售和采用超额配售选择权

这方面修改涉及两条内容。

一是第十四条第一款,修改为:"首次公开发行股票数量在 4 亿股以上的,可以向战略投资者配售。发行人应当与战略投资者事先签署配售协议。"

二是第十五条,修改为:"首次公开发行股票数量在 4 亿股以上的,发行人和主承销商可以在发行方案中采用超额配售选择权。超额配售选择权的实施应当遵守中国证监会、证券交易所、证券登记结算机构和中国证券业协会的规定。"

两项条款均增加了存托凭证,证监会表示,这是为了便于形成网上网下合理的分配结构和新增股份(或存托凭证)上市节奏,减少存托凭证发行对二级市场的冲击,维护市场稳定,平抑炒作。

6. 修改六:完善未盈利企业估值指标的信息披露要求

鉴于未盈利企业不适用市盈率的估值指标,《管理办法》规定,未盈利企业应披露市销率、市净率等反映发行人所在行业特点的估值指标。

第三十五条中,新增了第二款内容:"发行人尚未盈利的,可以不披露发行市盈率及与同行业市盈率比较的相关信息,应当披露市销率、市净率等反映发行人所在行业特点的估值指标。"

第三节 股票发行与股票承销

一、股票发行

(一)股票发行方式

股票发行根据具体条件的不同,可分为以下三种方式:根据发行对象的不同,可分为公募发行和私募发行;根据销售人的不同,可分为直接发行和间接发行;根据发行价格和票面价格的关系,可分为平价发行、溢价发行和折价发行。

1. 公募发行与私募发行

公募发行又称公开发行,是指发行人通过中介机构向不特定的社会公众广泛发售证券,已经发行的证券经证券交易所批准后,在交易所公开挂牌交易的法律行为。公募发行的特点如下:①面向社会公众,发行对象庞大,投资规模较大;②投资者范围广泛,股权分散,发行人具有较强的经营管理的独立性;③股票可以在二级市场上流通转让,具有较强的流动性;④可以提高发行人的知名度;⑤有助于发行公司扩大和巩固业务伙伴;⑥具有财富放大效应。

私募发行又称不公开发行或内部发行,是指面向少数特定的投资人发行证券的方式。私募发行的对象主要有两类:一是个人投资者,如公司老股东或发行机构自身的员工等;二是机构投资者,如大的金融机构或与发行人有密切往来关系的企业等。私募发行的优点如下:①有确定的投资人;②发行手续简单;③可节省发行时间和费用。同时,私募发行也有自己的不足之处:①投资者数量有限;②范围小;③流通性较差;④不利于提高发行人的社会信誉。

2. 直接发行与间接发行

直接发行是指证券的发行人自己办理发行事宜、自行承担发行风险的发行方式。

直接发行的优点:①简单方便;②发行费用较低;③发行手续在发行者与投资者之间

直接进行,减少了中间环节。

直接发行的缺点:①发行对象往往局限于特定的投资者,使证券的计划发行额不易募足;②直接发行没有金融机构等中介机构的协助,对于充分动员社会闲散资金缺乏力量。

间接发行又称证券承销,是指发行人委托专业的证券承销机构负责办理发行事宜的发行方式,包括包销和代销。

间接发行方式又可分为以下几种。

1)证券代销

证券发行主体委托发行中介机构发行证券,由发行中介机构代表发行主体办理发行业务。若证券应募额达不到预定发行额时,中介机构不承担承购剩余额的责任。

2)证券包销

发行主体委托发行中介机构发行证券,并与发行中介机构签订包销合同。证券应募达不到预定发行额时,由发行中介机构对不足部分予以承购。

3)证券承销

在特定的发行条件下,证券发行总额全部由发行中介机构一次性承购,发行中介机构将承购的证券再分别向投资者出售。出售时的证券价格通常高于承销时的价格,其差额即为发行中介机构的效益。

3. 平价发行、溢价发行和折价发行

1)平价发行

平价发行也称等额发行或面额发行,是指发行人以票面金额作为发行价格的发行方式。平价发行较为简单易行,但主要缺陷是发行人筹集资金较少。

2)折价发行

折价发行是指以低于面额的价格出售新股,即按面额打一定折扣后发行股票,折扣的大小主要取决于发行公司的业绩和承销商的能力。

3)溢价发行

溢价发行是指发行人按高于面额的价格发行股票,可使公司用较少的股份筹集到较多的资金,同时还可降低筹资成本。溢价发行有两种方式,即时价发行和中间价发行。时价发行也称市价发行,是指以同种或同类股票的流通价格为基准来确定股票的发行价格,股票公开发行通常采用这种形式。在发达的证券市场中,当一家公司首次发行股票时,通常会根据同类公司(产业相同,经营状况相似)股票在流通市场上的价格表现来确定自己的发行价格;而当一家公司增发新股时,则会按已发行股票在流通市场上的价格水平来确定发行价格。中间价发行是指以介于面额和时价之间的价格来发行股票。我国股份有限公司对老股东配股时,基本采用中间价发行。

(二)股票的发行原则

股票发行遵循"三公"原则,即公开、公平、公正原则。

1. 公开原则

公开原则即信息公开原则,实现市场信息公开化,市场有充分的透明度,企业公开财务信息、管理制度信息等,包括股票信息的初期披露和持续披露。公开原则的要求在于信息的及时、完整、真实以及准确,包括股票信息的初期披露和持续披露。初期披露是指信息发行人在首次公开发行股票时,应完全披露可能会影响投资者做出是否购买股票这一决策的所有信息。持续披露是指定期向社会公众提供财务及经营状况的报告,不定期公布会影响公司经营活动的重大事件(重大人事变动)。定期向社会公众提供财务及经营状况的报告,不定期公布重大事件。

2. 公平原则

股票发行和交易活动中所有的参与方都拥有平等的法律地位,各自的合法权益能够得到公平的保护。公平是指机会均等,平等竞争。营造一个所有参与者都能进行公平竞争的环境,大家参与竞争的基础和规则都是公平的、相当的。具体而言包括发行人有公平的筹资机会,股票经营机构在市场上有公平的权利和责任,投资者也享有公平的交易机会。

3. 公正原则

公正原则是针对股票监管机构的监管行为而言的,要求在公开、公平原则的基础上,对一切监管对象即市场参与者都给予公正的待遇。公正原则是实现公开、公平原则的保障。股票立法应体现公平精神的法律法规和政策。立法应公正,执法者以及监管部门在执法过程中也应该保持公正的立场。在法律的基础上,对一切市场参与者给予公正的待遇。

(三) 公司上市发行股票的得失分析

1. 发行股票获得融资的优点

1) 实现资产证券化、企业价值和股东价值放大

企业上市本质上是资产证券化的过程,通过证券市场放大公司价值、个人价值的需求相当庞大,这也是目前中国证券市场上市公司重组活跃、壳价值较高的一个主要原因。

2) 筹资风险小,没有固定的利息负担

由于普通股没有固定的到期日,不用支付固定的利息,不存在不能还本付息的风险。发行股票筹集的资金是永久性资金,在公司持续经营期间可长期使用,能充分保证公司生产经营的资金需求,没有固定的利息负担。公司有盈余,并且认为适合分配股利,就可以分给股东;公司盈余少,或虽有盈余但资金短缺或者有有利的投资机会,就可以少支付或不支付股利。

3) 有利于公司增强信誉拓展业务

发行股票筹集的是主权资金。普通股本和留存收益构成公司借入一切债务的基础。有了较多的主权资金,就可为债权人提供较大的损失保障。因而,发行股票筹资既可提高公司的信用程度,又可为使用更多的债务资金提供有力的支持。

2. 发行股票的缺点

1) 资金成本相对较大

一般来说,股票筹资的成本要大于债务资金,股票投资者要求有较高的报酬。股利要从税后利润中支付,而债务资金的利息可在税前扣除。另外,普通股的发行费用也较

高。股票融资上市时间跨度大,竞争激烈,无法满足企业紧迫的融资需求。

2) 股权稀释,甚至可能丧失控股权

当企业发行新股时,出售新股票,引进新股东,会导致公司控制权的分散。另外,新股东分享公司未发行新股前积累的盈余,会降低普通股的净收益,从而可能引起股价的下跌。

3) 要求信息透明公开,不利于保留商业隐私

上市公司被要求披露其财务信息、管理制度等,不利于上市公司保留其商业隐私。

综合来看,上市的优点较多,但不利方面也很突出,总体上优点要远大于缺点。对于希望放大企业及股东价值、希望融资扩张、借助证券市提升企业实力的企业来说,上市是实现这三个目标的最佳途径。对于实力较强、资金充裕的企业,依控制人的意愿和发展期望,不一定会选择上市。

二、股票承销

(一) 股票的承销方式

投资银行在进行承销的过程中,一般有三种方式:包销、代销和余额包销。

1. 包销

包销是最传统、最基本的承销方式,它是指投资银行按照协议的价格直接从发行者手中买进全部股票,然后再出售给投资者。在包销过程中,投资银行一般以略低的价格买进证券,再以较高的价格卖出,买卖价差就是承销费用。在这种方式中,投资银行要承担销售和价格的全部风险,即不管承销是否成功,投资银行都要按承销协议规定的时间和价格向发行公司支付承销股款。如果证券不能全部售出,承销商就要自己购买。为了降低承销风险,牵头投资银行往往会联合其他机构组成承销辛迪加来共同承销。包销对发行者来说是非常保险的,不管销售行情如何,发行者都能获得所需的资金,发行失败的风险完全由承销商承担。但是,承销商因承担过多风险,发行者必须给承销商一定的补偿,这种补偿通常是通过扩大包销差价来实现的。

2. 代销

代销是指投资银行和发行人之间的关系是纯粹的代理关系,投资银行只作为发行人的股票销售代理人,收取推销股票的佣金,而不承担按规定价格购进股票的义务。投资银行只是同意尽力推销股票,而未出售的股票将返还给发行人,风险就由发行人自己承担,所以这种方式又称尽力推销方式。采用代销方式的投资银行有时会安排"全部或无效"的承诺,即如果其销售了全部发行的股票,就收取承销费用;如果做不到,它将不分销任何股票,并宣布承销承诺无效。

代销方式一般在下列情况下采用:①投资银行对发行人的信心不足;②信用度和知名度较高的发行人为减少发行费用;③在包销谈判失败之后。

3. 余额包销

在发行股票时,现有股东拥有优先认股权,需要再融资的公司要向现有股东按照其目前持股比例提供优先认股权。在优先认股后若有余额,承销商有义务全部买进剩余的

股票,然后再转售给投资公众。为了防止认股权被放弃而无法完成既定的融资计划,发行人一般与投资银行签订余额包销协议。由投资银行按事先协定的价格买进全部剩余股票,再通过自己的销售渠道把股票销售出去。

(二) 承销业务的参与人

投资银行承销业务涉及相关的各个部门和方面,关系到许多方面的利益团体。从整个过程来看,承销业务的参与人可归纳为以下六类。

1. 发行人

发行人是为了筹集资金而发行各种有价证券的企业、金融机构、政府及其部门等。发行人是证券发行的主体,处于整个证券承销业务的源头。

2. 承销团

在承销金额较大,牵头的投资银行无力承担或不愿承担过大的风险时,由牵头银行联手多家投资银行共同组成一个承销辛迪加集团。承销团是在短期内销售大量证券必不可少的工具,也是投资银行与众不同之处。承销团产生于19世纪中叶,由于承销证券面临很大的风险,为了分担风险,投资银行组织了许多同行共同承销,从而形成了承销团。牵头的投资银行被称为主承销商,其他的投资银行则被称为分销商。承销团根据内部签订的承销团协议以及主承销商和发行人签订的承销协议所规定的价格、方式和时间等条款共同承销,分担风险并分享利润。

3. 承销商

承销商不像承销集团那样负责承销份额的不足部分,其只承销各自愿意承销的份额,然后转售给投资者。其负责购入自己承销而未售出的部分。

4. 销售团

上述的承销团和承销商属于批发市场的销售者,是证券的批发商。而销售团的成员属于零售市场的销售者,其不承担包销的任何风险,因此只能按照销售的比例得到佣金。事实上,证券发行总额的绝大部分是由主承销商和其他承销商卖出的,销售团的成员一般只负责销售很少的份额,一般不超过发行总额的0.5%,有时甚至没有销售团参与销售。在发展中国家市场上,投资银行和经纪人之外的其他金融机构,如商业银行、保险公司和储蓄机构,通常也参与证券的承销。

5. 投资者

证券市场上的投资者可以是个人,也可以是机构,如养老基金、互助基金、商业银行、投资银行、证券投资基金、经纪人等。一般在证券市场初步发展阶段,机构投资者的数量较大,在证券市场上占有十分重要的份额,如我国的证券市场散户占很大的比例;而在成熟的证券市场上,机构投资者及其交易的数量都很大,如美国的证券市场已经是机构投资的时代。

6. 其他相关者

其他相关者是与证券承销有密切关系的机构和组织,一般包括法律顾问、证券监管机构、委托人、股息支付代理人以及会计中介机构等。

法律顾问通常由多人组成,其分别来自不同的律师事务所,分别代表发行者和承销团的利益,以确保发行符合各种法律规定。证券监管机构有的是政府的一个专门机构,有的是证券交易所本身,也有的是证券业组成的自律协会。证券监管机构的主要目的是以各种办法维护市场秩序,保护投资者的利益。在承销业务中,承销人必须代表发行人做好与监管机构的协调工作。

(三) 股票的公开发行与承销的一般程序

1. 组建证券发行工作团和尽职调查

股份有限公司一旦决定公募上市,随后便开始选择并落实作为承销商的投资银行,然后借助投资银行组建专家工作团组,挑选包括律师、会计师在内的专家组合适人选。股份有限公司所物色的投资银行往往还出任保荐人,兼负介绍发行公司上市的任务,担任专家团组、证券交易所和证监会三者之间的联络和信息传递工作。

就投资银行担任股票承销商的资格,各国有不同的规定。从美国证券市场的发展历史来看,早期采用自由放任的政策,这种政策一致延续到1929年金融危机发生。从20世纪30年代开始,《证券法》、《格拉斯-斯蒂格尔法案》、《证券交易法》等相继出台,建立起了一个比较完整的证券法律体系,实现了通过立法对证券发行(包括证券承销)及证券交易的管理和控制。经过半个多世纪的发展,证券市场基本成熟和规范,市场机制趋于完善后,对承销商资格的限制才有所放松,通过市场的约束机制和行业自律性组织对证券承销商进行管理。我国对承销商的资格有严格的规定,只有综合类证券经营机构才拥有证券承销资格,而经纪类证券机构只能从事证券的经纪业务。要成为综合类证券机构必须满足以下条件:①注册资本不低于5亿元;②主要管理人员和业务人员必须具有证券从业资格;③有固定的经营场所和合格的交易设施;④有健全的管理制度、规范的经营业务和经纪业务分业管理体系。

发行公司确定合适的投资银行作为承销商后,便与该投资银行签订承销意向书和起草承销合同,明确承销商的责任和权利。

尽职调查是发起阶段的重要工作之一。投资银行必须尽可能广泛、深入地收集与发行公司有关的各种数据资料,包括发行公司所在的行业资料、经营绩效、财务状况、市场状况、管理团队、治理结构等。

2. 公司重组与上市辅导

发行公司的各项资产存在着性质和质量上的差异,有经营性资产和非经营性资产之分,经营性资产中又有效率高下之别。为满足上市的要求,提升上市公司的整体价值,投资银行必须对发行公司的各项资产和业务的效率进行分析,配合发行公司进行重组和整合,剥离非经营性资产,优化资产结构,确立公司的竞争优势和发展战略,使发行公司在未来拥有较高或稳定的收入和利润增长率。

在实行上市辅导制度的国家和地区,作为承销商的投资银行必须对拟公募上市的公司进行必要的辅导,以促使公司上市前达到规范化和科学化运作。投资银行与发行公司签订辅导合同,明确辅导目标和辅导期的工作内容。辅导期分为前期、中期、后期三个阶段,投资银行在各个阶段的工作各有侧重点。

在辅导前期,投资银行深入发行公司一线,对发行公司进行全方位考察,获得对公司状况初步而整体的了解,尽早发现不利于公司招股上市的重大问题,敦促并协助公司及早妥善处理。这一时期持续1~2个月。在辅导中期,投资银行对发行公司进行相关制度的辅导,帮助公司健全管理和内部控制制度。因为制度建设的辅导工作较为苛刻繁杂,所以这一阶段历时多在半年以上。在辅导后期,投资银行的工作重点在于对以前各项工作进行总结,准备招股、上市所需的文件资料。辅导后期一般耗时2~4个月。

在我国,中国证监会于2000年3月16日发布了《股票发行上市辅导工作暂行办法》,2001年10月16日正式颁布实施了《首次公开发行股票辅导工作办法》,取代此前的暂行办法。《首次公开发行股票辅导工作办法》要求拟发行上市公司在向中国证监会提出股票发行申请前,主承销商要对该公司进行为期一年以上的辅导,以保证公司按照《公司法》、《证券法》的规定,建立规范的组织制度和运行机制。辅导内容主要包括以下方面:①股份有限公司设立及其历次演变的合法性、有效性;②股份有限公司人事、财务、资产及供、产、销系统的独立完整性;③对公司董事、监事、高级管理人员及持有5%以上(含5%)股份的股东(或其法人代表)进行《公司法》、《证券法》等有关法律法规的培训;④建立健全股东大会、董事会、监事会等组织机构,并实现规范运行;⑤依照股份公司会计制度建立健全公司财务会计制度;⑥建立健全公司决策制度和内部控制制度,实现有效运作;⑦建立健全符合上市公司要求的信息披露制度;⑧规范股份公司和控股股东及其他关联方的关系;⑨公司董事、监事、高级管理人员及持有5%以上(含5%)股份的股东持股变动情况是否合规。《首次公开发行股票辅导工作办法》规定,辅导机构对拟发行公司进行辅导时应配置三名以上辅导人员,其中至少有一人具有担任过首次公开发行股票主承销工作项目负责人的经验,同一人员不得同时担任四家以上企业的辅导工作。辅导对象或已聘用的会计师事务所、律师事务所的执业人员在辅导机构的协调下参与辅导工作,辅导机构也可根据需要另行聘请执业会计师、律师等参与辅导。辅导报告由辅导人员完成,并签字负责。

3. 股票公募的审批或注册

各国政府证券管理部门对股票发行的管理主要采取审批或注册制,股份有限公司公开发行股票,首先必须向政府证券主管部门办理申请股票发行的审批或注册手续。

股票发行的审批或注册制主要包括以下几个方面的要求:①申请发行股票的公司,必须将其财务情况及其他能反映资信状况的材料报政府主管证券发行的部门进行审核;②申请发行股票的股份公司必须向证券主管部门提交股票发行申报书,充分阐述发行股票的理由及条件;③申请发行股票的公司必须认真填写股票发行说明书,内容必须包括发行公司业务经营及财务状况、股票发行的条件及承销的方式等有关资料和信息;④申请公开发行股票的公司必须提供面向投资者的招股说明书,保证信息的充分与公正;⑤证券主管部门要对发行公司的申请报告、财务状况、发行条件、股票发行说明书是否符合要求,以及是否真实、全面等进行认真审核,如无异议,便可批准其发行,或允许注册。一旦发行注册申请和说明书获得审批通过,发行股票的管理和事前准备程序即告完成,发行公司即具备公开发行股票的条件。

在发行公司提交的各种相关文件中,招股说明书是投资者用来评估上市股票的主要文件,也是证券监管机构审核的重点所在。在招股说明书的准备过程中,作为承销商的投资银行负责股票承销合约部分,发行公司的管理层在其律师的协助下,负责招股说明书的非财务部分,发行公司内部的会计师准备所有财务数据,独立的会计师就财务账目提供咨询并作审计。招股说明书各部分完成后汇总,经工作团成员完善,请发行公司董事会审查通过后报呈证券监管机构。

4. 承销前夕的准备

在得到证券监管机构批准公募上市前,作为主承销商的投资银行要组建承销团和销售团,进行股票定价,为随后的承销做好准备工作。

1) 组建承销团和分销团

如果发行公司首次公开募股(IPO)的规模较大,为保证发行工作的顺利进行以及分担承销风险,与发行公司签订承销合同的投资银行则会以牵头银行的身份组建承销团和分销团。承销团是在短期内推销大量证券不可缺少的工具。担任主承销商的投资银行,负有组织承销团的全部责任和权限。有关承销团成员的选择、每个承销商比例的安排、承销手续费的分配等重要事项都由主承销商决定。承销团成员和分销团成员的权责有所不同,承销团成员事先约定好承销比例、承销费用的分配。销售团成员不属于承销团,其通常不自行约定承销额,而是从承销团成员那里购得证券后再出售给公众,并按销售额计收手续费。广义的承销团也称为分销团,包括承销团成员和销售团成员。

2) 股票定价

发行定价是投资银行在初次公募发行中最棘手的一件事情。目前基本有两种定价方式:固定价格发行、公开定价发行。固定价格发行体制下,发行价格在股票公开发售前就已经由主承销商和发行公司确定下来。公开定价方式能灵活地视市场形势变化和新股需求量的变化而调整发行价格,较有弹性,因此越来越多的国家和地区在证券市场开始采纳公开定价方式或朝这个方向努力。美国证券市场一般采取公开定价方式,股票发行的最终价格一般在正式公布发行的前一天才由牵头银行最后决定。在此以前,牵头银行还要进行两次定价:第一次是在竞标获任承销商资格时制定竞标价格;第二次是在递交初步招股说明书时制定发行价格区间。固定价格发行是英国、日本、我国香港地区等证券市场通常采用的方式。基本做法是承销商与发行人在公开发行前商定一个固定的价格,然后根据此价格进行公开发售。目前,我国的股票发行定价属于固定价格方式,即在发行前由主承销商和发行人根据市盈率法等方法来确定新股发行价。

固定价格方式又分为相对估值法和绝对估值法。相对估值法也称可比公司法,即对股票进行估值时参考一些同类上市公司的重要数据指标,特别是业务及规模类似的上市公司,进而对新股发行进行估价。主要方法包括市盈率(P/E)估价法、市净率(P/B)估价法等,反映的是以市场供求关系决定的股票价格,当市场对股票的需求大于供给时,公司股票的发行价格会更高,反之则会更低。绝对估值法也称贴现法,主要包括股利折现模型(DDM)和公司自由现金流模型(FCFF),反映的是公司内在价值决定股票价格,根据企业的整体估值水平来确定每股价值。

股票定价不管是偏高还是偏低,都会有损投资银行的形象。为初次公募股票定价主要考虑以下因素。

(1) 公司的业绩与价值。公司的业绩可以通过公司近期的盈利水平反映出来。以市盈率(股价/利润)为基础定价时,市盈率一定,公司的盈利水平越高,则新股发行定价越高,公司的价值体现在公司未来收益上。如果公司具有较强的核心竞争力,未来收益能保持强劲增长,则意味着投资者的回报也有高速增长的可能,新股发行可采用更高的市盈率。

(2) 同行业公司的股价。同行业上市公司的股价是制定发行价格的主要依据。如果与已上市同行业公司相比,发行公司无特别的竞争优势可言,则其发行价格不应高于同行业公司的股价。

(3) 股票市场走势情况。价值规律同样适用于股票市场,当股票二级市场持续火爆、走势强劲时,一级市场的股票供给价格(发行价格)可相应提高。

(4) 储蓄存款利率。不考虑风险因素,投资者投资股票的收益率应与储蓄存款利率接近。如果存款利率水平较低,在盈利水平确定的情况下,则发行价格可以偏高。

在证券承销中,投资银行通常会对所承销的股票进行稳定市场发行价格操作,常见的操作技巧包括分配法、灰色市场法、绿鞋期权法和墓碑广告法等。

(1) 分配法。主承销商以分配的方式,预先建立股票的需求,我们称之为空头市场,确定发行价格或稍低的价格形成买盘支持,但不高于发行价格。由于买盘支持,维持股票的发行价格,使新发行的股票市价不至于过度下跌,新股持有者避免受到投资者的干扰,承销团发挥稳定市价的作用。

(2) 灰色市场法。主承销商在尚未决定股票发行的价格和条件时,向主管机构申请合作以后,彼此进行某种证券交易,但是尚未进行实际的市场交易,故称之为灰色市场。主承销商通过灰色市场来了解承销商对该种交易的反应的市场需求,来决定发行价格,避免价格的激烈波动。

(3) 绿鞋期权法。该方法因美国波士顿绿鞋制造公司于1963年首次公开发行股票时率先使用"绿鞋"而得名,是超额配售选择权制度的俗称。绿鞋期权法主要在市场气氛不佳、对发行结果不乐观或难以预料的情况下使用。其目的是防止新股发行上市后股价下跌至发行价或发行价以下,增强参与一级市场认购的投资者的信心,实现新股股价由一级市场向二级市场的平稳过渡。采用绿鞋期权法可根据市场情况调节融资规模,使供求平衡。超额配售选择权是指发行人授予主承销商的一项选择权,获此授权的主承销商按同一发行价格超额发售不超过包销数额15%的股份,即主承销商按不超过包销数额115%的股份向投资者发售。在增发包销部分的股票上市之日起30日内,主承销商有权根据市场情况选择从集中竞价交易市场购买发行人股票,或者要求发行人增发股票,分配给对此超额发售部分提出认购申请的投资者。主承销商在未动用自有资金的情况下,通过行使超额配售选择权,可以平衡市场对该股票的供求,起到稳定市价的作用

(4) 墓碑广告法。墓碑广告指承销团经常刊登的广告,其内容包含将要发行的新股票的细节及承销团成员的名称。此种广告经常被框以黑色,因而得名。其目的在于宣布新股票的发行正在进行,即用于公开发行股票的声明或正式通告,包括发行人资料、承销商资料、发行数量与规模,以展示各发行人在同行中的排序和实力。

最后的发行定价确定后,则要将其加入到招股说明书中并予以公开,或发送到投资者手中,或刊登在指定的专业报纸杂志上。发行定价公布后,承销商必须尽快将股票推销出去,因为一旦市场走势疲软,那么在承销结束前,承销商为使全部股票脱手,就不得

不降价出售。损失直接表现为承销差价的减少,所以分销工作结束得越快,承销商承担的风险越小。

5. 股票的承销

当股票发行申请被批准后,就进入股票的发行承销阶段。牵头银行对股票的承销方式有三种选择:代销、包销、余额包销。承销方式在发行公司选定承销商并签订承销合同时便已确定。在推销过程中,路演(Road Show)是最关键的核心环节,是发行公司和牵头银行为新股发行所做的营销工作。在大约1个月的时间里,发行公司的高级管理层会同牵头投资银行前往各主要城市和金融中心,与潜在的投资者和证券分析人员进行沟通,向其展示公司管理层的风貌、公司的素质,陈述公司长期的商业计划,使其对发行公司产生兴趣,鼓励其购买即将公开发售的股票。

路演自始至终由牵头银行来策划和实施。牵头银行首先要从公司领导层成员中选出合适的人员参加路演,然后安排专业的公关顾问对相关人员进行培训。路演前,牵头银行还要进行路演排练,模拟观众提问,以便对可能的问题有充分的心理准备。路演后,牵头银行就能够较准确地估计出投资者对新股的需求水平,并据此调整最终的发行定价或发行数量。

承销期满后,发行公司收到募股资金,并向承销商支付承销费用,承销工作宣布结束。在有些国家和地区,承销工作结束后承销商还要为发行公司提供后续服务,在二级市场上为发行公司的股票承担做市的业务。

本章小结

(1) 证券的发行与承销是投资银行最本源、最基础的业务。投资银行承销证券的范围很广,包括本国国债、地方政府债券、市政债券、公司债券和股票、外国政府与公司发行的证券等。一般来说,证券承销业务收入是投资银行的主要利润来源之一,证券承销业务的能力也是判断投资银行整体实力的重要标志。

(2) 股票是股份有限公司在筹集资本时向出资人公开或私下发行的,用于证明出资人的股东身份和权利,并根据持有人所持有的股份数享有权益和承担义务的凭证。

(3) 债券是社会各类经济主体为筹集资金而向债券投资者出具的、承诺按照一定利率定期支付利息并到期偿还本金的债权债务凭证。

(4) 股票的发行包括首次公开发行和上市之后的再次发行。首次公开发行是指企业第一次向社会公众发行股票。公开发行新股有两种方式:一种是向原股东配售股票的"配股";另一种是向全社会公众发售股票的"增发"。

(5) 发行债券的主体有政府、企业和金融机构。政府债券分为国债和地方政府债券。金融债券一般是指由政策性银行、商业银行、企业集团财务公司及其他金融机构发行的债券。

第三章 债券市场及其发行

第一节 债券基础

一、债券及债券市场

(一) 债券

债券是政府、金融机构、工商企业等机构直接向社会借债筹措资金时,向投资者发行,承诺按一定利率支付利息并按约定条件偿还本金的债权债务凭证。

债券的本质是债的证明书,具有法律效力。债券购买者与发行者之间是一种债权债务关系,债券发行人即债务人,投资者(或债券持有人)即债权人。债券是一种有价证券,是社会各类经济主体为筹措资金而向债券投资者出具的,并且承诺按一定利率定期支付利息和到期偿还本金的债权债务凭证。

债券的基本要素大致可分为票面值、期限、票面利率、发行人。

(二) 债券市场

债券市场是发行和买卖债券的场所,是金融市场的一个重要组成部分。债券市场是一国金融体系中不可或缺的部分。一个统一、成熟的债券市场可以为全社会的投资者和筹资者提供低风险的投融资工具;债券的收益率曲线是社会经济中一切金融商品收益水平的基准,因此债券市场也是传导中央银行货币政策的重要载体。可以说,统一、成熟的债券市场构成了一个国家金融市场的基础。

债券市场由债券的一级市场和二级市场构成。

1. 债券一级市场

所谓债券一级市场即债券进行发行的市场,其主要参与者有债券发行者、债券投资者、中介机构,债券发行人在债券债务关系中通常称为债务人,其可以是企业、政府部门、银行或非银行金融机构。企业是债券市场上资金的主要需求者,发行债券的目的是弥补资金缺口;政府部门是债券市场上资金的另一重要需求者,发行债券的目的是弥补财政赤字;金融机构是债券市场上的中间需求者,其筹资的目的是向个人、企业或者政府部门供应资金,扩大资产业务,增加收益。

债券投资者在债券债务关系中通常被称为债权人,投资者可以是个人、企业、机构投资者或者政府机构。债券市场上的中介机构主要是指那些为债券发行提供服务的机构,美国市场上绝大部分债券是经过中介机构发行的。

债券一级市场的功能主要包括两个方面:一是筹资功能,通过在债券一级市场上发行债券将闲散资金转化为生产资金,沟通资金供给者与需求者之间的联系,提高投资率,加快经济增长速度;二是优化投资和产业结构功能,因为投资者对盈利的追求,使得债券的发行者必须努力提供收益良好的债券,同时众多投资者的判断使得投资决策的准确度提高,从而促进投资结构得以优化,因而优化产业结构。

债券一级市场组织方式可分为有形和无形两种,有形市场组织方式是指承销人在柜台上向投资者销售债券的方式,无形市场组织方式主要是指债券发行人在非特定场所销售债券的方式。有形市场组织方式和无形市场组织方式相互联系和配合,共同促进债券市场的协调运作。

2. 债券二级市场

债券二级市场即债券进行交易的市场,其中的主要参与者有投资者和证券商。投资者包括个人投资者、机构投资者、做自营业务的证券经营中介机构、政府部门四类,证券商即证券经营机构。

债券二级市场的功能:一是能够为债券产品进行定价,各种债券在二级市场上进行买卖就形成了公认的价格;二是债券二级市场具有提供流动性的功能,投资者可以在二级市场上对各种债券进行买卖,将一种债券转化为另一种债券。

在组织方式上,债券二级市场分为两类:以集中交易形式运作的证券交易所和以分散交易形式存在的场外交易市场,即平常所称的柜台市场或店头市场。

(三) 债券市场功能

1. 融资功能

债券市场作为金融市场的一个重要组成部分,具有使资金从资金剩余者流向资金需求者,为资金不足者筹集资金的功能。我国政府和企业先后发行多批债券,为弥补国家财政赤字和国家的许多重点建设项目筹集了大量资金。

2. 资金流动导向功能

效益好的企业发行的债券通常较受投资者欢迎,因而发行时利率低,筹资成本小;相反,效益差的企业发行的债券风险相对较大,受投资者欢迎的程度较低,筹资成本较大。因此,通过债券市场,资金得以向优势企业集中,从而有利于资源的优化配置。

3. 宏观调控功能

一国中央银行作为国家货币政策的制定与实施部门,主要依靠存款准备金、公开市场业务、再贴现和利率等政策工具进行宏观经济调控。其中,公开市场业务是指中央银行通过在证券市场上买卖国债等有价证券,从而调节货币供应量,它是实现宏观调控的重要手段。在经济过热、需要减少货币供应时,中央银行卖出债券、收回金融机构或公众持有的一部分货币从而抑制经济的过热运行;当经济萧条、需要增加货币供应量时,中央银行便买入债券,增加货币投放。

二、债券的分类

经过30多年发展,中国已发展形成门类基本齐全、品种结构较为合理、信用层次不断拓展的债券市场。

(一)整体分类

1. 政府债券

1)国债

国债的发行主体是中央政府,具有最高信用等级,由财政部具体进行发行操作,可分为记账式国债和储蓄国债。

其中,记账式国债通过中央结算公司招标发行,在银行间债券市场、交易所债券市场交易,在中央结算公司总托管。目前贴现国债有91天、182天、273天三个品种,附息国债有1年、3年期、5年期、7年期、10年期、15年期、20年期、30年期、50年期等品种。

储蓄国债通过商业银行柜台面向个人投资者发行,可分为凭证式储蓄国债和电子式储蓄国债,其中电子式储蓄国债在中央结算公司总托管。

2)地方政府债券

地方政府债券的发行主体是地方政府,可分为一般债券和专项债券。地方政府债券通过中央结算公司招标或定向承销发行,在银行间债券市场、交易所债券市场交易,在中央结算公司总托管。目前一般债券有1年、3年、5年、7年、10年等品种,专项债券有1年(尚未实际发行)、2年(尚未实际发行)、3年、5年、7年、10年等品种。

2. 中央银行票据

中央银行票据的发行主体为中国人民银行,是为调节货币供应量而面向商业银行(一级交易商)发行的债务凭证。其期限一般不超过1年,但也有长至3年的品种。中央银行票据通过央行公开市场操作系统发行,在银行间债券市场交易,在中央结算公司托管。

3. 政府支持机构债券

一般地,政府支持机构债券通过中央结算公司发行,在银行间债券市场交易,主要在中央结算公司托管。

1)铁道债券

铁道债券的发行主体为中国铁路总公司(前身为铁道部),由发改委核准发行。

2)中央汇金债券

中央汇金债券的发行主体为中央汇金投资有限责任公司,经央行批准发行。

4. 金融债券

金融债券是银行等金融机构作为筹资主体为筹措资金而面向个人发行的一种有价

证券,是表明债权债务关系的一种凭证。债券按法定发行手续,承诺按约定利率定期支付利息并到期偿还本金。它属于银行等金融机构的主动负债。

一般地,金融债券通过中央结算公司发行,在银行间债券市场交易,在中央结算公司总托管。

1) 政策性金融债券

政策性金融债券的发行主体为开发性金融机构(国家开发银行)和政策性银行(中国进出口银行、中国农业发展银行)。近年来,政策性金融债券加大创新力度,推出扶贫专项金融债券等品种。

政策性金融债券是我国政策性银行为筹集借贷资金,经国务院、中国人民银行或银行管理委员会批准,才能市场化发行,或者采用计划派购的方式。政策性金融债券由国有商业性银行、区域性商业银行、商业银行保险公司、城市合作银行、农村信用社以及邮政储蓄等金融机构发行。政策性金融债券是指金融机构、政策性银行所发行的金融债券。政策性银行是指国家开发银行、中国进出口银行、中国农业发展银行等专线性、事业性银行。债券一般是无纸化的登录债券,由中央国债登记结算有限责任公司(简称"中央结算公司")负责登记托管,承销商和认购人均在中央结算公司开设托管账户,接受政策性银行委托,办理还本付息业务。其运行方式有一套特殊的规定,可以在银行间债券市场流通,进行现券买卖和抵押回购操作。政策性金融债券随着数量越来越多,发行总额越来越大,成为各金融机构主要的投资工具。同时,政策性金融债券成为中国人民银行执行货币政策、进行公开市场业务操作的一种重要的货币工具。其期限一般有3个月、6个月、1年、5年,可分为固定利率债券、浮动利率债券、贴现债券、到期一次还本付息单利债券、逐年付息债券等。

2) 商业银行债券

商业银行债券的发行主体为境内设立的商业银行法人,可分为一般金融债券、小微企业贷款专项债券、"三农"专项金融债券、次级债券、二级资本工具等。

3) 非银行金融债券

非银行金融债券的发行主体为境内设立的非银行金融机构法人。它包括银行业金融机构发行的财务公司债券、金融租赁公司债券、证券公司债券、保险公司金融债券和保险公司次级债券。

5. 企业信用债券

1) 企业债券

企业债券的发行主体为企业。经发改委核准,企业债券通过中央结算公司发行系统面向银行间债券市场和交易所市场统一发行,在银行间债券市场及交易所市场交易,在中央结算公司登记托管。

(1) 中小企业集合债券。它是企业债券的一种,由牵头人组织,发债主体为多个中小企业所构成的集合。发行企业各自确定发行额度分别负债,使用统一的债券名称,统收统付。其期限一般为3~5年。

(2) 项目收益债券。它是企业债券的一种,发行主体为项目实施主体或其实际控制人,债券募集资金用于特定项目的投资与建设,本息偿还资金完全或主要来源于项目建成后的运营收益。

(3) 可续期债券。它是企业债券的一种,发行主体为非金融企业,在银行间债券市场发行。无固定期限,嵌入发行人续期选择权,内含发行人赎回权,具有混合资本属性。

2) 非金融企业债务融资工具

非金融企业债务融资工具在交易商协会注册发行,发行主体为具有法人资格的非金融企业,面向银行间债券市场发行,在银行间债券市场交易,在上清所登记托管。

其中,短期融资券期限在1年以内,超短期融资券期限为270天以内,中期票据期限在1年以上。永续中期票据是中期票据的一种,无固定期限,内含发行人赎回权。中小企业集合票据的发行主体为2～10个具有法人资格的中小非金融企业,以统一产品设计、统一券种冠名、统一信用增进、统一发行注册方式共同发行。非公开定向债务融资工具采用非公开发行,面向银行间债券市场特定机构投资人发行,只在特定机构投资人范围内流通转让。资产支持票据由企业基础资产产生的现金流作为还款支持。项目收益票据的发行主体为非金融企业,在银行间债券市场发行,募集资金用于项目建设且以项目产生的经营性现金流为主要偿债来源。

3) 公司债券

发行主体为上市公司或非上市公众公司,经证监会核准,在交易所债券市场公开或非公开发行,在证券交易所上市交易或在全国中小企业股份转让系统转让,在中国证券登记结算有限责任公司(简称"中证登")登记托管。2016年3月"双创"公司债试点推出,募集资金主要用于创新创业公司的技术创新、产品研发、市场开拓等。

4) 可转换公司债券

可转换公司债券的发行主体为境内的上市公司,在一定期间内(不得早于自发行之日起6个月)依据约定条件可以转换成股份,期限为3～5年。可转换公司债券在交易所债券市场发行、交易,在中证登登记托管。

可分离债券是认股权和债券分离交易的可转换公司债券,期限最短为1年。

5) 中小企业私募债券

中小企业私募债券的发行主体为境内中小微企业,面向交易所债券市场合格投资者非公开发行,只在合格投资者范围内转让,在中证登登记托管。

6. 资产支持证券

1) 信贷资产支持证券

信贷资产支持证券的发行主体为特定目的信托受托机构(信托公司),代表特定目的信托的受益权份额,受托机构以信托财产为限向投资机构支付信贷资产支持证券收益。信贷资产支持证券主要在银行间债券市场发行和交易,也可跨市场发行和交易,在中央结算公司登记托管。

2) 企业资产支持证券

企业资产支持证券的发行主体为券商,以券商集合理财计划形式出现,基础资产为信贷资产以外的其他资产、收费权等。它在交易所市场发行和交易,在中证登登记托管。

7. 熊猫债券

熊猫债券是指境外机构在中国境内发行的人民币债券,目前发行人主要是国际开发机构和境外银行。熊猫债券在银行间债券市场发行、交易,一部分在中央结算公司登记托管,另一部分在上海清算所登记托管。

8. 同业存单

同业存单是指存款类金融机构法人在银行间市场上发行的记账式定期存款凭证,它是货币市场工具。同业存单采用电子化方式通过外汇交易中心公开或定向发行,投资和交易主体为同业拆借市场成员、基金管理公司及基金类产品,在上清所登记托管。固定利率存单期限包括1个月、3个月、6个月、9个月和1年,浮动利率存单期限包括1年、2年和3年。

(二) 按照付息方式划分

1. 零息债券

该债券低于面值折价发行,到期按面值一次性偿还,期限在1年以上。

2. 贴现债券

该债券低于面值折价发行,到期按面值一次性偿还,期限在1年以内。

3. 固定利率附息债券

该债券在发行时标明票面利率、付息频率、付息日期等要素,按照约定利率定期支付利息,到期日偿还最后一次利息和本金。

4. 浮动利率附息债券

该债券以某一短期货币市场参考指标为债券基准利率并加上利差(发行主体可通过招标确定)作为票面利率,基准利率在待偿期内可能变化,但基本利差不变。

5. 利随本清债券

该债券在发行时标明票面利率,到期兑付日前不支付利息,全部利息累计至到期兑付日和本金一同偿付。

(三) 按照币种划分

1. 人民币债券

人民币债券是指以人民币计价的债券,包括境内机构发行的人民币债券和境外机构发行的熊猫债券,占中国债券市场的绝大部分。

2. 外币债券

外币债券是指境内机构在境内发行的以外币计价的债券,经中国人民银行批准发行。目前仅有零星的境内美元债券,大部分在中央结算公司托管。

3. SDR债券

SDR债券是指以特别提款权(SDR)计价的债券。2016年8月,世界银行在中国银行间债券市场发行总额为5亿SDR(约合人民币46.6亿元)以人民币结算的SDR债券,后续有更多中资机构和国际组织参与发行。

(四) 按照可流通性划分

1. 可流通债券

可流通债券是指可在银行间债券市场、交易所债券市场、商业银行柜台市场中一个或多个市场交易流通的债券。

2. 不可流通债券

不可流通债券是指不可流通转让的债券,可提前兑取、质押贷款、非交易过户等。

(五) 其他

1. 绿色债券

绿色债券是指募集资金专项支持绿色产业项目的债券。以中国金融学会绿色金融专业委员会发布的《绿色债券支持项目目录(2015年版)》为界定标准,绿色债券可分为贴标绿色债券和非贴标绿色债券。2016年,中国发行人在境内外发行的绿色债券规模达2380亿元,位居世界第一。其中境内市场贴标绿色债券发行规模为2017.85亿元,包括29个发行主体发行的绿色金融债券、绿色公司债券、绿色企业债券、绿色中期票据和绿色资产支持证券等各类债券66只。

2. 社会效应债券

社会效应债券是将募集资金用于社会公共服务领域的债券,注重用市场化手段解决社会问题。2016年,中国首只社会效应债券——山东省沂南县扶贫社会效应债券在银行间交易商协会完成注册,募集资金5亿元,用于当地的扶贫工作。

债券品种创新演变如表3.1所示。

表3.1 债券品种创新演变

年份	政府信用债券	金融债券	企业信用债券
1981	国债	—	—
1984	—	—	企业债券
1985	—	特种贷款金融债券	—
1992	—	—	城投债券
1996	贴现国债;央行融资券	—	—
1997	—	政策性银行债券,特种金融债券	—
2001	—	非银行金融机构债券	—
2002	央行票据	—	—
2003	—	境内美元债券	中小企业集合债券
2004	凭证式国债(电子记账)	商业银行次级债券	—
2005	—	券商短期融资券,国际机构债券(熊猫债券)	短期融资券,信贷资产支持证券,券商资产支持证券
2006	储蓄国债	—	可转债券
2007	特别国债	—	公司债券
2008	—	—	可转换债券,中期票据
2009	地方政府债券	—	中小企业集合票据

续表

年份	政府信用债券	金融债券	企业信用债券
2010	政府支持机构债券	—	企业资产支持票据
2011	—	商业银行普通债券	非公开定向债务融资工具
2012	—	—	中小企业私募债券
2013	—	同业存单	可续期债券
2014	—	证券公司短期公司债券,保险公司次级债券,三农专硕金融债券	永续中期票据,项目收益债券,项目收益票据
2015	定向承销地方政府债券	大额存单,专项金融债券	—
2016	—	绿色金融债券,SDR债券,扶贫专项金融债券	绿色企业债券,绿色资产支持证券,"双创"公司债券

(数据来源:中央结算公司。)

债务融资工具谱系如图3.1所示。

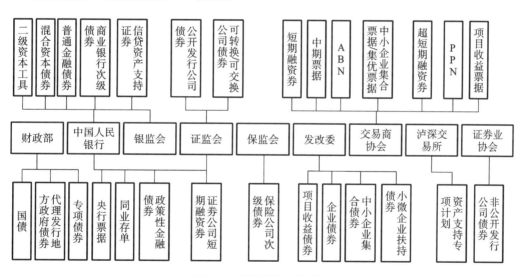

图3.1 债务融资工具谱系

三、债券的估值

由于债券的付息与还本都发生在若干个月或若干年之后,因此,投资者愿付的这种未来收益权的价格取决于将来的货币价值与今天所持有现金价值的比较。而这个"现值"的计算依据是市场利率。任何债券的折现率都为无风险利率加上一定的风险溢价,这种风险溢价反映了债券的某些特征,譬如违约风险、流动性、纳税属性、赎回风险等。

为简化问题,我们现在假设只有一种利率,它适合于任何到期日现金流的折现,我们可以很容易地把这一假设放宽。在实践中,不同时期的现金流会有不同的贴现率。我们

暂时先忽略这一限制条件,债券现金流的构成由直到到期日为止的息票利率的支付再加面值的最终支付。因此:

债券价值=债券利息的现值+面值的现值

其估值公式可以表示为:

$$P = \sum_{t=1}^{n} \frac{C}{(1+r)^t} + \frac{F}{(1+r)^n}$$

其中,C 指每一期的利息;F 指票面值;r 指的是每一期的折现率;n 表示到期期限。

根据上式可知,市场利率越高,则债券持有人所得的现值支付就越低。因此,债券价格在市场利率上升时会下跌。这说明了债券价值的一个重要的普遍性规律:债券支付的现值是通过在更高的利率下贴现而得到的,因此利率上升,债券价格一定会下跌,利率与市场价格呈反向关系。

【例题】债券估值

1. 6年期国债,面值为1000,息票率为3.25%,年付息1次。如果到期收益率为4%,则发行时的价格是多少?

$$P = \frac{32.5}{(1+4\%)} + \frac{32.5}{(1+4\%)^2} + \frac{32.5}{(1+4\%)^3} + \frac{32.5}{(1+4\%)^4} + \frac{32.5}{(1+4\%)^5} + \frac{32.5}{(1+4\%)^6}$$
$$+ \frac{1000}{(1+4\%)^6} = 960$$

2. 6年期国债,面值为1000,息票率为4%,年付息1次。如果到期收益率为3.25%,则发行时的价格是多少?

$$P = \frac{40}{(1+3.25\%)} + \frac{40}{(1+3.25\%)^2} + \frac{40}{(1+3.25\%)^3} + \frac{40}{(1+3.25\%)^4} + \frac{40}{(1+3.25\%)^5}$$
$$+ \frac{40}{(1+3.25\%)^6} + \frac{1000}{(1+3.25\%)^6} = 1040$$

3. 6年期国债,面值为1000,息票率为4%,年付息1次。如果到期收益率为4%,则发行时的价格是多少?

$$P = \frac{40}{(1+4\%)} + \frac{40}{(1+4\%)^2} + \frac{40}{(1+4\%)^3} + \frac{40}{(1+4\%)^4} + \frac{40}{(1+4\%)^5} + \frac{40}{(1+4\%)^6}$$
$$+ \frac{1000}{(1+4\%)^6} = 1000$$

思考:通过以上例题,我们可以发现:当到期收益率大于票面利率,债券价格小于票面价格,此时即为折价发行;当到期收益率等于票面利率,债券价格等于票面价格,此时即为平价发行;当到期收益率小于票面利率,债券价格大于票面价格,此时即为溢价发行。

四、债券的收益率

(一)债券收益率

债券收益率有很多种,比较常用的是以下四种:票面收益率、当期收益率、到期收益率和持有期收益率。

票面收益率又称名义收益率或票息率,是债券票面上的固定利率,即年利息收入与债券面额之比率。当期收益率又称直接收益率,是指利息收入所产生的收益,通常每年支付两次,它占了公司债券所产生收益的大部分。当期收益率是债券的年息除以债券当前的市场价格所计算出的收益率,它并没有考虑债券投资所获得的资本利得或损失,只衡量债券在某一期间所获得的现金收入相较于债券价格的比率。

在现实情况中,投资者不是根据允诺回报率来考虑是否购买债券的,而是必须综合考虑债券价格、到期日、息票收入来推断债券在其整个生命期内可提供的回报。到期收益率被定义为使债券的支付现值与债券价格相等的利率。这一利率通常被看作是债券自购买日保持至到期日为止所获得的平均报酬率的测度。为了计算到期收益率,我们要解出在给定债券价格下关于利率的债券价格方程。

债券的到期收益率是指对债券投资的内部报酬率。到期收益率可以解释为假定债券在其生命期内所获得的所有息票收益在利率等于到期收益率的情况下再投资所得到的复利回报。到期收益率是被广泛接受的一般回报的代表值。

持有期回报率是指债券在一定时期内的收益率(包括资本损益)作为债券期初价格的一个百分比。在持有期内发生的收入的基础上,可以计算出任何持有期的回报率。例如,如果一种30年期、年息票收入为80美元的债券以1000美元购入,它的到期收益率为8%。如果债券价格到年底升为1050美元,它的到期收益率将下降到8%以下(现在债券的售价高于面值,所以到期收益率一定低于8%的息票利率),但本年持有期回报率将高于8%。持有期回报率=[80+(1050-1000)]÷1000=13%。

(二)影响债券收益率的因素

影响债券收益率的因素有很多,几种主要的影响因素是市场利率、债券的持有期限、收益的支付频率、利率风险、通货膨胀、违约风险、税收以及流动性风险。

利率是影响债券价格的主要因素,利率变动与债券价格呈反向变动关系。需要强调以下几点:①长期债券比短期债券具有更强的利率敏感性,或者说,距到期日时间越长,利率风险越大;②债券的市场价格与到期收益率呈反向变动关系,即债券价格越高,到期收益率越低;③债券的票面利率越低,利率风险越大,新债券的收益率风险也越大。

五、债券的评级

(一)国际债券评级

目前国际上公认的最具权威性的信用评级机构,主要有美国标准普尔公司和穆迪投资服务公司。标准普尔公司信用等级标准从高到低可划分为AAA级、AA级、A级、BBB级、BB级、B级、CCC级、CC级C级和D级。穆迪投资服务公司信用等级标准从高到低可划分为Aaa级、Aa级、A级、Baa级、Ba级、B级、Caa级、Ca级、C级。

不同级别的债券有各自不同的特点,首先来看A级债券:①本金和收益的安全性最高;②受经济形势影响较小;③收益水平较低,筹资成本也较低。对于A级债券来说,利率的变化比经济状况的变化更为重要。因此,一般人们把A级债券称为信誉良好的"金边债券",A级债券对特别注重利息收入的投资者或保值者是较好的选择。

其次来看 B 级债券：①债券的安全性、稳定性以及利息收益会受到经济中不稳定因素的影响；②经济形势的变化对这类债券的价值影响很大；③投资者冒一定风险，但收益水平较高，筹资成本与费用也较高。对 B 级债券的投资，投资者必须具有选择与管理证券的良好能力。对愿意承担一定风险，又想取得较高收益的投资者而言，投资 B 级债券是较好的选择。

C 级债券和 D 级债券，这两类债券的特点也非常显著：①它们是投机性或赌博性的债券；②从正常投资角度来看，它们没有多大的经济意义，但对敢于承担风险、试图从差价变动中取得巨大收益的投资者而言，C 级债券和 D 级债券是可供选择的投资对象。

（二）国内债券评级

中国人民银行作为管理信用评级行业的主体，针对信用等级设置制定了金融业标准，主要分为长期信用等级（三等九级，AAA 至 C）和短期信用等级（五级，A-1 至 D）。

债券信用评级是以企业或经济主体发行的有价债券为对象进行的信用评级。债券信用评级大多是企业债券信用评级，是对具有独立法人资格企业所发行的某一特定债券按期还本付息的可靠程度进行评估，并标示其信用程度的等级。这种信用评级，是为投资者购买债券和证券市场债券的流通转让活动提供信息服务。国家财政发行的国库券和国家银行发行的金融债券，由于有政府的保证，因此不参加债券信用评级。地方政府或非国家银行金融机构发行的某些有价证券，则有必要参加评级。

我国债券信用级别的评定方法为：首先，根据各指标的重要性给出各指标的权重；其次，将发债企业的实际情况与各指标对照得出实际分；最后，根据实际分的高低，确定信用级别。这里就有一个问题：指标的权重是固定的，显示不出不同类型债券在不同时期评级的相对重要性。

（三）评级机构的重要作用

评级机构是独立的私人企业，不受政府控制，也独立于证券交易所和证券公司。它们所做出的评级结果仅供投资者决策时参考，因此，它们对投资者负有道义上的义务，但并不承担任何法律上的责任。从理论上讲，债券评级机构至少发挥两个重要作用：提供信息和提供认证。评级机构之所以提供信息，主要是因为存在这方面的市场需求；提供认证与政府监管密不可分。

与其他金融市场一样，债券市场上也存在信息不对称的问题，信息不对称将会产生逆向选择、道德风险问题。如果信息不对称问题非常严重，则会妨碍债券市场的正常运行。债券评级机构能在一定程度上解决信息不对称问题，提高债券市场的效率。由于存在规模经济效应以及在收集、加工信息方面的专业化，评级机构在向投资者提供与债券违约风险有关的信息的过程中能有效地降低信息搜寻成本。另外，评级机构能向债券发行公司的利害相关者（如供应商、客户和雇员）提供有价值的信息，降低利害相关者的信息搜寻成本。

政府机构对于某些金融机构的监管产生了对评级机构认证的需求。例如，一些国家的法律要求，某些金融机构只能投资于 BBB 级（投资级）债券或只能投资于 AAA 级债券以确保金融机构的稳健。当然，作为一种高度概括性的统计量，评级结果也可以被其他市场参与者广泛使用,这可以有效地降低签订合约的成本。例如,公司管理层可以要求资金的管理人只投资于AA级以上的债券。

评级机构评定的债券等级非常重要,因为债券等级越低意味着债券的利率越高。针对美国债券市场的大量理论研究表明,债券等级仅仅确认了债券已经存在的风险而不是影响了其风险,这意味着评级机构只具有认证作用而没有提供信息的作用。也就是说,当评级公司调整债券等级时,债券价格并未出现显著的异常变化,这是因为评级机构评定债券等级主要是以公开信息为基础,而对债券等级进行调整所依据的公开信息已经反映在债券的价格中了。而最新研究结果表明,债券等级的改变确实引起了债券价格的变化,只是幅度很小,在宣布等级变化的两天内平均价格变化幅度不到2%,这表明评级机构向市场提供了公开信息以外的新信息,这可能是因为评级机构与发行债券的公司存在更密切的接触。

(四) 我国主要资信评级机构

1. 大公国际资信评估有限公司

大公国际资信评估有限公司(简称"大公")于1994年经中国人民银行和国家经贸委批准成立,是面向全球的国际信用评级机构。

作为新型国家信用评级标准的创建者,大公是世界第一家向全球提供国家信用风险信息的非西方国际评级机构,是财政部推荐参加亚洲债券市场建设的评级机构,是参与国际信用评级体系改革、争取国际评级话语权的中国信用评级机构的代表。

作为中国信用评级行业和评级市场的创建者,大公具有国家特许经营的全部资质,是中国唯一可为所有借款和发行债券的企业进行信用等级评估的权威机构。

作为中国行业、地区、企业信用评级标准的创建者,大公参加了国内大部分债务工具的创新设计与推广应用,先后为万余家企业与项目进行信用评级,债券发行总额逾万亿元。

作为多元化的金融信用信息服务商,大公建立了我国评级业第一个博士后科研工作站,为资本市场提供前沿风险评价技术与研究服务;大公与天津财经大学联合创建了我国第一所以培养信用评级和风险管理高端专业人才为主的高等院校——大公信用管理学院。

作为中国最具规模化、规范化的评级机构,大公拥有员工400余人,其中,拥有硕士、博士学位的分析师200多名,博士后科研人员30多名,在国内设有30多个分支机构,每年为国内外客户提供信用信息服务。

作为致力于民族品牌国际化发展的评级机构,大公把自己的命运与国家战略发展和中华民族伟大复兴紧密联系在一起,正在努力通过研究中国和国际信用问题的本质规律和解决方案,向资本市场提供公正的信用信息,建设并发展成为一个拥有国际资本市场话语权的民族信用评级机构。

2. 中诚信国际信用评级有限公司

中诚信国际信用评级有限公司(简称"中诚信国际",英文简称"CCXI")是经中国人民银行总行、中国商务部批准设立,在中国国家工商行政管理总局登记注册的中外合资信用评级机构。2006年4月13日,中国诚信信用管理有限公司(简称"中国诚信",英文简称"CCX")与全球著名评级机构穆迪投资者服务公司(简称穆迪,英文简称"Moody's")签订协议,出让中诚信国际信用评级有限公司49%的股权;2006年8月15日中国商务部正式批准股权收购协议,中诚信国际正式成为穆迪投资者服务公司成员。作为中国本土评级事业的开拓者,中诚信国际(其前身为"中国诚信")自1992年成立以来,一直引领着我国信用评级行业的发展,创新开发了数十项信用评级业务,包括企业债券评级、短期融资券评级、中期票据评级、可转换债券评级、信贷企业评级、保险公司评级、信托产品评级、货币市场基金评级、资产证券化评级、公司治理评级等。近年来,中诚信国际在信用评级业务方面完成了数项开创性评级业务和技术,新的评级业务和技术极大地推动了中国评级市场的发展,提高了中国信用评级业的技术水平。中诚信国际是国家发展和改革委员会认可的企业债券评级机构,也是中国人民银行认可的银行间债券市场信用评级机构。中国保监会在2003年5月30日发布的《保险公司投资企业债券管理办法》中将中诚信国际列为首位认可的信用评级机构。中诚信国际是评级机构在中国银行间交易商市场协会第一届常务理事单位。全国银行间同业拆借中心于2006年、2007年在银行间债券市场举行了由银行间市场投资者投票的五家评级机构评比,中诚信国际连续两年位列第一。

3. 联合资信评估有限公司

联合资信评估有限公司(简称"联合资信")是市场公认的较专业的信用评级机构之一。

联合资信总部设在北京,注册资本3000万元。股东为联合信用管理有限公司和惠誉信用评级有限公司,前者是一家国有控股的全国性专业化信用信息服务机构,后者是一家全球知名的国际信用评级机构。

联合资信的主要业务领域包括资本市场信用评级和信用风险咨询。

联合评级资质齐全,是中国人民银行、国家发改委、中国保监会等监管部门认可的信用评级机构,是中国银行间市场交易商协会理事单位。

联合资信拥有一支团结、高效、专业、具有高度责任感的管理团队和专业分析师队伍,服务一大批国内特大型央企和地方龙头企业,在国内信用评级行业树立了良好的社会形象,赢得了市场参与方的广泛肯定,在历次银行间市场参与者对评级机构的评价活动中名列前茅。

联合资信将秉持"专业、责任、创新、坚持"的理念,致力于为投资者、监管部门提供客观、公正、科学的信用评级结果。

4. 鹏元资信评估有限公司

鹏元资信评估有限公司(简称"鹏元")原名为"深圳市资信评估公司",成立于1993年,先后经中国人民银行、中国证监会、国家发改委认可,在全国范围内从事信用评级业务。作为中国最早成立的评级机构之一,鹏元始终坚持"独立、客观、公正"的评级理念,遵循"客户至上、保证质量、服务先行"的经营宗旨,将防范金融风险和维护社会信用作为经营使命。

1993年3月,经中国人民银行深圳特区分行批准,鹏元获得从事贷款企业评级业务资格;1997年12月,经中国人民银行批准,鹏元成为首批具有在全国范围内从事企业债券评级业务资格的9家评级机构之一;2007年9月,经中国证监会核准,鹏元成为首批获得证券市场资信评级业务资格的评级机构之一;2008年9月,经国家发改委批准,鹏元获得从事企业债券评级业务资格,成为全国第一家正式获得国家发改委书面批文的评级机构;2009年11月,经中国人民银行贵阳中心支行核定,鹏元获得贵州省信贷市场企业主体信用评级资格;2010年3月,经中国人民银行上海分行核定,鹏元获得上海市信贷市场企业主体信用评级资格。

目前,鹏元的业务品种包括上市公司债券评级、非上市公司债券评级、借款企业信用评级、上市公司治理评级、商业银行信用评级、综合实力评级、招投标评级、中小企业私募债等十余种,公司整体评级技术一直处于国内领先水平。

迄今为止,鹏元已累计完成了30000余家(次)工商企业资信评级,为逾千只债券进行了信用评级。同时,鹏元拥有一支专业化、高素质的研究团队。2011年,中央财经大学与鹏元合作创建中财-鹏元地方财政投融资研究所,对地方财政投融资问题进行持续、深入的研究;2010年,鹏元作为唯一的非政府机构被邀请参与"十二五"期间报国务院审批的重点专项规划——社会信用体系建设规划的编制工作;2009年,鹏元参与研究的课题"国家开发银行商业化改制对债券市场的影响"荣获国家开发银行创新成果特殊贡献奖,负责研究的课题"全覆盖债券的国际经验及中国的现实选择"荣获国家开发银行创新成果一等奖。

此外,鹏元与深圳证券信息有限公司共同开发的上市公司治理评级体系在深圳证券交易所投入使用,是国内首个付诸实际应用的公司治理评级体系。目前,鹏元已初步建成包含深沪两地全部上市公司治理等级结果的上市公司治理评级数据库。同时,鹏元还积极参与中国证监会发起的公司治理专项活动,协助监管机构和证券交易所对上市公司进行公司治理知识培训。自2007年以来,鹏元连续作为特别支持机构为主板上市公司"100强"和中小板上市公司"50强"评选活动提供专业的公司治理评级。

鹏元作为一直致力于打造民族品牌的信用评级机构,希望以多年在信用评级领域积累的经验服务于国内外资本市场,向全世界的投资者发布来自中国的评级资讯,提升中国信用评级行业的国际影响力,确立与金融强国相匹配的评级地位,维护国家金融安全。

5. 东方金诚国际信用评估有限公司

东方金诚国际信用评估有限公司(简称"东方金诚")是经财政部批准,由中国东方资产管理公司以资本金投资控股的全国性、专业化信用评级机构。公司先后获批中国证监会、中国人民银行和国家发改委认定的证券市场及银行间债券市场两大债券市场国内全部债务工具类信用评级资质,以及各地中国人民银行批准的信贷市场评级资质。公司注册资本1.25亿元人民币,在全国各地设立了26家分公司,并全资控股一家专业数据公司——北京东方金诚数据咨询有限公司,是中国境内经营资本实力最雄厚的信用评级机构之一,实际控制者为财政部。

第二节 美国债券市场及其发行

本节主要从两个方面展开：一是美国债券市场的概述，包括美国债券市场的构成、美国债券的种类等；二是介绍美国债券市场的发行。总的来说，可将美国债券发行的程序划为两大类：一类是政府债券的发行程序；另一类是公司债券的发行程序。

一、美国债券市场概述

（一）美国债券市场

美国债券市场上的债券一共可以分为四大类，分别是财政部债券、市政债券、公司债券、机构债券。

1. 财政部债券

财政部债券包括短期国库券（又称"短期国债"）、中期国债、长期国债和储蓄债券。短期国库券的一般票面金额为 10000 美元，期限有 3 月、6 月以及 1 年三种，以一定的贴现率发行。购买价格和实际收入之间的差额就是投资者的收益。这部分收益作为投资者的利息收入要缴纳所得税。3 月和 6 月到期的债券，每周发行一次；1 年期的债券，每 4 周发行一次。这些债券由联邦储备银行及其分行以拍卖的形式出售。如果投资者出的价格被接受的话，这个价格可换算成债券的到期收益率。中期国债是指期限在 1 年以上 10 年以内的债券，票面金额大多为 1000 美元。中期国债附有息票，规定息票额，通常每半年付一次利息。1983 年以前发行的中期债券都是不记名的，债券持有人可以在指定的日期内，用息票去兑换利息；1983 年之后全部改为记名债券，购买者需要到美国财政部登记，然后由财政部按时寄送利息，本金到期时，再寄还本金。长期国债是指期限在 10 年以上的债券，面值为 1000 美元以上。1983 年以前发行的长期国债既有不记名的也有记名的，现在多采用登记形式。长期国债与中、短期国债最大的区别是，长期债券在发售时附带特别的赎回条件。根据赎回条件，美国财政部有权在债券到期前的 5~10 年内的任何时候，硬性要求债券持有者将债券卖给政府，美国财政部只支付债券面值的钱。储蓄债券只卖给个人或有选择性地卖给某些机构。个人购买储蓄债券有一定限额，而且只有两种储蓄债券可供选择：一种是 EE 系列储蓄债券，最小面额是 25 美元，发行时采用浮动利率，但规定最低利率，基本属于纯贴现债券，到期前没有利息，到期时还本付息；另一种是 HH 系列储蓄债券，10 年到期，半年付息，采用固定利率，这种债券不能进入二级市场上买卖，只能用于交换发行 6 个月以后的 EE 系列储蓄债券。

2. 市政债券

市政债券包括一般责任债券、收入债券以及混合和专项债券。其中一般责任债券是由州、县、特区、市、镇和学区发行的债务工具,并以其发行者无限制的征税权力作为担保。学区和乡镇等较小的政府机构发行的债券是以对财产的无限制征税权力作为担保。收入债券是由医院、大学、机场、修建收费公路的机构、公用事业机构等部门发行,以这些事业单位或它们推动的特定项目创造的营业收入来偿还利息。收入债券包括机场债券、专科学校和大学债券、医院债券、公用电力债券、海港债券、汽油税债券、自来水债券等。混合和专项债券结合了一般责任债券和收入债券的基本特点。混合和专项债券包括投保债券、银行担保债券、再筹资债券、道义责任债券和赤字市政救助债券。近年来,又出现了市政债券的衍生债券,如利率浮动债券和反向利率浮动债券。市政债券可以免缴联邦所得税。

3. 公司债券

公司债券包括抵押债券、公司信用债券、收入债券、有投票权债券和可转换债券等。其中抵押债券是指债券发行公司必须要以某些物质资产作为担保,以保证按时偿付利息、本金。如果发生延迟支付利息、本金的情况,债券持有人就有权占有债券合约内所指定的资产,并且可以出售这些资产来抵销债务。公司信用债券是指债券发行公司不需要指定物质资产来保证,按时付清利息、本金,并且承担一般责任。为了保护购买这类债券的投资者的利益,债券契约里有专门条款限制公司再发行有担保的债券,或无担保的债券。因为不需要担保,债券的质量完全取决于公司的信用程度,财务状况良好的大公司都发行这类债券。收入债券更类似于优先股股票。只有当债券发行公司有了足够的盈利后,才付利息,否则没有付利息的责任。公司一般很少直接发行收入债券,往往在公司重组时才发行,并且只能用于交换从属性债券或低级别的债券。有投票权债券的特点是其持有人在公司管理上有一定的发言权和表决权。可转换债券的特点是其可以转换成普通股。近年来,这种债券比较流行。

4. 机构债券

机构债券包括政府资助企业债券和联邦有关机构债券等。顾名思义,政府资助企业债券即是由政府资助企业发行的债券。政府资助企业是由美国国会创建的,共有八家。其中,联邦农业信贷银行系统负责农业部门的信贷市场;农业信贷融资协助公司旨在解决现有农贷系统中存在的问题;联邦家庭贷款银行、联邦家庭贷款抵押公司、联邦国民抵押协会负责向抵押和住房部门提供信贷;学生贷款销售协会旨在向高等教育机构提供资金支持;融资公司是为了给联邦储蓄和贷款保险公司提供资本;重组信托公司旨在清算周转不灵的机构或帮助其渡过难关。建立这种企业的目的是向农业部门、家庭部门和学生提供信贷及相关服务,降低筹资成本。这类企业是私人所有的,但是由公众经营。政府资助企业直接在市场中发行债券,发行的债券有两种:贴现票据(从隔夜到360天不等)和债券(一般大于两年)。联邦有关机构债券即是由联邦有关机构发行的债券。联邦有关机构是联邦政府的分支部门,包括美国进出口银行、商品借贷公司、农场主住房管理局、总服务局、政府国民抵押协会、海上管理局等。它们一般不在市场中直接发行证券,而是通过向联邦融资银行发行债券来筹得全部或者部分所需资金。由于这些债券的发行规模相当小,所以每次发行的借款成本要比国债的成本高很多。联邦有关机构发行的债券,不像财政部债券那样得到美国政府的信用担保,但受到美国政府全部信誉的支持。

二、美国债券的发行

(一) 政府债券的发行

由于政府债券的发行次数多,发行量较大,所以政府往往借助中央银行组织庞大的承销机构来完成这种大量、烦琐的工作。至于发行方式则多以公募招标方式为主,有时也采用认购方式。不同的政府债券,比如短期国库券、中期国债和长期国债,其发行程序也不同,不过基本步骤还是差不多的。其大致程序基本包括以下五个步骤。第一步,认购者索取并填写投标单。美国财政部定期公布各种国债的发行数量和债券期限,并委托联邦储备银行及其分行提供投标单,有意向认购的人可从联邦储备银行及其分行处索取投标单并填写以下内容:①拟认购政府债券的数额;②拟认购政府债券的期限;③所购买政府债券到期时,是否愿意继续进行投资;④拟参加竞争性投标还是非竞争性投标,还要写明投标价格或投标利率;⑤投标人的个人资料,如姓名、地址等。第二步,投标单的递交与接收。投标人在领取投标单后,必须于一周之内填写完毕,亲自送到、寄到或委托其他人递交到领取投标单的联邦储备银行或其分行,联邦储备银行在规定时间结束时停止接收投标单。第三步,中标者和中标价格的选定。接收投标单后,联邦储备银行将有效投标单按投标价格或者利率的顺序排列,提交给财政部进行分配。财政部先替换即将到期的旧国债,再分配给所有非竞争性投标者,最后再分配给竞争性投标者,直至按原定发行额出售完毕。竞争性投标者各自的中标价格计算出来之后,其平均价格为非竞争性投标者的价格。第四步,财政部宣布投标结果。财政部通过新闻媒介公布投标结果,由联邦储备银行通知投标者中标与否。第五步,财政部正式发行国债。到此为止,一次国债发行的程序就结束了。

(二) 公司债券的发行

第一步,公司债券的发行准备。这是公司拟发行债券的最初准备阶段,在此期间,发债公司从各个认购证券公司分别得到有关发行条件的说明书,综合其他方面的因素加以权衡,并从发债人的角度与有关证券公司进行洽谈。第二步,公司董事会做出关于发行公司债券的决议。公司发行债券需经 2/3 以上董事出席的董事会半数以上赞成通过,并就公司债券总额、利率上限、发行价格、票面金额、偿还期限和方式等发行条件做出决议。实际上,董事会会议往往与前一阶段的洽谈工作同时进行。第三步,向证券主管部门提出申请。公司申请时,需提供发行债券申请书、公司营业执照、董事会决议文件、公司财务报告及主管部门要求提供的其他文件。第四步,申请债券评级。发债公司向债券评级机构提出要求评级的申请,以利于债券的发行。第五步,公司债的承销。发债公司的发债申请得到证券主管部门批准后,就可以与承销集团签订协议,内容包括承销集团承担的债券数量、各成员分担的数量、承销报酬和缴款日期,以及其他权利义务。第六步,签订其他有关合同。发行公司同受托公司、登记代理公司和本息支付代理机构等签订相关协议。第七步,具体办理发行手续。主要办理的手续包括刊登发布募集公告进行发行说明和宣传,公告内容有债券发行章程、公司财务状况、承销集团名称等,并且需要印刷债券及债券认购申请书。第八步,向公众出售债券。这一过程一般由承销商在二级市场上向公众出售。第九步,缴款。第十步,公司有关登记和账务处理。到这里,次公司债券发行的程序也就完成了。

第三节 中国债券市场及其发行

一、中国债券市场概述

从 1981 年恢复国债发行开始,中国债券市场在曲折中前行,走过了不同寻常的发展历程。1996 年末,中央托管机构建立,债券市场由此进入快速发展期。市场规模迅速壮大,市场创新不断涌现,市场主体日趋多元化,市场活跃度日益提升,对外开放稳步推进,制度框架也逐步完善。截至 2017 年 9 月,中国债券市场的年发行额达 22 万亿元,债券存量超过 71 万亿元。

债券市场的重要性日渐凸显。中共十八届三中全会决议提出,要发展并规范债券市场,提高直接融资比重。"十三五"规划纲要指出,要完善债券发行注册制和债券市场基础设施,加快债券市场互联互通,稳妥推进债券产品创新。与发达国家和新兴市场国家相比,中国的债券市场仍有较大的发展空间,债市开放也方兴未艾,债券市场建设迎来重大战略机遇期。

(一)市场基本信息

市场基本信息可用表 3.2 表示。

表 3.2 市场基本信息

国家	中国
货币	人民币(CNY)
主权信用评级	大公国际 AA+(本币)/AAA(外币),展望稳定
	穆迪 Aa3,展望下调
	惠誉 A+,展望稳定
	标普 AA−(长期)/A−1+(短期),展望下调
主要交易场所	银行间债券市场
	交易所债券市场
	商业银行柜台市场

续表

债券品种	政府债券
	中央银行票据
	政府支持机构债券
	金融债券
	企业信用债券
	资产支持证券
	熊猫债券
交易时间	银行间债券市场 9:00—17:00
	交易所债券市场 9:30—11:30,13:00—15:00
	商业银行柜台市场 9:00—17:00
结算机制	全额结算;净额结算
债券托管机构	中央国债登记结算有限责任公司(简称中央结算公司)
	中国证券登记结算有限责任公司(简称中证登)
	银行间市场清算所股份有限公司(简称上清所)
中央对手方	中证登
	上清所
政府相关部门	中华人民共和国国家发展和改革委员会(简称发改委)
	中华人民共和国财政部(简称财政部)
	中国人民银行(简称人民银行)
	中国证券监督管理委员会(简称证监会)
	中国银行业监督管理委员会(简称银监会)
	中国保险监督管理委员会(简称保监会)
	中国外汇管理局(简称外管局)
市场规模	发行量 22.34 万亿元(2016 年)
	托管量 56.30 万亿元(截至 2016 年底)
	交易量 963.22 万亿元(2016 年现券及回购交易)
机构投资者数量	15300 家(截至 2016 年底)

(数据来源:中央结算公司。)

(二)市场格局

目前,中国债券市场形成了统一分层的市场体系,主要包括银行间债券市场、交易所债券市场、商业银行柜台市场和自贸区债券市场四个子市场。

1. 银行间债券市场

银行间债券市场是中国债券市场的主体,其债券存量约占所有债券市场的 91%。该市场属于大宗交易市场(批发市场),参与者是各类机构投资者,实行双边谈判成交,主要实行"实时、全额、逐笔"的结算方式。中央结算公司为投资者开立债券账户,实行一级托管,并提供交易结算服务。

2. 交易所债券市场

交易所债券市场由各类社会投资者参与,属于集中撮合交易的零售市场,典型的结算方式是净额结算。交易所债券市场实行两级托管体制,其中,中央结算公司为总托管人,负责为交易所债券市场开立代理总户;中证登为债券分托管人,记录交易所债券市场投资者明细账户。中央结算公司与交易所债券市场投资者没有直接的权责关系,交易所债券市场交易结算由中证登负责。

3. 商业银行柜台债券市场

商业银行柜台债券市场是银行间债券市场的延伸,也属于零售市场。商业银行柜台债券市场实行两级托管体制,其中,中央结算公司为总托管人,负责为承办银行开立债券自营账户和代理总账户;承办银行为债券分托管人,记录柜台债券市场投资者明细账户。中央结算公司与柜台债券市场投资者没有直接的权责关系。与交易所债券市场不同的是,承办银行日终需将余额变动数据传给中央结算公司,同时中央结算公司为柜台债券市场投资人提供余额查询服务,成为保护投资者权益的重要途径。

4. 自贸区债券市场

自贸区债券市场是银行间债券市场的延伸,定位于"在岸的离岸市场",是我国债券市场开放发展的重要尝试,有助于吸引境外投资者参与境内债券市场,丰富债券发行和投资主体,拓宽离岸人民币资金的回流渠道,加快人民币国际化进程。自贸区债券市场采取"境内关外"的模式,遵循"一线放开、二线管住"的资金出入境管理原则,即境外资产可以自由进出自贸区,但资产在区内和境内区外之间的流通需遵循相关监管要求。中央结算公司为上海自贸区债券提供发行、登记、托管、结算、付息兑付、估值、信息披露等一体化服务,投资者可通过自贸区电子平台或自贸区柜台市场承办机构进行投资。

2016年中国债券市场交易格局如表3.3所示。

表3.3 2016年中国债券市场交易格局　　　　　　　　　　单位:万亿元

项目	银行间债券市场	交易所债券市场	商业银行柜台债券市场	自贸区债券市场
发行额	19.49	2.86	0.20	0.003
交易额	731.02	232.20	0.009	0.00039
托管额	51.86	4.45	0.69	0.003

(数据来源:中央结算公司。)

中国债券市场2008—2017年债券市场存量如图3.2所示。

二、我国债券的发行与承销

(一)我国债券的发行方式

我国债券的发行方式主要有公募发行、私募发行和柜台发行,其中公募发行是主流发行方式。

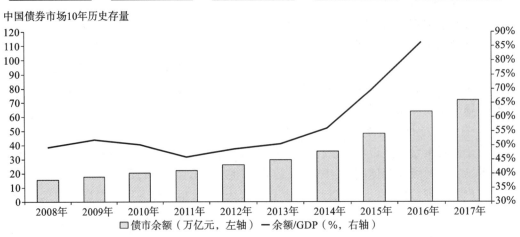

图 3.2　中国债券市场 2008—2017 年债券市场存量

1. 公募发行

1）招标发行

由发行人确定招标方式、中标方式等发行条件，在市场上公开竞标，承销团成员按中标额度承销债券。债券发行有数量、价格、利率和利差等招标方式，以及等比数量、统一价位、多重价位及混合式等中标方式，并且招标方式与中标方式有多种组合。目前，政府债券、金融债券、规模较大的企业信用债券多采用招标发行方式。

2）簿记建档发行

发行人和主承销商协商确定利率或价格区间后，由簿记管理人（一般由主承销商担任）记录投资者认购数量和债券利率或价格水平意向，投资者自行决定在不同利率档次下的申购订单，最终由簿记管理人将订单汇集后按约定的定价和配售方式确定最终发行利率或价格，进行配售发行。规模小、发行频率低的信用债券发行人较多选择此种发行方式。

2. 私募发行

私募发行又称协议定向发行。发行人根据市场需求，与债券认购人协商决定债券票面利率、价格、期限、付息方式、认购数量和缴款日期等发行条件、认购费用和认购人义务，并签署债券认购协议。私募发行被作为债券市场化发行的补充。

3. 柜台发行

商业银行柜台债券市场债券发行通常与银行间债券市场同步进行，一般根据银行间债券市场招标定价结果确定发行价格。其中，关键期限记账式国债在银行间债券市场与柜台债券市场同时分销，由承销商使用在银行间债券市场自营中标的额度进行柜台分销；政策性金融债券由发行人确定柜台上市债券，并进行柜台额度追加招标，由承销商进行柜台分销；储蓄国债仅在柜台债券市场发行，由发行人单独确定发行价格。

(二) 债券的发行和承销

投资银行参与公司债券的发行和承销时,有很多业务与股票承销是类似的。投资银行需要与发行人相互调查、双向选择,然后制订发行计划并签订承销协议。发行计划主要涉及以下内容:债券期限及利率,债券发行总额,发行对象,发行方式采用溢价、平价还是折价,公司财务状况,项目可行性研究,还本付息的资金来源,以及经济效益预测等。发行计划还必须经过发行公司董事会表决通过,法律一般要求 2/3 以上公司董事出席且超半数通过发行计划方有效。在此基础上形成公司董事会决议,涉及债券发行总额、券面金额、发行价格、利率、发行日、还本付息方式等内容。

此后,向政府主管部门上报发行文件,经批准后可以着手组织发行工作。承销商应开展宣传推介活动,利用其所拥有的销售网络将债券出售给投资者。债券能否在承销期内顺利销售,不但与债券的发行条件有关,而且与承销商的声誉、承销团的组织结构和实力有关。

随后的债券承销发行工作与股票发行类似。由于公司债券发行量一般比较大,所以债券承销一般也需组成承销团,签订承销协议,明确各层次承销商的权利和义务。

在公司债券承销业务中,对债券的定价同样是重要的一环。投资银行在为公司债券定价时,所考虑的因素主要有以下几种。①资本市场上资金供求状况。如果资本市场上资金需求大于供给,则定价较高,反之亦然。②利率水平。公司债券的收益率水平应该略高于基准利率。③发行公司的资信状况及该种债券的评级。关于债券的评级前文已经详细阐释过。一般评定等级越高,债券风险越小,所对应的收益率相对较低,故而一般资信好的公司和有担保抵押及求偿权级别较高的公司债券定价较高。④利率变化。市场利率上升时,债券价格下跌;市场利率下降时,债券价格上升。⑤政府的金融货币政策。由于政府的金融货币政策可以极大地改变市场利率水平和市场资金供求状况,所以在定价时,关注货币政策动向是非常重要的,否则可能会酿成重大损失。美国 1979 年在证券承销时就出现过这样的状况:当时承销商以组织辛迪加的形式承销 IBM 的新债券,美联储的一项货币政策发生变化——上调金融市场短期利率,企图通过压缩基础货币来达到削减银行贷款的目的,结果造成 IBM 的债券价格陡然下跌,承销商根本无法按照原定的发行条件把新债券销售出去,酿成了很大的损失。

实践中,债券价格的确定依据其收益率,而收益率等于同期限的国债利率(无风险利率)加上一定的风险溢价。

在可转换公司债券的承销业务中,投资银行应该与发行人一起对可转换公司债券的要素进行合理设计。这些要素有以下几种。①标的股票,一般是发行人自己的股票,也可能是其他公司的股票。②转换价格,即将可转换公司债券转换为每股股份所支付的价格。我国相关法规规定可转换公司债券的转换价格应在募集说明书中约定。价格的确定应以公布募集说明书前 30 个交易日公司股票的平均收盘价格为基础,并上浮一定幅度。③转换比率,是指每张可转换公司债券能够转换的普通股股数。④转换期,是指可转换公司债券转换为股份的起始日至结束日的期间。⑤赎回条款,是指可转换公司债券的发行人可以在债券到期日之前提前赎回债券的规定。⑥回售条款,是指在可转换公司债券发行人的股票价格达到某种恶劣程度时,债券持有人有权按照约定的价格将可转换公司债券卖给发行人的有关规定。设置回售条款,是为了保护债券投资者的利益,使其能够避免遭受大的投资损失,从而降低投资风险。⑦强制性转换条款,是指在某些条件具备后,债券持有人必须将可转换公司债券转换为股票,无权要求偿还本金的规定。这一规定的目的在于保证可转换公司债券顺利转换为股票,实现发行人扩大权益融资的目的。

公司债券的承销费用不如股票那样有弹性。虽然费用均是由发行人和承销商讨价还价形成的,但是由于股票不确定因素较多,承销商"仁者见仁,智者见智",对股票走势强弱判断不一,收取的费用可能差别很大。债券则不然,因其不确定因素少,所以在一定的市场条件下,资信状况大致相同的发行公司所支付的承销费用也大致相等。

(三) 国债的发行和承销

1. 国债的发行方式

在以公募方式发行国债的市场上,一般的发行方式有以下几种。

1) 固定收益出售

固定收益出售是指在金融市场按预先确定的发行条件发行国债。其特点如下:第一,认购期限较短,从国债开始发售到产生收益,一般必须在几天(最长为两周)的时间内完成;第二,发行条件固定,即国债的利率与票面价格相联系固定不变,按照既定的发行条件出售;第三,发行机构不限,金融机构邮政储蓄机构、中央银行财政部门等都可以此方式代理发行国债。

2) 包销

包销主要是指承购包销的发行方式,即由发行人和辛迪加集团或中央银行签订承购包销合同,合同条件通过双方协商确定。由于辛迪加集团的成员是大的投资银行或中央银行,它们对市场情况非常了解,为了分销国债,它们要求较低的价格和较高的利率,而发行者总是要求较高的价格和较低的利率以便降低成本,所以两者之间的讨价还价常常能确定一个接近由市场供求决定的价格或利率水平。

3) 随买

通过随买方式发行国债时,要根据市场情况,委托发行机构在金融市场上设专门柜台经销。这种发行方式较灵活,可以根据市场利率变动随时做出调整。

4) 拍卖

我国国债自1999年银行间债券市场化发行以来,发行的债券品种基本上是中长期债券,财政部在银行间债券市场1999年至2004年第3期,全部采用单一价格拍卖方式(投标者按照相同的价格支付,这个价格称为终止价格。终止价格就是中标者中最低的投标价格,即总需求量等于或高于总供给量的最高价格)。从2004年第4期开始,我国国债全部采用混合拍卖方式(混合拍卖中,全场加权平均中标利率为当期债券票面利率,投标利率低于或等于票面利率,按票面利率中标;投标利率高于票面利率且低于规定数量的标位,按各自中标利率与票面利率折算的价格承销;投标利率高于票面利率一定数量的标位,则全部落标)。

2013年9月26日,上海证券交易所和中国证券登记结算有限责任公司发布《国债预发行(试点)交易及登记结算业务办法》。国债预发行是指以即将发行的记账式国债招标后按约定价格进行资金和国债交收的交易行为,也就是在国债正式招标发行前特定期间买卖双方进行交易,并约定在国债招标后按约定价格进行资金和国债交收的交易行为。从境外经验来看,国债预发行业务在成熟市场非常普遍,是各国利率市场化进程中完善国债市场化发行制度的重要配套举措。国债预发行业务具有以下几个方面的直接作用:一是有助于改善国债市场价格发现功能,促进国债市场功能的充分发挥;二是国债承销商可以提前将国债销售出去,有助于其锁定客户认购意向,提高国债投标的准确性,降低国债承销风险;三是投资者可以间接参与国债发行过程,提前锁定投资收益。

目前,美国所有的可转让国债都采用拍卖方式发行,并且都采用收益率拍卖方式,美国财政部根据在拍卖过程中决定的票面利率来发行已公布的全部国债数额。一般美国财政部不设定投标的最大收益率(即最小价格),也不任意增加或减少已经公布的发行规模,除非是授予由联邦储备银行保管的外国官方账户或联邦储备系统公开市场操作账户。一般地,在美国财政部公布发行新的国债和国债实际发行之间会有一周左右的时间。在此期间,财政部允许对即将发行的债券进行交易(即招标前交易)。这样做的目的是有利于价格发现,减少拍卖过程中的不确定性;潜在的竞争性投标者可以从招标前交易中得到有效的价格信息,从而决定参与投标的价格;而非竞争性投标者也可以从招标前交易中估计拍卖的平均价格,从而决定是否进行非竞争性投标。

目前美国国债收益率拍卖方式主要有以下两种。

第一种是多价格拍卖,也称歧视性价格拍卖。目前,除了2年期、5年期中期债券和通货膨胀指数化债券外,其他的可转让国债都是通过多价格拍卖发行的。在多价格拍卖中,美国财政部首先满足所有非竞争性投标者的投标,再按照收益率(在国库券拍卖中是贴现率)从低到高的顺序对所有竞争性投资者进行排序,并分别卖给他们所愿购买的国债数量,直到卖完所有的已公布发行的国债。所有的竞争性投标者根据其各自的收益率报价支付价格,收益率报价最低的投标者最有可能中标,但中标后支付的价格最高;相反,收益率报价最高的投标者中标后所支付的价格最低,但中标的可能性最小。非竞争性投标者支付的价格是所有中标的竞争性投标者支付价格的加权平均数。

第二种是单一价格拍卖。自1992年9月开始,美国财政部对每月发行的2年期和5年期中期债券进行单一价格拍卖,而通货膨胀指数化债券的单一价格拍卖则是从1997年1月开始。在单一价格拍卖中,所有的投标者都是按照收益率进行投标的,并且票面利率也由拍卖决定,美国财政部按照收益率从低到高的顺序对所有投标者进行排序,并分别卖给其愿意购买的国债数量,直到卖完所有已公布发行的国债。但与多价格拍卖不同,所有中标的竞争型投资者都按照最后中标者的收益率进行报价,支付购买价格,即每位中标者支付的价格都是相同的,并且是所有中标者中最低的报价。

2. 国债承销

在很多国家,并不是所有的投资银行都可以直接参加国债的承销业务。为保证国债发行工作的顺利进行,尽可能避免发行失败,这些国家实行了国债的一级自营商制度。该制度的核心就是对一级承销商的主体资格由政府有关部门进行认定,并进一步明确发行主体与一级自营商之间的权利和义务。一级自营商,美国称作一级交易商。在美国有权认定一级交易商的机构是作为美国财政部发行国债代理人的美联储。美联储认定的一级交易商既包括投资银行,又包括商业银行,特别是货币中心商业银行。在认定的标准上要看这些机构是否达到一定的资本要求,并且愿意在货币市场上与美联储进行交易。承诺上述条件后,在美联储通过公开市场业务执行其货币政策时,这些机构就有义务与美联储买卖国债。一级交易商的责任是对各种国债进行做市,并积极参加美国财政部组织的国债拍卖。它们应成为有效的做市商,方便美联储进行公开市场操作,并为其提供各种有效信息。传统的报标竞拍的国债报价,只限于那些具有一级交易商资格的机构来提出,非一级交易商不允许直接报价,而必须通过一级交易商报价。后来由于报价操纵竞拍程序现象的发生,这种状况才有了改变。一些被称作"客户"的非一级交易商被允许直接参与竞拍,而无须通过一级交易商提交订单。

经典案例
"双创"债的基本概念及兴起

我国的一级自营商是指具备一定资格条件并经财政部、中国人民银行和中国证监会共同审核确定的银行、证券公司及其他非银行金融机构。国债一级自营商需要具备的条件主要有:①具有法定最低限额以上的实收资本;②有能力且自愿履行《国债一级自营商资格审查与确认实施办法》规定的各项义务;③具有一年以上国债市场上的良好经营业绩,且在前两年内无违法、违规经营记录,信誉良好。取得一级自营商的机构同时拥有相应的权利并履行相应的义务。

第四节 2016年国内债券市场新规

2016年,监管层继续推动债券市场的扩容。2月,中国人民银行(以下简称"央行")发布《关于金融支持工业稳增长调结构增效益的若干意见》,提出扩大公司信用类债券发行规模,拓展可交换债券、可转换债券市场,积极发展绿色债券、高收益债券等创新金融工具。8月,国务院印发《降低实体经济企业成本工作方案》,明确提出改革完善公司信用类债券发行管理制度,合理扩大债券发行规模,提高直接融资比例。12月,中国银行间市场交易商协会(以下简称"交易商协会")发布《非金融企业资产支持票据指引(修订稿)》,推动非金融企业有序开展资产证券化,助力企业盘活存量资产,拓宽融资渠道,发行便利化水平得到提升。2月,交易商协会正式推出分层分类管理体系,将发行人分为第一类企业、第二类企业进行管理。第一类企业可以将超短期融资券、短期融资券、中期票据、永续票据等常规产品进行多券种打包"统一注册",在注册有效期内,对每种产品的发行规模、发行期限根据企业当时的融资需求灵活确定,从而便利企业融资行为。3月,国家发展和改革委员会(以下简称"发改委")发布通知,建立包括沈阳等40个市县所属企业申请企业债券"直通车"机制,发行企业债券可直接申报,无须经由省级发改委转报。10月,上海证券交易所发布新版《上海证券交易所公司债券发行上市业务操作指南》,优化公司债券、企业债券、资产支持证券等债券产品的登记上市(挂牌)流程,提高登记上市(挂牌)效率。

监管层从加强信息披露、业务监管方面进一步推动债券市场的制度化和规范化。2016年以来,《公开发行证券的公司信息披露内容与格式准则第38号——公司债券年度报告的内容与格式》《关于公开发行公司债券的上市公司半年度报告披露的补充规定》以及《关于进一步做好非公开发行公司债券信息披露相关工作的通知》等文件先后发布,公司债发行人及中介机构信息披露的内容和规则得到进一步细化。2月,深圳证券交易所(以下简称"深交所")发布《债券业务办理指南》第1号、第2号等文件,从公司债预审核、发行及上市等角度进一步规范公司债业务。10月,中国证券监督管理委员会(以下简称"证监会")发布《公司债券发行人现场检查工作指引》,规范公司债券发行人现场检查工作,统一检查及处理标准,提高现场检查效率。上述措施有利于推动公司债业务的规范化管理以及债券市场的健康发展。此外,交易商协会先后发布《微小企业贷款资产支持证券信息披露指引(试行)》和《信贷资产支持证券信息披露工作评价规程(试行)》,加强信贷资产支持证券信息披露和科学评价,有利于维护投资者合法权益、促进信贷资产证券化市场的健康有序发展。

本章小结

(1)债券是公司筹集资金的手段之一,而且是成本较低的筹资方式之一,这主要是因为债券的利息支出可以在税前扣除。

(2)债券一般被分为A、B、C、D四个等级,不同级别的债券有各自不同的特点。对于A级债券来说,对特别注重利息收入的投资者或保值者是较好的选择。对愿意承担一定风险,又想取得较高收益的投资者,投资B级债券是较好的选择。对敢于承担风险,试图从差价变动中取得巨大收益的投资者,投资C级债券和D级债券是较好的选择。

(3)中国债券市场形成了统一分层的市场体系,主要包括银行间债券市场、交易所债券市场、商业银行柜台债券市场和自贸区债券市场四个子市场。

第四章 证券交易

第一节 证券交易基础

一、世界证券市场发展历程

世界上最早买卖股票的市场出现在荷兰,时间是1602年。因为荷兰海上贸易发达,刺激大量资本投入,因而产生了股票发行与交易的需求。第一个股份有限公司是荷兰的东印度公司。

17世纪后半叶,经济中心转移到了英国,于荷兰创立的股份公司在伦敦得到了飞跃式发展。在伦敦最古老的交易所——皇家交易所之中,与商品交易混在一起进行交易的有俄罗斯公司(1553年创建)、东印度公司(1600年创建)等公司的股票。由于买卖交易活跃,所以在皇家交易所进行股票买卖的交易商独立出来,在市内的咖啡馆里进行买卖。1773年,在伦敦柴思胡同的约那森咖啡馆中,股票经济商正式组织了第一个证券交易所,即当今伦敦证券交易所的前身,这就是现代证券市场的原型。1802年,伦敦证券交易所新大厦落成开业,当时在交易所内交易的证券主要是英格兰银行、南海公司和东印度公司的股票。

"南海泡沫事件"是英国证券市场发展史上较重要的事件之一。南海公司成立于1711年,其经营策略主要是通过与政府交易以换取经营特权并以此牟取暴利。当时英国战争负债有1亿英镑,为了应付债券,南海公司与英国政府协议债券重组计划,由南海公司认购总价值近1000万英镑的政府债券。作为回报,英国政府对南海公司经营的酒、醋、烟草等商品实行永久性退税政策,并给予其对南海(即南美洲)的贸易垄断权。

1719年,英国政府允许中奖债券与南海公司股票进行转换。随着南美贸易障碍的清除,加之公众对股价上扬的预期,促进了债券向股票的转换,进而又带动股价的上升。次年,南海公司承诺接收全部国债,作为交易条件,政府逐年向公司偿还。为了刺激股票的发行,南海公司允许投资者以分期付款的方式购买新股票。当英国下议院通过接受南海公司交易的议案后,南海公司的股票立即从每股 129 英镑上升到每股 160 英镑;而当上议院通过议案时,股票价格又涨到每股 390 英镑。投资者趋之若鹜,其中包括半数以上的参议员,就连国王也经不住诱惑,认购了 10 万英镑的股票。由于购买踊跃,股票供不应求,因而价格狂飙。到 7 月,每股又狂飙到 1000 英镑以上,半年涨幅接近 7 倍。在南海公司股价扶摇直上的示范效应下,全英国 170 多家新成立的股份公司的股票以及所有的公司股票,都成了投机对象。一时间,股票价格暴涨,平均涨幅超过 5 倍。

然而当时这些公司的真实业绩与人们期待的投资回报相去甚远,公司股票的市场价格与上市公司实际经营前景完全脱节。1720 年 6 月,为了制止各类"泡沫公司"的膨胀,英国国会通过了"泡沫法案"(The Bubble Act),即"取缔投机行为和诈骗团体法",自此许多公司被解散,公众开始清醒,对一些公司的怀疑逐渐扩展到南海公司。从 7 月份起,南海股价一落千丈,12 月份更跌至每股 124 英镑,"南海泡沫"由此破灭。"南海泡沫"事件以及"泡沫法案",对英国证券市场发展造成了重大影响,之后百年左右的时间股票发行都在受到这个法律的制约,使英国股票市场几乎停滞不前,发展极为迟缓。这种情况一直持续到英国的工业革命时期。

19 世纪上半叶,随着英国工业革命的不断深入,大量的基础产业建设需要大量的资金投入,刺激了公司股票发行与交易,股票市场开始逐渐活跃起来。由于工业革命取得成功,英国成为世界上最早的"世界工厂"。为了促进工业品的输出,英国一边对海外进行资本输出,一边在国内发展纺织等行业,进而在 1830—1840 年发展重工业。在这个过程中,为了加强产业基础而进行的国家公共事业投资以及银行、保险等公司的数量开始急剧增加。首先以股份公司的形式登场的是运河公司的股票,虽然在股票市场进行培育的进展并不大,但其后铁道公司的股票在全国形成了投机热潮,引发了在全国各地开设证券交易所进行股票交易的热潮。进入 19 世纪 50 年代,伦敦证券市场再次向海外投资急速倾斜。因为被称为"商人银行"(Merchant Bank)的英国式证券商的活跃,广泛地把美国的铁道债券、印度和澳大利亚的证券等加入了交易对象,从而为确立伦敦作为世界金融中心的地位迈出了关键性的一步。到 1914 年,在伦敦证券交易所上市的证券中有 80% 是海外证券。因此,伦敦与其说是因为国内产业资本而成长壮大起来的,不如说是作为海外资本的市场不断扩充而逐渐扩大起来的。

与此形成对照的是,美国证券市场首先是为了开发运河、铁道等国内产业基础而坚实地发展起来的。提到美国最初的证券市场可能大家都会自然地联想起华尔街,其实美国最早的证券市场是在宾夕法尼亚州的费城。当时费城不仅是美国的政治中心,也是美国的金融中心。华尔街则是 1653 年前后荷兰殖民者们将其作为交易基地而在曼哈顿岛的南部划分出一部分地方建立起来的。伴随着美国的殖民地经济的发展,华尔街也开始逐步繁荣,证券交易中介商们所汇集的咖啡馆也不断增加。最初交易者们聚集在露天街角一起进行买卖,随着经济发展以及投资者上升的热潮所支撑着的证券交易量不断增加,还特地追加了傍晚的交易时间,同时也出现了刊登着交易价格波动状况的报纸。

由于市场交易混乱与竞争无序,1792年,当时交易量最大的24家经纪商经过秘密协商,制定出了停止不当竞争,只在24人之间进行证券买卖交易,最低手续费为0.25%,每日在梧桐树下聚会交易等正式协议,这就是著名的"梧桐树协议"。这成为美国最早的股票市场,也就是纽约证券交易所的前身。1817年,这些经纪人通过一项正式章程,并定名为"纽约证券交易会",至此,一个集中的证券交易市场基本形成。1863年,"纽约证券交易会"更名为"纽约证券交易所"。

19世纪20—30年代,美国的工业化浪潮为证券业带来了新的发展机遇。这一时期发展水陆运输成为美国经济发展的中心环节。为了筹集道路、桥梁、运河等土木事业的资金,美国发行了联邦债券、州政府债券、民间事业债券、股票等,使证券市场的交易量大幅增加。当时市场上最热门的股票就是伊利运河公司的股票,紧跟在运河热之后的交易热点是铁道股票热。Mohawk & Hudson铁道公司是最初上市的铁道股票,其交易从1830年就开始了。之后铁道股票的上市持续增加,使得在交易所内进行的买卖交易更加活跃。这种情形一直持续直到1837年股价暴跌,其后5年左右华尔街一直处在一种非常低迷的状态之下。

1842—1853年,电报的发明与相关设施的建设,加利福尼亚的黄金开采热,对墨西哥战争等因素造成的景气扩大,再次唤醒了美国的经济活力,证券市场也开始逐渐地活跃起来了。其所交易的证券从以铁道股票为中心,逐步扩大到包含银行股票、保险股票、运河股票等,股票数量与交易量都明显增加,证券交易中介商人也急剧增加。1865年,随着美国南北战争的结束,中断了的铁道建设得以继续,经济也开始前所未有地发展起来。

20世纪20年代,美国经济的高速发展刺激股票市场走强,美国进入"飞扬的二十年代"。1921年8月到1929年9月,道琼斯指数上升了468%。那时人们可以进行保证金交易,即可以用10%的保证金融资购买股票,而证券市场的繁荣极大地刺激了保证金交易的数量。到1929年10月初,经纪人贷款总额激增至68亿美元的顶峰,比1928年1月的38亿美元高出约80%。

1929年7月,美联储将贴现利率从5%提高到6%。与此同时,美国经济在8月到达顶峰后疲态初露,商品批发价格出现了下降,个人收入和工业产值开始停止增长。但市场对此视而不见,终于在经历了长达十多年的牛市后美国证券市场从9月3日的386.1点开始掉头向下。到1929年10月29日,美国历史上最大的股灾爆发了,单日下跌达18.5%,美国证券市场由此进入漫长的熊市。1932年6月30日,道琼斯指数跌至41点。与股灾前相比,美国钢铁公司的股价由每股262美元跌至21美元,通用汽车公司的股价由每股92美元跌至7美元。

在这场股灾中,数以千计的人跳楼自杀。20世纪前期美国最负盛名的大经济学家欧文·费雪几天之中损失了几百万美元,顷刻间倾家荡产,从此负债累累,直到1947年在穷困潦倒中去世。这次股灾彻底打击了投资者的信心,人们闻股色变,投资心态长期不能恢复。证券市场暴跌后,投资者损失惨重,消费欲望大减,商品积压更为严重。同时,证券市场和银行出现危机,企业找不到融资渠道,生产不景气,反过来又加重了证券市场和银行的危机,国民经济雪上加霜。由于美国在世界经济中占据着重要地位,其经济危机又引发了遍及整个资本主义世界的大萧条:5000万人失业,无数人流离失所,上千亿美元财富付诸东流,生产停滞,百业凋零。

纽约证券市场崩溃发生之后,美国参议院即对证券市场进行了调查,发现有严重的操纵、欺诈和内幕交易行为。1932年银行倒闭风潮,又暴露出金融界的诸多问题。在痛定思痛、总结教训的基础上,从1933年开始,罗斯福政府对证券监管体制进行了根本性的改革,建立了一套行之有效的以法律为基础的监管构架,重树了广大投资者对证券市场的信心,保证了证券市场此后数十年的平稳发展,并为世界上许多国家所仿效。这样,以1929年大股灾为契机,一个现代化的、科学的和有效监管的金融体系在美国宣告诞生。经历了大混乱与大崩溃之后,美国证券市场终于开始迈向理性、公正和透明。

此后,经过罗斯福新政和二战对经济的刺激,美国证券市场逐渐恢复元气,到1954年终于回到了股灾前的水平。其后美国经济持续发展,证券市场欣欣向荣,继续向上,走出了数轮持续十多年的超级大牛市。其间虽然经历了1973年石油危机、1987年证券市场崩盘、1998年全球金融危机、2000年网络泡沫破灭、"911恐怖袭击"、安然公司和世界通信公司财务丑闻、2008年次贷危机事件等,但美国证券市场依然健康发展。近年来,随着金融创新产品的不断推出,投资人化解市场风险的能力大大提高,全球普遍的低利率带来了资金流动性大大增加,以及大规模金融资产涉足资产重组对市场产生很大的刺激作用,使证券市场的资金和吸引力不断增强,促进了美国证券市场的蓬勃发展,道琼斯指数持续向上,至2017年3月已突破21000点关口。

二、中国证券市场发展历史

证券市场是金融市场的重要组成部分,在金融市场体系中占有重要地位。从20世纪90年代初开始,中国证券市场经历了20多年的发展,目前我国证券市场是一个"新兴+转轨"的市场,很多制度和法规还有待完善。中国证监会正在紧急筹备新的证券法来适应21世纪的中国证券市场。目前证券市场的主要问题有监管缺位、法规缺失、存在一定的内幕交易、信息披露违法、利益输送、侵占小股东利益、违法成本较低等。新的证券法将在解决这些问题上下大功夫。在我国证券市场发展的历史上,我们能看到政治色彩占据较大的成分,比如股权分置改革造就的2007年大牛市,2015年"去杠杆"导致的2015年股灾等,忽略了市场本来应该有的规律,这是不利于市场发展的。但是我们也不能一味地认为政策导向不好,在经济良好的发展前提下,我们应该以政策导向为辅,引导市场向好的一面发展。目前我国提出资本市场要为实体经济服务,这个政策目的是好的。脱离了实体经济,证券市场就容易形成较大的泡沫,最终会引发金融危机。虽然中国证券市场的发展年限尚短,但在改革中前进,证券业已成为中国国民经济中的一个重要行业,对推动国民经济增长做出了重大贡献。首先突出了资本市场的发展是为实体经济做贡献,一是引导资金脱虚入市,2017年资本市场融资额度全球第一,为服务实体经济做出了贡献;二是对资本市场服务扶贫攻坚战略的探索,引导资金向贫困地区转移;三是中概股在美国上市也是服务国家战略;四是关于企业IPO和注册制。刘士余提出要做到"资本市场不允许任何人呼风唤雨",首先要完善监管制度,施加制度约束,强调让市场参与者不敢违规。无论是上市公司、资本市场投资者还是其他机构,都希望有一个明确的预期,知道什么能做、什么被禁止,因此建立一套健全完善的监管法律法规,才是监管者与被监管者真正的集合点。

中国证券行业的发展主要经历了五个阶段,基本情况如下。

(一)第一阶段:中国证券市场的建立

20世纪80年代,中国国库券开始发行。1986年9月26日,上海建立了第一个证券柜台交易点,办理由其代理发行的延中实业和飞乐音响两家股票的代购、代销业务,这是新中国证券正规化交易市场的开端。1990年12月,第一家经批准成立的证券交易所——上海证券交易所成立。1991年4月,经国务院授权、中国人民银行批准,深圳证券交易所成立。以沪、深证券交易所成立为标志,中国证券市场开始其发展历程。

(二)第二阶段:全国统一监管市场的形成

1992年中国证监会的成立,标志着中国证券市场开始逐步纳入全国统一监管框架,全国性市场由此开始发展。中国证券市场在监管部门的推动下,建立了一系列的规章制度,初步形成了证券市场的法规体系。1993年,国务院先后颁布了《股票发行与交易管理暂行条例》和《企业债券管理条例》,此后又陆续出台若干法规和行政规章,初步构建了最基本的证券法律法规体系。1993年以后,B股、H股开始发行,债券市场品种呈现多样化,发债规模逐年递增。与此同时,证券中介机构在种类、数量和规模上迅速扩大。1998年,国务院证券委撤销,中国证监会成为中国证券期货市场的监管部门,并在全国设立了派出机构,建立了集中统一的证券期货市场监管框架,证券市场由局部地区试点转向全国性市场发展阶段。

(三)第三阶段:依法治市和市场结构改革

1999年至2004年是证券市场依法治市和规范发展的过渡阶段。1999年7月,《证券法》实施,以法律形式确认了证券市场的地位,奠定了我国证券市场的基本法律框架,使我国证券市场的法制建设进入了一个新的历史阶段。2001年,证券业协会设立代办股份转让系统。这一阶段,证券监管机构制定了包括《证券投资基金法》在内的一系列法规和政策措施,推进上市公司治理结构改善,大力培育机构投资者,不断改革完善股票发行和交易制度,促进了证券市场的规范发展和对外开放。

(四)第四阶段:深化改革和规范发展

2004年至2008年是改革深化发展和规范发展阶段,以券商综合治理和股权分置改革为代表事件。为了贯彻落实国务院相关政策,2004年8月,中国证监会在证券监管系统内全面部署和启动了综合治理工作,包括证券公司综合治理、上市公司股权分置改革、发展机构投资者在内的一系列重大变革由此展开。2004年2月,国务院发布《关于推进资本市场改革开放和稳定发展的若干意见》,明确了证券市场的发展目标、任务和工作要求,它是资本市场定位发展的纲领性文件。从2004年5月起,深交所在主板市场内设立中小企业板块,是证券市场制度创新的一大举措。

2005年4月,经国务院批准,中国证监会发布了《关于上市公司股权分置改革试点有关问题的通知》,启动股权分置改革试点工作。股权分置改革后A股进入全流通时代,大小股东利益趋于一致。

2006年1月,修订后的《证券法》《公司法》正式施行。同月,中关村高科技园区非上市股份制企业开始进入代办转让系统挂牌交易。2006年9月,中国金融期货交易所批准成立,有力推进了中国金融衍生产品的发展,完善了中国资本市场体系结构。2007年7月,中国证监会下发了《证券公司分类监管工作指引(试行)》和相关通知,这是对证券公司风险监管的新举措。

(五)第五阶段:多层次资本市场的建立和完善发展

2009年10月创业板的推出标志着多层次资本市场体系框架基本建成。进入2010年,证券市场制度创新取得新的突破。2010年3月融资融券的推出及同年4月股指期货的推出为资本市场提供了双向交易机制,这是中国证券市场金融创新的又一重大举措。

2012年8月、2013年2月转融资、转融券业务陆续推出,有效扩大了融资融券发展所需的资金和证券来源。2013年11月,中共十八届三中全会召开,提出对金融领域的改革,为证券市场带来新的发展机遇。11月30日,中国证监会发布《关于进一步推进新股发行体制改革的意见》,新一轮新股发行制度改革正式启动。2013年12月,新三板准入条件进一步放开,新三板市场正式扩容至全国。随着多层次资本市场体系的建立和完善,新股发行体制改革的深化,以及新三板、股指期权等制度创新和产品创新的推进,中国证券市场逐步走向成熟,证券市场为中国经济提供投融资服务等功能日益突出和体现。

2014年5月,国务院发布《关于进一步促进资本市场健康发展的若干意见》(以下简称《意见》),又称"新国九条"。《意见》包括:拓展资本市场广度、深度,提高直接融资比重,积极发展混合所有制经济,促进资本形成和股权流转;发展多层次股票市场;规范发展债券市场;培育私募市场;推进期货市场建设;提高证券期货服务业竞争力;扩大资本市场开放;防范和化解金融风险;营造资本市场良好发展环境。证券市场对"新国九条"报以热烈回应,当日反弹超过2%。这是时隔10年后,国务院第二次以红头文件形式出台的资本市场纲领性文件,对我国资本市场的发展产生了深远影响。2014年4月,中国证券监督管理委员会和香港证券及期货事务监察委员会发布《中国证券监督管理委员会 香港证券及期货事务监察委员会联合公告》,决定原则批准上海证券交易所、香港联合交易所有限公司、中国证券登记结算有限责任公司、香港中央结算有限公司开展沪港股票市场交易互联互通机制试点(简称"沪港通")。2014年10月,统一证券账户平台上线。中国证券登记结算有限责任公司于10月8日起,为所有持有证券账户投资者配发一码通账户。与之相配套,新版《证券账户管理规则(修订版)》,明确放开一人一户限制,大幅降低投资者开户费和市场成本。

2015年1月,证监会主席肖钢在2015年全国证券期货监管工作会议上表示,要积极稳妥地推进股票发行注册制改革。2015年6月至8月,A股指数经历了历史上罕见的大起大落,并伴随着成交量的急升骤降,多次出现千股涨停、千股跌停的异象。宏观因素与市场因素的叠加造成了此次证券市场的剧烈波动。在监管机构密集出台维稳政策以及市场各参与主体逐步回归理性之后,证券市场也渐渐趋于稳定。目前中国经济发展已经进入"新常态",经济转型迫切需要金融改革的深化,证券行业应当更好地发挥资源配置功能,打造高质量、有特色的产品,为服务实体经济提供综合化的全面金融服务。在经历年中的证券市场异常波动之后,证券市场的制度建设进一步提速。2015年7月,证监会发布实施《证券公司融资融券业务管理办法》。上海、深圳证券交易所同步发布《融资融券交易实施细则》并随后多次修改实施细则。2015年12月,上交所、深交所、中金所正式发布了指数熔断相关规定,熔断基准指数为沪深300指数,采用5%和7%两档阈值,将于2016年1月1日起正式实施。

  2016年1月1日起,A股市场正式开始实施熔断制度,1月4日新年的第一个交易日,市场便触及两档熔断阈值,全天交易140分钟。接着在1月7日,市场又是2次熔断,全天仅交易15分钟。7日晚,证监会正式发布通知决定暂停实施A股指数熔断制度。在这4天时间里,上证指数下跌11.7%,深证成指下跌15.0%,创业板指数下跌16.9%,整个市场千股跌停,满目疮痍。其间A股总市值蒸发达5.4万亿元,平均每位股民亏损达10万元。

  2016年2月,刘士余接替肖钢出任证监会主席,在李克强总理的《政府工作报告》中,关于注册制的表述被删除,注册制改革将无限延后。同样,在十三五规划纲要中,有关设立战略新兴板的内容被删除,战略新兴板被搁置。对于暂缓注册制,业内人士认为,最主要的原因是现在仍不具备实施注册制的条件。贸然推出注册制,就有可能进一步助长上市公司的圈钱行为,威胁证券市场的基本稳定。

  2016年,以宝能举牌万科事件为代表,险资举牌逐渐走入了公众视野,引发了管理层与股东的激烈冲突,引起了全社会对险资杠杆收购上市公司控股权的广泛争论,也为保险资金投资上市公司指了一条路。紧接着恒大举牌廊坊发展,阳光保险举牌伊利股份,险资举牌的故事越来越多。12月,证监会主席刘士余直指险资用来路不正的钱从事杠杆收购,是行业的强盗。紧接着,保监会出手,恒大被暂停股票资格,前海人寿逐步退出格力电器,随着监管趋严,险资举牌概念暂时告一段落。这一年,险资举牌事件不断,折射出当时市场的"资产荒"。高成本募集来的保险资金总是要找到合适的投资标的来保值增值,"资产荒"的背景下,无处可投成为险资的困境,而二级市场上有着诸多低估值的优质上市公司,举牌便成了顺理成章的事情。然而,这一切都应该在合规的框架内运作。

  2016年3月,上海证券交易所发布公告,宣布*ST博元将终止上市。*ST博元成为A股历史上首只因重大信息披露违法而退市的股票。7月,证监会正式表态,将启动欣泰电气强制退市程序。欣泰电气成为创业板首家终止上市公司和A股首家因欺诈发行被退市的上市公司。这两家上市公司因重大违法事项而被强制退市,证券市场"不死鸟"的故事终成历史,反映了监管层对此类事件零容忍的态度。对于A股资本市场,此类事件标志着A股不再是"有进无出"的市场,上市公司若造假、违规将付出惨重的代价,对A股上市公司起到震慑作用,有助于资本市场的健康发展。

  2016年11月,中国证监会、香港证监会联合宣布深港通将于12月5日正式启动。内地投资者可通过港股通来投资港股,同样,香港投资者可以通过深股通来投资深圳市场股票。相较于沪港通,深港通下的港股通新增中小市值香港市场股票,更加丰富了投资者的选择。

  2017年6月21日,MSCI宣布,将中国A股纳入MSCI新兴市场指数。同年10月

24日,MSCI宣布"中国A股纳入指数"。2018年3月1日,"MSCI中国A股指数"将更名为"MSCI中国A股在岸指数",根据计划,2018年6月1日,指数正式生效,MSCI中国相关指数将覆盖全球范围内所有类型的中国上市公司。这是历史性的时刻,这项举措是对中国A股市场20多年发展的认可。

自从2015年股灾至今,证监会、银监会、保监会密集出台了很多监管新规,"史上最严资管新规"、保险新规、银行业务新规相继出台。为了配合市场的发展,2018年3月13日,十三届全国人大一次会议提出合并银监会和保监会的措施与建议。我们有理由相信,中国资本市场会越走越好。

三、证券交易基础知识

(一)证券

证券是用来证明证券持有人有权取得相应权益的凭证,具有流动性、收益性和风险性三个特征。狭义上的证券主要指的是证券市场中的证券产品,包括股票、债券和金融衍生品。

(二)证券交易

证券交易是指已发行的证券在证券市场上买卖或转让的活动。前面两章已经介绍了证券发行,包括债券发行和股票发行。本章将主要介绍证券交易。证券发行为证券交易提供了对象,决定了证券交易的规模,是证券交易的前提;证券交易使证券的流动性特征显示出来,从而有利于证券发行的顺利进行。

(三)证券交易的原则

证券交易的原则是反映证券交易宗旨的一般法则。为保障证券交易功能的发挥,以利于证券交易的正常运行,证券交易必须遵循公开、公平、公正原则。

(1)公开原则:指证券交易是一种面向社会的公开的交易活动,其核心要求是实现市场信息的公开化。

(2)公平原则:指参与交易的各方应当获得平等的机会。

(3)公正原则:指应当公正地对待证券交易参与各方,以及公正地处理证券交易事务。

(四)证券交易的种类

按照交易对象的品种划分,证券交易种类有股票交易、债券交易、基金交易以及金融衍生工具交易等。

1. 股票交易

股票是一种有价证券,是股份有限公司签发的证明股东所持股份的凭证。股票可表明投资者的股东身份和权益,股东可据此获取股息和红利。

股票交易可以在证券交易所进行,也可以在场外交易市场进行。

2. 债券交易

债券是一种有价证券,是社会各类经济主体为筹集资金而向债券投资者出具的、承诺按一定利率定期支付利息并到期偿还本金的债权债务凭证。

根据发行主体的不同,债券可分为政府债券、金融债券和公司债券三大类。

3. 基金交易

证券投资基金是一种利益共享、风险共担的集合证券投资方式,即通过公开发售基金份额募集资金,由基金托管人托管,由基金管理人管理和运用资金,为基金份额持有人的利益以资产组合方式进行证券投资活动的基金。从基金的基本类型看,一般可分为封闭式基金与开放式基金两种。

4. 金融衍生工具交易

金融衍生工具交易包括权证交易、金融期货交易、金融期权交易、可转换债券交易等。

(五) 证券交易的方式

根据交易合约的签订与实际交割之间的关系,证券交易的方式可分为现货交易、远期交易和期货交易。

此外,还有回购交易和信用交易的方式。回购交易具有短期融资的属性。债券回购期限一般不超过1年,属于货币市场。

2005年10月新修订的《证券法》取消了证券公司不得为客户交易融资融券的规定。因此,信用交易在我国已可以合法开展。

(六) 证券投资者

证券投资者是证券市场的资金供给者,主要有机构投资者和个人投资者。众多的证券投资者保证了证券发行和交易的连续性,也活跃了证券市场的交易。个人投资者是证券市场最广泛的投资者。

合格境外机构投资者,是指符合中国证监会、中国人民银行和国家外汇管理局发布的《合格境外投资者境内证券投资管理办法》规定的条件,经中国证监会批准投资于中国证券市场,并取得国家外汇管理局额度批准的中国境外基金管理机构、保险公司、证券公司以及其他资产管理机构。

合格境外投资者应当委托境内商业银行作为托管人托管资产,委托境内证券公司办理在境内的证券交易活动。

(七) 证券公司

《证券法》规定,设立证券公司应当具备下列条件:

(1) 有符合法律、行政法规规定的公司章程;

(2) 主要股东具有持续盈利能力,信誉良好,最近3年无重大违法违规记录,净资产不低于人民币2亿元;

(3) 有符合本法规定的注册资本;

(4) 董事、监事、高级管理人员具有任职资格,从业人员具有证券业从业资格;

(5) 有完善的风险管理与内部控制制度;

(6) 有合格的经营场所和业务设施;

(7) 其他条件。

经国务院证券监督管理机构批准,证券公司可经营下列部分或全部业务:证券经纪、证券投资咨询、与证券交易、证券投资活动有关的财务顾问;证券承销与保荐、证券自营、证券资产管理。证券公司的注册资本应当是实缴资本。

(八)证券交易市场

证券交易市场也称证券流通市场、二级市场或次级市场,是指对已经发行的证券进行买卖、转让和流通的市场。而与之相对的是证券发行市场,又称一级市场、初级市场。

证券交易市场是一个由证券出让者、交易场所、证券购买者构成的市场,它为投资者转让所持证券、收回本金提供便利的条件。其作用在于:一是为各种类型的证券提供便利而充分的交易条件;二是为各种交易证券提供公开、公平、充分的价格竞争,以发现合理的交易价格;三是实施公开、公正和及时的信息披露;四是提供安全、便利、迅捷的交易与交易后服务。

证券交易市场可分为场内交易市场和场外交易市场两大类。

1. **场内交易市场**

场内交易市场又称证券交易所市场或集中交易市场,是指由证券交易所组织的集中交易市场,有固定的交易场所和交易时间,一般是全国最重要、最集中的证券交易市场。证券交易所接受和办理符合有关法律规定的证券上市买卖,投资者则通过证券商在证券交易所进行证券买卖。

证券交易所是有组织的市场,是指在一定的场所、一定的时间,按一定的规则集中买卖已发行证券而形成的市场。其设立和解散,由国务院决定。证券交易所本身不持有证券,也不进行证券的买卖,更不能决定证券交易的价格。

1)证券交易所的职能

(1)提供证券交易的场所和设施;

(2)制定证券交易所的业务规则;

(3)接受上市申请、安排证券上市;

(4)组织、监督证券交易;

(5)对会员进行监管;

(6)对上市公司进行监管;

(7)设立证券登记结算机构;

(8)管理和公布市场信息;

(9)中国证监会许可的其他职能。

2)证券交易所不得直接或间接从事的事项

(1)以营利为目的的业务;

(2)新闻出版业;

(3)发布对证券价格进行预测的文字和资料;

(4)为他人提供担保;

(5)未经中国证监会批准的其他业务。

3) 证券交易所的组织形式

证券交易所的组织形式有会员制和公司制两种。我国上交所、深交所均采用会员制,设会员大会、理事会和专门委员会。理事会是证券交易所的决策机构,可下设其他专门委员会。证券交易所设立总经理,负责日常事务。总经理由国务院证券监督管理机构任免。

2. 场外交易市场

场外交易市场,简称 OTC(Over the Counter)市场,又称柜台交易市场或店头市场,是指在证券交易所外进行证券买卖的市场。它主要由柜台交易市场、第三市场、第四市场组成。

柜台交易市场是通过证券公司、证券经纪人的柜台进行证券交易的市场。该市场在证券产生之时就已存在,在交易所产生并迅速发展后,柜台交易市场之所以能够存在并发展,其原因有:

(1) 交易所的容量有限,且有严格的上市条件,客观上需要柜台市场的存在;

(2) 柜台交易比较简便、灵活,满足了投资者的需要;

(3) 随着计算机和网络技术的发展,柜台交易也在不断地改进,其效率已和场内交易不相上下。

第三市场是指已上市证券的场外交易市场。第三市场产生于1960年的美国,原属于柜台交易市场的组成部分,但其发展迅速,市场地位提高,被作为一个独立的市场类型对待。第三市场的交易主体多为实力雄厚的机构投资者。第三市场的产生与美国的交易所采用固定佣金制密切相关,它使机构投资者的交易成本变得非常昂贵,场外市场不受交易所的固定佣金制约束,因而导致大量上市证券在场外进行交易,遂形成第三市场。第三市场的出现,构成与证券交易所的有力竞争,最终促使美国 SEC 于 1975 年取消固定佣金制,同时也促使证券交易所改善交易条件,使第三市场的吸引力有所降低。

第四市场是指投资者绕过传统经纪服务,彼此之间利用计算机网络直接进行大宗证券交易所形成的市场。第四市场的吸引力在于以下方面。

(1) 交易成本低。因为买卖双方直接交易,无经纪服务,其佣金比其他市场少得多。

(2) 可以保守秘密。因无须通过经纪人,有利于匿名进行交易,保持交易的秘密性。

(3) 不冲击证券市场。大宗交易如在交易所内进行,可能会给证券市场的价格造成较大影响。

(4) 信息灵敏,成交迅速。计算机网络技术的运用,有利于广泛收集和存储大量信息,通过自动报价系统,可以把分散的场外交易行情迅速集中并反映出来,有利于投资者决策。

第四市场的发展,一方面对证券交易所和其他形式的场外交易市场产生了巨大的压力,从而促使这些市场降低佣金、改进服务;另一方面也对证券市场的监管提出了挑战。

(九) 证券登记结算机构

设立证券登记结算机构必须经国务院证券监督管理机构批准。

证券登记结算机构应履行以下职能:

(1) 证券账户、结算账户的设立；
(2) 证券的存管和过户；
(3) 证券持有人名册登记；
(4) 证券交易所上市证券交易的清算和交收；
(5) 受发行人的委托派发证券权益；
(6) 办理与上述业务有关的查询；
(7) 国务院证券监督管理机构批准的其他业务。

证券结算风险基金，用于补偿因技术故障、操作失误、不可抗力造成的证券登记结算机构的损失。

证券结算风险基金从证券登记结算机构业务收入、收益中按一定比例提取，由证券公司按证券交易业务量的一定比例缴纳。

第二节 我国证券交易市场

一、证券交易市场的构建

目前国内对证券交易市场的构建有了较为统一的看法：市场应细分为多层次市场，不同类型的证券、投资者、融资者、中介机构相对分开，各得其所，市场的风险程度、上市条件、监管要求也有差别，每个层次的市场都与特定规模、特定发展阶段的企业融资需求相适应，各有发展的侧重点和目标。

2003年10月，中共十六届三中全会《中共中央关于完善社会主义市场经济体制若干问题的决定》中，第一次明确提出要建立多层次资本市场体系，完善资本市场结构，丰富资本市场产品。最初建设多层次资本市场的想法还相对比较简单，定义的层次少一些，当时主要考虑建设一板（主板、中小板）市场和二板（创业板）市场。随着社会和经济的发展，资本市场的层次也在逐步细化，已经形成了主板、中小板、创业板、三板（含新三板）市场，股权交易市场，以及产权交易市场等多种股份交易平台，具备了发展多层次资本市场的雏形。

（一）场内交易市场

主板市场对发行人的营业期限、股本大小、盈利水平、最低市值等方面的要求标准较高，上市企业多为大型成熟企业，具有较大的资本规模以及稳定的盈利能力。中国内地主板市场的公司在上交所和深交所两个市场上市。主板市场是资本市场中最重要的组成部分，很大程度上能够反映经济发展状况，有"国民经济晴雨表"之称。

创业板市场(Growth Enterprise Market,GEM),也称二板市场,是指专门协助高成长的新兴创新公司特别是高科技公司筹资并进行资本运作的市场。创业板市场是一个高风险的市场,因此更加注重公司的信息披露。

中小板块是流通盘1亿以下的创业板块。有些企业的条件达不到主板市场的要求,所以只能在中小板市场上市。中小板市场是创业板市场的一种过渡,在中国,中小板的市场代码是以002开头的。自从2004年6月2日首只中小板股票新和成发行以来,截至2017年5月19日已经有873只股票上市。

(二) 场外交易市场

全国中小企业股份转让系统,简称全国股份转让系统(NEEQ),俗称新三板,是经国务院批准设立、在中国证监会监管下的全国性证券场外市场。中关村科技园区非上市股份有限公司进入代办股份系统进行转让试点,因为挂牌企业均为高科技企业而不同于原转让系统内的退市企业及原STAQ、NET系统挂牌公司,故形象地称之为"新三板"。

区域性股权交易市场(简称"区域股权市场")是为特定区域内的企业提供股权、债券的转让和融资服务的私募市场,是我国多层次资本市场的重要组成部分,亦是中国多层次资本市场建设中必不可少的部分。它对于促进企业特别是中小微企业股权交易和融资,鼓励科技创新和激活民间资本,加强对实体经济薄弱环节的支持,具有积极作用。

产权交易市场是指供产权交易双方进行产权交易的场所。狭义的产权交易市场是指社会主义市场经济条件下,各类企业作为独立的产权主体从事以产权有偿转让为内容的交易场所,包括现在的产权交易所(中心)以及资产调剂市场、承包市场或租赁市场等。这种产权交易市场包括有形所、市场运行规则、市场服务等内容。广义的产权交易市场是指交换产权的场所、领域及交换关系的总和。它也是经济体制改革和经济发展过程中围绕产权这一特殊商品的交易行为而形成的特殊的经济关系。

(三) 金融市场的交易制度

从本源上来讲,金融市场主要有两种基本交易制度:做市商交易制度和竞价交易制度。一般来说,以柜台交易为特征的场外无形市场通常采用做市商制度,而以交易所集中交易为主的有形市场通常采用竞价交易制度。

做市商交易制度是指在证券市场上,由具备一定实力和信誉的证券经营法人作为特许交易商,不断地向公众投资者报出某些特定证券的买卖价格(双向报价),并在该价位上以其自有资金和证券及投资者进行证券交易的交易制度。证券经营机构既是交易的直接参与者,又是市场的组织者,其制造出证券交易的机会,并组织市场活动,因此被称为做市商。做市商通过不断买卖来维持市场的流动性,满足公众投资者的投资需求。并通过买卖报价的适当差额来补偿所提供服务的成本费用,实现一定的利润。

竞价交易制度也称指令驱动(订单驱动)交易制度,证券交易价格是由市场上买卖双方的指令(订单)共同驱动的。在这一方式中,买方和卖方将各自的交易指令传递给证券中介机构,证券中介机构作为买卖双方的代表在证券交易所完成交易配对,以最合适条件(价格优先、时间优先)将买卖指令完成。在竞价交易市场,投资者同时出价,交易在投资者之间直接完成。交易所竞价交易制度是一种能够讨价还价的代理拍卖行为(双向拍卖)。

(四)证券公司的业务

作为专业的证券经营机构,证券公司在证券交易市场(二级市场)所经营的业务有三种:证券经纪业务、证券自营业务和证券做市业务。也就是说,其承担着"隔岸观火"的经纪商、"真枪实弹"的自营商和"煽风点火"的做市商三种角色。

第三节 投资银行的经纪业务

一、证券经纪业务概述

(一)证券经纪业务的基本含义

证券经纪业务是投资银行的传统业务之一,它是随着集中交易制度的实行而产生和发展起来的。由于在证券交易所内交易的证券种类繁多,数额巨大,而交易厅内席位有限,一般投资者不能直接进入证券交易所进行交易,因此只能通过特许的证券经纪商作为中介来促成交易的完成。

广义的证券经纪业务不仅包括代理证券交易,还包括投资咨询、资产管理、设计投资组合等。另外,作为传统经纪业务的发展和延伸,信用经纪业务也是投资银行经纪业务的一项重要内容。

狭义的证券经纪业务也称证券代理业务,它是指投资银行接受客户委托,按客户的合法要求,代理客户买卖证券并收取佣金的业务。具体而言,投资银行通过其设立的营业场所(证券营业部)和在证券交易所的席位,基于有关法律法规的规定和投资银行与客户之间的契约,来从事证券经纪业务。

(二)证券经纪业务的特点

1. 业务对象的广泛性

证券经纪业务的对象具有广泛性,这是指所有上市交易的股票和债券都是证券经纪业务的对象。同时,由于证券经纪业务的具体对象是特定价格的证券,而证券价格受宏观经济运行状况、上市公司经营业绩、市场供求情况、社会政治变化、投资者心理、主管部门的政策及调控措施等多种因素影响,经常涨跌变化,因此证券经纪业务的对象还具有价格变动性特点。

2. 证券经纪商的中介性

证券经纪业务是一种代理活动,证券经纪商不以自己的资金进行证券买卖,也不承担交易中证券价格涨跌的风险,而是充当证券买方和卖方的代理人,发挥着沟通买卖双方及按一定的要求与规则迅速、准确地执行指令并代办手续,同时尽量使买卖双方按自己意愿成交的媒介作用,因此具有中介性的特点。

3. 客户指令的权威性

在证券经纪业务中,客户是委托人,证券经纪商是受托人。证券经纪商要严格按照委托人的要求办理委托事务。这是证券经纪商对委托人的首要义务。委托人的指令具有权威性,证券经纪商必须严格地按照委托人确定的数量、价格和有效时间买卖证券,不能自作主张,擅自改变委托人的意愿。即使情况发生了变化,为了维护委托人的权益不得不变更委托指令,也必须事先征得委托人的同意。如果证券经纪商无故违反委托人的指示,在处理委托事务中使委托人遭受损失,则证券经纪商应承担赔偿责任。

4. 客户资料的保密性

在证券经纪业务中,委托人的资料关系到其投资决策的实施和投资盈利的实现,关系到委托人的切身利益,证券经纪商有义务为客户保密,如股东账户和资金账户的账号和密码;客户委托的有关事项,如买卖哪种证券,买卖证券的时间和价格等,客户股东账户中的库存证券种类和数量,资金账户中的资金额等。如果因证券经纪商泄露客户资料而造成客户损失,则证券经纪商应承担赔偿责任。

(三)证券经纪业务的主体

证券经纪业务的主体主要包括委托人和受托人。

委托人是指依国家法律法规的规定,可以进行证券买卖的自然人或法人。国家法律法规不准参与证券交易的自然人或法人不得成为证券交易的委托人,比如未成年人,因违反证券法规、经有权机关决定暂停其证券交易资格而期限未满者,法人提出开户但未能提供该法人授权开户证明者,等等,都不得成为证券交易的委托人。证券业从业人员、管理人员和国家规定禁止买卖股票的其他人员,也不得直接或间接持有、买卖股票。同时,国家法律法规还规定了一些不得参与特定证券交易或不得在一定期间内从事特定交易的人员,如与该证券发行、交易有关的内幕人士。

受托人即证券经纪商,是指接受客户委托、代客户买卖证券并以此收取佣金的中间人。证券经纪商必须遵照客户发出的委托指令进行证券买卖,并尽可能以最有利的价格使委托指令得以执行,但证券经纪商不承担交易中的价格风险。证券经纪商向客户提供服务以收取佣金作为报酬。

委托人的权利包括:

(1) 选择经纪商;

(2) 要求经纪商忠实地为自己办理受托业务;

(3) 对自己购买证券享有持有权和处置权;

(4) 证券交易过程中的知情权;

(5) 寻求司法保护;

(6) 有享受经纪商按规定提供其他服务的权利,如交割单的打印、证券资金结余查询。

委托人的义务包括:
(1) 认真阅读《风险提示书》和《证券交易委托代理协议》,了解投资风险;
(2) 如实提供相关证件,并接受证券经纪商的审查;
(3) 了解交易风险、明确买卖方式;
(4) 按规定足额缴存交易结算资金;
(5) 采用正确的委托手段;
(6) 接受交易结果;
(7) 履行交割清算义务。

证券经纪商的权利包括:
(1) 拒绝接受不符合规定的委托要求;
(2) 按规定收取服务费用;
(3) 对违约客户,有权处置其留置资金、证券或经司法途径要求其履约或赔偿。

证券经纪商的义务包括:
(1) 讲解相关规则,揭示投资风险;
(2) 签订证券交易委托代理协议;
(3) 坚持客户适当性管理原则;
(4) 重视办理受托业务;
(5) 坚持为客户保密;
(6) 如实记录客户资金和证券变化;
(7) 不接受全权委托。

(四) 证券交易的方式

1. 现金交易

现金交易是指证券买卖双方在交易过程中以现金或支票进行交割。在这一过程中,卖出方必须把自己持有的证券交给经纪人,买入方必须把与交易相称的货币交给经纪人,在达成交易时马上进行交割,即一手交钱,一手交证券,在未交割前,不允许有买卖冲销活动或解约。在实际交易中,立即交易往往做不到,所以大多数国家证券交易法规定允许有一定的清算期,一般是两天。现金交易能有效地遏制买空和卖空投机行为,便于管理,但流动性较差。

2. 保证金交易

保证金交易也叫信用交易或垫头交易,是指投资者以交付部分现金或有价证券作为担保,由证券经纪人为其垫付所需的其余现金或有价证券而进行的证券交易行为。保证金交易是发达证券市场交易中一种经常性的行为,包括保证金买空交易和保证金卖空交易。

1) 保证金买空交易

保证金买空交易是指投资者在缴纳部分保证金后,委托经纪人垫付其余款项,买进指定的证券。买入证券只需交割部分现金,由证券经纪人支付其差额部分,然后,投资者以证券做抵押,并支付垫付款的利息,以后在保证金项内用现金或卖出证券偿还经纪人的垫付款项、利息和佣金。当投资者不能偿还款项时,证券经纪人可以处理这些证券。

这种交易方式可以使投资者在现金有限的情况下,利用手中有限的现金头寸,买进较多的证券份额,因此,对买进者来说,一旦行情看好,可用少量的现金支付赚取比采用其他交易方式更多的利益。如果交易者开始时对证券行情看好,但交易完成后抵押证券价格开始下跌,此时保证金买空交易者将蒙受重大损失。另外,如果经纪人对买进者的资信产生怀疑,要求买进者补足保证金不足的部分,而买进者无力支付,则经纪人将抛出抵押证券,来补足保证金,同时可能导致证券价格下降。

2) 保证金卖空交易

这种交易方式是指投资者预期证券价格将下跌,向证券经纪人借入一定数量的证券并卖出其实际上并未持有的证券,以后再买回这部分垫付的证券并归还经纪人。如果证券买进价格低于卖出价格,投资者就可以获利。投资者在卖出证券时,实际上手中没有这些证券,而是从经纪人那里借来部分证券后从事交易,投资者将买卖差价、佣金、借入证券的费用在保证金项内同证券经纪人结算。投资者必须缴纳一定数量的保证金,才能借取证券,并按照当时的市场价格和利率支付利息。

卖空交易是金融市场的一个重要机制,如果缺乏有效的卖空机制,证券价格会顺着过分乐观的投资者的期望增长,使市场价格偏高,卖空交易促进证券市场价格趋向于实际价值。

二、证券经纪业务的程序

投资银行的大部分经济业务是在证券交易所内进行的,客户委托其代理证券交易的程序一般包括开户、委托、成交、清算、交割、过户和结账。

(一) 开户

投资者进行股票交易的第一步,就是办理开户手续。开户的目的在于确定客户的信用,保证客户在委托完成后能及时付款或交付证券。同时,通过账户的开设,投资银行为客户建立一个相应的档案,以利于今后进一步发展业务。个人开户时需填写的内容包括姓名、性别、年龄、身份证号码、家庭地址、电话号码、收入状况、财产状况等内容,还要留存印鉴并提供相关证明。机构开户时需要填写名称、性质、类别、单位地址、法人基本情况、电报挂号、电话号码等。

开户要同时开设资金账户和证券账户。资金账户可分为三类:一是现金账户,用于交易时的资金划转,要求客户立即付清所要购买证券的全部价款及一切费用,所买的证券可马上取走或存于账户内,所得的价款同样可以拿走或存于账户内;二是投资计划账户,客户承诺在若干年中每月或每季投入一定金额购买某种股票;三是保证金账户,在信用交易时,交易金额与保证金之间的差额由投资银行代垫,信用金按市场利率计息,并以所购证券作为抵押。资金账户通常按银行活期利率计息。资金账户是经纪商为投资者设立的账户,用于记录证券交易资金币种、余额和变动情况。投资者如果委托其他经纪商代理买卖,需要重新开设资金账户。证券账户是指证券登记机构为投资者设立的,用于准确记载投资者所持有的证券种类、名称、数量及相应权益和变动情况的账户。客户在委托证券交易后,经纪商自动将其买入或卖出的证券从证券账户中划入或划出。

(二) 委托

开户之后,客户即可按自身的需求,向投资银行发出委托书。委托书上要写明委托有效期等内容。在委托有效期内,只要交易还未达成,客户可随时变更或撤销委托。投资银行接到客户的委托之后,即可通过其在证券交易所内的交易员传达委托买卖指令,交易员按客户委托书的要求申报竞价。如果证券得以成交,交易员就立即将交易情况告知投资银行,再由其转告客户。

1. 委托方式

委托方式是指投资者为买卖股票向证券商发出委托指令的传递方式,主要有当面委托,电话委托,电报、传真委托,信函委托,电脑委托,以及远程终端委托等。

1) 当面委托

当面委托是最基本、最常见的委托方式,具体过程是投资者凭本人的股票账户、身份证等,亲自到会员证券公司营业部,填写买卖委托单,经证券公司业务员审核确认后,将委托指令通过电话传送给公司派驻在证券交易所内的经纪人,经纪人以会员证券公司营业部的名义代理投资者买卖股票。当面委托是一种传统的委托方式,中小投资者大多采用这种方式。

2) 电话委托

电话委托是指投资者通过电话向会员证券公司发出买卖指令的委托方式。一些大投资者,特别是和证券公司关系密切的机构投资者,多采用电话委托方式。大机构投资者由于交易数量大,有时不愿过早地暴露交易意图,需要化整为零、分散地进行交易,电话委托可达到快捷迅速、分散隐蔽的目的。

3) 电报、传真委托

电报、传真委托是指投资者采用电报、传真方式向证券商发出买卖指令的委托方式。这种方式可以迅速明确地向证券公司发出指令,但电报内容往往过于简单,可能产生理解上的错误。

4) 信函委托

信函委托是由异地投资者采用的较为传统的委托方式。用信函委托方式传递指令,可以详细指示买卖要求并可作必要的说明,但信函委托较费时间,往往会错过有利的买卖时机。

5) 电脑委托

电脑委托是指投资者用经纪商在营业场所设置的柜台电脑自动委托终端亲自下达买进或卖出命令。

6) 远程终端委托

远程终端委托是指投资者通过与经纪商柜台电脑系统联网的远程终端或互联网下达买进或卖出命令。

一般来说,当面委托和电话委托是股票交易中两种常用的委托方式。

2. 委托内容

委托内容主要包括以下几项:股票名称及代码,是委托买入还是委托卖出,买卖的数量,买卖的价格,委托有效期,股东账号,以及资金账号等。

证券交易数量单位为手。手的概念来源于证券交易初期的一手交钱一手交货,现在已发展为标准手。所谓标准手,是指由证券交易所统一规定的交易数量单位。委托买卖的数量通常为一手的整数倍。数量不足一手的股票称为零股,零股可以一次性卖出,即卖出委托中的数量可以不是一手的整数倍,但买入委托中的数量必须是一手的整数倍。

3. 委托类型

按照投资者委托价格方式不同,委托可以分为以下几种。

1) 市价委托

市价委托是指投资者委托证券经纪商按照执行指令时的市场价格买进或卖出股票,投资者并不规定买入或卖出的具体价格,但要求该委托进入交易大厅或交易撮合系统时以市场上最好的价格进行交易的委托。市价委托的好处在于它能保证即时成交,交易量大。相对于其他类别的委托报价方式而言,它消除了因价格限制不能成交时所产生的价格风险。根据各国股市交易的经验,机构投资者基于对市场信息的判断而对交易的即时性要求很高,这类投资者普遍采用市价委托方式。从买卖双方的交易比例来看,卖出时使用市价委托的比例要高于买入时的比例,表明投资者在卖出股票时对时机的及时性要求较高,而买入股票时更多采用限价委托。

2) 限价委托

限价委托是投资者委托证券经纪商按其限定价格或更有利的价格买入或卖出股票的委托。即在买入股票时,限定一个最高价,只允许证券经纪商按其定的最高价或低于最高价的价格成交;在卖出股票时,限定一个最低价,只允许证券经纪商按其规定的最低价或高于最低价的价格成交。其好处在于投资者可以获得以较佳价格买入或卖出股票的机会。

3) 特殊形式委托

特殊形式委托比较常见的有以下几种。

(1) 停止损失委托(简称"止损委托")。这是指投资者委托证券经纪商在股票价格上升至其指定的价格或其限度以上时,或在股票价格下跌至其指定的价格或其限度以下时,即自动转为市价委托,如期按当时的市价买入或卖出股票的委托,其目的在于保护客户已获得的利润。它本质上是限价委托和市价委托的结合应用,在价格低于客户指定价格的时候,止损委托指令相当于市价委托指令。例如,客户已按每股 80 元的价格买入 A 公司股票,而目前该股票的市场价格已达到每股 90 元,故他在账面上已获得了每股 10 元的盈利。如果客户担心市场价格下跌,就可以要求经纪商进行止损委托。比如在价格下跌至每股 85 元时,就出售股票,这样他仍可保住每股 5 元的盈利。这种委托的指定价格有两种,即停止损失卖出价和停止损失买入价。

(2) 停止损失及限价委托。这是指投资者同时采用停止损失与限价这两种委托形式,其目的在于一方面可以获得停止损失委托的好处,有利于保护既得利益;另一方面可事先确定以何种价格买进或卖出股票。

此外,还有完全授权委托或限制授权委托。

4) 定价全额即时委托

客户根据市场上现行的价格水平,要求经纪商按照给定的委托价格和交易数量,立即到市场上进行交易。如委托进入市场时,市场上的价格正好是委托价格或比委托价格更好的价格,同时又能全额满足,则可马上成交,否则其委托自动取消。定价全额即时委托要求必须是全额交易。

5) 定价即时交易委托

客户根据市场上现行的价格水平,要求经纪商按照给定的委托价格,立即到市场上进行交易。如委托进入市场时,市场上的价格正好是委托价格或比委托价格更好的价格,则可以马上成交,否则其委托自动取消。定价即时交易委托并不要求一定是全额交易。

6) 开市或收市委托

开市或收市委托要求经纪商在开市或收市时,按市价或限价委托方式买卖股票,与前5种委托方式相比,开市或收市委托的主要区别在于限定成交时间,而对具体的报价方式没有严格的要求。

各国股票市场由于历史原因和交易制度的差异,在交易委托方式的选择上各有侧重。纽约证券交易所几乎涵盖了上述各种委托报价类型,而市价委托和限价委托则在世界主要证券市场普遍采用。

4. 委托执行

证券商将客户委托传送到交易所电脑交易主机,也称申报或报盘。证券商在收到投资者的柜台递单委托时,柜台工作人员在确认委托者身份的真实性与合法性后,利用柜台电脑终端录入委托指令。电话委托、电脑委托和远程终端委托的身份确认由密码控制,投资者一定要保管好自己的交易密码,以防泄露。柜台电脑终端在收到工作人员录入的委托指令或以其他方式下达的委托指令时,会自动检测委托密码是否正确、委托是否符合要求和相应账户中是否有足够数量的证券或资金等。如果检查无误,则冻结相应数量的证券或资金,并将此笔委托传送给交易所电脑交易主机。如果证券商采用无形席位与交易所电脑交易主机联网,证券商柜台电脑系统会自动将委托传送给交易所电脑交易主机。如果证券商采用有形席位进行交易,则需要柜台工作人员通过电话将委托口述给场内出市代表,由出市代表利用场内席位终端将委托输入撮合主机。

证券经纪商执行委托指令时对客户负有使委托指令获得足额执行的责任,具体表现为以下几点:

(1) 经纪商必须不折不扣地执行客户的指令,既不能不经客户同意就改变指令执行的时间、执行的价格和执行的内容,也不能过分劝告客户改变指令,并且在执行指令前的任何时间都保留客户取消指令的权利;

(2) 经纪商必须对客户在交易中获得的收益负保密责任;

(3) 经纪商不能违反证券交易的法规,而且必须对由于本人的错误而造成的损失负责。

(三) 成交

委托程序结束后,证券经纪商代理人便执行客户的股票买卖委托指令。股票市场的市场属性集中体现在竞价成交环节上。在场外交易中,买卖双方均为一人,成交价格可由双方协商形成。而在高度组织化的证券交易所内,买卖双方不止一人,交易价格是通过买卖双方"双边拍卖"的特殊竞价方式形成的。在这种"双边拍卖"中,买方和卖方都有许多人,这便形成了买方之间、卖方之间,以及买方与卖方之间的激烈竞争。当买方开出的最高价和卖方开出的最低价一致时,股票交易便告成功。这种竞价成交机制使股票交易市场成为高效、公开、公平的市场,也使市场成交价成为最合理、最公正的价格。

证券交易所内的股票竞价交易按一定规则成交。买卖成交的基本规则是价格优先和时间优先原则。

1. 价格优先原则

所谓价格优先原则,是指较高的买入申报价比较低的买入申报价优先满足,较低的卖出申报价比较高的卖出申报价优先满足。按照价格优先原则在计算机终端申报竞价和在专柜书面申报竞价时,除了买卖价位相同立即成交外,当买入申报价高于卖出申报价时,按对手价成交。如果买卖双方以市价申报而没有限价时,则采用当日最近一次成交价或当时显示价格的价位成交。

2. 时间优先原则

按照时间优先原则,专柜书面申报竞价,以中介经纪人接到书面申报单证的顺序排列;计算机终端申报竞价,以计算机主机接受的时间顺序排列。在无法区分先后时,由中介经纪人组织抽签决定。当证券经纪商更改申报时,其原申报的时间顺序自然消除,新申报依更改后报出的时间顺序排列。

3. 其他成交原则

除价格优先原则和时间优先原则外,在计算机终端申报竞价和在专柜书面申报竞价时,还实行市价优先原则,即市价申报比限价申报优先满足。

此外,有的证券交易所还实行客户优先原则和数量优先原则。前者是指客户的申报比证券商自营买卖申报优先满足,后者是指申报买卖数量较大的比申报买卖数量较小的优先满足。

竞价的结果有三种可能:全部成交、部分成交、不成交。

(1) 全部成交。委托买卖全部成交,经纪商应及时通知委托人按规定的时间办理交割手续,继续执行,直到有效期结束。

(2) 部分成交。委托人的委托如果未能全部成交,经纪商在委托有效期内可继续执行,等待机会成交,直到有效期结束。

(3) 不成交。委托人的委托如果未能成交,经纪商在委托有效期内可继续执行,等待机会成交,直到有效期结束。

(四) 清算

清算是指投资银行在证券交易所内成交后,对应收和应付价款与证券进行结算,并最后结出应收应付的余额,然后通过证券交易所进行交割证券与价款的全过程。投资银行在证券市场上每天都有许多交易,如果每笔交易都要即时清算,不仅程序复杂,而且业务量较大,会浪费不必要的人力、物力和财力。因此,每个交易所都有一个清算中心,集中办理清算业务。通常以每一个交易日为一个清算期,对各投资银行买卖证券的金额和数量分别予以抵消,最后算出应收应付的余额,然后进行价款和证券的划转。

证券清算主要有两种方式:净额清算和逐笔清算。净额清算,又称差额清算,就是在一个清算期中,对每个经纪商价款的清算只计其各笔应收、应付款项相抵之后的净额,对证券的清算只计每种证券应收、应付相抵后的净额。净额清算方式的主要优点是可以简化操作手续,提高结算效率。应该注意的是,清算价款时,同一清算期内发生的不同种类证券的买卖价款可以合并计算,但不同清算期发生的价款不能合并计算,清算证券时,只有在同一清算期内且同一证券才能合并计算。有的清算机构也采用逐笔清算,即对每一笔成交的证券及相应的净额清算风险积累款进行逐笔清算,主要是为了防止在证券风险特别大的情况下净额清算风险积累情况的发生。

(五)交割

交割是在证券交易过程中,当买卖双方达成交易后,根据证券清算的结果,在事先约定的时间内对清算的余额办理转账,然后投资银行根据投资者的委托成交情况,将相应的款项和证券划入投资者的账户。买方交付价款得到证券,卖方交出证券得到价款。证券的收付称为交割,资金的收付称为交收。采用计算机联网的证券交易所,上述步骤都由计算机处理,投资者只需在规定的期限内到其委托的投资银行办理手续领取凭证即可。

交割的方式按照交割的日期不同,主要可以分为当日交割、次日交割、例行日交割、特约日交割四种。当日交割是指股票买卖成交后交易双方在当日就进行股票和价款的收付,完成交接手续的方式。次日交割是指股票买卖成交后交易双方在第二日进行股票和价款收付的方式。例行日交割是指在买卖成交后,按当地证券交易所的有关规定,从成交日当天算起,在若干个营业日内完成股票和价款的交接收付的方式。交易双方若没有特别指明交割日期,一律当作例行日交割处理。特约日交割是指在成交后,由交易双方根据具体情况商定,从成交日算起的15天内,在某特定的契约日办理交割手续。

(六)过户

股票是一种所有权证书,代表了股东对公司的管理权和获利权。股票的转让就意味着权利的出让,买者从此代替卖者享有上述权利,因而需要变更股东名册上的原有记录,这就是过户。记名债券的情况与之类似,需要变更发行人的相关记录,以保护买方的利益。不记名证券可以自由转让,无须办理过户。

过户一般都由专门的机构统一办理,并不需要投资者亲自到各个发行公司去办理。上海证券交易所实行电脑自动过户办法,过户手续由交易所电脑自动过户系统统一完成。当投资者买入某种股票后,在交易所当天闭市以后由电脑自动完成过户手续,在投资者的股东数据库和股票账户上自动增加这种股票,卖方则自动减少该种股票,无须另外办理过户手续。在股东享受其应得权益时,证券交易所电脑会打印出股东名册提供给股票发行公司作为股东的受益证明。

(七)结账

整个交易结束后,投资银行应将账单及时送交客户,客户按经纪业务协议支付足额佣金。投资银行应按时向证券交易委员会交送报表，报告当月股票交易的名称、数量、价格等情况。

三、信用经纪业务

（一）信用经纪业务的概念

信用经纪业务是指投资银行作为经纪商，在代理客户证券交易时，以客户提供部分现金以及有价证券担保为前提，为其代垫所需的资金或有价证券的差额，从而帮助客户完成证券交易的行为。

信用经纪业务是投资银行的融资功能与经纪业务相结合而产生的，是投资银行传统经纪业务的延伸。在这项业务中，投资银行不仅是传统的中介机构，而且扮演着债权人和抵押权人的角色。

信用经纪业务是经纪业务的一种形式。信用经纪业务的对象必须是委托投资银行代理证券交易的客户；投资银行对所提供的信用资金不承担交易风险，以客户的资金和证券担保，并收取一定的利息。投资银行提供信用的目的主要是吸引客户以获得更多的佣金和手续费收入。经纪商提供信用的对象必须是委托经纪商代理证券交易的投资者；经纪商不承担证券交易的风险，也不获取证券交易所产生的收益；经纪商虽然动用了自有资金，但资金的性质是借出而不是投资，并以投资者所提供的资金或证券作担保，收取一定的利息；经纪商开展信用经纪业务的目的在于吸引投资者，以获取更多的佣金收入。

（二）信用经纪的形式

1. 融资与买空

融资是指客户委托买入证券时，投资银行以自有或外部融入的资金为客户垫付部分资金以完成交易，以后由客户归还本金并支付利息。投资者这种借入资金购买证券的行为，就是我们通常所说的买空。在进行这种业务时，投资银行要求客户预付一定数额的保证金（垫头），保证金与实际购买的证券价值之间的差额就是投资银行的贷款额。一个经纪商一旦认为其客户有足够的财力，并且信用可靠，就会允许该客户开设一个保证金账户，并通过该账户从事保证金交易（信用交易）。从事信用买空交易的投资者，对某种股票价格运动做出分析预测，判断该股票行市将会大幅上涨，向投资银行发出买入指令，所购证券存入该投资银行或贷款银行，作为借款抵押，投资银行则向顾客收取垫付款的利息和经纪业务的佣金。收取利息的利率，主要取决于当时银行利率，一般比银行年利率高出 0.5～1 个百分点。同样，顾客存入的保证金也视同存款处理，由经纪人支付一定比例的存款利息。

保证金贷款本质上是一种信用交易。站在客户的立场说，这是借钱投资，其可以在一部分自有资金的基础上买进更多的证券。如果买卖是赚钱的，则其可以赚到比原有资金更多的钱；如果买卖是亏本的，则其损失就比原来大得多。所以，这是一种风险很大的投资方式，也就是投机性交易。对投资银行来说，这是一种对客户信用贷款的交易，虽然说持有买入的证券作为担保品有一定的保险作用，但如果遇到证券价格大跌，即使把证券全部出售,所得到的价款加上投资者所存入的保证金,还不能抵补所垫付的款额,而投资者又无力补付时,就会承受很大的损失。严重时会导致经纪商倒闭破产。所以就经纪商方面看,这也是一种风险很大的交易,必须谨慎从事。因此,当投资者在经纪商处开设保证金证券账户时,投资银行或证券公司就会要求同该投资者签订保证金协议书。按协议书户规定,用保证金购买的股票需全部放在证券公司作抵押品。如果由证券公司出面取得银行借款,为投资者垫付不足款项,证券公司就会拿这些股票给银行作抵押。另外,保证金在证券价值中应占多大比例的规定,也是一个关键问题。投资银行在开展保证金贷款时,一般总是选择较受投资者欢迎的股票为对象,同时采用"一揽子"股票,而不是以某种股票为主发放贷款,以分散风险。另外,还要限制每个顾客的保证金贷款数额,并要求借款人有足够的保证金来作担保。一旦保证金低于所规定必须保持的比例时,投资银行将发出通知,要客户追加保证金或增加其他担保品。假如某投资者有 1000 元可用于投资,欲购买 A 股票,时价 10 元。他可买 100 股,在不计手续费的情况下,股价上涨至 15 元,他可获利 500 元;股价下跌至 5 元,他将损失 500 元。假如投资银行给他按 1∶1 的比例融资,那么,他可购买 200 股 A 股票,于是,股价上涨至 15 元,他可获利 100 元;股价下跌至 5 元,他将损失 1000 元。一般各个投资银行都有最低的实际保证金比率标准,低于这一标准后,就会要求顾客追加保证金或者强行斩仓以收回欠款。客户必须在二者中选其一,要是客户无力增加保证金,则投资损失立即兑现。

2. 融券与卖空

融券是指客户卖出证券时,投资银行以自有、客户抵押或借入的证券为客户代垫部分或全部证券以完成交易,以后由客户买入归还所借证券且按与证券相当的价款计付利息。投资者这种卖出自己实际并不持有的证券的行为即通常所说的卖空。其基本立足点为投资者预测某种证券价格不久将下跌。进行卖空交易时,投资银行按照客户要求卖出客户并未拥有的股票,所需股票由投资银行从自己账户或其他投资银行处融通解决。卖空所得价款,必须存于投资银行。当证券价格下跌时,投资者再买入证券归还投资银行。客户在借入证券时,也需要向投资银行支付一定比例保证金。如果投资者后来买入证券的价格低于卖出的价格,投资者将获利。与买空一样,由于实施卖空操作,风险和收益对投资者来说都加大了。例如,某顾客有本金 2 万元,保证金比率为 50%。当某证券价格为 40 元时,按规定客户可借到 1000 单位该种证券,卖出价款总额 4 万元。当证券价格下跌到 30 元时,顾客再用 3 万元买入 1000 单位该种证券归还投资银行,便可盈利 1 万元。当卖空证券价格不跌反涨时,投资者同样要蒙受加倍损失,这与买空交易情形相似。信用交易的期限一般为 6 个月,在此期间,只要保证金比率没有突破投资银行规定的标准,投资者可随时将买空的证券卖出,或将卖空的证券买回,进行对冲结算。如果超过期限未能进行对冲结算,则投资银行有权将客户账户强行对冲结算。

卖空是资本市场的一个重要机制。没有卖空机制的市场,证券的定价会因投资者的过分乐观而较高。而有了卖空机制,证券的价格发现会更好地实现。但卖空又是一个相当危险的机制,原因在于当价格下跌时,投资者纷纷卖空容易导致证券市场的崩溃。为了防止这一现象的发生,交易所可用所谓的波幅检验规则对卖空予以限制,即卖空在以下条件下才能进行:①某只股票的售价高于前一次交易的价格;②某只股票的交易价格与前次相比没有什么变化,但前一次交易的价格必须高于再前一次的价格。保证金交易方式的风险极大,对证券公司、投资银行和投资者都是如此,因此不仅要求客户有足够的资金和信用,还要求经纪商有丰富的经验和胆识,以及完善的法律监督和规范的操作程序。

(三) 信用经纪的影响

从美国 1934 年建立证券信用交易制度以后,关于证券信用交易影响的研究就一直没间断过,特别是 1987 年 10 月的"黑色星期一"和 2000 年初美国 NASDAQ(纳斯达克)指数大跌发生后,关于证券信用交易制度对证券市场影响的研究再度成为热点。在美国,部分研究人员在这方面的研究已经树立了自己的品牌,如 Hardouvelis、Lee、Sang Bin、Yoo、Tae Yol 等。随着日本、韩国等采用证券信用交易制度,这些国家和地区的证券市场交易机制随之改变。

最初,人们只是单纯地就信用经纪业务存在的意义进行研究,用以说明投资银行开展信用经纪业务的根源。

对证券市场而言,有利于增加市场资金供给和提高市场流动性。信用经纪业务的融资功能会减少投资银行资金的闲置,增加投入市场的资金量,扩大证券市场的供需,起到活跃市场的作用。信用交易可增加证券交易的连续性,提高证券的换手率,从而提高市场流动性。另外,信用经纪业务在市场价格偏离证券内在价值过大时,有调节市场价格和稳定市场的作用。但是,信用经纪业务也可能产生助长市场短线投机的副作用。

对证券监管部门而言,信用经纪业务提供了一个操作性很强的调控手段。各国都结合自身的特点,制定了相应的法规和制度,可以利用对信用经纪业务具体规定的改变有效地调节市场,如增减信用交易的证券品种,改变保证金比例,改变保证金账户的开户标准,调整融资和融券的利率上下限,以及公布信用交易余额等。有时为了抑制市场过度投机,市场监管部门还有可能在一段时间内全部或部分暂停信用交易。

对金融和产业经济而言,如果信用经纪业务发展到一定阶段,证券市场价值和交易规模达到一定程度,还可能影响货币供应量、利率等货币政策目标,并通过资金在一、二级市场之间的分配以及资金在证券市场与产业部门之间的分配,影响产业经济的发展。

对投资者而言,通过投资银行的信用经纪业务,投资者可以及时把握投资时机,如判断市场将要下跌时,向券商融券卖空而不必被动等待。投资者还可以通过财务杠杆的作用扩大收益。另外,投资者可利用此项业务规避风险和避税。当然,投资者必须慎重对待信用交易带来的风险,以免遭受重大损失。

对投资银行而言,开展信用经纪业务可以增加客户的资金量和交易量,从而增加佣金收入。同时,融资可以增加利息收入。投资银行还可以运用客户抵押担保的资金和证券以获得利差收入。在严格的风险管理下,投资银行可以通过提供优惠的信用交易条件参与竞争,吸引客户。

第四节 自营业务

一、证券自营业务概述

(一)证券自营业务的含义

自营业务是投资银行在二级市场上的一项重要内容。自营业务是指证券机构运用自有资金和依法筹集的资金,通过自己的账户为本机构买卖上市证券以及证监会认定的其他证券的行为。投资银行自营业务是证券经营机构直接与投资者从事买卖活动,随行就市,以营利为目的,赚取的利润为价差和股利,属于自负盈亏的买卖行为,不用向公众承担责任。除了能盈利以外,自营业务还能带动投资银行其他业务的发展。因此,大多数投资银行都从事自营业务,且自营业务与经纪业务严格分开,由不同的部门负责。

(二)自营业务的营业条件

由于投资银行的自营业务存在巨大的风险,因此各国对投资银行进行自营业务有严格的要求,只有当投资银行达到一定标准之后,方可申请开展自营业务。申请时须向证券主管部门提交一系列的申请文件和材料,主要包括可行性研究报告、营业执照、章程、验资报告、人员简历和资格证明、股东及持股情况、内部管理制度以及其他要求提供的相关材料。证券主管部门在严格审查投资银行的上述申请材料之后,做出是否批准其开展自营业务的决定。

投资银行一旦获得批准,便可在证券市场进行自营交易。在交易中,投资银行必须遵守证券法规和交易所的制度。不得有操纵市场、内幕交易和证券欺诈等违法行为,否则可能会被取消自营资格。

1. 自营业务的营业条件

(1) 只有中国证监会批准证券自营的券商才能从事此类业务,注册资本最低限额达到人民币1亿元,净资本不得低于人民币5000万元。

(2) 自营业务是证券公司一种以营利为目的,自己买卖证券,通过买卖差价获利的经营行为。

(3) 在从事自营业务时,证券公司必须使用自有或依法筹集可用于自营的资金。

(4) 自营买卖必须在以自己名义开设的证券账户中进行,并且只能买卖依法公开发行的或中国证监会认可的其他有价证券。

2. 证券公司从事自营业务的资格细则

(1) 证券专营机构具有不低于人民币2000万元的净资产,证券兼营机构具有不低于人民币 2000 万元的证券营运资金。

(2) 证券专营机构具有不低于人民币 1000 万元的净资本,证券兼营机构具有不低于人民币 1000 万元的净证券营运资金。

(3) 三分之二以上的高级管理人员和主要业务人员获得证监会颁发的《证券业从业人员资格证书》,在取得《证券业从业人员资格证书》前,应当具备下列条件:①高级管理人员具备必要的证券、金融、法律等有关知识,近二年内没有严重违法违规行为,其中三分之二以上具有二年以上证券业或三年以上金融业务的工作经历;②主要业务人员熟悉有关的业务规则及业务操作程序,近二年内没有严重违法违规行为,其中三分之二以上具有二年以上证券业务或三年以上金融业务的工作经历。

(4) 证券经营机构在近一年内没有严重违法违规行为或在近二年内未受到本办法规定的取消证券自营业务资格的处罚。

(5) 证券经营机构成立并且正式开业已超过半年;证券兼营机构的证券业务与其他业务分开经营、分账管理。

(6) 设有证券自营业务专用的电脑申报终端和其他必要的设施。

(7) 证监会要求的其他条件。

(三) 证券自营业务的特点与原则

1. 自营业务的特点

1) 决策的自主性

证券公司自营业务的首要特点即为决策的自主性,主要表现在以下方面。

(1) 交易行为的自主性。证券公司自主决定是否买入或卖出某种证券。

(2) 选择交易方式的自主性。证券公司在买卖证券时,是通过交易所买卖,还是通过其他场所买卖,由证券公司在法规范围内依一定的时间、条件自主决定。

(3) 选择交易品种、价格的自主性。证券公司在进行自营买卖时,可根据市场情况,自主决定交易品种、价格。

2) 交易的风险性

风险性是证券公司自营业务区别于经纪业务的另一重要特征。由于自营业务是证券公司以自己的名义和合法资金直接进行的证券买卖活动,证券交易的风险性决定了自营业务的风险性。在证券自营业务中,证券公司自己作为投资者,买卖的收益与损失完全由证券公司自身承担。而在代理业务中,证券公司仅充当代理人的角色,证券买卖的时机、价格、数量都由证券委托人决定,由此而产生的收益和损失也由委托人承担。

3) 收益的不稳定性

证券公司进行证券自营买卖,其收益主要来源于低买高卖的价差。但这种收益不像收取代理手续费那样稳定。

2. 自营业务的原则

投资银行在自营买卖证券的过程中,应当遵循以下原则。

1) 客户委托优先原则

在同一证券品种交易中,自营委托与客户委托如果同时发生且价格相同,则客户委托的经纪买卖应当优先于自营买卖成交。

2) 维护市场原则

投资银行不能单纯以追求盈利为目的,在自营业务中,投资银行不能进行高价收购、低价抛售或联手买卖证券的操纵市场行为。它有创造市场需求、维护市场连续性和稳定性的义务。

3) 自营与经纪分开的原则

为了防止投资银行发生欺诈客户、挪用客户资金、误导投资者等行为的发生,投资银行必须把自营业务和经纪业务严格分开,以有利于投资银行的规范经营。这是绝大多数国家的法律都明确规定的。

4) 自营业务控制原则

投资银行在从事自营业务时往往利用融资等财务杠杆扩大自营规模。为保全投资银行的财务状况,一般要求投资银行控制自营业务规模,同时还应该保持自营资产具有良好的流动性结构,以有效防止和控制投资风险。中国证监会颁布的《证券公司风险控制指标管理办法》规定:自营股票规模不得超过净资本的100%;证券自营业务规模不得超过净资本的200%;持有一种非债券类证券的成本不得超过净资本的30%;持有一种证券的市值与该类证券总市值的比例不得超过5%,但因包销导致的情形和中国证监会另有规定的除外;违反规定超比例经营的,在整改完成前将超比例部分按投资成本的100%计算风险准备。上述"证券自营业务规模",是指证券公司持有的股票投资和证券投资基金(不包括货币市场基金)按投资成本价计算的总金额。

(四) 证券自营业务的分类

1. 按照交易地点区分,自营业务可分为场内自营买卖和场外自营买卖

场内自营买卖是证券公司自己通过集中交易场所(证券交易所)买卖证券的行为。证券交易价格通过拍卖竞价的方式产生。手续比较简单,只需要填写证券买卖申请书,指定买入或卖出证券的名称和数量,委托本公司交易员参与竞价,成交后交付资金或股票即可。

场外自营买卖是指证券公司通过柜台交易等方式与客户直接洽谈成交的证券交易。根据交易对象的不同,可分为三种:与客户直接交易,客户当面或者通过打电话、电报、书信等方式直接询价,进行议价买卖;与其他经纪商交易,客户委托经纪商在市场上询价,投资银行作为自营商与经纪商进行交易活动;在自营商之间交易,自营商自己持有证券不足时,可以与其他自营商直接议价进行证券买卖以满足自己证券交易的需要。

一般来说,上市证券主要通过场内交易实现,非上市证券主要通过银行间市场、证券公司的营业柜台等场外交易方式实现。

2. 按照目标不同,自营业务又可分为投机交易和套利交易

1) 投机交易

投机交易是指投资银行作为证券投机商,试图通过对价格水平的预期利用价差获取利益的证券买卖行为。投机交易的关键在于正确预测未来证券的价格走势。在一个完善的市场里,单个投机商的价格影响作用是微不足道的,但是多个投机者的交易行为和

交易数量会对证券市场的价格产生很大的影响。投机对于证券市场的积极作用有以下几点：

（1）投机行为是股票市场的润滑剂；

（2）有助于实现股票市场的价格发现功能；

（3）有利于资本资源在市场上的有效配置；

（4）使市场在保持高效运行的同时分散投资风险。

值得注意的是，投机业务不等于操纵市场。操纵市场是指以获取利益或减少损失为目的，利用资金、信息等优势或滥用职权，影响证券市场价格，制造证券市场假象，诱导投资者在不了解事实真相的情况下做出证券投资决定，扰乱证券市场秩序的行为。操纵市场行为人为地扭曲了证券市场的正常价格，使价格与价值严重背离，扰乱了证券市场秩序。

2）套利交易

套利交易是指投资银行同时买卖同一种或等值的证券、票据或商品，利用其在空间、时间上的价格差异进行头寸的买卖赚取利润。套利包括无风险套利和风险套利。

无风险套利包括：

（1）跨市场套利，是指在不同的市场上同时进行同一种或同一组证券的交易，收益来源是不同市场的价格差异；

（2）跨时间套利，是指在买进或卖出同一商品现货的同时，卖出或买入该商品期货，利用现货价格和期货价格之间存在的价差来获利；

（3）信用利差套利，是指利用资产与负债的不同信用等级所形成的信用利差来获利的方式，例如保险公司就经常利用资产与负债的利差赚取利润；

（4）到期期限套利，是指利用长短期资金成本的利差来进行套利，例如以短期融资取得长期资金、投资长期债券来获利的操作行为。

风险套利是指套利者根据各类企业活动的预期结果买进或卖空公司证券的行为。一般来说，企业发生重大事项变动如兼并、收购或者重组时，其证券价格就会发生变化。如果企业重组或并购成功，则低价买进的证券公司就会获得高额利润；如果企业重组或并购失败，套利者就可能会遭受严重损失。

二、证券自营业务风险

（一）证券自营业务风险分类

（1）法律合规风险，是指未能遵循相关监管要求规则，违反自身业务活动的行为准则，遭受制裁、处罚、声誉损失的风险。例如从事内幕交易、操纵市场、借用账户或者挪用资金等。

（2）市场风险，是指因不可预见和控制的因素导致市场波动，造成证券公司自营亏损的风险。它是自营业务面临的主要风险，主要分为系统风险和非系统风险。

（3）经营风险，是指投资银行的决策人员和管理人员在经营管理中出现失误而导致自营业务受到损失的风险。经营风险与投资银行管理人员的经营能力相关。

（二）证券自营业务风险监控

由于自营业务存在巨大风险，因而需要从外部风险控制、内部风险控制和外部监管三个方面加强风险监控。

1. 外部风险控制

外部风险控制是指法律法规对券商自营业务的规模及比例的规定。它主要包括：

（1）自营股票规模不得超过净资本的100%；

（2）证券自营业务规模不得超过净资本的500%；

（3）持有一种非债券类证券的成本不得超过净资本的30%；

（4）持有一种证券的市值与该类证券总市值的比例不得超过5%，但因包销导致的情形和中国证监会另有规定的除外；

（5）违反规定超比例自营的，在整改完成前应当将超比例部分按投资成本的100%计算风险准备。

2. 内部风险控制

内部风险控制是指券商自身的风险控制体系。它主要包括：

（1）建立"防火墙"制度，确保自营业务与经纪、资产管理、投资银行等业务在机构、人员、信息、账户、资金、会计核算上严格分离；

（2）应加强自营账户的集中管理和访问权限控制；

（3）应建立完善的投资决策、投资操作、档案管理制度，确保投资过程事后可查；

（4）证券公司应建立独立的实时监控系统；

（5）通过建立实时监控系统全方位监控自营业务的风险，建立有效的风险监控报告机制；

（6）建立健全自营业务风险监控缺陷的纠正与处理机制；

（7）建立完备的业绩考核和激励制度；

（8）稽核部门定期对自营业务的合规运作、盈亏、风险监控等情况进行全面稽核，出具稽核报告；

（9）加强自营业务人员的职业道德和诚信教育，强化自营业务人员保密意识、合规操作意识和风险控制意识。自营业务关键岗位人员离任前，应当由稽核部门进行审计。

3. 外部监管

外部监管主要由中国证监会监管和证券交易所监管两个方面组成，分别从不同角度和方面对证券公司的自营业务进行监督管理。

（三）禁止行为

1. 禁止内幕交易

所谓内幕交易，是指证券交易内幕信息的知情人和非法获取内幕信息的人利用内幕信息从事证券交易活动。常见的内幕交易包括：

（1）内幕信息的知情人利用内幕信息买卖证券或者根据内幕信息建议他人买卖证券；

（2）内幕信息的知情人向他人透露内幕信息，使他人利用该信息进行内幕交易；

（3）非法获取内幕信息的人利用内幕信息买卖证券或者建议他人买卖证券。

2. 禁止操纵市场

所谓操纵市场，是指机构或个人利用其资金、信息等优势，影响证券交易价格或交易量，制造证券交易假象，诱导或者致使投资者在不了解事实真相的情况下做出证券投资决定，扰乱证券市场秩序，以达到获取利益或减少损失的目的的行为。操纵市场的行为会对证券市场构成严重危害。操纵市场的行为是人为制造虚假的证券供给和需求，扰乱正常的供求关系，造成证券价格异常波动，从而破坏市场秩序，损害广大投资者利益。因此，证券公司在从事自营业务过程中不得从事操纵市场的行为。

3. 禁止欺诈客户

欺诈客户，主要是指证券经营机构将自营业务与经济业务混合操作，具体表现为在经营中不按照投资者的委托要求及时按程序操作，而是将有利的价格留作自营，将不利的价格留给投资者。

4. 其他禁止的行为

其他禁止的行为主要包括：假借他人名义或者以个人名义进行自营业务；违反规定委托他人代为买卖证券；违反规定购买本证券公司控股股东或者与本证券公司有其他重大利害关系的发行人发行的证券；将自营账户借给他人使用；将自营业务与代理业务混合操作；法律、行政法规或中国证监会禁止的其他行为。

第五节 做市商业务

一、证券做市商业务概述

国际上存在两种证券交易制度：一是报价驱动制度；二是指令驱动制度。报价驱动制度也称做市商制度，其特征为：做市商就其负责的证券，向投资者报价买入与卖出，投资者或直接或通过经纪人与做市商进行交易，按做市商报出的买入价与卖出价成交，直至做市商改变报价。纯粹的做市商制度有两个重要特点：第一，所有客户订单都必须由做市商用自己的账户买入、卖出，客户订单之间不直接进行交易；第二，做市商必须在看到订单前报出买卖价格，而投资人在看到报价后才下订单。使用做市商制度的市场，主要以美国的纳斯达克市场为代表，纽约证券交易所也存在特许做市商制度。中国的银行间债券市场实行做市商制度。指令驱动制度即竞价制度。指令驱动制度是中国沪、深两大交易所以及我国香港地区、新加坡、日本等市场实行的制度。

投资银行充当做市商可以获得以下好处。

（1）赚取价差。做市商获得的价差与自营商不同，自营商买卖证券的唯一目的是从证券价格波动中获利。而做市商买卖证券的主要目的是维持市场均衡和连续，防止短期价格的剧烈波动，是提供做市服务，因此价差收入可以看成是做市商提供做市服务的价格或报酬。决定做市商买卖价差最主要的因素是做市商因提供做市服务而承担的成本和风险，既包括营业必需的设备成本、人员成本等，也包括做市场商为做市需要而保留的证券头寸的风险暴露情况。一般来说，证券的交易量越大，做市商库存证券周转率越高，价差会越小。证券价格的波动性越大，做市商库存证券的风险越大，为补偿这种风险，价差会越大。

（2）提升形象，增强一级市场业务竞争力。做市商通常都有着较高的定价能力，如果做市商定价过高，会有更多的投资者愿意把手中的证券卖给做市商，使其库存证券大大增加；反之，如果做市商定价过低，会有更多的投资者愿意购买证券，库存证券大大减少。库存证券的不稳定会增大做市商的风险，使得做市商努力提高自己的定价能力。一级市场的发行公司也想给拟发行的证券尽可能合理的定价，这样有利于自己筹集到更多的资金和保持上市后证券价格的平稳。所以，做市商往往在一级市场的承销和发行业务中有着更高的竞争力。

（一）做市商制度的形式

1. 多元做市商制度

伦敦股票交易所和美国纳斯达克市场采用的是典型的多元做市商制度，每只股票同时由多个做市商来负责，做市商之间通过价格竞争来吸引客户订单。纳斯达克市场的做市商是自由进入的，每只股票有若干个做市商，平均每只有10家，多则有70家，投资者可以在这些相互竞争的做市商报价之间选择最有利的报价。伦敦证券交易所传统上也是做市商市场，在1986年"金融大爆炸"和1997年第二次金融改革后，成为竞价和做市商并存的市场，但有80%的股票通过做市商系统进行交易。

2. 特许交易商制度

在纽约证券交易所里，交易所指定一家投资银行来负责某一股票的交易。交易所有将近400个特许交易商，一个交易商一般负责几只或十几只股票。这种做市商不能根据市场情况选择以自动退出来规避风险。

（二）做市商的功能

1. 做市

做市商向市场提供了即时交易的机会，同时也维护了二级市场证券价格的稳定性。在现实的市场中，投资者在任何时间下达的买入、卖出证券的委托单数量可能经常发生暂时性不平衡。这种不平衡或不匹配的流量会造成两个问题：一是即使供求没有变化，证券的价格也有可能发生急剧波动；二是如果投资者想马上成交，那么买主有可能被迫支付高于市价的价格，或者是卖主不得不接受低于市价的价格。

做市商在为投资者提供即时交易机会的同时，还保持了短期价格的稳定。当市场上没有对应的委托单时，做市商可以进行对应的交易，使投资者不必等到有了足够多的对手交易的委托单时才成交，从而也防止价格严重偏离于最近一次交易所达成的价格水平。

2. 造市

做市商向市场参与者提供价格信息,将分散的场外交易在一定程度上集中起来。做市商不但在自己向市场报价和接受公众交易意向时为市场提供报价信息服务,具有为一般公众提供达成交易、满足投资者需求的桥梁作用,而且在集中分散交易的过程中也具有集中公开市场信息、增加市场统一性与透明度的作用。

(三) 做市商的应用

做市商制度的探索和运用始于证券市场。成立于1990年12月的"全国证券交易自动报价系统(STAQ)"曾经试行做市商制度。由于是在市场规则极不规范的环境下运行,系统停止运行。但随着我国资本市场的迅猛发展,做市商制度广泛应用到多层次金融市场领域。

1. 在股票市场的应用

1993年至1994年,在深圳证券交易所内部及证券公司层面曾提出过多份做市商研究报告,建议在缺乏流动性的B股市场建立做市商制度。

2014年8月,做市商制度正式引入新三板市场。截止到2017年5月,新三板上共有92家做市商为1573家新三板公司开展了做市业务。

2. 在外汇市场的应用

2002年,我国银行间外汇市场在欧元和港币交易中进行了做市商制度的试点;2005年11月24日,国家外汇管理局制定《银行间外汇市场做市商指引(暂行)》,在银行间外汇市场正式引入了做市商制度,该指引明确了做市商的基本条件、权利义务和对做市商交易的管理等内容。到了2006年1月,银行间外汇市场做市商制度正式开始实施。截至2015年,银行间外汇市场做市商数量已达34家。

3. 在债券市场的应用

2004年7月,中国人民银行发布《中国人民银行关于批准招商银行等6家金融机构成为银行间债券市场做市商有关事项的通知》,将双边报价商正式更名为做市商,并把数量增加到15家,初步建立了我国银行间债券市场做市商制度。2007年1月11日,中国人民银行发布了《全国银行间债券市场做市商管理规定》,并于2月1日起正式实施。该规定大大降低了做市商准入标准,放宽了做市商的相关业务要求,加强了对做市商的考核管理,从而使现有做市商制度框架得到进一步完善。

4. 在银行间黄金市场的应用

2016年1月,上海黄金交易所(简称"上金所")在我国银行间黄金市场首次引入做市商制度,上金所与外汇交易中心正式启动了银行间黄金询价市场做市业务,标志着市场呼吁已久的银行间黄金市场做市商制度落地。做市商包括正式做市商10家、尝试做市商6家,承担在市场连续提供买卖双边价格的做市义务,为市场提供流动性。

5. 在大宗商品交易市场的应用

国内主要贵金属交易市场曾经大部分采用做市商制度,在缺乏市场监管的条件下,做市商制度很容易被市场操纵。在这一背景下,我国在2011年出台《国务院关于清理整顿各类交易场所 切实防范金融风险的决定》,明确禁止各类交易市场采用做市商制度,叫停做市商制度。

二、做市商的买卖价差

做市商在证券期货市场的双向报价中,买入价与卖出价之间存在价差。

(一)买卖价差的决定因素

买卖价差的决定因素包括:一是做市商在向公众投资者提供双向报价过程中的成本;二是做市商提供报价服务所取得的利润。

(二)买卖价差的影响因素

1. 证券品种的交易量

就交易量而言,交易量越大,做市商赚取的价差越小。证券流动性的大小取决于交易量的大小,从某种程度上说,交易量大的证券的流动性也大,缩短了做市商持有的时间,进而可以减小其库存股票的风险;同时,也有可能能够使做市商在交易时实现一定的规模经济,由此减少成本,因此报价差额也就相应缩小很多。

2. 证券价格的波动性

证券价格的波动性越大,其报价差额也会越大。因为在给定的证券持有期间内,波动率变动较大的证券对于做市商所产生的风险大于变动小的证券,作为对这种风险的补偿,其价格差额自然也就越大。

3. 证券品种的价格

从价差的绝对额看,做市价格高的证券,其价差会大于价格低的证券;而从比例价差看,证券价格越低,其比例价差就会越大。

4. 证券市场竞争压力

市场上做市商的数量越多,竞争压力越大,各种约束力量就越是有力地限制着单个做市商报价差额的偏离程度,因而差额越小。做市过程中,做市商为了获得更多的做市价差收入,相互之间进行竞争,促使做市商千方百计地降低成本和利润,最终使得报价差额逐渐缩小。而且,证券市场上做市商的数量越多,证券交易越活跃,流动性越大,做市商的风险也就越小,作为风险补偿的差额也就越小。

第六节 证券交易新规

一、完善交易制度

1. 明确界定公开发行行为,为打击非法发行行为提供法律依据

由于现行证券法没有界定证券的公开发行行为,致使一些企业采取变相公开发行股

票的方式向社会公众募集资金,社会危害性很大。为此,修订草案规定了公开发行行为,对非法发行规定了相应的法律责任。

2. 增加发行失败的规定,强化发行人的风险意识

为了促进发行的市场化,降低证券公司采用单一包销方式所带来的承销风险,参照国际上通行的做法,引入发行失败制度。修订草案规定:证券发行采用代销方式,向投资者出售的证券数量未达到拟公开发行证券数量百分之七十的,为发行失败。发行人应当按照发行价加算银行同期存款利息返还证券认购人。

3. 改革证券账户开立制度,适应资本市场对外开放的需要

现行证券法第一百三十八条第二款规定:客户开立账户,必须持有证明中国公民身份或者中国法人资格的合法证件。根据这一规定,境外公民和法人不得在境内开立证券账户。但为了扩大对外开放,我国已经引入了合格境外机构投资者(QFII)投资境内证券市场,并允许境外投资者受让境内上市公司股份,因此需要对现行证券开户制度进行调整。为此,修订草案规定:投资者开立账户,必须持有证明中国公民身份或者中国法人资格的合法证件。国家另有规定的除外。

4. 增加规范证券登记结算业务的要求,防范结算风险

为了保障证券市场的安全运行,需要在证券法中明确规定结算业务的基本要求和保证交收的基本原则、措施和手段。为此,修订草案规定:证券登记结算机构为证券交易提供净额结算服务时,应当要求结算参与人按照货银对付的原则,足额交付证券和资金,并提供交收担保。在交收完成之前,任何人不得动用用于交收的证券、资金和担保物。结算参与人未按时履行交收义务的,证券登记结算机构有权按照业务规则处理前款所述财产。

5. 为建立多层次资本市场体系留下空间

《中共中央关于完善社会主义市场经济体制若干问题的决定》和《国务院关于推进资本市场改革开放和稳定发展的若干意见》都提出要建立多层次的资本市场体系。为了满足不同层次的资金需求,拓展中小企业融资渠道,完善股权转让制度,修订草案规定:依法公开发行的股票、公司债券及其他证券、证券衍生品种,发行人申请上市交易的,应当在依法设立的证券交易所上市交易;不申请上市交易的,可以在证券交易所或者经国务院批准的其他证券交易场所转让。

二、完善市场监管

现行证券法规定了国务院证券监督管理机构依法履行职责时可以采取的措施,在一定程度上保证了监管机构能够依法履行职责,打击违法犯罪。但是,经过近几年实践证明,需要进一步对其予以完善,包括:明确监管部门在日常监管中的执法措施,有权查询有关单位和个人的银行账户;查阅和复制与被调查事件有关的工商登记、税务、海关、户籍、房地产、通讯记录等资料;对有转移或者隐匿涉案财产,或者伪造、毁灭重要证据迹象的,可以冻结或者查封;限制被调查事件当事人的证券买卖;对不予配合的当事人,可以申请公安机关传唤等。这些执法手段对于监管部门及时查明案情、打击违法犯罪至关重要。因此,修订草案增加了监管机构的执法手段和权限,主要包括以下内容。

（1）调整了证券服务中介机构的外延，明确了对其市场准入的管理。

（2）明确了证券服务中介机构从事证券业务的工作职责和应负的法律责任。从制度上保证了证券上市、交易公开、公平、公正，从整体上完善了保证公众投资者权益的系统性。

（3）明确了证券监管机构对证券市场实施监督管理应履行的职责。

（4）调整了被监管对象和增加了监管手段，特别是赋予了监管部门在必要时可采取的准司法权。

（5）在法律上规定了使用相关权力的约束条件和守则。

（6）从法律上保证了建立监督管理信息共享机制和履行职责的配合机制。①从维护资本市场运行秩序、促进资本市场稳定发展、保护公众投资者权益为根本点出发，提升证券监管水平；②从制度上防止在对资本市场运行监管过程中滥用权力情况的发生；③严格了证券监督管理机构工作人员的工作守则。

为维护资本市场平稳运行，深化发行上市、并购重组、分红、退市等基础性制度改革，加大对欺诈发行、虚假披露等违法违规行为的打击力度，统筹做好 A 股纳入明晟（MSCI）新兴市场指数相关后续工作。证监会加快推进多层次资本市场建设，持续深化资本市场改革开放，有效发挥资本市场各项功能，为促进创新发展和加快动能转换提供了有力支持。

具体来看，一是推动发行上市制度战略性转向。依法创造条件引导创新企业发行股权类融资工具并在境内上市。坚持新股常态化发行，严把审核质量关，加快高新技术企业审核节奏。二是拓展多层次、多元化、互补型融资渠道。持续深化新三板分层、交易制度改革，提升新三板定价功能。三是高度重视私募股权投资基金发展，加大政策倾斜力度，明确创投基金所投企业上市解禁期与投资期限反向挂钩的制度安排。四是加快推进资本市场双向开放。放宽证券期货从业机构外资股比及业务范围的工作迈出实质性步伐，顺利推出原油期货，铁矿石期货引入境外交易者。内地与香港两地股票互联互通额度扩大 4 倍，H 股全流通试点正式启动。

经济发展方式、结构和动力的重大转变，迫切需要发挥资本市场的直接融资功能。实现结构性去杠杆，需要大力发展股权融资。大力发展直接融资特别是股权融资，能够为企业增加长期资本，从源头上减少企业对债务融资的依赖，有效解决债务高杠杆问题，使企业轻装上阵，加大研发和投资力度。推动产业调整和转型升级，需要发挥资本市场的资源配置功能，资本市场拥有高效透明的定价机制和灵活多样的支付工具与融资手段，可以为企业并购重组、产业整合提供极大便利，促进淘汰落后产能，支持经济转型升级。培育经济发展新动能，需要发挥资本市场服务科技创新的独特优势，科技创新投资周期长、规模大、风险高，具有高度的不确定性，传统金融机构往往望而却步，资本市场天然具有融资方和投资者风险共担、利益共享的机制，是推动创新与资本有效融合的核心平台。从国际经验看，微软、谷歌、脸书等科技龙头企业的成长，都离不开资本市场特别是风险投资、股权投资的有力支持。推动形成全面开放新格局，需要建设富有国际竞争力的资本市场，这不仅可以提供多样化的跨国金融工具和金融服务，而且能够有效增强风险管理能力和定价影响力，在双向开放的环境下维护我国经济金融安全。

证监会将紧紧围绕高质量发展的要求,努力在新时代呈现出新作为。一是自觉将资本市场稳定纳入金融稳定与金融安全大局,维护资本市场平稳运行,为高质量发展营造良好市场环境。二是深化发行上市、并购重组、分红、退市等基础性制度改革,大力提升上市公司质量,积极推动证券法等相关法律制度修改。三是依法全面从严加强市场监管,加大对欺诈发行、虚假披露等违法违规行为的打击力度。四是以积极主动的姿态落实证券基金期货业包括放宽股比在内的对外开放承诺,统筹做好A股纳入MSCI新兴市场指数相关后续工作。

三、注册制改革

在股票发行制度方面,修订草案首次从法律层面明确了股票发行注册的申请条件和注册程序,确立了股票发行注册的法律制度。修订草案明确取消股票发行审核委员会制度,规定公开发行股票并拟在证券交易所上市交易的,由证券交易所负责对注册文件的齐备性、一致性、可理解性进行审核。交易所出具同意意见的,向证券监管机构报送注册文件和审核意见,证券监管机构10日内未提出异议的,注册生效。

注册制框架下,发行人财务状况及持续盈利能力等盈利性要求不再作为发行条件,发行人及其控股股东、实际控制人最近3年内没有犯罪记录,发行人具有符合法律规定的公司组织机构,最近3年财务会计报告被出具为标准无保留意见的,可以申请注册。

与此同时,修订草案还对发行人、保荐人、证券服务机构及其从业人员、负责承销的证券经营机构等参与各方责任做出详细要求;规定了向合格投资者发行、众筹发行、小额发行、实施股权激励计划或员工持股计划等豁免注册的情形;拟建立股票转售限制制度。

为确保注册制改革顺利推行,减少争议,此次修订草案仅规定股票发行实行注册制,维持债券及其他证券发行实行核准制的安排。

此前,证监会有关负责人曾多次表示,注册制实施须以修订后的证券法颁布实施为前提。据悉,修订草案在颁布前共须完成三次审议,并经过公开征求全社会意见。

四、债券交易新规

"302号文"(《关于规范债券市场参与者债券交易业务的通知》)规定,债券市场参与者不得通过任何债券交易形式进行利益输送、内幕交易、操纵市场、规避内控或监管,或者为他人规避内控与监管提供便利;非法人产品的资产管理人与托管人应按照有关规定履行交易结算等合规义务,并承担相应责任;不得出借自己的债券账户,不得借用他人债券账户进行债券交易。

"302号文"增加了新的监管指标,对逆回购及正回购总额除以净资产的比率进行了限制,将逆回购也纳入了监管口径,设定了上限,超过该上限需要向金融监管部门报备。具体情形包括:存款机构正逆回购超过上季度净资产80%的;保险超过上季末20%的;其他机构超过上月末120%的;公募和理财超过上一日40%;封闭运作基金和避险策略基金超过上一日100%;私募性质非法人产品超过上一日100%的。

"302号文"要求,债券回购交易、债券远期交易都要签订主协议。参与者开展债券回购交易,应按照会计准则要求将交易纳入机构资产负债表内及非法人产品表内核算,计

入机构资产负债表内及非法人产品表内核算,计入"买入返售"或"卖出回购"科目。这是对 2016 年四季度国海证券债券代持事件做出的强力补充。

由于债券代持行为的普遍存在,债券市场参与者的真实交易杠杆率无法得到准确计量,相应风险无法做到合理把握,表面上整个债券市场杠杆率较低。但由债券代持等线下实质加杠杆行为的存在,整个债券市场的真实杠杆率很有可能远远大于公开披露数据,看似风平浪静,实则暗流涌动。

将代持计入表内核算,目的在于将隐藏在暗处的抽屉协议阳光化,必须有主体协议,并且纳入监管,计算相应监管资本、风险准备等风控指标,将其统一纳入规模、杠杆、集中度等指标控制内。代持全部归入买断式回购,纳入监管范围,这将大幅提高代持成本。

综合案例
普陀山 IPO
搁浅

本章小结

（1）投资银行在证券发行市场上主要从事发行和承销业务,在证券交易市场上主要从事经纪业务、自营业务和做市商业务。

（2）投资银行作为证券交易所和投资者之间的桥梁,其按照客户的委托代理客户买卖证券的经纪业务成为较重要的基础性业务之一,是投资银行日常收入的一项重要来源。证券经纪商的作用主要表现在两个方面:一是充当证券买卖的媒介,提高了证券市场的流动性和效率;二是提供信息服务,这些服务主要涉及上市公司的详细资料、公司和行业的研究报告、经济前景的预测分析和展望研究、有关股票市场变动态势的商情报告等。

（3）投资银行的自营业务是投资银行以自主支配的资金或者证券直接参与证券交易活动,承担交易风险,并由证券交易的差价和股利分红获得收益。证券自营业务的特点包括自主性、风险性和不确定性等。证券自营业务主要包括投机业务、无风险套利业务和风险套利业务。

（4）投资银行的做市商业务是投资银行作为做市商不断向公众交易者报出某些特定证券的买卖价格,在所报价格上接收公众买卖要求,向投资者卖出和买入证券,并从中获取差价收益。做市商制度可分为多元做市商制度和特许交易商制度。

第五章 企业兼并与收购

第一节 并购概述

一、并购的概念

企业兼并与收购(Merger & Acquisiton,常缩写为 M&A),简称并购,是指一家公司通过产权交易取得其他公司一定程度的经营管理权,以实现经济目标的行为。兼并通常是指一家企业以现金、证券或其他形式购买而取得企业的产权,使其他企业丧失法人资格或改变法人实体,并取得对这些企业的决策控制权的经济行为。兼并是一种吸收合并,被吸收企业的法人实体不复存在,兼并企业将承担被兼并企业的全部资产和负债。收购是指企业用现金、债券或股票购买另一家企业的部分或全部资产或股权,以获得该企业的控制权。被收购企业可仍以法人实体存在,其产权可部分转让。收购企业成为被收购企业的新股东,以出资的股本为限承担有限责任。

投资银行并购业务主要有以下两类。一类是并购策划和财务顾问业务。在这类业务中,投资银行不是并购交易的主体(或当事人),而只作为中介人为并购交易的主体和目标企业提供策划、顾问及相应的融资服务。这是投资银行传统意义上正宗的并购业务。另一类是产权投资商业务。在这类业务中,投资银行是并购交易的主体,先是买下企业,然后是直接整体转让或分拆卖出,或整组经营待价而沽,或包装上市抛售股权套现,目的是从中赚取买卖价差。就像国内券商在证券交易中的经纪代理业务和自营业务一样,投资银行的这两类并购业务可以被视为并购代理和并购自营。

投资银行在其并购业务兴起之后的相当长一个时期内都是担当并购策划和财务顾问的角色,产权投资商业务是在较晚时候才出现的,20世纪80年代的杠杆收购把产权投资商业务推向了高潮。投资银行作为产权投资商开展企业买卖业务,尽管常常给投资银行带来高回报且受到各家投资银行的重视,但它并不是标示投资银行特点的那一类特色业务,并购策划和财务顾问才是投资银行的特点。因而通常情况下,投资银行的并购业务往往就是指并购策划和财务顾问业务。

并购是资本市场走向成熟的表现,公司并购涉及很多经济、法律、政策问题,所以公司并购往往需要投资银行的参与。因为投资银行对政策比较了解,有专业的人员针对企业制定合适的并购方案。所以并购是投资银行的核心业务之一,投资银行担当买方或卖方的顾问。

二、并购的动因

当代经济学家给出了企业并购行为产生与发展的种种解释,总的说来,其根本的目的在于通过取得目标公司的经营控制权而最终获取利润。从企业的内在和外在方面看,追求高利润是其内在的动力,市场竞争则是其外在的压力。具体地说,企业并购的动机主要包括以下几个方面。

(一)追求协同效应

系统论认为,如果组织构造和资源配置合理,两个或多个元素结合成一个系统就能产生更强的功能。对于企业并购活动也具有同样的效应,并购后企业的价值将大于并购前单个企业价值之和。企业并购可以使企业获得所需的各种资产和资源,实行一体化经营,实现规模经济。企业并购的协同效应主要来自以下四个方面。

第一,实现规模经济。将规模较小的企业合并成大企业,分摊到单位产品或服务上的固定资产折旧费、管理费用、销售费用和研发费用等将较少,带来单位生产成本的降低,使并购后企业的盈利能力增强,利润增加。

第二,企业优势互补。企业并购后可以同时利用各个企业在技术、市场、专利、人才、产品以及品牌等方面的优势,实现优势互补,创造更强的综合优势。

第三,财务协同效应。财务协同效应是指企业并购后因为税法、证券市场投资理念和证券分析人士偏好等作用而产生的一种纯金钱上的效应,主要表现在以下两个方面。一方面是实现避税。税法中的递延税金条款使盈利水平较高的企业可以通过兼并有一定亏损额但前景较好的企业冲抵利润,降低纳税基础和适用税率。另一方面是促使股价上涨。投资者一般根据规模较大的收购公司的市盈率来确定并购后新公司的市盈率,收购方通过发行本公司的新股以少换多来换取目标公司的股票,不断收购市盈率比自己低的公司,这样新公司的每股税后利润就会上升,这就是市盈率幻觉。因此,收购方不断收购市盈率比自己低的企业,可以造成股价长期上升的趋势。

第四,管理集中度提高。企业在并购后,必定将对新企业的整体资源进行整合,提高资源的利用效率,并建立新的组织结构和管理体系,加强管理的现代化和信息化,提高管理能力,为企业带来规模效益。

(二)降低进入壁垒

企业在经营过程中不仅要不断寻找新的市场,而且面临着本行业市场萎缩和变化的困境,因此企业要不断将投资转向其他行业或市场。企业在进行扩张时将面临很多障碍,如达到有效规模经营所需要的资金、技术、信息、专利,以及销售网络和渠道等,而企业并购是实现行业扩张的有效途径,可降低进入壁垒,并且成本相对较低,可以成功地进入一个新的行业或市场。通过并购,收购方可以利用现成的原材料供应渠道、产品销售渠道,以及被收购企业的设备、厂房、人员和技术,能在较短的时间内使经营走向正规。通过并购方式进入还能避免直接投资带来的因市场能力的增加而引起的行业内部供求关系失衡,以减少价格战的可能性。

(三)实现战略目标

有些并购行为是企业出于对公司发展战略的考虑,为了进行战略收缩、战略防御和战略进攻,而不是仅仅考虑短期的财务目标等因素。战略目标应是企业并购的重要因素,只有当企业具有一定的战略目标时,并购才能给企业带来深远的影响,目标企业可能符合收购方的长远战略发展需要,或者对收购方的发展起着关键性作用。战略性并购通常会使收购方的整体盈利能力在短期内下降,具有较高的财务风险,可能受到证券市场的压力。

进行战略收购一般要考虑以下因素。第一,实现分散化经营,平抑收益波动。通过并购,吸纳行业周期不同、相关性不高的各类企业,可以平抑企业年度业绩剧烈波动的影响。第二,进行多元化经营,实现主导产品和关键产业的战略转移。企业可以通过并购来撤除老产业,进军新产业,以实现战略转移。第三,获取关键的尖端技术。通过购买许可证或其他技术转让途径得到的技术往往不是最先进的,而通过并购可以获得其他企业最尖端的技术,增强企业技术上的竞争力。

(四)降低企业经营风险

企业生存在多变的市场环境中,其经营状况可能因为行业的兴衰、市场的变化以及公司自身的事件而面临诸多风险,企业通过并购可以降低这些风险。一方面,通过横向并购或纵向并购可以增强企业在行业内的竞争力,并随着规模增加、市场占有率的增长和市场控制力的增强降低经营风险。另一方面,通过混合并购可以实现多元化经营,同时进军多个行业,降低行业兴衰对企业的影响。并购后,以前多个企业之间的外部市场交易转变成一个企业的内部交易,可以大大降低交易费用,减少不确定性。

(五)降低交易费用和代理费用

交易费用的大小与交易过程涉及的资产专用性、交易不确定性和交易发生的效率有关。企业并购尤其是纵向一体化的并购,在一定程度上可免除利用市场的成本,将企业一定的外部性内部化,从而大大节约了市场交易费用,这也是推动美国第二次并购浪潮的主要动因。另外,在现代公司制度下,由于所有权和经营权分离,公司所有者为激励和监督经营者按照其目标行动而形成了一定的代理费用,当代理费用过高时,就会发生公司控制权的争夺,或者成为被并购的对象,或者由公司所有者大量回购公司股权,从而重新组织经营、提升股东利益。从某种意义上说,在整个20世纪80年代,降低代理费用促进了并购活动的兴旺,这一时期并购市场的空前活跃是股东利用兼并手段维护其自身利益的一种积极反应。

（六）满足企业家的价值追求

在现代市场经济中，企业股东和经理的目标是不一致的，股东的目标是利润最大化，而经理的目标主要是谋求企业的快速发展，因为企业的快速发展可以使经理得到更高的工资、地位等。通过并购可以迅速扩大企业的规模，获得较高的增长率，并使经理层获得更高的效用。

（七）实现跨国经营

在全球一体化的进程中，企业进行跨国经营是必然的趋势。然而有些国家为了保护本国经济和国内市场，对外资企业进行各种各样的限制，对企业的跨国经营造成不利的影响。通过并购可以绕开各种政策壁垒，直接进入国际市场，节省成本和时间。

（八）从收购低价资产中谋利

并购者常选择一些净资产较高、有发展潜力但目前价格被低估的企业，并购后或者将企业进行重组，使其具有魅力后分割出售；或者卸掉原有"包袱"，留下精干、效益好的部分进行整顿后自己经营，以从中谋利。

（九）扩大市场占有率

市场份额是衡量企业某种产品的生产规模、生产能力和发展潜力的重要指标。市场份额和规模经营是相辅相成的，企业并购重组是企业扩大规模、增加市场份额的重要途径，通过并购可以提高企业产品的市场占有率，增强企业对市场的整体控制能力，提升企业产品对市场的垄断程度，从而使企业获得更多的超额利润，提高企业的竞争能力，同时为企业进一步的扩张提供支撑。

经典案例
马云："要么做第一，要么和第一联手"

三、并购的类型

（一）按公司所属行业领域划分

1. 横向并购

横向并购是指同一部门生产或经营同一产品的公司之间的并购（公司之间是竞争关系）。横向并购可以扩大公司的经营规模，降低生产成本，使公司获得规模经济效应，有助于增强公司的竞争实力，巩固公司在行业内优势的地位。

2. 纵向并购

纵向并购中的合并方和被合并方是上下游企业，目的在于组织专业化的生产和实现产销一体化，提高经济协作效应。纵向并购可以缩短生产周期。

3. 混合并购

混合并购中的合并方与被合并方之间分属于不同的产业领域，相关的产业部门之间没有特别的生产技术联系。混合并购可以通过分散投资降低企业经营风险,达到资源互补的目的,扩大市场活动范围,增强企业应变能力。

(二)按公司法的角度划分

1. 吸收合并

吸收合并是指两个或两个以上的公司在合并过程当中,一个公司吸收或兼并了其他公司,成为存续公司。存续公司获得了消失公司的全部业务和资产,同时存续公司也承担了消失公司的债务和责任。

2. 新设合并

吸收合并是指两个或两个以上公司在合并过程中同时消亡,代之以新设公司。参与合并的公司全部消失,重新设立的公司获得消失公司的财产和承担全部责任,每一个消失公司的股票或者股份都转换为新设公司的股票和股份。

(三)按收购的资金来源划分

我国《关于企业兼并的暂行规定》中并购的四种类型如下。

1. 购买式并购

兼并方以现金出资购买目标企业的整体资产,依其价值确定购买价格,兼并方不与被兼并方协商债务如何处理。

2. 承担债务式并购

在目标企业资产与债务等价的情况下,兼并方以承担目标的企业的债务为条件接收其资产。

3. 吸收股份式并购

将被兼并企业的净资产作为股金投入兼并方,成为兼并企业的一个股东。

4. 控股式并购

一个企业通过购买其他企业的股票达到控股的目的,实现兼并。

(四)按公司收购意图划分

1. 善意收购

并购双方管理层之间通过友好协商,收购公司提供合适的条件,在双方相互认可的情况下,达成一致性协议,并且在收购之后不大量裁员。

2. 敌意收购

收购公司在未与目标公司管理层协商的情况下,通过秘密收购目标公司分散在外的股票等手段,对之形成包围之势。使得目标公司在事先并不知晓的情况下,被迫在短时间内做出回应,从而实现控制权的转移。

(五)按融资渠道划分

1. 杠杆收购

收购公司先投入资金,成立一家完全在收购公司控制之下的空壳公司,这家空壳公司以其资本和未来买下的目标公司的资产和收益为担保,来进行收购。

2. 目标公司管理层收购

在有些目标公司受到收购公司的袭击时,目标公司的管理层对目标公司自身进行收购,避免被收购公司敌意收购。

(六)按并购中的股份来源划分

1. 要约收购

要约收购又称公开收购,是指买方公开向目标企业全体股东发出收购要约,承诺在一定时期内按要求披露的某一特定价格收购目标企业一定数量的股份。

2. 市场收购

市场收购又称集合竞价,对于在公开市场交易的上市公司,可以通过直接在市场上收购一定数量的股份达到控制目标企业的目的。

3. 协议收购

协议收购又称非公开收购,指买方在证券交易所之外,以协商的方式与目标企业的股东签订收购股份协议,从而达到控制该公司的目的。

第二节 并购程序和并购风险

一、并购程序

(一)签订契约书

在实施企业并购之前,投资银行应该与企业客户就合作事项签订一份协议。协议主要明确投资银行和客户双方的责权利,应包括服务内容、费用安排、免责事项和终结条款等。

从服务内容上来看,一方面,要从总体上明确投资银行提供哪种服务,是收购还是反收购服务;另一方面,对投资银行服务的具体范围进行界定,规定好投资银行具体的服务项目。

从费用安排来看,要明确在何种情况下收取何种费用,费用应该采用什么方法计算等。一般来说,投资银行在并购交易达成后才收取大部分费用,费用的多少通常按照交易金额的多少而定。

从免责事项来看,主要是投资银行为了减少法律纠纷,在服务协议中规定其在并购中得以免除的责任。而对于并购的财务顾问来说,其故意操作失当和重大疏忽一般不在免责范围之内。

从终结条款来看,目的是确立并购终结后有关各方的责任、权利和报偿。其关键内容是在契约终结后,如果客户完成并购交易,在何种情况下、在什么时间内,投资银行有权收取费用。

（二）物色目标公司

1. 目的因素

业务因素的考虑主要服从于收购企业的收购动机，目标企业的业务要与收购方的收购动机相协调。如果收购方的用意在于获得经营上的协同效应，则应主要关注目标企业的业务、优势与收购公司的配合程度。如果收购方的目的在于扩大市场份额，那么目标公司的业务必须与其密切相关，并能增加收购方的市场占有率。如果收购方想借助并购实行战略转移，则可以寻找景气行业中的不景气企业或商业周期中尚处于成长期的行业中的企业作为并购对象。如果收购方希望通过多样化来降低风险，则可以选择与其在业务上不相关的企业作为并购对象。

2. 目标公司态度因素

管理层或员工是否愿意合作或者反收购。

3. 财务因素

财务因素在企业并购的过程中往往处于核心地位，企业的并购活动必定伴随着财务上的整合。首先要分析收购方的资金实力、融资能力和渠道、资金成本等因素。当收购公司想借助垃圾债券来融资时，应考虑债券的发行对象和投资者，承销商对债券的接受程度，以及证券市场的活跃程度和供需状况等。如果证券市场萎缩，只有当被收购企业拥有价值较高的固定资产、预期的现金流较多、财务状况良好时，收购方才可能顺利向外举债以完成收购。

同时还要考虑目标企业的资产负债表和财务指标状况，并对拟定的目标企业进行深入的财务分析，包括并购后的现金流量、利润水平、资本结构和盈利潜力等。如果收购方并购的目的之一在于改善其财务结构，那么财务杠杆系数较高的企业就不是合适的并购对象。

4. 规模因素

尽管垃圾债券的出现和杠杆收购的兴起使并购活动中"小鱼吃大鱼"的现象不断发生，但这种做法的高风险和高难度决定了收购方一般不会贸然选择规模比自身大得多的企业作为收购对象。同时，基于规模经济的考虑，收购方在选择和评估目标企业时，需要投入大量的时间和一定的费用。如果选择目标企业的规模过小，收购方所付出的单位成本就较高，所以收购方一般会设定目标企业的下限。

衡量企业规模大小主要考虑以下指标：①收购价格；②目标企业的主营收入或销售毛利；③目标企业的资产、负债等；④目标企业的市场份额；⑤目标企业的盈利能力；⑥目标企业的职工数量、市场的分散化程度和经营的多元化程度。在确定收购目标时，还应该考虑拟选企业的产业类别、地理位置、市场地位、技术水平等。

（三）目标公司估价

目标公司估价一般有以下几种方法。

1. 现金流贴现法

现金流贴现法是最基本的估值方法，用来确定估价上限，步骤如下：

（1）预测未来各年净现金流；

(2)计算经分析调整后的加权平均成本并作为贴现率。

现金流贴现法存在一定局限性,未来现金流的估计与资本成本的估计存在较大的不确定因素。

2. 市盈率法

(1)市盈率＝市价/每股收益;

(2)并购价格＝市盈率×目标企业税前/税后收益。

市盈率法同样存在一定局限性,市盈率法比较适合经营状况稳健的企业,平均市盈率的说服力会比较强。

3. 市场比较法

(1)可比公司法:以交易活跃的公司股价和财务数据为依据,计算出主要的财务指标。

(2)可比收购法:从类似的收购中获取有关财务数据来获取相应的收购价格乘数。

(3)可比初次股价法:收集其他上市公司上市之后的财务数据和上市之初的股价表现,计算出相应乘数。

4. 账面净值法

账面净值法即利用传统会计方式确定的净资产来决定并购价格。

其优势在于:①按照通用会计原则计算出来,由独立的第三方所提供,客观性比较强;②如果购买价格低于账面价值,则通过纳税亏损转回可以得到额外现金;③对于有形资产庞大的公司是一个估算的好办法,尤其是亏损的公司常常采用这种方法计算被收购公司的清算价值。

其劣势在于:需要按照市价进行调整,价值的实现可能会遇到风险。

5. 财产清算价值法

财产清算价值法即估算目标企业的净清算收入来估算并购价格。

其优势在于:①得到企业可能的变现价格,构成并购价格的底价;②可用于收购陷入困境的企业,也可用作预期并购战略未能实施时的防卫措施,还可用于根据特定目的所购买的特定企业。

6. 重置价值法

适用范围:需要目标公司设备或者需要进入目标公司经营领域的行业公司。

7. 分散加总估价法

分析目标公司的各项业务,并将单个价值加总得到公司总价值,如果总价值超过成本,则收购者需要计算回报率。

8. 目标公司股价历史分析法

考察一个时期内公司股票交易的价格范围。根据整个市场指数以及相似行业股价加上一定溢价来确定公司股票价格。

(四)制定出价策略

因为交易价格的影响因素很多,所以确定合适的交易价格是非常复杂的。并购双方应根据并购程序中的不同阶段来确定不同的交易价格。

首先,应确定基本价格。基本价格又称底价,是在资产评估的基础上确定的价格,也是企业并购前的基本定价。

对于经营状况较差、非连续经营的企业,被并购企业的基本价格应为:

$$被并购企业的基价=资产\times 清算价格-负债$$

对经营状况尚好但实力不强、连续经营的企业,被并购企业的基本价格为:

$$被并购企业的基价=资产\times 重置价格-负债$$

其次,收购方在出价时应明确出价的上下限。出价的上限为目标公司的预计价值,而出价的下限通常为目标公司的现行股价。一般来说,并购产生的协同效应越大,价格上下限的落差越大,谈判的余地越大,并购成交的可能性越高。

最后,确定谈判价格。并购双方围绕基本价格进行谈判,根据并购企业的资产状况、经营状况、稀缺程度、发展潜力以及并购方的需求程度、市场竞争程度来确定浮动价格和浮动范围。具体的谈判价格确定方法有市场定价法和招投标定价法。

市场定价法是以同类或相似资产在交易市场上的平均价格作为被并购企业的资产定价参考来确定收购价格。利用这种方法可以准确地反映企业资产的价值和供求状况,保证收益的合理性。

招投标定价法是通过招投标的方式确定谈判价格的一种方法。招标方既可以是收购公司,也可以是目标公司。目标公司作为招标方可以自行或委托中介机构以及产权交易机构发布招标公告,吸引多方投标,根据投标内容和价格进行比较,然后形成价格。收购公司也可以发布公告,提出并购项目、需求等,投标方竞争投标,并购方择优确定并购对象。

(五)选择支付工具

在企业并购活动中,选择支付工具是十分重要的环节,会对并购双方带来影响。企业并购可以选择的支付工具非常灵活,一般包括现金、普通股、优先股、债务凭证,同时还可以是多种工具的组合。各种支付工具有各自的特点。投资银行作为财务顾问,要根据具体情况和并购计划的整体框架来设计适合客户的支付工具。当然,不同的支付工具将影响企业的股权结构,并最终决定并购能否成功。

1. 各种支付工具的特点

1) 现金

现金支付方式是指收购方支付给目标企业所有者一定数量现金以进行收购活动的支付方式。对收购方来说,现金的支付速度较快,可使目标企业的敌意情绪控制在较短的时间内,目标企业的管理层无法获取充分的时间进行反收购,并且与收购方竞购的对手或潜在对手也可能因为无法筹措大量现金而难以与收购方抗衡。

对目标企业来说,现金不存在变现问题,其价值不会剧烈波动。但是现金使目标企业的所有者无法推迟资本利得的确认,提早了纳税时间,并且使其不能拥有并购后新公司的权益。现金支付的速度较快,特别适合敌意收购。

2) 普通股

当收购公司通过增发普通股来替换目标公司的股票以达到收购目的时,普通股就成为支付工具。从收购公司来看,用普通股作为支付工具不需要支付大量的现金,所以不会大量占用营运资金。同时,市盈率高的公司并购市盈率低的目标公司,反而可以提高并购后新公司的每股收益,造成并购景气。

从目标来看,股东可以推迟收益实现时间以享受税收优惠,并且由于拥有新公司的股权,目标公司的股东能够分享并购后新公司的增值。

以发行普通股作为收购的支付工具,由于受到法律的限制,一般来说程序比较烦琐,持续的时间较长,使被收购公司的管理层有充足的时间实施反收购行动,也使竞购对手有机会组织强有力的竞争。以普通股作为支付手段造成股权稀释,并使并购后的每股净收益出现回落。

3)优先股

可转换优先股是最常见的优先股支付方式。可转换优先股具有普通股的一般特征,同时具有固定收益证券的性质,容易被目标公司的股东接受。

对收购方而言,运用优先股作为支付工具不挤占营运资金,优先股是一种低成本、高效率的支付工具。优先股具有普通股和固定收益债券的弱点和劣势,因此现在已经很少在企业收购中使用。

4)可转换债券

可转换债券对于风险厌恶型股东具有很大的吸引力,其可能自愿放弃股票升值的机会,转而收取每年的固定利息率,而可转换债券正好可以满足其需求。目标公司的股东持有可转换债券,既能获得稳定的收益,又可分享公司股价升值的好处。

对于收购公司而言,可转换债券作为支付工具可以实现多种利益:①可以降低收购成本,可转换债券的利率一般低于普通债券的利率;②可以推迟新股东的加入,保持原股东的收益不被稀释;③可在税前利润中支付利息,减少所得税。

5)综合支付方式

综合支付方式是指收购方对目标企业的出价由现金、股票、认股权证、可转换债券等多种支付工具构成组合体的一种方式。

单一的支付方式必然具有局限性和弱点,因此把多种支付工具组合在一起,可以扬长避短。但是使用综合支付方式也有一定的风险,可能由于搭配不当而带来损失。多种支付工具的组合使用也可能因为操作烦琐、分散而错失良机,增加了收购的不确定性和成本。

(六)签署协议书

收购接洽阶段结束(包括谈妥收购价格)后,就需要拟定并购协议书。这时,除了互相提供经营方面的内部资料外,还要由会计、审计人员进行最终的收购查账,以确定收购金额及方式等条件,还包括制定收购程序表。此外,必要时收购企业还要将对收购企业的处理方式及经营者、职工的待遇安排等,向政府主管部门提出书面报告。这一阶段拟定的协议书一般称作准协议书,不具备法律效力,因此其内容可以变更。

协议书正式完成以后,还须经过双方企业董事会对并购事宜的认可和批准。董事会的认可和批准既是一个法律程序,也是对并购过程中可能发生的不公正和违法行为的一种制约。

以上过程全部顺利结束后,就要签署并购协议书的。这时,企业的并购协议才具备法律效力。

(七) 实施并购和并购后的安排

在经过上述步骤之后,收购公司与投资银行经过长期、周密而细致的工作,已经为最后的行动做好了充分的准备,这时只需根据计划和协议有条不紊地采取行动。

在这一阶段要做好交易的支付、人事的安排和组织结构的重建等工作。首先,要进行交易的支付。通过付款完成股权或资产的转移,收购方将根据协商的结果选择包括现金、股票等多种方式或组合来完成交易。其次,应稳定目标公司的人事、客户和供应商的关系。重点包括主管人员的派任、稳定人才与激励措施、收购后的沟通等。然后进行组织结构调整。要对目标公司的组织结构和管理制度进行适当的调整,使之符合公司发展的战略需要。

当然,收购交易完成并不代表收购完全成功,更艰巨的任务是对收购后新公司的整合,提升公司的效率,否则,收购公司的并购可能将最终失败。

上述并购的阶段是并购重组的一般过程,对于不同的公司(例如上市公司和非上市公司)并购的具体过程还有一些不同的规定和要求,因此不同公司的具体并购程序并不完全相同。

二、并购风险

并购风险主要包括财务风险、营运风险、信息风险、反收购风险、法律风险。

(一) 财务风险

财务风险主要包括以下两类:
(1) 收购公司受到对方虚假财务状况的欺骗;
(2) 收购中所付代价过高,举债过于沉重,导致收购成功后付不出本息而破产。

在进行收购时,需考虑目标公司及收购后可能遭遇的财务风险,一般情况下考虑以下两个因素:
(1) 用于交易融资的负债数额;
(2) 由购买方承担的目标公司的负债额大小。

(二) 营运风险

营运风险指的是公司对未来经营环境不确定性与多变性无法完全预计而造成预期报酬偏离实际的风险。主要是因为收购公司对公司仅有肤浅认识导致并购后的新规模不经济。

(三) 信息风险

信息风险指的是信息缺失/目标公司故意不提供翔实信息导致与收购公司收购目标相去甚远。

(四) 反收购风险

目标公司采取反收购措施而使得并购失败的风险被称为反收购风险。

(五)法律风险

收购过程中存在的法律风险主要表现为以下三个方面:
(1)各国政府制定反垄断法案,制约并购公司;
(2)关于收购的法律法规通过增加收购成本提高收购难度;
(3)另有法律要求收购股份达到一定比率停止收购,延长收购战线。

三、并购重组新规要点

2015年证券市场经历了冰火两重天,市场表现突显了中国证券市场还有很多问题有待解决。面对中国市场制度的缺失,中国证监会一直在探索中前进,从2015年至今出台了很多交易新规。在2015年之前,中国A股市场流行借壳上市,随着注册制在A股市场即将登台,以及并购重组新规的试水,疯狂追求壳资源的现象已经基本退出舞台,并购新规的出台很大程度上影响了中国A股市场的投资策略。从重组条件到审核程序,从信息披露到文件制作,中国证监会集中发布的法规和规范性文件让人眼花缭乱。但它们之间有着内在的连续性和一致性,它们从不同角度、多个层面对现有上市公司并购重组规则体系做了梳理和完善。这标志着上市公司并购重组、非公开发行股票在全流通市场新环境下,逐步走向规范与发展并举的新阶段。随着股权分置改革的深入,我国资本市场发生了转折性变化,上市公司并购重组也出现了新变化:收购主体的收购动机日趋多元化,谋求企业控制权、实现产业整合、增强协同效应逐步成为并购主流,并购模式向战略性、产业性并购转变,支付手段灵活多样。这些新变化和新趋势对上市公司并购重组法规制度建设提出了更高的要求。

但我们也要看到,全流通市场环境下资本市场出现的新变化和新趋势,加大了资本市场监管难度,对资本市场监管水平提出了更高的要求。上市公司的并购重组和定向发行往往伴随着股票市场内幕交易和二级市场股价操纵等违法违规行为,其性质恶劣,社会危害性大。中国证监会在鼓励与支持市场创新发展的同时,将进一步加大打击内幕交易和操纵市场行为的力度,提高市场透明度,净化市场环境,保护投资者的合法权益。

其中,《上市公司重大资产重组管理办法(征求意见稿)》从法律规制层面,依据《证券法》和《公司法》的规定,对我国上市公司并购重组活动做出了创新性的制度安排,与2006年修订的《上市公司收购管理办法》共同构成我国上市公司并购重组活动的基本制度框架。

《关于在发行审核委员会中设立上市公司并购重组审核委员会的决定》和《中国证券监督管理委员会上市公司并购重组审核委员会工作规程》则将上市公司并购重组审核委员会这一新的并购重组审核机制上升到法律层面,赋予其明确的法律地位,对提高上市公司并购重组效率从审核机制上予以保障。

《上市公司非公开发行股票实施细则》及其配套文件进一步规范了上市公司非公开发行股票行为及其信息披露行为。

《关于规范上市公司信息披露和相关各方行为的通知》则是针对目前证券市场上的股价异动,部分违法犯罪分子利用并购重组信息炒作股票、牟取非法所得而出台的。其旨在强化信息披露监管,加大对虚假信息披露和内幕交易等违法犯罪行为的打击力度,防止不法分子从中牟利并破坏证券市场秩序,从而进一步营造良好的并购重组环境和资本市场生态环境,推进并购重组在上市公司做优做强中的重要作用。

上述法规和规范性文件的同时发布,体现了证券监管部门求真务实、与时俱进的监管理念和促进资本市场健康发展的监管思路,显示了监管部门夯实资本市场基础制度、完善资本市场功能、提高资本市场运作效率的信心,同时也表明了证券监管部门打击虚假信息披露和内幕交易等违法犯罪行为,保护投资者合法权益,维护资本市场健康稳定运行的决心。

我国资本市场仍然处于社会主义初级阶段,"新兴+转轨"的特征仍比较突出,旧体制的影响还将在一个时期内长期存在。具体到并购重组活动上,由于我国上市公司以国有控股为主,并购重组过程中既有市场化因素,也有一定的行政化色彩,这就增加了并购重组活动的复杂性,也加大了监管的难度。

针对这一问题,上述文件从不同侧面注重发挥市场机制对市场主体的约束力量,注意强化中介机构的责任,突出社会监督的作用。例如,《上市公司重大资产重组管理办法(征求意见稿)》强化了中介机构的职责,鼓励上市公司进行以市场化为导向的并购重组;《关于在发行审核委员会中设立上市公司并购重组审核委员会的决定》和《中国证券监督管理委员会上市公司并购重组审核委员会工作规程》对并购重组审核机制进行了重大调整,将上市公司并购重组审核委员会设立于中国证券监督管理委员会发行审核委员会中,专门负责对上市公司并购重组(包括以发行股份购买资产)申请事项提出审核意见,从而进一步规范审核制度,增强审核工作透明度,提高审核效率。

我国国民经济规模日益扩大,居民收入不断增加,国民经济增长方式转变以及产业结构优化调整都需要资本市场发挥更大、更积极的作用。为此,出台上述一系列法律法规及规范性文件,优化调整上市公司并购重组审核机制,是适应当前我国证券市场发展所做出的前瞻性的制度安排。通过这些法律法规,因势利导,充分发挥并购重组在企业做强做大和资本市场持续健康稳定发展中的重要作用,切实使广大投资者分享到我国国民经济快速增长的成果。

上市公司不但要强化自身责任意识,规范自我行为,更要主动培育股权文化,牢固树立对投资者负责、为全体股东谋利益的理念,引导投资者进行理性投资,珍惜股改后我国资本市场出现的大好形势。同时,市场所有参与者也要共同发挥聪明才智,严守职业道德,提高专业水准,认真履行职责。

图 5.1 为投资并购前关注的问题。

图 5.2 为退出环节关注的问题。

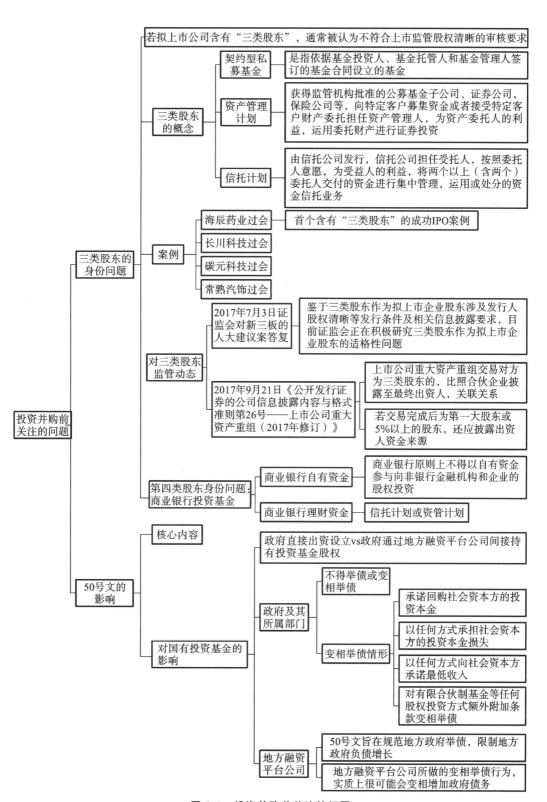

图 5.1　投资并购前关注的问题

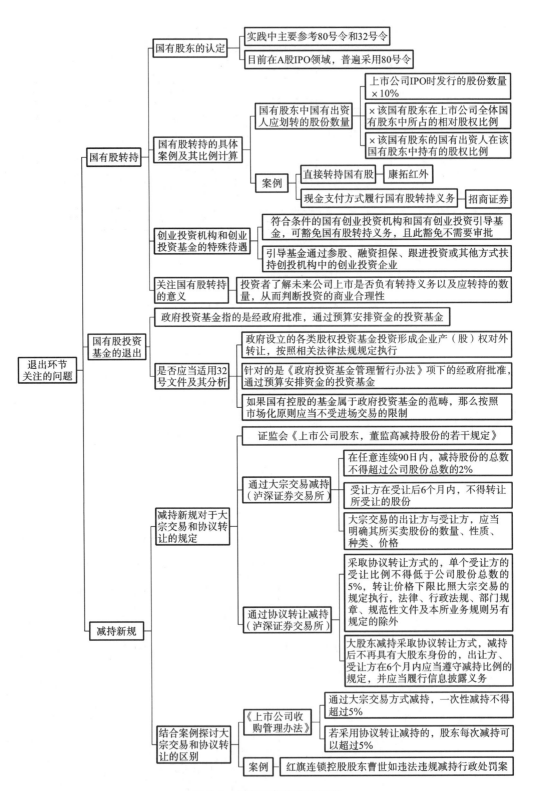

图 5.2 退出环节关注的问题

第三节 投资银行的作用和报酬

投资银行并购业务流程图如图 5.3 所示。

就投资银行作为中介服务者来说,其并购业务之典型形态的流程图如图 5.3 所示,它展示了投资银行从寻找客户(收购方)和搜寻目标企业开始到完成一宗并购业务的大体过程。

一、投资银行并购服务内容

1. 提供帮助并制定战略

投资银行为顾客进行自我分析和市场分析提供帮助,在理性的基础上制定并购战略。

2. 保护利益不受损害

投资银行作为财务顾问,它必须保证公司合并行为必须符合一切必要的法律法规,凡涉及公众利益或者股东权益的,特别是涉及少数股东的权益,或者两者皆而有之的时候,公众利益和股东权益都不应该遭到损害。

3. 促成谈判

投资银行代表买方或者卖方寻找有利的潜在客户,使得当事人走上洽谈的圆桌。

4. 顺利促成合并

投资银行要促使合并顺利进行,以公司财务顾问身份全面参与合并活动的策划,包括目标企业的选择,要确定适当的价格,确定并购手段的选择、清算方法的选择等,要促使合并能够顺利进行。

5. 促成谈判达成一致

投资银行代表合并公司或者被合并公司进行谈判,一般在公布一些合并标价之前,大部分拉锯式的谈判通常是两家投资银行之间代表各自的委托人所进行的,那么最终双方的投资银行经过艰苦的讨价还价可以达成双方都能接受的协议。

6. 对反收购策略制定对策

投资银行要充分估计目标公司所可能采取的反收购策略,要帮助客户制定对策。

7. 帮助筹集资金

投资银行要帮助筹措合并所需要的资金,并分析证券市场对收购的反应。

8. 确定其他并购障碍

投资银行要确定其他的主要并购阻碍,比如说反托拉斯调查等,然后告知收购方。

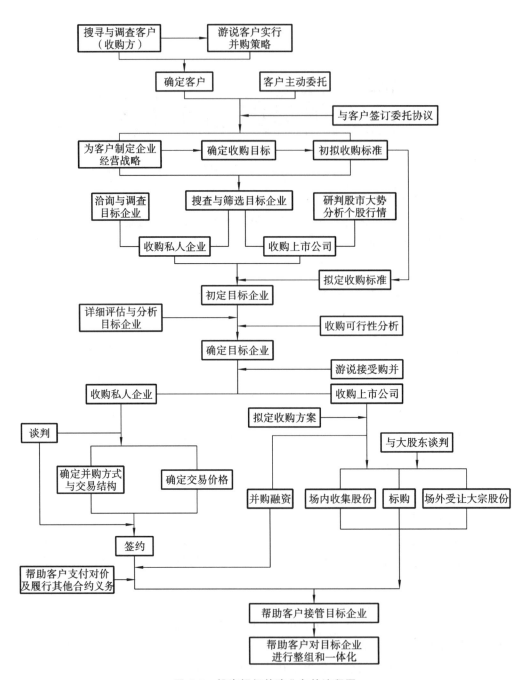

图 5.3 投资银行并购业务的流程图

二、投资银行在并购业务中的作用

1. 发挥并购导向功能

在企业并购中发挥并购导向功能,投资银行可以帮助那些欲通过并购进行扩张的企业物色目标企业,将有并购价值、符合并购意图的企业推荐给实施并购战略的企业,从而为进行企业并购提供基本条件。

2. 发挥巨大的筹资功能

投资银行能够在企业并购当中发挥巨大的筹资功能,它具备动员和调度全社会资金的能力和手段。作为并购方的财务顾问的时候,投资银行负责资金的筹措,能够运用灵活的运行机制,设计出多种融资手段和融资方式,如股权融资、债权转股权等,突破已有的融资环境的限制,开辟一条新的融资渠道,为企业并购提供资金支持。

三、投资银行的收费方式

1. 固定比例佣金

无论交易金额是多少,投资银行都按照某个固定的比例去收取佣金。固定比例的确定一般由投资银行和客户通过谈判来确定,并购交易的金额如果越大,那么这个固定比例可能会越低。

2. 累退比例佣金

投资银行收取的佣金会随着交易额度的上升而有一定比例的下降(相当于多买打折)。

3. 累进比例佣金

投资银行首先会和客户对并购交易所需的价格做出估计,按照此估计数来收取佣金,接下来就由投资银行和目标公司进行谈判。如果最终收购的金额低于目标价格,则并购公司会据此给予投资银行累进佣金以资奖励。

这些佣金费用还可以进一步细分为:

(1) 顾问费;
(2) 交易管理费;
(3) 公证意见费;
(4) 终止费;
(5) 销售代表费;
(6) 聘用定金起始费。

第四节 杠杆收购与管理层收购

一、杠杆收购

(一) 杠杆收购的定义

杠杆收购(LBO)通常是指举债收购,即收购主体本身拥有少量的自有资金,以债务资本为融资工具,实现对目标企业的收购。同时,收购主体以目标公司资产及未来收益作为偿债资金来源,借贷利息将通过被收购公司的未来现金流来支付。杠杆收购本质上是一种负债收购方式,即以少量的自有资金,以被收购企业的资产作抵押,筹集部分资金用于收购的一种并购活动。

(二)杠杆收购的适用条件

对于何种企业适合杠杆购并很难一概而论。一般而言,并购目标对并购方的吸引力主要来自以下几个方面。

1. 稳定的现金流量

债权人对现金流量的稳定性尤为关注,在其看来,现金流量的稳定性甚至比数额大小还要重要。

2. 稳定而富有经验的管理层

贷款方对于收购目标的管理人员的要求往往比较苛刻,因为只有管理人员尽心尽力,才能保证本金和利息如期偿还。人员的稳定性一般根据管理人员的任职时间长短判断。管理人员就职时间愈久,则贷款方认为其在完成收购后留任的可能性愈大。

3. 充裕的成本降低空间

杠杆收购后目标公司不得不承担新的负债压力,如果公司可以比较容易地降低成本,那么这种压力就可以得到一定程度的缓冲,可能的降低成本措施包括裁员、减少资本性支出、清理冗余设备、控制营运费用等。据统计,美国公司发生并购后,行政人员的平均裁减比例为16%,而生产线上的工人的裁减比例则微乎其微。

4. 收购前较低的负债

收购对象一般要求资产负债率低,而且有稳定现金流。资产负债率低意味着易于获得银行贷款,有稳定现金流意味着后期还款有保障。这个特征意味着,杠杆收购更多地适用于经营稳定的传统行业。

5. 易于分离的非核心产业

如果目标企业拥有较易出售的非核心部门或产业,那么,在必要的时候可以通过出售这样的部门或产业,迅速地获得偿债资金。这是能够吸引贷款方的优势之一。

(三)杠杆收购风险

杠杆收购是一项可能带来丰厚利润,也可能带来巨额亏损的资本经营活动,在这种高收益背后存在较高风险,其主要表现如下。

1. 财务风险

在一项杠杆收购项目中,通常需要巨额资金的支持,财务风险便伴随着这些资金的筹措而形成。由于杠杆收购所需资金巨大,收购公司必须大量负债融资,而且不可以以单一的负债融资方式解决,因此产生了一定的财务风险。

(1)高息风险债券带来的风险。杠杆收购中通常有一部分资金来源于高息风险债券,造成很高的资金成本和很大的变化系数,使风险调整贴现率较高。杠杆收购项目必须实现很高的回报率才能使收购者真正受益,否则会使收购公司因高额债务陷入困境。

(2)收购资金中过高的负债比例带来的风险。杠杆收购的资金来源除了高息风险债券以外,还有银行贷款。收购资金的绝大部分来自负债,必然带来收购后负债清偿风险。

2. 运营风险

杠杆收购能形成规模经济,但新公司若规模较大,收购者对其经营的企业情况不熟悉,则会产生规模不经济的问题。

3. 信息风险

在进行杠杆收购中,存在着信息流不均匀、不流畅和不对称的风险。企业的信息来源相对有限,目前主要依靠公司的财务报表和股价,而这两者均可能误导决策。财务报表风险形成的原因,一方面在于财务报表具有定时编制的特点,财务报表的定时编制导致报表大多带有静态特征,只能反映企业过去某一时点的财务状况,使收购公司获得的信息不充分;另一方面在于报表的编制受到一般公认会计原则的制约,在现实情况发生改变时报表不能反映现实真实。报表信息的虚假和披露不充分也是导致信息风险的根源,会计等相关法规要求上市公司的信息披露体现"充分揭示",但"充分揭示"并不意味完全揭示,上市公司完全可以在制度、原则允许范围内隐藏不必公开的商业秘密。

(四)杠杆收购程序

杠杆收购是比较灵活的收购方式,往往会由投资银行专门设计结构,并且全程参与控制并购的进程,而且,投资银行还常常会在杠杆收购过程中加入自己的股权。杠杆收购的一般流程如下。

1. 收购目标的选择

理论上,只要目标公司股本收益率大于负债的利率支出,则并购方通过负债买入即可获利,并且股本投入越少、并购负债越多,则投资报酬率越高。但实际操作中,目标公司虽然可能有较高的股本收益率,但是如果目标公司的现金流不稳定,则会给收购方的偿债带来巨大压力。因此,除了股本收益率,目标公司的现金流质量也是并购方的重要考虑因素。

一般来说,理想的收购目标具有以下特征:

(1)公司管理层有较高的管理能力;

(2)公司经营比较稳定,股本收益率高于负债成本;

(3)公司的负债比较少;

(4)公司的现金流比较稳定;

(5)公司资产的变现能力强。

这类公司如果在市场上股价低迷、价值被低估,就有可能成为杠杆收购的对象。

2. 收购阶段

首先,需要设立一家控股的壳公司("纸上公司")作为特殊目的公司进行收购。特殊目的公司的股本要求极少,理论上满足最低注册资本要求即可。但是实际操作中,因为特殊目的公司是最后吸收风险的载体,对收购的债务融资,尤其是夹层债券的融资,具有稳定性的支柱作用,所以,特殊目的公司其实并不是真正的壳公司,需要有一定的资本来稳定金字塔以上的融资。所以,特殊目的公司的股本出资往往占收购资金的10%左右。当然,也有比较极端的例子。比如,在著名的1988年KKR-RJR纳贝斯克收购案中,华尔街的"收购之王"KKR 公司以总金额 250 亿美元收购了 RJR 纳贝斯克公司。KKR 本身动用的资金仅有 1500 万美元,而其余 99.94% 的资金都是靠垃圾债券大王米尔肯发行垃圾债券筹得。

然后,特殊目的公司开始寻找外部融资。按照倒金字塔形结构,杠杆收购按照求偿位次划分,融资的一般结构包括以下内容。

1) 优先债务

优先债务即一级银行贷款,是杠杆收购融资结构中的上层融资工具,这种债务在融资结构中所占比例比较高,20 世纪 80 年代时一般为 65%。后来由于杠杆收购的风险加大,到了 20 世纪 90 年代降为 50%。它的供资者多为商业银行,其他非银行金融机构如保险公司、商业金融公司等也经常介入。优先债务之所以"优先",在于其供资方所面临的风险最低,现金流优先偿还这部分的债务,而且一旦公司破产清算,债权人对收购得来的资产享有优先求偿权。

2) 从属债券

从属债券是指那些以夹层债券为表现形式的融资工具。它也称为次级债券。如果公司清算,次级债券的求偿权位于一级贷款之后。从属债券包括优先从属债券和次级从属债券等,它们在杠杆收购融资体系中的内容、形式极为丰富。

从属债券既可私募发行,也可公开发行。私募发行常由少数投资机构如保险公司、养老基金会及其他投资者私下认购,由于所购债券期限长、流通性差,私募债券持有者一般会得到比公募债券持有者更高的利息。公开发行则通过高风险债券市场进行。在公开发行过程中,投资银行提供自始至终的服务。担任杠杆收购的策划者和发起人的投资银行往往又是从属债券承销商。在公开发行下,投资银行在公开市场上担任做市商,可以使债券流通性较私募发行大为提高。

3) 股权资本证券

股权资本证券是杠杆收购融资体系中居于底层的融资工具,因为股权资本证券的求偿权在夹层债券之后。股权资本证券包括优先股和普通股。普通股是整个融资体系中风险最高、潜在收益最大的一类证券。杠杆收购股权资本证券一般不向其他投资者直接出售,而只供应给在杠杆收购交易中发挥重要作用的金融机构或个人。因此,股权资本的供应者多为收购的内部机构或人员,包括杠杆收购股权基金、投资银行以及目标公司高管人员。

4) 桥式贷款

在典型的杠杆收购中,收购方常通过投资银行安排桥式贷款。桥式贷款期限很短,只是在收购过程中起一个中介作用,由收购者日后发行垃圾债券或收购完成后出售部分资产、部门所得资金偿还。尽管如此,投资银行发放桥式贷款仍承担着巨大风险。为杠杆收购交易的达成,策划收购的投资银行不惜代价发放单笔金额巨大的桥式贷款,这些占投资银行净资产较高比重的桥式贷款往往会使投资银行的业绩和财务表现出现大起大落。

桥式贷款的期限一般为 180 天,并可根据收购者要求展期 180 天。其利率的设计多采取爬升式,比如,第一季度利率为基准利率加 500 个点,以后每个季度加 25 个点。这种爬升式利率设计有效地加快了收购者的还款速度。投资银行在提供此类贷款时先按1‰计收承诺费,然后按桥式贷款的实际支付金额,加收1‰左右的附加费用。

当融资到位后,并购方即可开始收购,直至完成对目标公司的全部收购,并实现与目标公司的吸收合并。这样,特殊目的公司的债务就可以转移到目标公司中,由其承担还债义务。

3. 重组阶段

收购完成后,进入重组阶段,在此阶段,主要进行以下操作:就短期而言,出售部分非核心的资产,获得现金,偿还一部分短期债务;就中长期而言,对公司业务进行重组,增强其现金供应能力。由于偿债的目标所限,对公司的重组往往是以现金目标为第一要务,而将企业长远发展能力置于其后。

4. 谋求重新上市或者出售

债务偿还完成后,收购方将会考虑投资收益的兑现。当然,也有一些失败的案例,在债务偿还出现问题时,选择向第三方出售。

二次并购是指收购方(收购基金或者财务提供者)向另一家收购基金或者财务提供者出售所购企业。这种并购模式原先主要是针对运作不利的杠杆收购,现在,也开始被其他交易目的所运用。二次并购主要的交易动机包括:所购企业过小而不能 IPO;二次并购出售速度更快,更易实现;并购基金到了一定年限或者已经实现了期望利润,需要退出所收购企业。

当然,重新上市是最佳选择,这样,通过 IPO,并购方所持股权能够实现最好的收益,而且,证券市场所提供的流动性也是最好的。

二、管理层收购

管理层收购(MBO),又称经理层融资收购,是指公司管理者或经理层通过借贷融资购买本公司股份,从而改变公司所有者结构、控制权和资产结构,实现管理者以所有者和经营者合一的身份主导重组公司,进而获得产权预期收益的一种收购行为。MBO 源于员工持股计划(ESOP),由于 MBO 在激励内部人员积极性、降低代理成本、改善企业经营状况等方面起到积极的作用,因而它成为 20 世纪 70—80 年代流行于欧美国家的一种企业收购方式。

对中国企业而言,MBO 最大的魅力在于能理清企业产权,实现所有者回归,建立企业的长期激励机制,这是中国 MBO 最鲜明的特色。从目前来看,国内进行 MBO 的作用具体表现在四个方面:一是解决国有企业"所有者缺位"问题,促进国企产权体制改革;二是解决民营企业的历史遗留问题,实现企业向真正的所有者"回归",恢复民营企业产权的真实面目,从而为民营企业的长远发展扫除产权障碍;三是帮助国有资本从竞争性行业中逐步退出;四是激励和约束企业经营者的管理,减少代理成本。由此可见,MBO 被赋予了很高的期望。

然而,从国内外的 MBO 实践中都可以看出,MBO 并非适合所有的企业。实施 MBO 的企业至少要具备三个条件:①企业要有一定的管理效率空间;②企业处于竞争性较强的行业;③企业要让人民、国家受益,才是关键所在。

1. 在成熟的市场经济国家，MBO通常有以下特征

(1) MBO的目标公司一般有巨大的资产潜力和管理效率空间。通过投资者对目标公司的重组，节约代理成本，提高公司效率，实现投资回报。

(2) MBO是目标公司的管理层通过融资来实现的。因此，财务结构由优先债、次级债与股权三者构成。

2. 管理层收购阶段与程序

1) 目标确定阶段

并不是所有的企业都适合做MBO，因此，实施MBO的第一阶段是确定适合MBO的目标。从理论上来讲，适合MBO的企业具备以下特点：有良好的经营团队，产品具有稳定需求，现金流比较稳定，有较大的管理效率提升空间，拥有高价值资产，拥有高贷款能力等。如果目标确定不合理，会给以后的收购过程带来很多麻烦，甚至导致收购搁浅。目标确定阶段首先要确定的是卖者愿意卖。现实产权的所有者有转让该产权的意愿，一般来讲，国有资产的战略性转移、当地政府对企业产权明晰的愿望以及企业集团经营方向的转移都会形成卖方意愿。其次要确定的是买者愿意买。企业管理层有受让企业产权的意愿，这一般取决于管理层对企业前景的判断，以及其对企业的长远打算，同时也与管理层能否接受MBO这种先进的观念相关。

2) 意向沟通阶段

在确定MBO目标之后，出让方或者有意向受让的要向对方发出要约。卖者愿意卖和买者愿意买是意向沟通阶段要达成的核心目的。出让方与受让方达成初步意向，以及出让方征询地方主管部门的初步意见。当上述内容均得到肯定答复时，管理层才会正式启动MBO的运作。

3) 实施准备阶段

本阶段的工作重点在于组建收购主体，安排中介人员（包括财务顾问、律师、会计师）入场，并寻找战略投资者共同完成对目标公司的收购。管理层在这一阶段需要确定收购的基本方式，是自行完成，还是采用信托方式，抑或寻求风险基金及战略同盟的参与。

4) 方案策划阶段

由于各个企业的情况千差万别，各地对国有或集体资产的管理权归属等问题又有种种不同的规定，同时有效运用当地政策法规可极大地促进MBO运作成功。成功的MBO首先取决于良好的方案，主要包括：组建收购主体，协调参与各方的工作进度，选择战略投资者，收购融资安排等。由参与MBO的出让方和受让方以及其他中介人员共同探讨具体的实施方案，尤其要考虑一些重要的细节问题。方案策划阶段着重要考虑以下四方面的问题。

(1) 国有和集体资产的处置问题。在我国的MBO操作中，经常涉及国有和集体资产的处置问题，这一方面是一个比较敏感的问题，同时在当前还有很多的法律法规限制，从我国目前MBO实践来看，这一问题的处理好坏是整个过程能否顺利完成的关键。

(2) 融资渠道选择问题。方案策划阶段还必须探讨具体的融资渠道选择问题，因为MBO项目一般都涉及巨额的收购资金，寻找合适的融资渠道，有效利用资本市场，以最低的成本得到所需资金，关系到MBO项目能否最终实现。在国外，由于可利用的金融工

具较多,管理层收购方可从银行获得大量贷款,甚至可以发行垃圾债券来筹措巨额资金,但在我国,可以利用的融资工具十分有限。总体而言,银行对MBO融资是持积极态度的。只要操作方案设计科学,有良好的效益预期,融资问题其实不难解决。常见的融资渠道有银行借款、民间借贷、延期支付及MBO基金担保融资等。这个问题的处理会直接影响到买者是否有能力买。由于长期受计划经济的影响,收购主体的支付能力往往远低于收购标的的一般价值,因此资金必须通过融资来解决。

(3) 收购价格的确定问题。合理、科学的收购价格是双方达成共识的基础,也是MBO实现多赢的前提。我国近期的MBO定价绝大部分围绕企业资产净值波动。对于收购有较大管理与财务效率空间(凡管理层提出收购的,恐怕大部分都符合这一标准)的企业来说,采这一定价不能算是高溢价收购。从已有案例看,大部分的收购价格都低于该公司的每股净资产。如特变电工(600089)每股净资产3.36元,每股收益0.18元,净资产收益率达到5.54%。但该公司转让给不同的股东时,最低以每股1.24元转让给上海宏联,而转让给上海邦联的价格为每股3.1元。据公司称,之所以将价格定得比较低,是由于该公司1993年上市,为了补偿其内部职工为公司所做出的贡献而如此定价。进行管理层收购的上市公司若在定价上没有一个比较合理的原则,在今后操作上难免有将国有资产低价转让的嫌疑。可以看出,已经进行的管理层收购出现有利于收购方的倾向,这很容易侵害到国家股和中小股东的权益。理论上讲,确定价格的方法主要有现金流量折现法、经济附加值法、收益现值法。

(4) 股东持股比例的合理性问题。回购有利于企业MBO的操作,例如,对国有(法人)股进行定向回购,将直接导致公司资产净值的减少,进而降低管理层的收购资金压力与融资成本。

5) MBO实施阶段

本阶段是实施MBO的关键,涉及收购方案的制定、价格谈判、融资安排、审计、资产评估,以及准备相关的申报材料。这一阶段是MBO实施方案确认后的实际收购操作阶段,主要工作环节有评估、定价、谈判、签约、履行。实施的焦点主要是收购价格的确定及其他附加条款的确定。实施阶段涉及许多MBO实施技巧,纯熟的资本运作将减少从方案到现实的成本。实施阶段的关键是定价与融资,而各个环节的连接与配合也直接关系到收购能否顺利和成功。实施阶段的成果是买卖双方签订股权转让协议。一般而言,同时还会签署委托管理协议,在股权转让事项的审批期间,被转让股份委托收购方代行股东权利。

6) 信息披露阶段

在买卖双方签订股权转让协议和委托管理协议后,如果是上市公司还需要进行公告,披露股权转让的相关信息,同时向当地证管办和证监会报备相关材料。若非上市公司,则没有此步骤。

7) 政府审批阶段

涉及国有股的转让,其协议生效还需两级政府部门——省(区、市)财政厅(局)和财政部审批。涉及国有股的转让的MBO项目只有在政府审批通过后才可能生效并得以实现。

8) MBO 后整合阶段

经典案例
RJR Nabisco 公司收购案："内部人"和"门口野蛮人"的较量

MBO 后整合阶段,亦称后 MBO 阶段,此阶段最重要的工作是企业重新设计和改造,包括 MBO 后经营层对企业所进行的所有改革,包括业务整合、资本运营、管理制度改革等。后 MBO 阶段是企业实施 MBO 后能否持续发展并不断壮大的关键,同时也是最终实现 MBO 各项初衷的关键。管理者必须对公司进行业务和资产重整,加强科学化管理,改善资产结构,剥离不良资产或与公司核心业务无关的资产,积极开展获利能力强的业务,同时,还需降低整体财务费用和负债水平。通过后 MBO 阶段,解决 MBO 过程中形成的债务,同时也实现 MBO 操作的各项终极目标。至此,MBO 才画上圆满的句号。

第五节 反收购策略

一、并购发生前的反收购策略

(一)建立合理持股结构

收购公司的关键是收购到"足量"的股权。上市公司为了避免被收购,应该让股权难以足量地转让到收购者的手上。很显然,这里合理持股结构中的"合理",是以反收购效果为参照标准的。建立这种持股结构,其做法主要有以下几种。

1. 自我控股

自我控股是指公司的发起组建人或其后继大股东为了避免公司被他人收购而取得对公司的控股地位。其间又分为以下两种情况。一种情况是在一开始设置公司股权时就让自己拥有公司的足量股权。我国法律和政策要求某些行业(主要是与国计民生关系重大的行业)的上市公司,要由国家(政府)控股,就属这种情况。另一种情况是通过增持股份加大持股比例来获得控股地位。

自我控股又有控股程度的差别。自我控股如果达到 51% 的比例,那么敌意收购不可能再发生,收购与反收购问题不复存在。一般地说,在股权分散的情况下,对一个公司持有 25% 左右的股权就能控制该公司。但从理论上说,只要持股比例低于 50%,敌意收购就可能发生,公司就要面临反收购问题。一个股东对自己控制的上市公司持股比例越大,该上市公司被收购的风险就越小,当持股比例达到 51% 时,被敌意收购的风险为零。那么在 51% 以下,持股多少比例才属最佳点位呢?这要视控股股东及目标公司的具体情况而定。持股比例太小,难以收到足够的反收购效果;持股比例太大,则会过量套牢资金。合适的持股比例点位应处于这两方面的平衡点。

2. 交叉持股

交叉持股,又称相互持股,是指关联公司或关系友好公司之间相互持有对方股权,在其中一方受到收购威胁时,另一方伸以援手。比如 A 公司购买 B 公司 10% 的股份,B 公司又购买 A 公司 10% 的股份,它们之间达成默契,彼此忠诚、相互保护。在 A 公司沦为收购靶子时,B 公司锁住 A 公司的股权,加大收购者吸纳足量筹码的难度,同时 B 公司在表态和进行有关投票表决时支持 A 公司的反收购;B 公司受到收购威胁时,A 公司也这样做。

在运用交叉持股策略时,需要注意,互控股份需要占用双方公司大量资金,会影响流动资金的筹集和运用。交叉持股实质上是相互出资,这势必会违背公司通过发行股份募集资金的初衷。在市场不景气的情况下,互控股份的双方公司反而可能互相拖累。交叉持股也有可能让收购者的收购袭击达到一箭双雕的结果。

3. 员工持股计划

一般地说,员工对公司有一种归属感,员工与公司有着紧密的利益关系。推行员工持股计划(ESOP),将使员工与公司的利益关系更为密切,感情纽带更为牢固,员工对公司的归属感会更强。鉴于人类心理因素上天然的"自我本位"和排外倾向,公司员工往往视公司为"我们的"集体,从而排斥外侵、反对收购。尤其是在工会地位突出的西方国家,员工及其利益代表——工会往往是反收购的一支重要力量。员工持股同样也起着锁定部分筹码的作用。

我国在 1998 年(1998 年我国公司 IPO 中设置内部员工股的做法被政策所取消)以前,上市公司员工持股现象很普遍。上市公司的内部员工股一般 3 年内不许上市,3 年后则可上市流通,与公众股无异。只有公司董事持有的股票才属"终身制"。在这种情况下,员工持股又难以起到锁定筹码的作用。要使部分股权真正沉淀到员工手中,只能靠员工对公司的信心。一般情况下,当收购引发股价飙升能给员工持有的股票带来暴利时,员工大多会抛出股权。公司章程和劳动合同中,可以规定公司员工必须锁定持有一定量的本公司股票。但在中国,上市公司普遍把发行内部员工股并尽早使其上市流通,当作重大的员工福利来推行。再加上员工私钱很有限,员工持股量占比很小。因此员工持股计划难以充分起到反收购的作用。

(二) 牛卡计划

牛卡计划也称双层股权结构或 AB 类股结构。按照 AB 类股的规则,创始人持有的 B 类股票,1 股可以有多个投票权;其他人持有的 A 类股票,1 股只有 1 个投票权。如此的结构,可保证创始人以相对较少的股份,也能掌握较高的投票权。脸书、谷歌、京东和百度都是采用 AB 类股结构。

以京东为例,京东刘强东所持京东集团的股票属于 B 类普通股,其 1 股拥有 20 票的投票权,因此刘强东虽然持股比例仅有 23.67%(京东上市招股说明书披露的数据),其投票权比例却高达 86.12%。即:

$$\frac{23.67\% \times 20}{23.67\% \times 20 + (100-23.67)\% \times 1} = 86.12\%$$

这种计划的要点在于,在上市的时候就已经预先想好了后路。

采用牛卡计划的公司普遍有一个特点,就是创始人对公司的个人影响力非常大,采用 N∶1 的投票结构可以使其拥有大于持股比例的投票权。公众股东愿意接受这种治理结构,实际上也是给创始人投下信任票。

中国第一家推出牛卡计划的,是已经在美国上市的百度公司。其方法为,将上市后的百度股份分为 A 类、B 类股票。

(三) 公司章程中设置反收购条款

公司章程是公司的根本大法,它经股东大会通过后生效,效力上相当于股东达成的一个契约,对公司及股东有约束力。公司章程的规定,公司及股东应当遵守。我国《公司法》第 11 条规定:公司章程对公司、股东、董事、监事、经理具有约束力。出于反收购的目的,公司可以在章程中设置一些条款作为并购的障碍,这些条款被称作拒鲨条款或箭猪条款,或反接收条款。

1. 分期分级董事会制度

分期分级董事会制度又称董事会轮选制,即公司章程规定董事的更换每年只能改选 1/4 或 1/3 等。这样,收购者即使收购到了足量的股权,也无法对董事会做出实质性改组,即无法很快地入主董事会控制公司。因为董事会的大部分董事还是原来的董事,他们仍掌握着多数表决权,仍然控制着公司,他们可以决定采取增资扩股或其他办法来稀释收购者的股票份额,也可以决定采取其他办法来达到反收购的目的。

2. 绝对多数条款

绝对多数条款是指公司规定涉及重大事项(比如公司合并、分立、任命董事长等)的决议须经绝大多数表决者同意通过。绝对多数条款常伴随着"占据条款",即更改公司章程中的反收购条款,也须经过绝对多数股东或董事同意。这就增加了收购者接管、改组目标公司的难度和成本。

(四) 毒丸计划

一个公司一旦遇到恶意收购,尤其是当收购方占有的股份已经达到 10%～20% 的时候,公司为了保住自己的控股权,就会大量低价增发新股。让收购方手中的股票占比下降,也是摊薄股权,同时也增大了收购成本,目的是让收购方无法达到控股的目标。作为防御性条款,正常情况下,毒丸计划体现不出其存在价值。但公司一旦遇到恶意收购,或恶意收购者获得的公司股票超过了预定比例,则该条款的作用就会立刻显现出来。毒丸计划的实施,或者是权证持有人以优惠价格购得兼并公司股票(吸收合并情形)或合并后新公司股票(新设合并情形),或者是债权人依据毒丸计划向目标公司要求提前赎回债券、清偿借贷或将债券转换成股票,从而客观上稀释恶意收购者的持股比例,增大收购成本,或者使目标公司现金流出现重大困难,引发财务风险,使恶意收购者一接手即举步维艰。

二、并购发生后的反收购策略

当并购企业向目标企业发出收购要约后,目标企业可以选择以下反收购策略。

(一)焦土策略

焦土策略主要有以下两种。

一是售卖"冠珠"。在西方的并购行当里,人们习惯性地把一个公司里富于吸引力和具有收购价值的部分称为冠珠。它可能是某个子公司、分公司或某个部门,可能是某项资产,可能是一种营业许可或业务,可能是一种技术秘密、专利权或关键人才,更可能是这些项目的组合。冠珠是一个公司里闪光的部分,它富于吸引力,诱发收购行动,是收购者收购该公司的真正用意所在,将冠珠售卖或抵押出去,可以消除收购的诱因,消除收购者的初衷。此时,虎视眈眈伺机而动者将悻然离去,荷枪实弹发动攻击者亦会鸣金收兵,这就是从售卖冠珠到收取反收购效果的逻辑进程。

二是虚胖战术。一个公司如果财务状况好、资产质量高、业务结构合理,则具有相当的吸引力,往往易于诱发收购行动。在这种情况下,一旦遭到收购袭击,即可采用虚胖战术,以此为反收购的策略。其做法有多种,或者是购置大量资产,该种资产多半与经营无关或盈利能力较差,令公司包袱沉重,资产质量下降;或者是大量增加公司负债,恶化财务状况,加大经营风险;或者是特意进行一些需较长时间才能见效的投资,使公司在短时间内资产收益率大减。所有这些,使公司从精干变得臃肿,收购之后,买方将不堪负累。

(二)帕克曼防御

这一反收购术的名称取自20世纪80年代初期美国颇为流行的一种电子游戏。在该游戏中,电子动物相互疯狂吞噬,其间没有吃掉敌手的一方反会遭到自我毁灭。作为反收购策略,帕克曼防御是指,公司在遭到收购袭击的时候,不是被动地防守,而是以攻为守、以进为退,它或者反过来对收购者提出还盘而收购收购方公司,或者以出让本公司的部分利益(包括出让部分股权)为条件,策动与公司关系密切的公司出面收购收购方股份,以达围魏救赵之效果。

帕克曼防御的运用,一般需要具备以下条件:

(1)袭击者本身应是一家公众公司,否则谈不上收集袭击者本身股份的问题;

(2)袭击者本身有懈可击,存在被收购的可能性;

(3)帕克曼防御者即反击方需要有较强的资金实力和外部融资能力,否则帕克曼防御的运用风险很大。

(三)控告与诉讼

设法找出收购行动中的违规行为并提出相应的指控,几乎是每一宗反收购案必然要采取的措施。这类指控主要有以下三种情况。

(1)指控收购行动可能导致违反反托拉斯法或反垄断法的结果。

(2)指控收购行动违反有关收购程序和证券交易法。美国的《威廉斯法案》、我国的《证券法》等都规定有公司收购的程序,比如举牌公告程序、信息披露程序等。

(3)指控收购方的目的不在于取得目标公司的经营权,而在于操控市场。

(四)寻找"白马骑士"

西方中世纪的游侠常常骑着白马到处行侠仗义、救人于危难之时,成为那个时代的英雄。华尔街并购圈借用"白马骑士"这一人们熟知的概念来指称,在敌意并购发生时,目标公司的友好人士或公司作为第三方出面来解救目标公司、驱逐敌意收购者。所谓寻找"白马骑士",是指目标公司在遭到敌意收购袭击的时候,主动寻找第三方即"白马骑士"来与袭击者争购,造成第三方与袭击者竞价收购目标公司股份的局面。显然,"白马骑士"的出价应该高于袭击者的初始出价。在这种情况下,袭击者要么提高收购价格,要么放弃收购。往往会出现"白马骑士"与袭击者轮番竞价的情况,造成收购价格上涨,直至逼迫袭击者放弃收购。袭击者如果志在必得,则将付出高昂代价甚至使得该宗收购变得不经济。

为了吸引"白马骑士",目标公司常常通过锁定选择权等方式给予一些优惠条件以便充当"白马骑士"的公司购买目标公司的资产或股份。资产锁定主要有两种类型:一是股份锁定,即同意"白马骑士"购买目标公司的库存股票或已经授权但尚未发行的股份,或者给予上述购买的选择权;二是财产锁定,即授予"白马骑士"购买目标公司重要资产的选择权,或签订一份当敌意收购发生时即由后者将重要资产售予"白马骑士"的合同。

(五)降落伞计划

公司收购往往导致目标公司的管理人员被解职,普通员工也可能被解雇。为了解除管理人员及普通员工的这种后顾之忧,美国有许多公司采用金降落伞、银降落伞和锡降落伞的做法。

金降落伞是指,目标公司董事会通过决议,由公司董事及高层管理者与目标公司签订合同,规定当目标公司被并购接管、其董事及高层管理者被解职的时候,可一次性领到巨额的退休金(解职费)、股票选择权收入和/或额外津贴。该项收益视获得者的地位、资历和以往业绩的差异而有高低,如对于公司CEO(首席执行官),这一补偿可达千万美元以上。该收益就像一把降落伞让高层管理者从高高的职位上安全下来,故名降落伞计划;又因其收益丰厚,故名金降落伞。

银降落伞主要是就下面几级的管理人员而言的,他们可根据工龄长短领取数周至数月的工资。锡降落伞是指目标公司的员工若在公司被收购后二年内被解雇的话,则可领取员工遣散费。

从反收购效果的角度来说,金降落伞、银降落伞和锡降落伞策略,能够加大收购成本或增加目标公司现金支出从而阻碍并购,但同时也阻碍了合理并购。故金降落伞引起许多争论和疑问,例如:它能在多大程度上遏阻收购?在金降落伞下,管理人员到底是在为谁的利益(自己抑或股东)工作?金降落伞可能保护企业的平庸之辈、官僚主义,金降落伞亦可能成为引起公司内部矛盾的根源。针对金降落伞、银降落伞、锡降落伞策略,主要的反制方法是,通过目标公司股东会或请求法院否决董事

经典案例
美国并购史

会做出的金降落伞、银降落伞或锡降落伞决议。

三、借壳上市

借壳上市,即想要上市的公司通过收购、资产置换等方式取得已上市公司(壳公司)的控股权,然后以上市公司增发股票的方式进行融资,达到上市融资的目的。

借壳上市最大的优点是周期快,不用一直在证监会排队;最大的缺点是成本较高,因为在借壳上市时会有较大的重组成本以及股权稀释和摊薄。

图 5.4 为借壳基本过程。

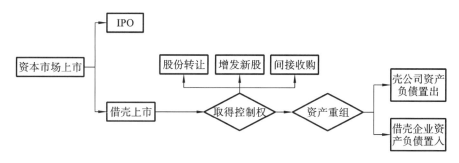

图 5.4 借壳基本过程

(一) 取得壳公司的控制权

可通过以下三种方式取得壳公司的控制权:

(1) 股份转让方式:收购方与壳公司原股东协议转让股份,或者在二级市场收购股份取得控制权。

(2) 增发新股方式:壳公司向借壳方定向增发新股,并达到一定比例,使收购方取得控制权(反向购买)。

(3) 间接收购方式:收购方通过收购壳公司的母公司,取得对上市公司的间接控制权。

(二) 对壳公司进行资产重组

1. 壳公司资产负债置出

实施借壳上市,通常需要将借壳对象全部资产、负债以及相应的业务、人员置换出去,可以根据资产接受方与借壳对象的关系分为关联置出和非关联置出。

(1) 关联置出:向借壳对象大股东或实际控制人进行转让,或者由借壳企业的大股东接受。

(2) 非关联置出:向与借壳对象不存在直接控制关系的第三方转让,往往需要支付一定的补偿金。

2. 借壳企业资产负债置入

借壳企业将全部或部分资产、负债及相应的业务、人员置入借壳对象中,从而使得存续企业即为借壳企业,可以根据借壳企业资产上市的比例分为整体上市和非整体上市。

(1) 整体上市:借壳企业全部资产、负债及相应的业务、人员均被置入借壳对象。

(2)非整体上市:借壳企业未将全部资产、负债及相应的业务、人员置入借壳对象。

借壳费(简称"壳费")常常暗藏在正常的借壳重组过程中,借由资产置换、溢价转让股份和募集配套资金等步骤来隐秘地完成。壳费的支付手段包括低价或免费向原大股东转让置出资产、溢价收购股份、股份转赠、原大股东参与配套融资获取股份、原大股东找第三方提前持有拟注入资产的股份等方式。

综合案例
三六零借壳上市

在济川药业借壳洪城股份事宜中,洪城股份在公告中透露,待重组完成后,重组方将置出资产无偿转移给原大股东洪泰置业,或者在置出资产交割时根据实际情况由洪泰置业从洪城股份直接承接。重组资产评估报告显示,洪城股份此次拟置出资产达到 4.67 亿元,评估值为 6 亿元,意味着洪泰置业不花一分钱就可以拿到在上市公司之中原属于众多股东的资产。

综合案例
龙威传媒收购万家文化

宝鹰股份借壳 ST 成霖则是采用溢价收购股份和承接置出资产相结合的方式。宝鹰股份借壳 ST 成霖,在重大资产置换和发行股份购买资产之后,借壳方大股东古少明以 4700 万元及上市公司向其出售的置出资产为对价,受让 ST 成霖原大股东 GLOBE UNION 所持有的 1.076 亿股股份,这 1.076 亿股股份市值约 3.21 亿元,而古少明给出的对价为 4700 万元现金和评估值为 6.2 亿元的置出资产,两者差额约为 3.5 亿元,相当于支付壳费。

本章小结

(1)并购业务是投资银行业务的重要组成部分。根据不同的划分标准,可以将并购业务分为不同的类别,常见的有横向并购、纵向并购、混合并购等。

(2)公司并购是技术性很强的工作,需要有专业的中介机构予以支持,投资银行、会计师事务所、律师事务所以其各自领域的特长帮助企业完成并购,保障企业的利益。

(3)公司并购的动因一直是学术界讨论的热点之一,主要有效率理论、公司战略理论、市场势力理论、价值低估理论和代理理论,这些理论从不同的角度解释公司并购在企业发展中的战略意义,企业可以通过并购实现自身的迅速扩张,在规模上产生质和量的飞跃。

(4)公司并购的一般流程包括收集信息对目标企业进行筛选,评估并购交易的风险和规模,谨慎制订并购计划,对目标企业的价值进行初步评估,与目标企业接洽签署并购意向书,安排尽职调查,确定交易价格和融资安排,签署并购协议,在交易完成后进行整合。

（5）杠杆收购和管理层收购是利用大量的融资工具筹措资本，对目标公司进行收购。管理层收购是杠杆收购中比较特殊的类型，管理层收购的特点在于发起收购的主体是公司的管理层。

（6）反收购策略多种多样，企业可以在并购发生前采取防御性策略或在要约收购发生后采取一系列交易策略，其目的是增大收购难度和收购成本，尽可能以最小的代价实现反收购任务。

第六章 项目融资

项目融资与传统融资方式不同,它主要不是以项目发起方本身的信用和资产作为担保来获得贷款,而是依赖项目未来的现金流量和项目本身的资产价值作为偿还债务的资金来源。由于项目融资借入的资金是一种无追索权或有限追索权的贷款,并且需要的资金量又非常大,故其风险也较传统融资方式大得多。为了分散风险,项目融资需要各参与方共同分担。由于项目融资特定的性质,近些年来,这种新型的融资方式不断活跃于国际资本市场,成为大型基础设施建设及资源开发建设项目的主要融资方式之一。在项目融资中,投资银行主要是充当融资顾问的角色,项目融资能否成功,融资顾问至关重要。在我国,用项目融资方式筹集资金已有十几年的历史,然而成功的并不多,这与我国投资银行未能充分发挥其在项目融资中的作用不无关系。因此,对于我国投资银行而言,发展项目融资顾问业务任重道远。

第一节 项目融资的基本概念

一、项目融资的定义

早在 19 世纪末 20 世纪初,法国和世界其他地区出现了一种特许的投资方式,最典型的例子就是著名的苏伊士运河融资模式,苏伊士运河是由私人投资以特许的方式修建完成的。但真正意义上的项目融资此时还没有开始,项目融资的兴起源自 20 世纪 30 年代,由于 1929 年全球范围内的经济危机,大批企业破产倒闭,还有相当一部分企业处于破产的边缘。此时即使有好的项目,由于自身信誉低下,企业也难以从银行获得贷款。这些经济困难催生了通过项目本身去获得融资的设想,并逐渐得到实施。从 20 世纪 50 年代开始,美国的一些银行为石油、天然气项目所安排的融资模式可以被视为项目融资的早期形式。20世纪60年代中期,英国开发北海石油项目时采用了有限追索项目贷款方式。1970年以后,在欧美等发达国家,由于大规模基础设施开始建设,所需要的资金也采用了项目融资的方式,随着项目规模不断扩大,单个银行有时很难满足一个项目资金需求,这时便出现了银团项目融资形式,实现了筹资和风险分散的双重功能。到了20世纪70年代末80年代初,一些发展中国家开始采用BOT投资方式进行基础设施建设,实现了解决资金短缺和引进技术设备这两大有利之处。从此,项目融资开始在世界范围开展,形成了跨国项目融资风潮。

项目融资作为一个金融术语又称项目贷款或项目筹资,在各个国家并不陌生,但是到目前为止,还没有一个明确的公认定义。《美国财务会计标准手册》认为,项目融资是指对需要大额资金的项目采取的融资活动,借款人原则上将项目本身所拥有的资金及其收益作为还款资金来源,并且将其项目资产作为抵押条件来处理。该项目事业主体的一般性信用能力通常不被作为重要因素来考虑。这是因为其项目主体要么是不具备其他资产的企业,要么对项目主体的所有者(母体企业)不能直接追究责任,两者必居其一。根据Clifford Chance的定义,项目融资是一种广泛的、具有共同特征的融资方式。该共同特征为:融资不是主要依赖项目发起人的信贷或所涉及的有形资产。在项目融资中,提供优先债务的参与方的收益在相当大的程度上依赖于项目本身的效益,因此其将自身利益与项目的可行性以及潜在不利因素对项目影响的敏感性紧密联系起来。

对项目融资的一般理解为:项目融资是一种为特定项目借取贷款并完全以项目自身现金流作为偿债基础的融资方式。在这种融资方式下,项目发起人通常为该特定项目的筹资和经营而成立一家项目公司,由项目公司承担贷款,以项目公司的资产或者权益作为抵(质)押,以项目公司的现金流和收益作为还款来源,贷款银行对项目发起人无追索权或者只有有限追索权。

2009年7月,中国银监会发布了《项目融资业务指引》,其中第三条阐释了项目融资:"本指引所称项目融资,是指符合以下特征的贷款:(一)贷款用途通常是用于建造一个或一组大型生产装置、基础设施、房地产项目或其他项目,包括对在建或已建项目的再融资;(二)借款人通常是为建设、经营该项目或为该项目融资而专门组建的企事业法人,包括主要从事该项目建设、经营或融资的既有企事业法人;(三)还款资金来源主要依赖该项目产生的销售收入、补贴收入或其他收入,一般不具备其他还款来源。"

二、项目融资的基本特征

与传统的融资方式相比,项目融资具有以下特征。

1. 项目导向型的筹资安排

项目融资用来偿还贷款的首要资金来源被限定在项目公司自身的经济能力之中,而不是项目发起人,这一特征被称为项目导向特征,是项目融资与传统融资最主要的区别。项目融资是以项目为主体安排的融资,贷款者在项目融资中的注意力主要放在项目的贷款期间能够产生多少现金流量用于贷款上,贷款的数量、融资成本的高低以及融资结构的设计都是与项目的预期现金流量和资产价值直接联系在一起的。

项目导向特征使得项目融资在以下几个方面区别于传统融资。

1) 贷款取决于项目,而非发起人的实力

项目导向的特征使得原先很难获得的融资成为可能,因为融资的成功与否,取决于项目经济价值,而不是发起人的信用状况。比如某个公司获得了开采某地块石油的许可,开采所需资金量非常大,而且期限长,仅凭该公司主体信用难以获得如此大规模的融资,但是该公司可以通过许可证安排项目融资而完成资金的筹集。又比如一些大型的机场、隧道、地铁等基础设施建设,一般也是通过项目融资来完成的。

2) 贷款风险与项目发起人隔绝

由于项目导向的特点,项目融资的风险与发起人隔绝,因此发起人可以同时运作多个项目,而不会出现过度负债问题,影响到资产负债表。

3) 规模和期限往往超常规

与传统融资方式相比,采用项目融资一般可以获得较高的贷款比例,根据项目经济强度的状况通常可以给项目提供 2/3 左右的资金需求。并且项目融资的贷款期限可以根据项目的具体需要和项目的经济生命周期进行安排设计,有些项目贷款的期限能够达到 20 年以上,甚至更长。

2. 项目融资的有限追索权

追索权,是指在借款人未按期偿还债务时,贷款人要求以抵押资产以外的其他资产偿还债务的权利。对于传统的贷款形式,贷款人为项目借款人提供的是完全追索形式的贷款,即贷款人主要依赖的是自身的资信情况,而不是项目本身。对于有限追索的项目融资,贷款人可以在贷款的某个特定阶段(例如项目的建设期和试生产期)对项目借款人实行追索,或者在一个规定的范围内(这种范围包括金额和形式的限制)对项目借款人实行追索。除此之外,不能对该项目除资产、现金流以及所承担的义务之外的任何形式的财产实行追索。有限追索的极端情况是无追索,即融资全部依赖于项目的经济强度,在融资的任何阶段,贷款人均不能追索到项目借款人除项目之外的资产。当然,在实际工作中是很难获得这样的融资结构的。

3. 风险共担

因为项目融资的贷款一般没有追索权或仅有有限追索权,所以项目主办方虽然是项目的受益者,但是仅承担项目风险的某些部分。对与项目有关的各种风险,需要以各种形式在项目投资者及与项目开发人有直接或间接利益关系的其他参与者和贷款人之间进行分担,并通过要求项目所在国或所在地政府做出担保或者承诺,向跨国保险公司投保及贷款抵押等各种形式,有效地对风险进行分散。成功的项目融资应该是在项目中没有任何一方单独承担起全部项目债务的风险责任。在组织项目融资的过程中,项目借款人应该学会如何去识别和分析项目的各种风险因素,确定自己、贷款人以及其他参与者所能承受风险的最大能力及可能性,充分利用与项目有关的一切可以利用的优势,最后设计出对投资者具有最低追索权的融资结构。

4. 结构复杂、成本较高

与传统的融资方式相比,项目融资中存在的一个主要问题是相对筹资成本较高,组织融资所需要做的工作较多。项目融资涉及面广,结构复杂,需要做好风险分担、税收结构、资产抵押等方面的一系列技术性工作,筹资文件比一般公司融资要多出几倍,需要几十甚至上百份法律文件才能解决问题,这就使得组织项目融资花费的时间要长一些。因此,商业银行和投资银行都会成立专门的部门来处理项目融资。

在项目融资中,由于还款来源集中于项目本身,风险较高,而且技术含量较高,因此,其贷款利率比普通贷款利率要高一些,同时还要收取较高的手续费。另外,项目融资的筹资文件比一般的公司筹资要多出许多,因此包括融资顾问费、承诺费、法律费等融资前期费用也比较高,通常占用贷款金额的 0.5%～2%。

5. 多样化的信用结构

在项目融资中,需要设计良好的结构,结构的重要作用在于将贷款的风险分配到与项目相关的各个关键方面,由多方面共同分担项目风险,从而减少融资的不确定性,并且对相关风险提前做出安排。一个好的项目融资,不但依靠项目本身的经济强度,还要依靠项目之外的各方面的直接或者间接担保,所以,多样化的信用结构是一个项目融资成功的重要保证。

6. 表外融资方式

项目导向的特征,使得项目融资的债务独立于项目发起人,因此,项目融资不体现在项目发起人的资产负债表中,而只是以某种说明的形式,反映在公司资产负债表的注释中。一方面,表外融资降低了项目发起人的财务风险,减轻了项目失败对项目发起人的拖累;另一方面,表外融资降低了项目发起人的财务杠杆,使得项目发起人可以利用有限的资金开展更多的项目,避免过度融资。

项目发起人的资金投入一般体现在对项目公司的股权投资中,但是项目贷款人并不要求项目发起人进行大量的股权投资。当然,贷款人为了规避风险,也常常会要求项目发起人投入相当大的资金,以保证其对项目承担的责任,并保证发起人的求偿权从属于贷款人,从而减少了项目总的偿债责任。

三、项目融资的功能

近些年来,项目融资受到越来越多筹资者的青睐,它发展迅速,不但在发达国家,而且在发展中国家也被大量使用。究其原因,一方面是项目融资适应了经济发展的需要,更主要的是由于项目融资自身的特点弥补了传统融资方式的一些不足。

(一) 项目融资可以解决传统融资方式下融资难的问题

传统融资方式下,贷款人贷款的依据是基于借款人良好的信誉和较强的还款能力,这在经济繁荣时期自然可以。但当经济进入衰退期或出现危机,大量的企业会出现衰退、破产、倒闭。衰败的企业虽然自身资产负债状况不好,但并不意味着它们就没有好的项目。然而,即使有好的项目,由于自身信誉低,企业很难从银行获得贷款,而项目融资可以通过项目本身的收益去获得贷款。

对于新设立的企业来说,通常既没有经营业绩,也没有可供抵押的资产,唯一的依据就是项目成功后可能带来的现金流量的估计价值。这样的企业在传统融资方式下是很难获得贷款的,而利用项目融资可以为新设立企业的好的项目融资。

有些大型项目所需筹集的资金量很大,远远超过项目投资者自身的筹资能力,项目的投资风险也超出了项目投资者们所能够和愿意承受的程度。这使得此类大型项目在传统融资方式下没有人敢参与,因为一旦项目出现问题,投资者所受到的损失将不仅是在项目中的投入,而且会牵扯到其他的业务和资产,甚至导致破产。而项目融资方式可以不受项目发起人资产规模的限制,利用项目本身的现金流量和资产价值安排有限追索贷款,使得这类大型项目的筹资成为可能。

(二)项目融资可以使项目投资人自身的资信能力不受影响

大型项目的建设周期和投资回收期都比较长,对于项目投资者而言,如果这类项目的贷款安排全部反映在公司的资产负债表上,就会造成公司的资产负债比例失衡,从而影响各种财务比例,导致公司自身资信状况的恶化。并且这种状况可能在很长一段时间内无法得到改善,公司因此而无法筹措新的资金,影响未来的发展。因此,项目发起人一般不希望项目借款出现在资产负债表上,或用其自身的资产作无上限的抵押,而希望项目风险与公司其他资产和业务在一定程度上分离。项目融资的表外融资特点正适应了这一需要,通过将项目的债务安排在资产负债表外,使得项目投资人自身的资信能力不受大的影响,可以以有限的财力从事更多的投资,从而可进一步将投资的风险分散在更多的项目之中。

(三)项目融资可以为国家和政府的建设项目提供形式多样的融资

无论是发达国家还是发展中国家,随着经济的发展和人民生活水平的提高,对公共基础设施的建设需求会不断增加,标准会越来越高。所需要的巨额投资使政府的财政预算面临越来越紧张的局面,并且,多数国家对政府预算的规模和政府借款的种类和数量都有严格的规定,限制了政府在金融市场上安排贷款的能力。项目融资为国家和政府的建设项目提供了新的融资方法。政府通过项目融资可以解决一些经济效益较好的基础设施、能源、交通项目的建设资金来源,从而缓解政府的财政预算压力,满足政府资金安排方面的需要。

(四)项目融资可以帮助公司实现目标收益率

公司在进行项目投资之前,会进行项目的可行性分析,将项目的预期收益率和公司目标收益率进行比较,只有当项目的预期收益率大于公司目标收益率时,项目的投资计划才会被批准,否则,公司将放弃对该项目的投资。这样,那些收益率尚可但低于公司目标收益率的项目,就没有机会得到公司的开发;对于公司来说,可供开发的项目也会减少。通过项目融资的安排,一方面可以将与这些项目有关的各方面结合起来,为项目提供信用支持,从而增强项目的融资能力;另一方面公司可以以较少的项目资金投入、较高的债务来开发项目,提高项目股本资金的投资收益率,使其达到公司的目标要求。

四、项目融资的适用范围

由于贷款的技术性强、费用高、各方面要求复杂并且有些要求甚至在谈判中很难达成一致,因此,项目融资相对于传统融资更加复杂、成本更高。对于项目的发起人和运营方来说,项目所带来的收益应该足以弥补多支出的成本;对于借款人而言,项目融资方式明显的吸引力在于风险分担、财务待遇、借款限额和税收减免等方面的规定。在此基础上,项目融资才能实现投融资双方的共赢。

项目融资主要被应用于以下领域。

1. 资源开发项目

资源开发项目包括石油、天然气、煤炭、铁、铜等开采业。项目融资最早就是源自资源开发项目,因为资源开发项目投资量大、投资周期长、资源开发产出不确定、资源价格波动大,而且往往牵涉跨国投资中的政治风险,传统融资难以适应如此复杂并且风险难以控制的项目。但是资源产出能够得到良好的现金流,这些现金流可以经过结构化的处理而被贷款方接受。资源开发项目的特殊要求造就了项目融资,并且使这一融资方式扩散到其他领域,同时项目融资也已成为资源开发项目的主要融资模式。

2. 基础设施项目

当今的项目融资主要集中于大规模的基本建设项目,如发电站、高速公路、铁路和机场,这些项目大量采用项目融资方式。比如英法海底隧道项目中,1981年9月11日,英国首相撒切尔和法国总统密特朗在伦敦举行首脑会议后宣布,英法海底隧道由私人部门来出资建设和经营。1985年成立了两个组成部分:一个是TML联营体,负责施工、安装、测试和移交运行,作为总承包商;另一个是欧洲隧道公司,负责运行和经营,以作为业主。1986年3月,英、法政府与欧洲隧道公司正式签订协议,授权该公司建设和经营欧洲隧道55年,后来延长到65年。以此特许权为基础,欧洲隧道公司进行了一系列复杂的项目融资,并于1990年12月1日正式开通运营。近年来,新兴工业化国家基础设施建设项目较多,这些项目经常采用BOT(建设-运营-转让)结构。在我国,大量的基础设施建设,也是采用了项目融资的方式。

3. 制造业项目

虽然项目融资在制造业领域有所应用,但范围比较窄,因为制造业中间产品很多,工序多,操作起来比较困难,其对资金需求也不如前两个领域那么大。在制造业中,项目融资多用于工程上比较单纯或某个工程阶段中已使用特定技术的制造业项目,也适用于委托加工生产的制造业项目。

4. 房地产开发项目

房地产开发要求巨大的资金投入。投资规模大、投资回收期长是房地产开发的共性。房地产开发分为住宅房地产开发和商业房地产开发,前者融资难度相对较小,而商业房地产开发的风险更大,因为其收益主要来源于租金收入。

房地产开发根据不同情况可以采用不同的项目融资方式。比如一般的房地产开发项目可以采用直接安排模式,即房地产开发商作为项目发起人成立项目公司,直接安排项目融资;在承包建设廉租房项目、工业设施或服务性设施时,可以通过"委托加工协议"而采用"设施使用"的房地产项目融资模式;当房地产公司代某组织开发某项房地产业务(比如单位集资建房)时,可以采用"产品支付"的房地产项目融资模式。

五、项目融资的主要参与者

(一) 项目发起人

项目发起人(Project Sponser)即项目的实际投资者,在有限追索结构的项目融资中,项目发起人一般为融资组建项目公司,并为其提供股本资金和一定程度的信用担保。可以说,项目发起人是项目融资的真正借款人。由于项目本身耗资大、风险大,且多为基础设施和公共项目,所以项目发起人一般是项目所在国的政府机构。当然,有时也可以是与项目有关的多家公司组成的投资财团或者政府机构和私人公司的混合体。

(二)项目公司

项目公司(Project Company)是为项目的建设和筹资而成立的直接承担项目债务责任和项目风险的法律主体。除了项目发起人投入的资本金外,项目公司营建项目所需资金主要通过借款获得,项目公司以其自身的资产和未来的现金流作为偿还借款的主要保证。

(三)贷款银行

项目融资中,项目资金主要来源于商业银行、非银行金融机构和一些国家政府的出口信贷机构提供的贷款,这些机构统称贷款银行。贷款银行往往组建国际银团为项目提供贷款,银行参与的数目主要依据贷款规模和项目风险两个因素决定。为了分散东道国的政治风险,银团一般由不同国家的银行组成,包括东道国银行。

(四)金融顾问与法律税务顾问

项目融资的组织安排需要由专业人员来完成,绝大多数的项目发起人缺乏这方面的经验和资源,需要聘请专业金融顾问和法律税务顾问作为项目融资的重要助手。

金融顾问在项目融资中扮演着极为重要的角色,项目发起人一般聘请熟悉金融市场运作规则的投资银行和商业银行来担任。金融顾问帮助发起人评价项目的经济可行性,对融资结构提出参考意见,并提出既符合项目发起人利益,也能为贷款银行接受的融资方案,但是金融顾问不承担顾问工作所引起的任何后果。

富有经验的法律和税务顾问是项目融资不可缺少的助手。由于参与方的国际性和文件起草的复杂性,规模较大的项目融资往往需要资深的跨国律师事务所及经验丰富的会计和税务顾问参与,以保证融资结构设计合理,担保结构严谨有效,税收优惠和其他政策性优惠能够得到兑现。

(五)项目的信用担保实体

由于项目的有限追索,在项目融资中必须为项目贷款提供必要的信用保证体系。一个成功的项目融资体系,可以将贷款的信用保证分配到与项目有关的各个关键方面。

1. 项目使用方

项目使用方包括项目产品的购买者或项目设施的使用者。其通过签订长期购买或使用合同,保证项目建成后有足够的现金流用于还本付息,从而为该项目的贷款提供重要的信用支持。项目使用方可以是发起人,也可以是第三方或有关政府机构(如在交通运输、电力等基础设施项目中)。

2. 项目承包方

项目承包方指项目的设计和承包公司。其通常与项目公司签订固定价格的承包合同,承担延期误工和工程质量不合格的风险,从而成为项目融资的重要信用保证者。

3. 供应商

供应商包括原材料供应商和设备供应商。其通常通过延期付款或低息优惠出口信贷的安排为项目融资提供便利条件和信用保证。

4. 保险机构

保险机构为项目的商业、政治和外汇风险提供保险,分担项目风险。

第二节 项目融资的基本结构

由于项目融资的特殊性,其结构决定了参与各方的法律地位、风险分担、现金流分配、税收安排等各个重要节点,因此,项目融资的结构设计是其核心之处,也是投资银行体现其顾问能力的所在。

典型的项目融资由四个基本模块组成:项目的投资结构、项目的融资结构、项目的资金结构和项目的信用保障结构。

一、项目的投资结构

项目的投资结构即项目的所有权结构,是指项目投资者对项目资产权益的法律拥有形式。此外,大型项目的开发有可能超出了一个公司在财务、管理等方面的承受能力,常常由多个投资者共同发起。使用合资结构,项目的风险可以由所有的投资者共同承担,项目的投资结构还要正确体现投资者之间的合作关系。

采用不同的投资结构,投资者对项目资产的拥有形式、对项目产品和项目现金流的控制程度、承担的债务责任、享有的收益分配权以及涉及的税务结构等都有较大的差异,这些差异会对项目融资的整体结构设计产生很大影响。

目前,国际上项目融资投资结构主要有公司制和非公司制两种形式。

1. 公司制投资结构

公司制投资结构(简称"公司制结构")是指项目发起人单独或者与其他项目投资者一起出资设立一家项目公司,以公司实体从事项目的建设和经营,拥有项目资产,控制项目的产品和现金流。项目公司可以是有限责任公司,也可以是股份有限公司。

在项目融资结构中,公司通过独立的公司法人的法律实体与其出资人实现有限责任的风险分离。作为独立的法人,公司拥有一切公司资产和处置资产的权利,承担有关的债权债务,在法律上具有起诉权,也有被起诉的可能。

公司制投资结构有以下特点。

(1)债务责任主要被限制在项目公司中,投资者的风险只包括已投入的股本资金以及一些承诺的有限债务责任,有利于实现对项目发起人的有限追索。

(2) 项目的管理以项目公司作为主体,各家投资者组成股东大会,选举董事会,决策机制完全按公司模式运作,责任、权利清晰,有利于提高效率。

(3) 项目公司统一控制项目的建设、生产和市场,可以整体使用资产作为融资的抵押和信用保证。同时,项目公司整体控制项目产品和现金流,可以根据公司的总体资金构成和对融资安排的考虑,选择符合投资目标的现金流分配方式,即依照优先级别按次序偿付债务。此类特点有利于得到贷款银行认可。

(4) 公司制投资结构下,项目发起人对现金流缺乏直接控制。

(5) 公司制投资结构以项目公司作为纳税实体,税务结构简单,但是缺乏灵活性,不利于合理避税,往往需要配合其他的税务安排。

2. 合伙制投资结构

合伙制投资结构(简称"合伙制结构")是指通过构建合伙制企业而成立项目公司。

合伙制是指至少两个以上合伙人之间以获取利润为目的共同从事某项商业活动而建立一种企业组织。合伙制不是一个独立的法律实体,其合伙人可以是自然人也可以是公司法人。合伙制结构通过合伙人之间的法律合约建立起来,没有法定的形式,一般也不需要在政府注册,这是与成立一家公司最本质的不同。合伙制包括普通合伙制和有限合伙制两种类型。普通合伙制是所有合伙人对于合伙制结构的经营、合伙制结构的债务以及其他经济责任和民事责任负有连带的无限责任的一种合伙制,其中,每个合伙人都承担无限责任。有限合伙制也是一种合伙制,它将合伙人分为有限合伙人和无限合伙人两种,无限合伙人承担无限责任,而有限合伙人承担有限责任。

与公司制结构相比,合伙制结构具有以下特点。

(1) 公司制结构属于资合性质,资产由公司法人拥有;而合伙制结构则属于人合性质,资产由合伙人拥有。

(2) 公司制结构的债权人是项目公司而不是其股东的债权人,项目公司对债务承担有限责任;而普通合伙人则对合伙制企业的债务承担个人责任,且属于无限责任。

(3) 公司制结构的一个股东极少能执行公司的权利;合伙制结构的每一个合伙人均可以要求以所有合伙人的名义去执行合伙制的权利。

(4) 公司制结构的股份转让,除有专门规定之外,可以不需要得到其他股东的同意;普通合伙制结构的法律权益转让必须得到其他合伙人的同意。

(5) 公司制结构的管理一般是公司董事会的责任;在普通合伙制结构中,每个合伙人都有权参与经营管理。

(6) 公司制结构可以为融资安排提供浮动担保;在多数国家中,普通合伙制结构不能提供此类担保。

与公司制结构相比,合伙制结构的主要优点在于其税务安排的灵活性。由于合伙制结构本身不是一个纳税主体,因而合伙制结构在一个财政年度内的净收入或亏损全部可以按投资比例转移给合伙人。

但是合伙制结构的缺点也是非常明显的,也就是在项目融资结构中,它不能够像公司制结构那样实现风险的隔离,因为(无限)合伙人需要对合伙企业承担无限责任,项目公司如果以合伙制成立,其债务将成为合伙人的无限责任债务。同时,合伙制结构的经营管理不像公司制结构那么规范明确,每个合伙人都有较大的约束合伙制结构的能力。

因此,一般在项目债务风险不大且完全确定、避税需求较大、投资人较少且比较简单的情况下,才会考虑采用合伙制结构。合伙制结构的避税功能并不是不可替代的,公司制结构通过适当的税务安排,也可以达到避税的目的。

3. 非公司制投资结构

非公司制投资结构(简称"非公司制结构")可以分为契约型结构和信托基金结构。契约型结构并非一种法人实体,而是投资者之间所建立的契约性质的合作关系,投资各方依据契约共同管理项目,承担一定比例债务责任并享有相应利益;信托基金结构则是各方发起人将项目资产组建为信托资产,交由信托机构进行托管,并通过发行信托凭证筹集资金。

非公司制结构与公司制结构的不同之处主要有:

(1) 在非公司制结构中,每一个投资者按约定的投资比例投入相应资金,直接拥有全部项目资产的一个不可分割的部分,直接拥有并有权处理其投资比例所代表的项目产品,每一个投资者的责任都是独立的,对其他投资者的负债不负共同的和连带的责任;

(2) 通常成立项目管理委员会,对项目实施管理决策;

(3) 以项目投资者作为纳税实体,税务结算灵活,有利于合理避税。

投资银行应该根据项目投资者的发展战略、利益追求、融资方式以及其他先决条件,考虑公司制结构和非公司制结构的特点,设计合理的投资结构,最大限度地满足各方对投资目标的要求。相对而言,公司制结构比较普遍,但是,如果投资者强调对项目资产保留独立的法律所有权,强调对项目产品和现金流的某种程度的控制,则倾向于采用非公司制结构。比如中信公司在澳大利亚波特兰铝厂的项目就采用了非公司制结构。投资各方通过合资协议形成投资关系,同时成立项目管理委员会作为合资项目的最高管理决策机构。

二、项目的融资结构

项目的融资结构是指筹集项目资金的模式,是项目融资的核心部分。

1. 设计融资结构的基本原则

设计融资结构需要兼顾各方面的要求,并且最大限度地发挥项目融资的优势、最大限度地为以投资者为首的各方所接受、最大限度地避免可能的风险和不确定性,因此设计融资结构需要遵循以下基本原则。

1) 有限追索原则

实现对项目投资者的有限追索,是设计项目融资结构的最基本的原则。实现有限追索需要两个条件:

(1) 在正常情况下,项目的现金流足以支持项目融资的债务偿还;

(2) 具有来自投资者之外的强有力的信用支持。

2) 合理分担风险的原则

保证投资者不承担项目的全部风险是设计融资结构的第二个基本原则,这就需要在投资者、贷款银行及其他参与者之间有效地划分项目的风险。

3）避税原则

利用项目的税务亏损来降低投资成本和融资成本。大型工程项目的投资大，建设周期长，世界上多数国家都制定一些鼓励政策，其中包括对企业税务亏损的结转问题给予优惠条件。投资银行应该熟练掌握相关政策，从投资结构和融资结构两个方面，利用税务亏损来降低投资成本和融资成本。

4）尊重市场原则

项目融资中的市场安排涉及两方面利益：第一，长期的市场安排是实现有限追索项目融资的一个信用保证基础；第二，从投资项目中获取产品是很大一部分投资者从事投资活动的主要动机。投资者获取项目产品的价格和支付方式成为影响这两方面利益的主要因素，如果高于合理的市场价格，对投资者而言就失去了项目融资的意义；如果低于合理的市场价格，则会减少项目现金流，贷款银行将承担更大的风险。因此，融资结构应该正确处理项目融资与市场安排之间的关系，制定合理的项目产品价格及付款方式。

2. 融资结构的几种典型模式

1）BOT

BOT 即建设-经营-转让，在我国又被称作特许权投融资方式。一般由东道国政府或地方政府通过特许权协议，将项目授予项目发起人为此专设的项目公司，由项目公司负责基础设施（或基础产业）项目的投融资、建造、经营和维护；在规定的特许期内，项目公司拥有投资建造设施的所有权（但不是完整意义上的所有权），允许向设施的使用者收取适当的费用，并以此回收项目投融资、建造、经营和维护的成本费用，偿还贷款；特许期满后，项目公司将设施无偿移交给东道国政府。这种方式一般用于大型电厂、高等级高速公路、桥梁、隧道、铁路，以及城市给排水、污水处理等能源、交通、城市市政设施建设。

2）TOT

TOT 即转让-运营-转让，是指将已经建成投产的项目有偿转交给投资方经营，国家或所属机构将一次性融通的资金用来投入新建设项目；根据双方签订的有关协议，资金投入方在一定期限内经营该项目并获取利润；协议期满后，将项目转交给国家或所属机构。

3）ABS

ABS 即资产担保债券。它是资产证券化的一种形式，是指将缺乏流动性但能产生可预见现金流收入的资产汇集起来，通过结构重组和信用增级，将其转换成在金融市场可以出售和流通的证券，借此融取资金。在项目融资中，一般通过这种形式将基于一定基础设施或资产的现金流收入与原始权益人完全剥离，过户给特设信托机构（SPV），SPV通过金融担保、保险级超额抵押等方式取得较高的信用评级，然后以债券的方式发售给资本市场的投资者，融取项目建设所需资金，并以设施的未来收入作为投资者收益的保证。这种方式不需要以发行者自身的信用作为债券的偿还担保，目前已成为国际上基础设施项目融资的重要方式。

4）产品支付法融资

这种融资方法广泛而成功地用于英美等国石油、天然气和矿产品等项目的开发融资中。这一方法仍然需要由项目发起人预先创立一个特定目的公司或特设信托机构(SPV),并由该 SPV 从有关项目公司购买未分割的石油、天然气、矿产品或其他产品的收益。其特点在于:项目的产品是还本付息的唯一来源;贷款偿还期应短于项目预期的可靠经济寿命;贷款人不对运营成本提供资金。

5) 预先购买协议融资法

这一方法具有产品支付法的许多特点,但比它更为灵活。在这一方法中,贷款中同样需要建设一个特殊目的公司来购买规定数量的未来产品和/或现金收益,并且项目公司支付产品或收益的进度被设计成与规定的分期还款、偿债计划相配合。同时,这里的购销合同通常也要求项目公司必须在这两种方式中选择一种:①项目公司买回产品;②项目公司作为贷款人的代理人,在公开市场上销售该产品,或者根据与发起人之间的事先合同将产品卖给另一方。

6) 融资租赁

这是以资产为基础的一种融资方式,在英国和美国,相当数量的大型项目是通过融资租赁方式筹措资金的。其过程一般为:希望获得工厂和设备的一方作为项目发起人,成立一个股份有限公司作为项目公司;然后由项目公司与租赁公司签订租赁该工厂和设备的租赁合同,租金由一个或几个银行作担保,租赁公司负责建造或购买;然后将其经项目公司交由使用方使用,项目公司在此期间作为出租方代理人收取使用费,并向租赁公司交付租金,同时收取代理费;租约期满,项目公司代理以出租人同意的价格将该资产或设备售出。

当然,除此之外,还有许多其他的形形色色的项目融资类型,并且每一类又有许多的变异,其中仅 BOT 就出现了 BT、BOOT 等 20 多种演变方式。无论哪一种方式,都毫无例外地具有一个共同特点:融资不是主要依赖项目发起人自身的资信或其自有的资产。

三、项目的资金结构

项目的资金结构是指项目总投资中资金的安排方式。资金具体包括股本资金、准股本资金和债务资金。在项目的投资结构和融资模式初步确定的基础上,如何安排项目资金的来源及其构成比例就成为项目融资结构整体设计工作中的一个关键环节。

1. 项目融资的资金来源

1) 股本资金

股本资金是指项目公司的股本金,包括普通股和优先股,是项目发起人以股本方式投入到项目的资金。

在项目融资中,贷款银行通常要求发起人投入一定比例的股本资金,其作用可以归纳为以下三个方面。

(1) 提高项目的风险承受能力。项目预期的现金流量(在偿还债务之前)在某种意义上讲是固定的,其将用于支付项目的生产成本、管理费用、资本支出,并按计划偿还债务。毫无疑问,项目中股本资金投入比例提高,则债务资金比例相对降低,偿还债务所需要的现金流量减少,贷款银行面临的潜在风险降低;反之,项目中股本资金投入比例降低,则贷款银行面临的潜在风险提高。

(2) 将项目发起人的利益与项目前景密切联系。投资者对项目管理和前途的关心程度与其投入资金的多少成正比，而项目的现金流是偿还银行贷款的主要资金来源。贷款银行希望项目发起人能够尽最大努力管理项目，因而要求发起人投入一定比例的股本资金。

(3) 投资者投入的股本资金代表着投资者对项目的承诺和对项目未来发展前景的信心，可以对组织融资起到很好的心理鼓励作用。

2) 准股本资金

准股本资金是指项目发起人或者与项目利益有关的第三方所提供的从属性债务（次级债务）。

准股本资金的常见形式包括无担保贷款、次级债券和可转换债券等。

(1) 无担保贷款是最简单的一种信用贷款，在形式上与商业贷款相似，但它没有任何项目资产作为抵押和担保，本息的偿还次序列于其他贷款之后或带有一定附加限制条件。

(2) 次级债券，或称从属性债券。这类债券没有资产抵押或担保，其本息的偿还次序列于其他债券（高级债券）之后或带有一定附加限制条件。在项目出现违约时，项目资产和抵押、担保权益的分割将严格按照债务序列进行，只有在高级债券获得清偿后，从属性债权人才有权获得补偿。

(3) 可转换债券是从属性债务的一种形式，其持有人有权在一个特定时期内按照规定的价格转换为项目公司的普通股。

准股本资金可以采取与股本资金和债务资金平行的形式进入项目，也可以采取承诺的准备金形式，用于支付项目建设成本超支、生产费用超支或用于按期偿付其他债务的本息。由于其本息的偿还次序列于其他债务之后或带有一定附加限制条件，所以形成了对其他债务的保护。

3) 债务资金

债务资金是项目投资最主要的资金来源，如何安排债务资金是解决项目资金结构问题的核心。

从资金渠道来看，债务资金可以来源于境内资金市场和境外资金市场，其中，境外资金市场又可以分为外国资金市场、离岸资金市场以及外国政府的出口信贷银行、国际性金融组织（世界银行、亚洲开发银行等）；从金融工具来看，债务资金可以包括商业银行贷款、辛迪加银团贷款、中长期高级债券、商业票据等；从期限结构来看，债务资金包括中长期债务和短期债务，通常以中长期债务为主，短期债务（流动资金贷款、商业票据等）应该设计合理展期；从利率结构来看，债务资金可以采取固定利率、浮动利率和浮动与固定利率相结合三种方式，其中比较普遍的是浮动利率方式，即以 LIBOR 为基础，根据项目风险程度和市场资金供求状况等因素，加上一定的百分点。

2. 项目资金结构的决定因素

项目资金结构影响项目参与方分担风险、享有权利以及对权利的保障程度，因此，它对项目发起人和贷款银行都具有十分重要的意义。设计合理的项目资金结构一般需要考虑以下因素。

1)项目的总资金需求量

准确地制订项目的资金使用计划,确保满足项目的总资金需求量,这是一切项目融资工作的目标。新建项目的资金预算应由以下三个部分组成:项目资本投资(包括土地、基础设施、厂房、机器设备、工程设计和工程建设等费用);投资费用超支准备金,即不可预见费用(一般为项目总投资的10%~30%);项目流动资金。

2)项目的预期现金流

项目的预期现金流是偿付项目投资资金的唯一来源,各种类型的资金会对项目预期现金流的分配时间、分配数量和分配次序产生不同的要求,因此,项目融资安排必须以项目的预期现金流为基础。项目资金结构的设计者不仅要准确预测未来现金流的总量,而且要预测现金流在各个阶段的分布状况。

3)资金使用期限

设计项目资金结构的核心问题是使项目预期现金流与债务偿付支出相互匹配,这就需要把握各类资金的使用期限、偿付方式。原则上,股本资金是项目中使用期限最长的资金,其回收只能依靠项目的投资收益,而债务资金都具有固定期限,形成特定的偿债压力。如果能针对具体项目的现金流量的特点,根据不同项目阶段的资金需求采用不同的融资手段,安排不同期限的贷款,就可以起到优化项目债务结构、降低项目债务风险的作用。例如,利用短期贷款为项目安排长期资金的做法是不经济的,应该根据项目的经济生命周期和项目现金流状况安排必要的长期贷款。然而,如果采用票据发行等措施,则可以通过票据的循环发行实现长期债务的短期化。同样,对流动资金的安排也可以采取银行贷款承诺、银行循环信贷额度、银行透支等方式,使贷款的借取和偿还比较灵活。

4)资金成本

股本资金成本是一种相对意义上的成本概念,也被称为"机会成本";债务资金成本则是一种绝对的成本,亦即项目贷款的利息成本。项目债务资金的利率风险是项目融资的主要风险之一。项目融资可以选用固定利率、浮动利率或者两种结合,各有利弊。

5)利息预提税

预提税是一个主权国家对外国资金的一种管理方式,可分为红利预提税和利息预提税。其中,利息预提税的应用最为广泛。利息预提税通常为贷款利息的10%~30%,一般由借款人缴纳,在借款人向境外贷款银行支付利息时,从所付利息总额中扣减。境外贷款人一般要求所获取的利息收入不受到或尽可能少地受到利息预提税的影响,利息预提税成本最终将以不同形式转嫁到借款人身上。因此,项目的资金结构应注意回避利息预提税。

国际金融界存在一些比较成熟和常用的合法减免利息预提税的做法。

(1)根据两国之间避免双重征税条约选择贷款银行。有些国家之间签订了避免双重征税条约,借款人向缔约国的金融机构借款,可以避免征收利息预提税。

(2)采用不需要支付利息预提税的融资方法,或将境外融资转化为境内融资。例如,按照一些国家的法律,如果外汇债务不是来自境外的银行或其他金融机构,而是来自"公众"(如通过发行欧洲债券、欧洲期票、美国商业票据等),则其利息可以不缴纳利息预提税。此外,有些国家的法律规定,本国银行向外国银行支付利息时也不需要缴纳利息预提税,在这种情况下,借款人可以通过本国银行安排境外贷款,将境外融资转化为境内融资,降低融资成本。

四、项目的信用保障结构

1. 项目融资的潜在风险

项目融资包含着众多潜在风险,按风险的表现形式可以划分为信用风险、完工风险、生产风险、市场风险、金融风险、政治风险及环境保护风险。

1) 信用风险

有限追索的项目融资是依靠有效的信用保证结构支撑的,各个保证结构的参与者能否按照法律条文在需要时履行其职责,提供其应承担的信用保证,就形成项目的信用风险。这一风险贯穿整个项目的实施过程。

2) 完工风险

这是项目融资的核心风险之一,主要是指项目建设延期、项目建设成本超支、项目迟迟达不到规定的技术经济指标,极端情况下,项目被迫停工、放弃。

3) 生产风险

项目的生产风险是在项目试生产阶段和生产运行阶段存在的技术、资源储量、能源和原材料供应、经营管理等风险因素的总称,是项目融资的另一个核心风险。生产风险可以进一步分解为技术风险、资源风险、能源和原材料供应风险、经营管理风险等。其中,技术风险是指生产技术不完善给项目建设带来损失的可能性。贷款银行为避免技术风险,通常选择经市场检验的、成熟的生产技术项目;资源储量风险是指因依赖某种自然资源而给生产项目带来损失的可能性;能源和原材料供应风险是指由于能源和原材料供应可靠性和价格波动给项目带来损失的可能性;经营管理风险主要来自投资者对于所开发项目的经营管理能力,而这种能力是决定项目的质量控制、成本控制和生产效率的一个重要因素。

4) 市场风险

项目产品的价格和市场销售量是影响项目预期现金流的两个要素,项目产品的价格和市场销售量变动给项目带来的影响称为市场风险。

5) 金融风险

金融风险主要表现为利率风险和汇率风险两个主要方面。换言之,金融风险是指利率和汇率波动给项目融资带来的影响。

6) 政治风险

投资者与所投项目不在同一个国家或贷款银行与贷款项目不在同一国家都有可能面临着由于项目所在国家的政治条件发生变化而导致项目失败、项目信用结构改变、项目债务偿还能力改变等风险,这类风险统称政治风险。政治可分为两类:

(1) 国家风险,即项目所在国政府由于某种政治原因或外交政策上的原因,对项目实行征用、没收,或者对项目产品实行禁运、联合抵制,中止债务偿还的潜在可能性;

(2) 国家政治、经济、法律稳定性风险,即项目所在国在外汇管理、法律制度、税收、劳资制度、劳资关系、环境保护、资源主权等与项目有关的敏感性问题方面的立法是否健全,管理是否完善,是否经常变动等风险。

7) 环境保护风险

鉴于在项目融资中,投资者对项目的技术条件和生产条件比贷款银行更了解,所以一般环境保护风险由投资者承担。环境保护费用包括对所造成的环境污染的罚款、改正错误所需的资本投入、环境评价费用、环境保护费用以及其他成本。

2. 项目融资的信用保障

风险是客观存在的,为了筹措债务资金,项目发起人必须提供信用保障,尽力提高债务资金的安全性。

对贷款银行和其他债权人而言,项目融资安全性来自两个方面:项目自身的现金流和各种直接或间接的担保。这些担保可以由项目发起人提供,也可以由第三方提供;可以是直接的财务保证(如完工担保、成本超支担保、不可预见费用担保等),也可以是间接的或非财务担保(如技术服务协议、能源长期供应协议、原材料长期供应协议、项目产品长期购买协议等)。项目的信用保障结构是指各种担保形式的总和。

1) 项目担保人

项目担保人包括项目投资者、与项目利益有关的第三方参与者和商业担保人。

(1) 项目发起人。项目发起人作为担保人是项目融资结构中较常见的一种形式。

(2) 与项目利益有关的第三方参与者。第三方参与者指在项目发起人之外与项目开发有直接或间接利益关系的机构,大致分为以下几种类型。

第一类是政府机构。政府机构为项目融资提供担保极为普遍,尤其是在发展中国家的大型项目建设中,政府的介入可以减少政治风险和经济政策风险,因而具有重要意义。

第二类是与政策开发有直接利益关系的商业机构。这些机构主要是指工程公司、项目设备或主要原材料的供应商、项目产品(设施)的用户,它们通过为项目融资提供担保而换取自己的长期商业利益。

第三类是世界银行、地区开发银行等国际性金融机构。这类机构虽然与项目开发并没有直接的利益关系,但是它们承担着促进发展中国家经济建设的职能,一些重要项目可以寻求到这类机构的贷款担保。

2) 商业担保人

商业担保人是以提供担保作为一种盈利手段,承担项目风险并收取担保服务费用的机构,这种担保人一般为各种类型的保险公司。

3) 项目担保的类型

项目担保可以分为物权担保和信用担保。物权担保的常见方式是担保人将动产或不动产抵押给债权人。信用担保则是担保人以法律协议的形式做出的承诺,依据这种承诺向债权人承担一定的义务。信用担保又分为直接担保、间接担保、或有担保及意向性担保。

(1) 直接担保。直接担保是最普通的担保方式。项目融资中的直接担保通常承担有限责任,即对担保金额或有效时间加以限制。例如,用于担保支付项目成本超支的资金缺额担保通常事先规定最大担保金额,当项目建设成本超支时,担保人的最大经济责任以担保金额为限;完工担保则在时间,上有所限制,即在一定的时间范围内,项目完工担保人对贷款银行承担全面追索的经济责任。

（2）间接担保。项目融资中的间接担保指担保人以商业合同和政府特许权协议等形式为项目提供的财务支持。最常见的间接担保是以"无论提货与否均需付款"为基础发展起来的一系列合同形式，包括提货与付款合同、供货与付款合同、无论使用服务与否均需付款合同等。这类合同为项目产品提供了稳定市场，保证了项目的稳定收入，从而保证了贷款银行的基本利益。

（3）或有担保。或有担保是针对一些不可抗拒或不可预测因素所造成项目损失的风险所提供的担保。按其担保的风险的性质，可以划分成三种基本类型：第一类主要针对由于不可抗拒因素造成的风险，如地震、火灾等；第二类主要针对项目的政治风险；第三类主要针对与项目融资结构特性有关的项目环境风险。例如，在以税务结构为基础建立起来的杠杆租赁融资模式中，贷款银行很大一部分收益来自项目的税务优惠，如果政府对税收政策做出不利于杠杆租赁结构的调整，将会损害贷款银行的利益，甚至影响项目融资结构的基础。

（4）意向性担保。严格地说，意向性担保不是一种真正的担保，因其不具备法律意义上的约束力，仅仅表现出担保人有可能对项目提供一定支持的意愿。此类担保经常采用的形式是支持信。支持信也称安慰函，通常由项目公司的控股公司或项目所在地政府机构写给贷款银行，表达其对项目公司以及项目融资的支持。它起到的担保作用在本质上是由提供该信的机构向贷款银行做出的一种承诺，保证向项目公司施加影响以确保后者履行其对于贷款银行的债务责任。

第三节 项目融资的具体操作

项目融资的程序大体上要经过投资决策、融资决策、融资结构分析、融资谈判和项目融资的执行等五个步骤。由于整个过程运行复杂，牵涉面广，一般来说，无论是项目的发起人，还是项目的投资者，都很难具有协调整个项目融资工作的专业技能和经验。因此，该项工作的组织安排通常需要由具有专门技能的投资银行来完成。

在项目融资过程中，投资银行的主要作用是为资本的供应者和需求者提供中介服务，并针对投资者和资金需求者双方的需求和特点创造性地设计出能够平衡双方利益的融资结构和证券产品，为双方架起桥梁。具体而言，投资银行在项目融资中的作用主要包括以下几点：①在项目文件管理和与项目相关的某些公开场合，需要投资银行在一定程度上参与项目的执行；②充当融资顾问；③负责协调用款，帮助各方交流融资文件、传达信息和送达通知；④负责监控技术进程和项目业绩，并负责项目实施和有关联络工作。

在以上作用中,投资银行最重要的作用是充当项目融资顾问。从国内外的实践来看,项目融资能够成功,融资顾问有着举足轻重的作用。

一、投资银行作为融资顾问在项目融资中的地位

(一)投资银行是项目公司和投资者的参谋

项目公司和投资者需要融资的建设项目,不属于其常规性业务,就其对项目融资的认识和运作来讲,一般并不是特别熟悉。如果由其来对项目融资进行筹划,往往会因缺乏经验而告失败。所以,其需要有专业性的机构来帮助其拟定项目融资方案。而投资银行往往对项目融资业务有比较充分的认识,比较熟悉其运作原理。投资银行不但熟悉东道国的情况,也了解国际资本市场。因此,为了项目融资成功,投资者或项目公司往往委托投资银行作为融资顾问为其设计融资方案,代替其与贷款银行及有利益关系的第三方进行接洽、谈判和签订协议等。投资银行参与项目融资,不但能使项目融资的成功率大大提高,而且往往会缩短融资的时间,降低成本,合理分散风险,并使项目的开发建设和运营更加顺畅。所以说,投资银行是项目公司和投资者的参谋。

(二)投资银行是贷款银行的使者

投资者在寻找贷款银行的同时,贷款银行也在寻找好的项目。在项目融资中,债务资金一般要从国际资本市场上筹措,国外的银行或国际银团往往因为对项目的东道国不熟悉而不能轻易地给以贷款许诺,它们要通过熟知东道国社会、经济、法律情况的融资顾问作为中介,了解东道国的资信状况、风险状况、市场状况及其他有关信息。作为融资顾问的投资银行往往受投资者和项目公司的委托,不但设计融资方案,而且将项目的有关情况以文件的形式提供给贷款银行和有利益关系的第三方。贷款银行通过与投资银行接触,阅读有关文件,充分掌握项目及东道国的情况,以决定是否提供贷款。从这种意义上讲,投资银行是贷款银行的使者。

(三)投资银行是投资者与贷款银行之间的桥梁

项目投资者从国际资本市场融资需要明确以下问题:①选择独家银行,还是选择国际银团;②哪些银行适合项目所需要的债务资金;③利息和费用怎样计算;④选择什么样的币种,是本国货币,还是贷款银行所在国货币,或者是第三国货币;⑤银行对其贷款对象有什么要求等。

贷款银行需要明确以下问题:①项目东道国的政治经济状况,投资环境状况;②项目所在产业的市场和技术发展情况;③能否有科学的信用保证结构来减少自己的贷款风险;④项目每年的现金流量和建成后的资产状况等。当投资者无法回答其要明确的问题时,就难以寻找到合适的贷款银行。当贷款银行无法回答其要明确的问题时,就不可能承诺向项目贷款。而作为融资顾问的投资银行,既熟悉投资者需要明确的问题,又熟悉贷款银行所关心的问题。通过为项目投资者设计融资方案,为贷款银行推荐项目,投资银行既使项目投资者找到合适的贷款银行,又使贷款银行愿意为项目提供贷款。从这种意义上讲,投资银行是投资者与贷款银行之间的桥梁。

(四)投资银行是平衡参与各方关系的协调员

项目融资的参与各方都是独立的利益主体,在项目融资中,各自有不同的分工、责任和义务,当然也有追求各自利益的权利。如果缺乏中间人的协调,其可能在风险承担、利益保证等方面不能达成共识,而使项目融资不是被扼杀在摇篮里,就是在实施过程中夭折。这就需要一个平衡参与各方关系的角色。投资银行不但熟悉东道国的政治、经济和法律环境,了解政府机构的意图、投资者的要求,而且对项目所在行业的市场供求关系、技术发展趋势也知之甚多。同时,投资银行还掌握着国际资本市场和国外的产品及服务市场的情况。这样,投资银行不但能给项目公司和投资者当好参谋,成为贷款银行的使者,架起投资者与贷款银行之间沟通的桥梁,而且能够充分地考虑其他各方的利益,不但使其承担风险,而且使其取得应该得到的利益。投资银行通过融资方案的设计和参与各方的谈判,既使风险被合理分散,又使利益被充分共享。从这种意义上讲,投资银行是平衡项目融资参与各方关系的协调员。

二、投资银行作为融资顾问在项目融资中的具体工作

(一)评估项目的可行性

项目可行性评估是项目开发的前期准备工作,详细的可行性研究一般是由项目的发起人进行,而投资银行作为融资顾问所要做的工作就是对项目发起人的可行性研究进行细致的评估。在对项目的可行性进行评估时,除了要从财务的因素考虑外,还要从技术和风险方面进行分析。

1. 财务分析

投资银行对项目融资的可行性研究进行财务分析主要包括以下几个方面的内容。

(1)验证项目可行性研究的完成情况并查出研究中是否有重大遗漏。

(2)验证项目可行性研究的假定条件是否科学、合理。为此应搞清楚以下问题:①这些假设条件是经过彻底调查,还是仅仅根据粗略的估计或不充分的数据计算而来;②根据投资银行在其他同类项目中的经验、分析专家对市场规模和增长的了解,这些假设现实吗;③这些假设是否相互一致;④假设中对应付意外的变化是否留有很多余地。

(3)验证项目。对预测结果的验证一般有两种方法:①盈亏平衡点分析,即按照约定的价格、固定成本、可变成本计算出项目开始盈利后的收入水平或生产水平,需要注意的是在盈亏平衡点应留有较大余地,以保证在发生意外变化时有缓冲余地;②灵敏度分析,即计算可变要素对利润的影响,进行灵敏度分析时要准确估计影响价格和成本变化的根本原因,并决定什么是至关重要的因素。

(4)对资本报酬率进行分析评估。投资人和贷款人双方都感兴趣的是项目的盈利能力。衡量经济收益的指标一般有回收期、平均年收益率、净现值及内部收益率等。

2. 风险分析

对项目融资的可行性研究进行评估时,不但要从财务方面分析,还要明确判断该项目的主要风险并对它们进行分析。风险分析主要包括对项目的政治风险、经济风险、完

工风险、金融风险、生产风险、环境保护风险等进行的分析。实际上一些擅长项目融资的投资银行,如美国的摩根士丹利、信孚、第一波士顿等都各自建有项目风险模型系统,为项目融资的风险评估提供了科学、迅速的方法。

3. 技术分析

技术分析是指从项目的生产技术、原材料供应、市场分布、管理经验等方面判断项目的可行性。任何一个重大项目的可行性研究,都不能没有专业技术人员和工程师的详细技术分析。作为融资顾问,投资银行虽然不可能兼做技术分析,但是可以帮助鉴别或选择那些富有经验、信誉良好的技术顾问,从而保证项目技术分析的正确、合理。

(二) 设计项目投资结构

作为项目融资顾问的投资银行,需要根据项目的特点和合资各方的发展战略、利益追求、融资方式、资金来源以及其他限制条件决定选择何种投资结构,以最大限度地满足各方对投资目标的要求。有时投资银行还要发挥想象力,为某一项目设定一种特定的、灵活的投资结构。

(三) 设计项目融资模式

项目融资模式是项目融资整体结构组成中的核心部分。设计项目融资模式,需要与项目投资结构的设计同步考虑,并在项目的投资结构确定之后,进一步细化完成融资模式的设计工作。投资银行在这一阶段的工作主要包括决定融资总额、制定资金到位的时间表、确定资金构成和落实资金来源。

(四) 帮助制定项目融资的担保措施

在项目融资中,许多风险是项目本身所无法控制的,且单靠项目的现金流量和资产价值不足以承担这些风险。而贷款银行在决定一项贷款时的基本前提是不承担任何风险,因而对于超出项目自身承受能力的风险因素要求项目投资者或与项目利益有关的第三方提供附加担保。作为融资顾问,投资银行的任务之一就是帮助制定项目融资的担保措施,从而将与项目利益有关的各方所能提供的担保及责任组织起来,以使任何一方都不致因承受过重的财务负担或过高的风险而使项目无法经营,并且将各方所能提供的担保组成强有力的项目信用保证结构,使其能为贷款银行所接受。在项目融资的担保方式中,常见的有契约型融资担保和保证书,其中契约型融资担保有生产量协议、租用和使用合同、预付款融资合同等。保证书主要包括直接保证书、道义保证书、财务运转保证书、完工保证书、产品支付保证书等。

(五) 参与融资谈判

在初步确定了项目融资模式后,担任项目融资顾问的投资银行将有选择地向商业银行或其他一些金融机构发出参加项目融资的建议书,组织贷款银团。在与银行的谈判中,投资银行可以帮助加强项目投资者的谈判地位,保护投资者的利益,并在谈判陷入僵局时,及时、灵活地找出适当的变通办法,绕过难点,解决问题。

综合案例 中信公司在澳大利亚波特兰铝厂项目中的融资

三、投资银行作为项目融资顾问所收取的费用

按照国际惯例，投资银行作为项目融资顾问收取的费用通常分为三部分：一是聘用费，一般按实际工作量收取；二是项目成功费或融资安排费，按项目规模的一定百分比收取，通常是项目越大，百分比越低，但其绝对额可以很高；三是实际支出，包括差旅费、电话费、电传费等。

(1) 项目融资是一种为特定项目借取贷款并完全以项目自身现金流作为偿债基础的融资方式。其基本特征包括项目导向型的筹资安排，项目融资的有限追索权，风险共担，结构复杂、成本较高，多样化的信用结构，以及表外融资方式等。

(2) 项目融资主要被应用于以下三个领域：资源开发项目、基础设施项目、制造业项目和房地产开发项目。

(3) 项目融资的主要参与者包括发起人、项目公司、贷款人、金融顾问与法律税务顾问、项目的信用担保实体等。

(4) 典型的项目融资由以下四个基本模块组成：项目的投资结构、项目的融资结构、项目的资金结构和项目的信用保障结构。不同的结构决定了参与各方法律地位、风险分担、现金流分配、税收安排等各个重要节点的不同安排，因而项目融资的结构设计是其核心之处，也是投资银行体现其顾问能力的所在。

(5) 投资银行在项目融资中的具体工作主要包括评估项目的可行性、设计项目投资结构、设计项目融资模式、帮助制定项目融资的担保措施、参与融资谈判。

第七章 风险投资

第一节 风险投资概述

风险投资（VC）是与一般投资相对的概念，一般投资注重的是目前稳定的盈利能力、稳定的市场前景，因而主要投资于大型的企业、成熟的行业，具有确定性的特征。风险投资是风险投资公司把资金投向处于较大失败风险中的高新技术领域的风险企业，不注重投资对象目前的盈亏状况，以中小企业为主，期望成功后，通过所有者权益的变现获得较高收益的投资行为。如今，风险资金不仅投向高新技术企业，相当一部分企业抓住互联网＋风口，创新企业运作模式，同样也受到风险资金的青睐。

风险投资最早起源于20世纪初的美国，当时一些富有的家庭和个人投资者把资金提供给一些新办的公司，培育了施乐、IBM等世界性大公司。根据美国风险投资协会的定义，风险投资是由职业金融家投入到新兴的、迅速发展的、有巨大竞争潜力的企业中的一种权益资本投资。现代意义上的风险投资开始于1946年，在美国诞生了美国研究与发展公司（ARD）。该公司的宗旨为：组织资金，支持波士顿周边众多的科学家将实验室里的科研成果尽快转化为消费者所能接受的市场产品。ARD的诞生是美国风险投资业发展的一个里程碑，从此，风险投资步入制度化与专业化的发展轨道。通过资本与技术的结合，风险投资促进了高科技成果的市场化，培育并扶持了半导体、计算机、信息技术以及生物工程等尖端技术产业的迅猛发展，并依靠技术进步和由此产生的相对经济效益，带动整个社会经济的全面进步。美国经济增长的重要源泉就是40000多家软件公司和300多家芯片公司，1999年以来美国新增产值的2/3是由高新技术企业创造的。毫无疑问，美国是当今世界风险投资最发达、最具代表性的国家。

一、风险投资的定义

导入案例
美国风险投资
发展历程

风险投资,又称创业投资,一般是指投资主体甘冒风险,将资本投入创业企业,并通过参与对风险企业的经营管理与咨询服务,待风险企业成长为规模企业后,出让股权,以分享其高成长所带来的长期资本增值的一种投资方式。

风险投资,也称风险资本,一般多以投资基金的方式运作,表现为以设立公司等组织形式来投资于未上市的新兴中小企业(尤其是高科技企业)的一种既承担高风险又谋求高回报的资本形态。

二、我国风险投资的发展历程

(一) 萌芽孕育阶段

20世纪80年代初期,中国的国民经济刚刚走出低谷,企业技术落后和资金短缺现象极为严重,国民经济和社会的发展,要求中国必须采取切实措施来克服企业面临的资金和技术困境。此时随着改革开放政策的实施,西方的各种投资理念和工具被引入中国,这其中就包括风险投资。

在此背景下,1985年,中共中央颁布了《关于科学技术体制改革的决定》,明确提出允许以风险投资的方式支持具有较高风险的高新技术企业发展,从此拉开了中国风险投资发展的序幕。次年,财政部与国家科学技术委员会共同出资成立了中国首家风险投资公司——中国新技术创业投资公司,专门从事高新技术企业投资;与此同时,各地方政府也纷纷开始成立风险投资公司,对国有企业进行投资以促进其发展。进入20世纪90年代后,风险投资已经在国家层面受到了高度重视。1997年,国务院组织七部委成立了国家风险投资机制研究小组,从此将风险投资发展正式提升到国家战略层面。不仅如此,在美国经济强劲发展的影响下,风险投资这一概念也逐步渗透到社会各层面并频频见于各种媒体。中国新技术创业投资公司是在政府的强力推动下诞生的,从一开始它就带有浓厚的行政色彩,这就意味着中国新技术创业投资公司的早期发展更多的是体现政府意志。

(二) 迅速成长阶段

鉴于风险投资对中国高新技术产业发展的重大支持和推动作用,从中央政府到地方政府乃至全社会,都对风险投资业的发展给予了高度重视。与此相对应的是,各级政府开始积极探索吸引各类资本进入风险投资的路径。

这一时期,在中央政府和地方政府的大力推动下,中国的风险投资无论在公司数量上,还是在风险资本总额上,都出现了惊人的增长。据统计,1997年中国风险投资机构仅有51家,而到了2000年,这一数额达到223家,风险投资管理资本总额也从1997年的101.2亿元增加到2000年的512亿元。同时,参与中国风险投资的资本属性,也呈现多元化,具体表现为,不仅有政府资本,民间资本与国际资本也积极参与其中。

总体来看,这一阶段中国风险投资的迅速成长,主要得益于1997年亚洲金融危机之后,中国政府为改善宏观经济所导致的对发展高新技术产业的迫切需求。中央政府及各职能部门的高度重视,使社会各界对风险投资的发展充满信心,从而呈现出前所未有的良好发展趋势。

(三) 行业调整阶段

2001年美国互联网泡沫的破裂,导致之后数年中国资本市场的各类股票指数被拦腰折半。基于此,作为风险投资资本最佳退出途径的创业板市场,被再次延迟推出甚至变得遥遥无期。同时,那些刚刚走出1997年亚洲金融危机阴霾的创业企业,其盈利能力显然没有完全恢复,这就意味着风险投资资本在短期内无法实现增值退出而被固化在盈利能力较弱的创业企业中。毋庸置疑,寄望于依托创业板市场实现资本退出的风险投资公司,因资本短期内无法增值退出而陷入困境。

中国风险投资在2001年之后也陷入了发展的低谷期,其间大量风险投资公司因资本无法收回而纷纷倒闭破产。据统计,2001年至2004年,中国风险投资公司的数量从323家减少到304家,管理的风险投资资本也从619.3亿元下降至617.5亿元。当然,政府在这一阶段也进行了一些制度创新,其中最大的亮点就是2004年深交所中小企业板的推出。中小企业板主要服务于高成长性、高技术型中小企业,这就为创业企业获取和整合资源提供了平台,也为风险投资公司实现资本增值退出开辟了新渠道,从而促进了中国风险投资的发展。

(四) 快速膨胀阶段

2005年是中国风险投资发展史上的分水岭,也是中国风险投资步入快速膨胀阶段的元年,主要表现为一系列制度建设为中国风险投资发展形成有力支撑。2005年11月,国家发改委等十部委共同颁布了《创业投资企业管理暂行办法》,首次就风险投资公司的组建设立和投资运行进行了明确规定,同时允许政府设立风险投资引导基金,用以引导风险投资公司的投资行为,对风险投资公司发展形成示范效应。

2006年2月,国务院颁布《实施〈国家中长期科学和技术发展规划纲要(2006—2020年)〉的若干配套政策》,将加快发展创业风险投资事业和建立支持自主创新的多层次资本市场纳入国家科技发展战略,为风险投资事业提供了政策保障。同年,中国证监会出台相关文件,允许中关村科技园区试点试行非上市公司股份代办转让系统,拓宽了风险投资资本的交易和退出渠道。值得一提的是,2009年9年,孕育十年的创业板市场在深交所正式推出,为创业企业发展和风险投资资本增值退出开辟了新路径。应该说,这是中国风险投资发展史上的里程碑,对激励中国风险投资公司和创业企业发展具有重大意义。

2005年之后的中国风险投资呈现出以下三大特点。第一,风险投资公司数量及其管理资本总额规模不断扩大。据统计,从 2005 年到 2011 年,中国风险投资公司的数量由 319 家上升至 882 家,所管理的风险投资资本总额由 632 亿元扩大至 3198 亿元。第二,风险投资资本的来源趋于多元化。这一时期,风险投资资本来源由政府和国有独资公司所垄断的格局被打破,一些非国有企业、银行、外资以及个人资本逐步进入风险投资行业。第三,科技园区风险投资发展资金与风险投资资本相结合。受《创业投资企业管理暂行办法》第 22 条的影响,北京、上海、苏州、天津等地纷纷设立风险投资引导基金,以引导民间风险投资资本有效运作,从而大大提高了风险投资资本的使用效率。

(五) 深度调整阶段

中国风险投资公司在经历了 2005—2010 年的迅速发展,特别是经过 2010 年的非理性发展与过度膨胀之后,自 2011 年开始,受国内经济增长放缓以及资本市场低迷的拖累,再次陷入深度调整阶段。据统计,2010 年中国风险投资公司的平均退出回报率为 10.77 倍,2011 年下降至 9.16 倍,2012 年下滑至 6.93 倍,3 年间下滑 36%。不仅如此,在整体投资回报率方面,2012 年的整体投资回报水平处于低位,其中 50 倍以上回报率仅有 3 笔,其余每笔投资的账面回报水平大多在 30 倍以下。尽管这一阶段的中国风险投资公司再次陷入发展困境,但在总体规模方面一直保持着较高速度的增长。同时,为了规范风险投资的发展,国家也出台了一系列政策文件,如国家发展和改革委员会分别于 2011 年 1 月和 11 月出台了《关于进一步规范试点地区股权投资企业发展和备案管理工作的通知》和《关于促进股权投资企业规范发展的通知》。应该说,这些文件的颁布,对规范风险投资公司的市场行为发挥了很大作用。

相关统计数据显示,2016 年中国风险投资事件合计 3440 起,金额合计 1254.40 亿元,与 2015 年的 3445 起、1293.34 亿元相比,均有小幅下降。

2016 年中国风险投资市场相关情况如表 7.1 以及图 7.1、图 7.2、图 7.3 所示。

表 7.1　2016 年度中国创投市场不同行业的投资规模

行业	案例数量(个)	融资金额(百万美元)	平均单笔融资金额(百万美元)
互联网	1493	20070.94	13.44
IT	721	9135.98	12.67
电信及增值	222	3426.52	15.43
文化传媒	180	922.16	5.12
综合	146	983.18	6.73
金融	129	3025.37	23.45
制造业	128	1054.36	8.24
医疗健康	126	1844.00	14.63
教育及人力资源	65	519.10	7.99
交通运输	36	1152.25	32.01
连锁经营	33	409.84	12.42
能源及矿业	23	309.09	13.44

续表

行业	案例数量(个)	融资金额(百万美元)	平均单笔融资金额(百万美元)
汽车行业	21	1571.41	74.83
食品饮料	15	205.12	13.67
旅游业	13	51.25	3.94
建筑建材	11	82.49	7.50
化学工业	10	65.00	6.50
农林牧渔	9	15.84	1.76
公用事业	5	56.95	11.39
总计	3386	44900.85	13.26

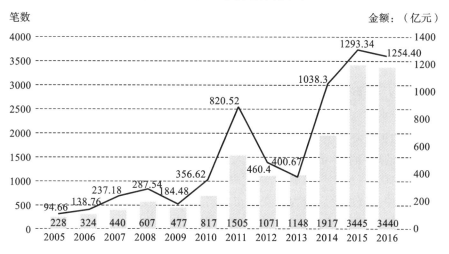

图 7.1　2005—2016 年中国风险投资市场投资情况比较

图 7.2　2011—2016 年中国风险投资市场投资规模

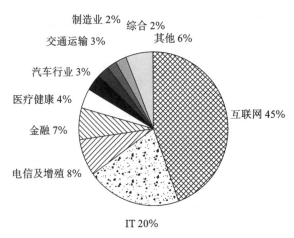

图 7.3　2016 年中国风险投资市场行业投资金额比例

三、风险投资的作用

风险投资之所以在半个多世纪以来发展迅速,风靡全球,是因为它具有以下几个方面的重要作用。

风险资本为创新企业、发展企业提供急需、大量的资金,可以保证企业对资金需求的连续性,可以促进研究成果的商业化、市场化、扩大化。风险投资在促进技术创新、推动经济增长、为知识经济提供金融支持等方面起到重要作用。

由于成熟的风险资本市场存在着强大的评价、选择和监督机制,产业发展的经济价值通过市场得到公正的评价和确认,以实现整个市场的优胜劣汰,提高资源配置效率。

风险投资使投资由政府行为转变为市场行为,风险投资公司必须独立承担风险,投资决策必须坚持市场导向,并善于在风险和回报之间做出优化抉择。对被投资企业的筛选体现了市场竞争和优胜劣汰的准则,更有利于发展社会主义市场经济。

风险投资提供了一个有效的投资工具,有利于企业的发展。

四、风险投资的类型

风险投资一般根据资本投入企业的发展阶段分为四种类型,分别是种子资本、导入资本、发展资本、风险并购资本。

1. 种子资本

种子资本主要为那些处于产品开发阶段的企业提供小笔融资。由于这类企业甚至在很长一段时期内(一年以上)都难以提供具有商业前景的产品,所以投资风险极大。对种子资本具有强烈需求的往往是一些高科技公司,如生物技术公司。

2. 导入资本

有了较明确的市场前景后,由于资金短缺,企业便可寻求导入资本,以支持企业的产品中试和市场试销。但是由于技术风险和市场风险的存在,企业要想激发风险投资家的投资热情,除了本身达到一定的规模外,对导入资本的需求也应该达到相应的额度。这是因为从交易成本（包括法律咨询成本、会计成本等）角度考虑，投资较大公司比投资较小公司更具有投资的规模效应。

3. 发展资本

扩张期的发展资本，这种形式的投资在欧洲已成为风险投资业的主要部分。以英国为例，目前发展资本已占到风险投资总额的30%。这类资本的一个重要作用就在于协助那些私人企业突破杠杆比率和再投资利润的限制，巩固这些企业在行业中的地位，为它们进一步在公开资本市场获得权益融资打下基础。尽管该阶段的风险投资的回报并不太高，但对风险投资家具有很大的吸引力，原因就在于所投资的风险企业已经进入成熟期。

4. 风险并购资本

风险并购资本一般适用于较为成熟的、规模较大和具有巨大市场潜力的企业。与一般杠杆并购的区别在于，风险并购的资金不是来源于银行贷款或发行垃圾债券，而是来源于风险投资基金，即收购方通过融入风险资本，来并购目标公司的产权。

五、风险投资的特点

1. 高风险

风险投资是把资本投向蕴藏着失败风险的高新技术及其产品的研究开发领域，旨在促使高新技术成果尽快商品化、产业化，以取得高资本收益。高收益意味着风险投资面临的风险更大，主要包括技术风险、市场风险、知识产权风险、融资风险、管理风险等。业内人士有一种说法叫"成三败七"，也就是说投资十个项目，能成功的是三个项目，另外七个项目是失败的，所以风险投资是一种高风险投资。

2. 组合投资

风险投资的对象为处于创业时期的高新技术领域的中小型企业，几乎没有盈利的历史，失败率很高，因此，风险投资资金投入的企业被称为风险企业。风险投资要获得回报，必须实行组合投资的策略，也就是说要投资一系列项目群，坚持长期运作，将成功的项目通过出售或上市回收的价值，去弥补其他失败项目的损失，并且还能获得较高的收益。从这个意义上讲，风险投资是一种组合投资。

3. 专业投资

风险投资的过程是高度组织化和精心安排的过程，风险投资公司不仅要向风险企业提供资金，还必须利用其经验、知识以及广泛的社会联系去帮助风险企业创业，改造组织结构，制定业务方向，加强财务管理，配备管理人员。风险投资公司必须拥有市场调研、生产规划、经营战略、财务、法律等各方面的专家，才能开展风险投资活动。所以，风险投资是一种专业化的投资。

4. 权益投资

风险投资公司的目的不在于获得企业短期的经营利润，而在于企业资产的不断增值。风险企业在发展初期，其现金流数据是负的，从经营业绩来看是亏损的。风险企业有一个开拓市场的过程，一般的投资者是不感兴趣的。风险投资公司是从所有者权益角度考虑，只要风险企业资产增值就行，以便将来通过上市或出售取得高额回报。所以，风险投资又是一种权益投资。

5．长期投资

风险投资可以根据企业的发展阶段分为多个阶段的投资，一般企业发展得越成熟，所需要的风险资本越多。从风险企业的成长过程来看，一般要经历种子期、导入期、成长期、成熟期等几个阶段，投资期限在3～5年甚至更长年限才能取得效益。在此期间，风险投资公司要不断地对有成功希望的风险企业进行增资、管理、培植，所以，风险投资又是一种长期投资。

六、风险投资市场的参与者

1．我国风险投资资金的主要来源

1）政府的风险投资资金

目前，中国政府是中国风险投资结构中的主体之一，来自中央各级政府的财政拨款、国家科学基金、国家科技计划的资助金，仍然是构成我国高新技术企业种子基金的重要来源。政府通过组织修建各地的以科技园区为基础的孵化器机构，直接成立风险投资基金是整个风险投资结构中的主要组成部分。这些都明显地反映出一个问题，那就是中国的风险投资主要是在政府引导的情况下，以国有资本构成为主的总体结构。

2）企业投资者的风险投资资金

这里的企业投资者主要是指上市公司和大中型企业。我国的一些上市公司和大型民营科技企业通过自筹资金进行了大量风险投资和企业并购的尝试。国内的科技企业是风险投资中的持续参与者，如清华同方、紫光等都有自己的投资公司。

3）金融机构的风险投资资金

我国的金融机构承担了供应我国高新技术产业化资本的任务，主要表现在两方面：一是直接参与部分风险较小的高新技术项目的投资，尤其是在高新技术企业发展后期投资；二是替代政府职能建立科技风险贷款基金，发放科技项目贷款。

4）国外的风险基金

随着中国经济的发展和加入WTO，国外的资金涌入中国，通过建立中外合资、外商独资风险投资基金的方式，大量海外投资成为我国风险投资的重要补充来源，为我国的高新技术产业提供了重要的补充资金。

5）私人资金

我国的民间资本力量十分雄厚。截至2014年底，全部金融机构本外币各项存款余额已有117.4万亿元，其中高收入者的个人（家庭）储蓄存款正在部分转化为风险投资资金。具体包括以下内容。

（1）直接投资。个人进行直接风险投资的方式就是天使投资，也就是运用自有资本对风险企业投资。这种方式要求投资者有比较高的投资禀赋和创业精神，而我国投资者个人多数缺乏项目管理和投资经验，对可能出现的亏损缺少足够的心理承受能力；此外，风险投资属长期投资，流动性差，而居民个人一般有资金随时变现的要求。因此，目前天使投资还难以成为个人风险资金的主要投资形式。

（2）间接投资。间接投资途径主要有参股风险投资公司和购买风险基金股份两种形式。我国风险投资发展历史比较短,还没有经营记录很优良的公司,难以吸引投资者个人参股。风险投资基金可以解决投资者专业知识不足、缺少管理实践的困难,在一定程度上可以成为我国吸引个人资本参与风险投资的有效选择。

6) 社保基金

社保基金是我国政府专门用于社会保障支出的调节基金,作为国家的战略储备,发挥着最后一道防线的重要作用。近年来,我国社保基金资产规模扩张很快,但是,由于我国社会保险体制改革较晚,社保基金投资还仅限于银行存款、购买国债,收益率低,无法满足基金保值增值的要求。因此,必须找到社保基金增值的办法,有步骤地增加养老金投资工具,适度放宽社保基金可进入的投资领域。近年来西方国家社保基金广泛参与投资基金的经营活动,已经成为一个发展趋势。其参与使风险资本市场规模极大膨胀,推动风险投资成为真正意义上的产业。

2. 风险投资的组成要素

风险投资主要由以下六大要素组成,即风险投资人、风险资本、风险投资目的、风险投资期限、风险投资对象和风险投资方式。

风险投资人是指风险投资过程中的投资实体,主要包括风险资本家、风险投资公司、产业附属投资公司和天使投资人等。

风险资本是指由专业投资人提供的投向快速成长并且具有很大升值潜力的新兴公司的一种资本。在通常情况下,由于被投资企业的财务状况不能满足投资人短期内抽回资金的需要,因而无法从传统的融资渠道获得所需资金,这时风险资本便通过购买股权、提供贷款或二者兼用的方式进入这些企业。

风险投资目的不是控股、获得企业所有权或经营企业,而是要通过投资和提供增值服务使企业价值增加,然后通过上市、兼并或其他方式退出,在产权流动中实现投资回报。

风险投资期限是指风险资本从投入被投资企业到撤出投资为止所间隔的时间段。作为股权投资的一种,风险投资的期限一般较长,这使得风险投资人和被投资企业必须紧密合作,共同运用自己的专业知识和技巧,为风险企业出谋划策,促进其发展。

风险投资对象是指风险投资人将风险资本投入的产业领域。据调查,近年来世界上的风险资本大都投向了软件、通信、医疗保健和生物技术等高新技术产业领域。

风险投资方式是指风险投资家所采取的资本运作方式。风险投资的方式有三种:直接投资、提供贷款(贷款担保)以及两种方式共同使用。不管采用哪种投资方式,风险投资人一般都附带提供增值服务。风险投资的进入方式也有两种,即分段投资和一次投资,其中以分段投资最为常见。

3. 风险投资的市场运行

投资者、风险投资机构(简称"风投机构")、创业企业、资本市场结合,构成了风险投资市场的运行体系(见图 7.4)。

1) 投资者

投资者在风险投资市场的运作中扮演着资金供给者的角色,其拥有闲置的社会资本。就国内而言,投资者一般指政府、金融机构、各种基金以及资金充裕的工商企业法人

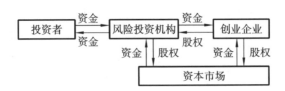

图 7.4　风险投资市场的运行体系

和个人投资者。投资者为了参与产业投资、分享产业报酬,将自有闲散资金投入风险投资机构中,并委托风险投资机构代为管理,以期获得投资回报,并以其投入资金承担投资风险。

2) 风险投资机构

风险投资机构是风险投资市场的核心,同时也是连接投资者和创业企业的媒介。风险投资机构通常会聘请拥有丰富行业经验和金融市场知识的人来担任经理人,这些人成为资本在产业界和金融市场的纽带。他们帮助投资者筛选项目、甄别风险,为创业企业筹集发展资金,并以其丰富的知识和经验帮助创业企业更快成长,在风险投资的运作中起到了十分重要的作用。

3) 创业企业

创业企业从风投机构获得资金,它们通常是属于高科技、高增长行业的中小规模企业。依照企业发展的生命周期理论,创业企业的生命周期可以分为种子期、成长期以及成熟期几个阶段,处于不同生命周期的创业企业,在企业规模、风险和资金需求上都体现着不同特征。

4) 资本市场

资本市场是风投资本退出的主要途径,只有多层次、高度发达的资本市场,才能为风险投资成功退出并实现超额收益提供便利。深圳中小企业板和创业板市场的建立,使这一目标得以初步实现,这对于中国风险投资行业的发展也同样具有举足轻重的意义。

七、风险投资的运作流程

风险投资由于其本身所具有的特点,其运作流程(见图 7.5)不同于一般投资的运作流程。一般来说,风险投资的运作流程可概括为选择、协议、辅导、退出四个阶段。

1. 选择阶段

此阶段开始选择投资对象,主要工作是获取、筛选和评估投资方案,并做出是否投资的决策。获取较多、较优的投资方案,并且有效地进行评估,将是这一阶段成功的关键,也是整个投资活动中最重要的部分。一旦接手一个先天有缺陷的项目,就会面临较高的失败风险。风险投资公司降低投资风险的有效管理手段之一,就是对众多投资方案进行相互比较,从中选择较优的方案。目前,科学技术的高速发展使创新企业不断涌现,相对于创新企业的资金需求,风险投资公司所能够提供的资金是稀缺的。因此,风险投资公司所接到的风险投资项目主要是由风险企业向风险投资公司提出的。根据国外已有的经验,通常在 1000 份项目的经营或可行性研究报告中,经过第一次筛选后,淘汰 90%,剩余的经与对方约见和会谈后,根据筛选标准又淘汰 50%,余下的被认为是有投资价值的

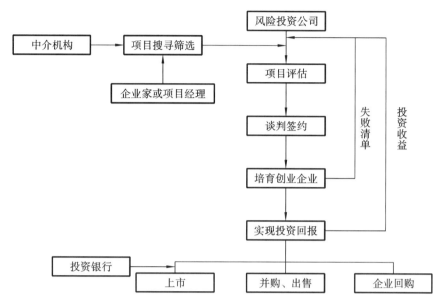

图 7.5 风险投资的运作流程

项目,经仔细审查后再行淘汰,最后能真正得到风险资本支持的项目仅在 1% 左右。由于大多数风险企业面对的市场是未知的,市场预测和财务预测的准确性难以得到保证,所以风险企业的科技含量和创业者素质成为风险投资公司选择风险投资对象的首要参考因素。

2. 协议阶段

风险投资公司在完成项目选择之后就需要与被投资的风险企业进行实质性接触,共同协商投资方式、投资条件等有关权利和义务,最后形成有法律效力的合资文件,作为进一步发展的依据。由于风险投资从资金的投放到回收周期较长,并且风险投资公司与风险企业之间的合作方式也较为复杂,因此,在协议阶段,把各种与双方利益相关的问题加以明确,将有助于风险投资项目的顺利实施。协议的重点主要集中于三个方面:一是投资安排及保障方式;二是从资金投放到撤回的时机和方式;三是参与经营管理的方式。

3. 辅导阶段

这个阶段是风险投资运作的实质阶段。风险投资公司完成风险投资项目的选择并且与风险企业达成合作协议后,风险投资公司就要按协议要求,提供风险资金,参与风险企业的经营管理,并协助其进行产品开发和市场开发。风险投资公司参与风险企业管理的目的是保证风险企业的高速发展,使风险投资早日实现回收。对于大多数风险企业而言,资金缺乏固然是束缚企业发展的一个重要因素,但自身经营管理能力不足的缺陷也同样阻碍其进一步扩大和发展。通常,风险投资公司拥有市场研究、生产规划、经营战略、财务法律等方面的专家,并且在社会上有广泛的信息和关系网络。风险投资公司不仅可以为风险企业提供各种咨询和服务,帮助企业建立规范的管理体系,必要时还可以替企业物色所需要的专业管理人才。风险投资公司对风险企业的辅导过程实质上是把风险投资公司管理知识和资金与风险企业的技术优势结合的过程,风险投资公司对风企业进行创业辅导,有助于提高风险企业创业的成功率,一方面可减少风险投资公司的投资风险,另一方面也可降低风险企业的失败风险。

4. 退出阶段

退出阶段是一个完整风险投资周期的完成阶段。风险投资的目的并不是获得对风险企业的长久控制权,并在投资过程中取得利润分配,而在于通过风险投资的退出,从股权增值中获得高回报。因此,只有成功地退出,一个完整的风险投资流程才能得以完成,风险投资的预期目的才能实现,风险投资公司发展才能实现良性循环;否则,风险投资公司会出现资本沉淀,无力投资新项目,也就失去其存在的意义。根据风险企业的经营状况和外部金融环境的不同,风险投资的退出方式可分三种:一是将风险企业改组为上市公司,风险投资公司将其持有的股票在公开市场中抛售,收回投资和实现风险收益;二是风险投资公司将其持有的股份转让给其他投资者,或者风险企业被其他企业兼并;三是风险企业由于经营失败等原因宣布破产,这意味着风险投资的失败。

第二节 投资银行的风险投资业务

自从风险投资产生以来,投资银行就一直在其中扮演着重要角色。许多投资银行就是因为参与了风险投资而闻名,甚至风险资本已经成为投资银行资产的一部分。投资银行的职能本身就决定了其与风险投资的密切关系。

一、投资银行参与风险投资的原因

顾名思义,风险投资具有很大的风险,这主要体现在两个方面,即市场风险和代理风险。市场风险主要是指由市场的不稳定性或不可预期所形成的经营风险。代理风险主要是指企业家和风险投资家为追求自身利益的最大化而违背了委托人的意愿,从而给委托人造成损失的可能。其表现为两个方面:一是投资者与风险投资家的代理风险;二是风险投资家与风险企业家的代理风险。这些风险程度之大令众多投资者望而却步,但高风险所伴随的高收益,又深深地吸引着众多的投资者。究其原因,主要包括以下几个方面。

投资银行有悠久的历史,积累了丰富的经验,拥有完备的管理体系、机构设置、人才结构和良好的声誉,投资银行在风险投资业的启动阶段可凭其自身的优势获得社会投资者的青睐,从而成为风险投资公司的发起人之一。

投资银行可以作为风险投资者退出中介,从而获得佣金收入。投资银行作为筹建风险投资公司的发起人之一,一方面必然会受到合伙公司有关章程的限制和约束;另一方面,投资银行的基本业务之一——证券承销,也要求投资银行尽其所能地去寻找证券承销业务。投资银行作为风险资本运营的参与者,有利于取得风险公司公开上市发行股票的承销权,因此,为了自身的利益,应对风险公司进行必要的包装和宣传,选择适当的时机和价格,让其上市,最终获得更大利润作为回报。

证券承销是投资银行最基础的业务活动之一,是指投资银行代理证券发行人发行证券的业务。当发行人通过证券市场筹集资金时,就要聘请证券经营机构来帮助其销售证券,证券经营机构则借助自己在证券市场上的信誉和营业网点,在规定的发行有效期限内将证券销售出去。

根据证券经营机构在承销过程中承担的责任和风险的不同,承销又可分为包销、投标承购、代销、赞助推销四种方式。

包销是指证券发行者与承销机构签订合同,由承销机构买下全部证券或销售剩余证券,承担全部销售风险。包销适用于那些资金需求量大、社会知名度低且缺乏证券发行经验的企业。

投标承购通常是在投资银行处于被动竞争的情况下进行的。采用这种形式发行的证券通常信用等级较高,受到投资者的欢迎。

代销一般是因投资银行认为证券的信用等级较低、承销风险较大而形成的。这时投资银行只接受发行者的委托,代理其销售证券,如在规定的期限内发行的证券没有全部销售出去,则将剩余部分返回给证券发行者,发行风险由发行者自己承担。

赞助推销是指当发行公司增资扩股时,其主要对象是现有股东,但又不能确保现有股东均认购其证券。为防止难以及时筹集到所需资金,甚至引起本公司股票价格下跌,发行公司一般要委托投资银行办理对现有股东发行新股的工作,从而将风险转嫁给投资银行。

《中华人民共和国公司法》规定,股份有限公司向社会公开发行新股,应当由依法设立的证券经营机构承销,签订承销协议。承销包括包销和代销两种方式,承销协议中应当载明承销方,承销期满,尚未售出的股票按照承销协议约定的包销或代销方式分别处理。

随着经济的不断发展,投资银行的业务也不断拓展。目前除了证券的承销与交易外,投资银行还积极从事公司的兼并与收购、信息咨询与财务顾问等业务。企业的兼并与收购是风险资本的重要退出方式之一,投资银行作为企业兼并和收购的中介机构,应积极为目标公司和收购公司牵线搭桥。

二、投资银行参与风险投资的作用

(一)我国投资银行开展风险投资业务的必要性

现代投资银行是一国金融体系的重要组成部分,是联结证券市场上资金供求双方的桥梁和纽带,并为其提供适合各自需求的金融工具,同时,它对实现一国有限资源的有效配置起着十分重要的作用。在风险投资中,资金的供给与需求,以及资金的合理投向等,为现代投资银行职能作用的发挥提供了一个新的舞台。我国投资银行在快速发展的同时，还存在着一些不容忽视的问题。我国投资银行的现有业务范围主要集中于经纪、承销、自营等传统领域，还显得有些单一。因此，多角度、多层次、多元化地拓宽业务范围势在必行，风险投资领域就是一个具有无限魅力的业务领域。

追求较高的投资回报率是资本的天性，现代投资银行的资本也不例外。中国的风险投资业已经获得了长足的发展，初步形成了包括国际资本、国家资本、民营资本、上市公司和金融资本等多种资本的具有中国特点的多元化投资体系。然而，从风险投资目前存在的问题看，风险投资在我国毕竟刚刚起步，运行体系和机制尚不健全，环境条件又不成熟，还存在很多障碍和缺陷。

1. 风险资本的来源渠道相对单一

我国尚未完全形成以民间资本为主体、各类资本有机组合的投资网络。一般而言，在风险投资发展的初级阶段，国家资本的启动和引导作用是十分必要的，同时应学习发达国家的经验，逐步允许包括企业、保险公司、证券公司、个人及其他非银行金融机构涉足风险投资业，允许养老基金等资本进入风险投资领域。《中华人民共和国促进科技成果转化法》规定：科技成果转化的国家财政经费，主要用于科技成果转化的引导资金、贷款贴息、补助资金和风险投资以及其他促进科技成果转化基金或者风险基金。该法的实施推动了我国风险投资事业的发展，同时也说明我国早期对于科技事业的投入主要以政府推动为主，庞大的民间资本缺少合理的投资渠道，科研成果转化、企业技术进步缺乏必要的资金投入始终是困扰我国企业发展的重要问题。

2. 风险投资的退出渠道极为缺乏

对于风险投资来说，资金退出即资金变现出局可能比资金募集还要重要，因为风险投资最根本的特征不仅仅在于它敢冒风险进入前景不明的产品和领域，更主要的是进入之后一旦成功就可以全身退出。而我国的股票市场和产权市场尚不健全。建设完善的资本市场绝非一日之功，资本市场的不完善大大限制了风险投资的发展。

3. 风险投资的法律政策环境不明朗

国际风险投资发展的历史经验表明，立法和监督是促进风险投资业健康发展的保证。而风险投资的法律主要包括四方面：一是关于知识产权保护的法律；二是关于企业制度方面的法律；三是有关风险投资基金的专门法律；四是保障风险投资业发展的相关法律。尽管全国人大已经将《风险创业投资法》列入立法计划，《投资基金法》起草小组也在运作之中，但是专门的《风险投资法》、《风险投资基金管理条例》等的起草和颁布还需要很长的周期。此外，我国的风险投资业还存在着人才匮乏、专业化管理程度不高、信息化程度较低等一系列问题。

（二）风险投资事业的发展需要现代投资银行

严格意义上的风险投资，是同技术创新形影相随的，专门指高新技术产业中那些把高科技的创造发明第一次商品化、企业化的风险投资，所投资的对象常常是拥有高新种子技术或某种创新思想的尚未起步或刚刚起步的中小企业，而这恰恰是传统投资所不敢投资、不愿投资或不屑投资的对象。投资银行的基本功能是在资金需求者与资金供求者之间充当中介人，它在中国是个新生事物。我国的投资银行不仅发挥着证券市场中介的作用,在中国经济转型的特殊时期,还担负着创新市场融资制度、推动国有经济战略性重组、提高国有经济整体效率等特殊使命。风险投资需要现代投资银行的积极参与。风险投资担负着以下六个方面的使命:一是提供创业者所需的资金;二是它作为创业者的顾问,提供管理咨询服务与专业人才中介服务;三是协助进行企业内部管理与策略规划;四是参与董事会,协助做出重大经营决策,并提供法律与公关咨询;五是运用风险投资公司的关系网络,提供技术咨询与技术引进的渠道,介绍有潜力的供应商与购买者;六是协助企业进行重组、购并以及辅导上市等。风险投资的以上职能,基本涵盖于现代投资银行的业务范围之内。我们通常认为现代投资银行的业务包括八大方面,即证券承销、证券交易、企业并购、资产管理、咨询顾问、项目融资、风险资本投资、金融创新。因此,现代投资银行的业务范围与风险投资的职能范围有着密切的相关性。从风险投资的流程来看,风险投资由以下五个环节构成一个完整的流程:第一个环节是筹集资本,建立风险投资公司或风险投资基金;第二个环节是筛选、识别、挑选出投资项目;第三个环节是洽谈、评估,签署投资协议;第四个环节是参与经营、监管及辅导;第五个环节是风险资本的退出。在这些环节中,都可以找到现代投资银行发挥作用的位置。现代投资银行可以直接进行投资,也可以设立管理风险投资基金的公司,还可以为创业者担任项目评估、协议签订的财务顾问。当然,在风险资本退出这个最为关键的环节里,不能设想没有现代投资银行的运作,也不能设想没有使资本完成"惊险一跳"的资本运营技术的运用。我们知道,风险资本退出的方式主要有四种:一是创业企业股票公开发行;二是风险投资公司将其所持股份出售给其他公司;三是创业企业回购投资公司所持股份;四是其他公司收购该创业企业,或者由专业的经纪人公司收购后再转手卖出。在风险资本退出的各种方式中,股票公开发行是其中最富吸引力、最具盈利性和最常用的退出方式。尽管资本市场的大门在市场化推进过程中逐步敞开,但我国资本市场要为大多数国企改革服务的特殊性,决定了短期内少有风险投资会大规模投入小型企业。

三、投资银行参与风险投资的形式

1. 创建风险投资公司

投资银行在风险投资业的启动阶段,特别适合作为风险投资公司的发起人,主要包括两种形式。

(1) 创建合伙公司。在这种合伙公司中,有两种合伙人,即有限合伙人和普通合伙人。有限合伙人是大部分风险资金的提供者,在一般情况下,其提供99%的风险资金,其可以是个人投资者,也可以是机构投资者,对合伙公司负有限责任。普通合伙人通常是一群有经验的风险投资家,负责管理多个风险投资公司或进行集资,其一般提供1%的风险资金,在监事会的监管下负责风险资本的具体运作,并对合伙企业负无限责任。

(2) 创建股份公司或有限责任公司。由于风险资本投向具有高风险的新兴行业,其投资风险极大,具有较大的不确定性,因此股份公司要公开收集资金显得比较困难。由于风险投资公司是依靠风险生存、发展起来的,因此对风险投资公司成立的条件要求将更加严格,从而限制了股份制风险投资公司的生存和发展,投资银行一般较少以这种形式成立风险投资公司。

2. 提供中介服务,充当财务顾问

投资银行参与风险投资,提供两种重要的中介服务,即首次公开发行和参与企业的兼并与收购。这对风险投资来说有两方面的积极影响:一是为风险资本的退出创造条件;二是为风险企业进行融资。不管投资银行参与风险投资是采取哪一种形式,最终的目的都是一样的,即风险企业的价值最大化。由此,也就决定了投资银行为风险投资提供一系列中介服务的必要性,如为风险企业进行包装和宣传,提供咨询服务,代理风险企业寻找目标公司,为风险企业进行财务预测,以及充当财务顾问等。

四、投资银行风险投资的代理问题

代理问题是经济生活中一个较为常见的问题,由于信息不对称性的存在,道德风险和逆向选择总是会在经济生活的各个领域出现。在风险投资过程中,风险投资者与风险投资家、风险投资家与风险企业,毫无例外也会受到代理问题的困扰,这些问题会使风险投资的参与者受到不同程度的损失。如何解决这一问题呢?首先,在风险投资者与风险投资家也就是风险投资公司的运作者之间,可归纳出三种办法:筛选运作者、采用激励机制以及限制投资类型。风险投资家可以通过筛选出自己信任的、有能力的人来进行风投基金的运作,也可以通过激励机制承诺给予运作者以认股份额或者奖金等条件来激励其为股东谋利。限制投资类型,使得资金投入股东认可的或熟悉的领域,有助于充分利用资金及获利。解决了风险投资者与风险投资家之间的矛盾,再来看风险投资家与风险企业之间的代理问题如何解决。风险投资家在决定向某个风险企业投资时,可以选择分阶段进行。比如在企业初创期,这个时候资金需求一般来源于技术部门,技术转化为产品可在市场上销售时,资金需求主要来自营销部门。不同的阶段对资金的需求不一样,分阶段投入资金有利于风投公司更充分有效地利用资金,也可以给风险企业压力与动力,促使风险企业尽快完成技术转化,并且可以避免资金浪费。如果出现风险企业跑路的行为,风投公司遭受的损失也会降低。风投公司为风险企业注资后,有权要求参与企业管理。风险企业的创造者一般在技术方面比较在行,但对于企业的营销管理可能缺乏专业知识与经验。这个时候,风投公司可以指派专业人士帮助企业运营,这有助于提高企业成功上市的几率。风投公司还可以事先与风险企业签订股份回购协议或退股权协议,明确其优先权,来为意料之外的情况做准备。

五、投资银行风险投资业务的运作

投资银行风险投资业务的运作流程可以用八字方针概括,即融资、投资、增值、退出,基本可以分为以下六个步骤。

1. 投资机会的识别

投资银行在筹集到用于风险投资的资金后,最重要的工作就是识别投资机会。投资机会的来源一般有风险企业自我推荐、投资银行主动探寻有潜力的企业以及第三方推荐。

2. 项目筛选

从事风险投资业务的投资银行一年可能会收到上千份企业企划书,投资银行对投资

机会的选择通常从审阅企业计划书开始。最看重的是企业计划书反映出来的创业者和经理层的素质,其次是风险企业的市场规模、前景及其业务的独特性。

3. 投资项目评估

风险投资项目在通过初步筛选后,就进入审慎调查阶段,风险投资公司要做大量的调查、咨询、研究工作。

4. 交易设计

风险投资家与风险企业家经过协商、谈判,对金融工具、交易价格以及治理结构等达成一致协议。交易设计的结果是双方达成合同。

5. 参与企业管理

投资银行为了保证资金的安全性,在加强监控风险企业投资的同时,也积极参与企业管理,帮助企业成长壮大,增加企业的价值。增加风险企业的价值的方式包括:①参与董事会活动;②制定企业的长期发展战略;③组建管理团队;④拟订财务计划;⑤进行监督和控制。

6. 设计退出机制

投资银行投入企业的虽然是权益资本,但其真正目的并不是获取企业的所有权,风险投资的最终目的还是收回投资并取得回报,因而风险资本的退出是实现风险投资收益的关键环节。目前风险投资的退出方式主要有以下几种。

1) 公开上市

公开上市是指将风险企业改组为上市公司,风险投资的股份通过资本市场第一次向公众发行,从而实现投资回收和资本增值。上市一般可分为主板上市和二板上市。

2) 股份回购

如果风险企业经历了技术风险和市场风险,已经成长为一个有发展潜力的中型企业,仍然达不到公开上市的条件,其一般会选择以股权回购的方式实现退出。股份回购一般包括两种方式:创业者回购风险投资者的股份和风险企业回购风险投资者的股份。

综合案例
阿里巴巴的融资历程

3) 兼并与收购

兼并与收购是风险资本退出的一种比较常用的方式,是指风险投资家在时机成熟的时候,通过并购的方式将自己在风险企业中的股份卖出,从而实现风险资本的退出。兼并是指由一家实力较强的公司与其他一家或几家独立的公司合并组成新公司,而实力较强的公司占主导地位;收购则是指企业通过证券市场购买目标公司的股份或者购买目标公司的产权,从而控制目标公司。

综合案例
小米科技的融资历程

4) 破产清算

破产清算是在风险投资不成功或风险企业成长缓慢、未来收益前景不佳的情况下采取的一种退出方式。当某一项目面临失败或缺少足够的成长性时，风险投资家应拿出壮士断腕的勇气，果断抽出资金，转而投入预期回报更高的标的，以寻求更好的获利机会。在很多时候，采用破产清算的方法虽属迫不得已，却是避免深陷泥潭的最佳选择。

（1）随着我国资本市场的逐渐开放和完善，PE 和 VC 已经在加快我国经济转型、丰富投资者的投资选择等方面发挥了重要的作用。风险投资是一种具有高风险、高收益的投资，它由风险资本的供给者提供，由风险投资家投入新兴的、具有巨大发展潜力的企业，并通过经营管理业务对所投资企业进行培育和辅导。风险投资中高风险和高收益并存，它是一种具有长期性的股权投资，是一种积极参与管理的投资方式。

（2）风险投资有两种主要的组织形式：合伙制和公司制。不同的组织形式直接影响着风险投资的内在运作机制。

（3）风险投资从投入到退出，经历了风险资本的筹集，组建风险投资基金或公司，选择风险投资项目，对风险投资项目进行筛选评估，与风险企业达成谈判协议，投入风险资本，参与风险企业经营管理，风险资本退出，以及最终实现回报等过程。

（4）风险投资是高风险的投资活动，风险贯穿整个投资过程。风险投资家需要详细分析识别风险投资中的各种风险——信息不对称风险、技术风险、市场风险、政策风险和管理风险，运用适当的方法和技术规避或减少风险。

（5）投资银行凭借其人力资源和信息优势参与到风险投资活动的各个层次。投资银行在风险投资活动中扮演着融资中介、退出中介和直接投资者的角色，发挥着重要作用。

第八章 资产证券化

第一节 资产证券化概述

随着金融技术的迅猛发展和全球经济一体化的到来,世界经济的白热化竞争和对金融创新的强烈需求,使得世界各国政府面临着前所未有的巨大压力,而同时也带来了空前的发展机遇和巨大挑战。其中,作为金融创新领域的重要手段之一的资产证券化,受到世界各国的普遍关注,并成为当代国际金融、资本市场领域研究的重要问题。资产证券化(Asset Securitization)是指针对流动性较差的资产,通过一定的结构设计、信用增级、信用评级等手段将其转换为可以自由买卖的证券的过程,使之具有流动性。资产证券化作为近年来出现的金融创新思想和方法,为各国有效管理经济和金融风险,发挥金融市场投融资功能并促进经济稳定发展提供了新的思路。资产证券化产品是成熟资本市场的重要品种,无论是从政府的管理视角和金融创新规律来看,还是从银行、企业和广大社会投资者的不断变化和增加的需求来看,资产证券化理论研究及其创新应用的构筑等都是十分必要的,同时也是金融管理现代化的必然选择。

一、资产证券化的含义

资产证券化是投资银行学的一条主线,它与另一条主线——企业重组有很大的重叠部分。这些重叠部分构成了投资银行学的主要内容。

(一)资产证券化的定义

20世纪70年代以来,资产证券化得到了理论界和金融业界的认同和肯定。资产证券化是国际金融市场的一个重要特征,是金融创新的主要内容之一,未来具有广阔的发展空间。由于资产证券化的形式和类型的繁多,国内外对于资产证券化的理解和表述有所不同。

1. 法博齐的定义

法博齐认为,资产证券化是将具有共同特征的贷款、消费者分期付款合同、租约、应收账款和其他不流动的资产包装成可以市场化的、具有投资特征的带息证券的过程。

2. 广义的资产证券化

广义的资产证券化,通常是指在资本市场和货币市场上发行证券(包括权益类凭证和债务类凭证)来融通资金的过程。我们通常见到的股票、债券、商业票据等都可以归为广义的证券化。

主要类型如下。

(1) 实体资产证券化,即实体资产向证券资产的转换,是以实物资产和无形资产为基础发行证券并上市的过程。

(2) 信贷资产证券化,就是将一组流动性较差的信贷资产(如银行的贷款、企业的应收账款),经过重组形成资产池,使这组资产所产生的现金流收益比较稳定并且预计今后仍将稳定,再配以相应的信用担保,在此基础上把这组资产所产生的未来现金流的收益权转变为可以在金融市场上流动、信用等级较高的债券型证券进行发行的过程。

(3) 证券资产证券化,即证券资产的再证券化过程,就是将证券或证券组合作为基础资产,再以其产生的现金流或与现金流相关的变量为基础发行证券。

(4) 现金资产证券化,是指现金的持有者通过投资将现金转化成证券的过程。

本质特征:资金需求方以证券为融资凭证向资金供给方直接融通资金而不再需要向银行等中介机构申请贷款。这种意义上的资产证券化实际上就是所谓的"非中介化"或"脱媒"。

3. 狭义的资产证券化

狭义的资产证券化,通常是指将具有可预见、稳定的未来现金收入但缺乏流动性的资产或资产组合汇集起来,通过结构性重组,将其转变为可在金融市场出售和流通的证券的过程。现代意义上的资产证券化一般是指狭义的资产证券化。

对狭义资产证券化定义的理解如下。

(1) 基础资产是指那些缺乏流动性,但具有可预见未来现金收入的金融资产。资产权益人具有取得或控制可预见未来现金收入的经济权益。

(2) 资产证券化是一个融资过程。由资金市场通向资本市场的过程,是将流动性较差的资产转变为具有投资特征、可在市场上进行交易的带息证券的过程。

(3) 资产证券化特指一种融资技术:资产重新组合,信用增级,创造具有不同风险预期和收益组合的收入凭证。

(二) 资产各种形式的互相转换

1. 资产的分类

(1) 现金资产:现金和活期存款(M1)。

(2) 实体资产:未上市的股权,包括有形资产与无形资产。

(3) 信贷资产:银行贷款和企业应收款。

(4) 证券资产:各种证券。

2. 资产各种形式的互相转换

资产互换形式如表 8.1 所示。

表 8.1 资产互换形式

项目	现金化	实体化	信贷化	证券化
现金资产	外汇交易;货币掉期	购买实物资产;投资实业	取得债权;银行放贷	投资证券
实体资产	出售资产和股权套现;典当	资产、股权的互换	经营租赁	企业、产业投资基金;投资受益凭证上市
信贷资产	收回债权取得现金;商业票据贴现	取得抵押物;债转股;赎回典当物	债权掉期	MBS;ABS
证券资产	证券发行出售;开放式基金赎回	下市;证券换资产或股权	证券质押贷款;融券	债券、股票、基金互换;证券投资基金管理过程;认股权证;可转换债等

货币互换(又称货币掉期)是指两笔金额相同、期限相同、利率计算方法相同但货币不同的债务资金之间的调换,同时也进行不同利息额的货币调换。货币互换的目的在于降低筹资成本及防止汇率变动风险造成的损失。货币互换的条件与利率互换一样,存在品质加码差异与相反的筹资意愿,此外,还涉及对汇率风险的防范。

MBS(抵押支持债券或抵押贷款证券化),其基本结构是,把贷出的住房抵押贷款中符合一定条件的贷款集中起来,形成一个抵押贷款的集合体,利用贷款集合体定期发行的本金及利息的现金流入发行证券,并由政府机构或者具有政府背景的金融机构对该证券进行担保。

ABS(资产支持证券或资产证券化),是以资产组合作为抵押担保而发行的债券,是以特定资产池所产生的可预期的稳定现金流为支撑,在资本市场上发行的债券工具。

开放式基金赎回,是指投资者以自己的名义直接或通过代理机构向基金管理公司要求部分或全部退出基金的投资,并将买回款汇至该投资者的账户内。

3. 资产证券化图示

资产证券化图示见图 8.1。

二、资产证券化的产生与发展

1. 资产证券化的起源

1968 年,美国政府国民抵押协会首次发行 MBS,标志着资产证券化的问世。发行单位是 GNMA(政府国民抵押协会)同意的储蓄机构、商业银行和抵押贷款银行。这些贷款机构的原始贷款必须满足 GNMA 设立的承包标准,而且用作抵押担保的贷款集合只包括经过联邦住宅管理局和美国退伍军人管理署或农家管理局保险或担保的抵押贷款。由 GNMA 做担保的这些证券因为是以美国联邦政府的信用担保的,金融风险几乎为零,这些证券的持有人会在每个月按时、全额收到本金和利息;同时通过这种资产证券化,使

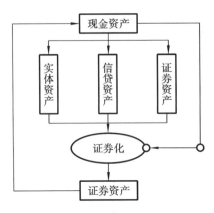

图 8.1 资产证券化图示

得金融机构的非流动性或流动性不强的资产变成流动性强的资金,具备了发放新贷款的能力。

1970 年,美国国会通过紧急住宅抵押贷款法,成立了联邦住宅贷款抵押公司。由 FHLMC(联邦住宅贷款抵押公司)发行的原始证券叫抵押贷款参与证书(PC)。PC 首次发行于 1971 年。它是一种权益证明,证明持有者拥有一定额度的抵押贷款。FHLMC 直接出售或是由其他券商出售 PC,同时担保其购买者按时得到利息和本金。PC 的发行极大地推动了住房抵押贷款市场的发展,同时增强了储蓄机构的流动性。

1981 年,联邦国民抵押协会(FNMA)参与到资产担保证券的发行市场中,发行了以抵押贷款作为担保的资产担保证券。

2. 资产证券化的发展

20 世纪 80 年代以来,资产证券化在美国迅速发展。1985 年 3 月,由 Sperry 租赁融资公司首次发行 ABS,该发行是由 1.92 亿美元租赁担保票据提供担保。从那时起,美国便开始对住宅抵押贷款以外的资产进行证券化。同年 5 月,由 Marine Midland 公司发行了第一笔以汽车贷款提供担保的资产证券,这次发行的证券被称为汽车应收账款证书。接着又陆续出现由信用卡应收款、住宅资产净值贷款等担保的证券。发展至今,证券化的资产已遍及租金、版权、专利费、信用卡应收款、汽车贷款、公路收费等领域。

欧洲也是资产证券化发展较快的地区。英国是欧洲资产证券化发展最快的国家。法国在欧洲资产证券化市场的排名仅次于英国。早在 1988 年 12 月,资产证券化的法律框架就已建立,近年来又通过几项修正案以克服对资产证券化的阻碍。1994 年 12 月,法国发行了第一例以信用卡应收款为担保的证券,标志着法国资产证券化的根本性改善。除欧洲市场以外的其他地区,如拉美等地区的资产证券化发展速度也很快。

在亚洲,资产证券化业务开展较晚但发展甚快。1997 年亚洲金融危机后,各国或地区呆坏账占银行贷款的比例急剧上升,大大削弱了企业及政府的融资能力,降低了商业银行的资产流动性。资产证券化正是在这种背景下得到了广泛的重视。

表 8.2 为资产证券化的发展阶段。

表 8.2　资产证券化的发展阶段

发展阶段	住宅抵押贷款证券化	银行信贷资产证券化	公司应收账款证券化
开始时期	20 世纪 60 年代末	20 世纪 80 年代中期	20 世纪 90 年代初
资产类型	住房抵押贷款	汽车贷款、信用卡应收款、计算机贷款、其他商业贷款等	基础设施(如电力、公路、铁路、电信等)收费、贸易公司(如能源、有色金属等)应收账款、服务公司(如航空公司、海运公司等)应收账款、消费品分期付款、版权专利权收费等
所涉及的国家和地区	美国	欧美发达国家	发达国家和部分新兴市场

3. 我国资产证券化的发展

我国资产证券化实践从 20 世纪 90 年代开始,早期的实践并不是严格意义上的资产证券化,而只是带有资产证券化的某些特征,而且基本都是通过离岸方式进行运作。2005 年开启的第一轮资产证券化试点,代表着我国开始进行真正意义上的资产证券化实践。2009 年和 2010 年资产证券化试点受美国次贷危机影响而暂停。2011 年资产证券化试点重启,证券化产品发行规模恢复到暂停之前水平。

三、资产证券化的特征和意义

(一) 证券化资产的特征

(1) 资产必须具备一定的同质性,未来产生可预测的且稳定的现金流量,或有明确约定的支付模式,这种约定必须是契约性质的;

(2) 有良好的信用记录,违约率低;

(3) 本息的偿还完全分摊于整个资产存续期间;

(4) 资产的债务人或贷款的借款人有广泛的地域和人口统计分布;

(5) 资产的抵押物有较高的清算价值或对债务人的效用很高;

(6) 有可理解的信用特征,资产的合同标准规范,条款清晰明确,避免不合规范的合同和因合同条款缺乏有效性、完备性而造成利益上的损失;

(7) 资产的平均偿还期至少为一年。

(二) 资产证券化融资方式的特点

资产证券化是金融市场上的一种新型融资方式,它既不同于传统的以银行为主的间接融资方式,也不同于单纯依赖发行公司股票或债券的直接融资方式。它是有效融合了间接融资方式和直接融资方式的创新金融工具,资产证券化有着区别于传统融资方式的独特之处。

1. 结构型的融资方式

对证券化的基础资产进行分解,亦即按照资产的期限、利率等特点,对资产进行分解、组合和定价,并重新分配风险与收益。这相当于对金融中介机构金融产品的二次加工,以实现提高金融产品质量、分散金融风险的目的。

资产证券化不仅对银行的资产进行分解,也对银行的中介功能进行分解。对银行的中介功能进行分解,是指将过去由银行一家承担的发放贷款、持有贷款、监督贷款使用和回收贷款本息等业务转化为多家机构共同参与的活动。

2. 收入导向型的融资方式

传统的融资方式是凭借借款人的资信能力进行融资活动,而资产证券化的融资方式则是凭借进行证券化的基础资产的未来收益来融资。

投资者在决定是否购买资产担保证券时,主要依据的是基础资产的质量、未来现金收入的可靠性和稳定性。

3. 表外融资方式

传统的融资行为最终必然反映到融资主体的资产负债表中,而资产证券化融资一般要求将证券化的资产从资产持有者的资产负债表中剔除。

4. 低成本的融资方式

资产证券化运用成熟的交易架构和信用增级手段,改善了证券发行的条件;较高信用等级的资产担保证券在发行时不必通过折价销售或者提高发行利率等增加成本的手段来引投资者。一般情况下,资产担保证券总能以高于或等于面值的价格发行,支付的手续费也比原始权益人发行类似证券低。

5. 低风险的融资方式

(1) 有别于产权融资的资产融资:资产担保证券权益的偿还不是以公司产权为基础,而仅以被证券化的资产为限。

(2) 分散借贷:通过资产证券化,发起人持有的金融资产转化为证券在市场上交易,实际是发起人最初贷出去的款项在市场上交易,这样就把原来由发起人独家承担的资产风险分散给多家投资者承担,从而起到降低借贷风险的作用。

(三) 资产证券化的意义

1. 对发起人(金融机构)的意义

(1) 增强资产的流动性:商业银行利用资产证券化可提高资产流动性。对于流动性较差的资产,通过证券化将其转化为可在市场上交易的证券,在不增加负债的前提下获得新的资金来源,加快银行资产周转。

(2) 获得低成本融资:通过资产证券化市场筹资比通过银行或其他资本市场筹资的成本要低,因为通过资产证券化发行的证券具有比其他长期信用工具更高的信用等级。

(3) 减少风险资产:资产证券化可以将一部分资产从资产负债表上分离出去,减少分母项资产数额,提高资本充足率,以更好地满足监管要求。

(4) 便于进行资产负债管理:通过资产证券化市场,商业银行既可以售出部分期限较长、流动性较差的资产,将所得投资于高流动性的金融资产,也可以将长期贷款的短期资金来源置换为通过发行债券获得的长期资金来源,从而实现风险合理配置,改善银行的资产负债管理。

2. 对投资者的意义

满足投资者投资多样化及分散、降低风险的目的,品种多样性与结构灵活性是资产证券化的优良特性,同时这也是投资者最关注的性质。

(1) 证券化产品的风险权重比基础资产的风险权重低得多。例如美国住房抵押贷款的风险权重为50%,联邦国民抵押协会发行的住房抵押证券的风险权重仅为20%。

导入案例
美国次贷危机引发世界金融危机

(2) 投资者的风险偏好各不相同,资产证券化为投资者提供多品种的风险/收益结构,使投资者有更多的投资品种可以选择。

(3) 通过对现金流的分割和组合,可以设计出具有不同等级的证券,满足不同投资者对期限、风险和利率的不同偏好。

3. 给金融市场带来的深刻变化

(1) 优化了金融市场资源配置。

(2) 资产证券化的出现将使金融活动出现强市场化融资趋势。

4. 其他意义

(1) 有利于国民经济相关行业的发展,如住宅业、汽车业、金融业等。

(2) 有利于金融中介机构业务拓展,如投资银行、评级、财务、法律等。

(3) 有利于资本市场的发展,如丰富品种、扩大规模、创新技术、完善环境等。

第二节 资产证券化的基本流程

一、资产证券化的主要参与方

1. 发起人

发起人(也称原始权益人)是证券化基础资产的原始所有者,通常是金融机构或大型工商企业。主要有金融公司、商业银行、储蓄机构、计算机公司、航空公司、制造企业、保险公司和证券公司等。

发起人的主要职责是确定证券化基础资产,并真实出售给SPV(特殊目的机构)。

2. 特殊目的机构

特殊目的机构是指接受发起人转让的资产,或受发起人委托持有资产,并以该资产为基础发行证券化产品的机构。选择特殊目的机构或受托人时,通常要求满足所谓破产隔离条件,即发起人破产对其不会产生影响。

特殊目的机构的职责主要是按真实销售标准从发起人处购买基础资产,负责资产的重新组合,委托信用增级机构或自身对基础资产进行信用增级,聘请评级机构,选择服务人、受托管理人等为交易服务的中介机构,选择承销商代为发行资产担保证券。

发行人可以是专营资产证券化的专业机构,也可以是信托机构。

3. 信用评级机构

信用评级机构的职责是对资产担保证券进行评级,为投资者建立一个明确的、可以被理解和接受的信用标准,同时其严格的评级程序和标准为投资者提供了最佳保护。

如果发行的证券化产品属于债券,发行前必须经过评级机构进行信用评级。

国外信用评级机构有标准普尔、穆迪、惠誉、达夫菲尔普斯等。

国内信用评级机构有联合资信评估有限公司(简称"联合资信")等。

4. 信用增级机构

信用增级机构的职责是减少资产担保证券整体风险,提高资产担保证券的资信等级,提高其定价和上市能力,降低发行成本。

信用增级机构一般由发行人或第三方担任。

5. 投资人

投资人即证券化产品发行后的持有人。投资资产担保证券的投资者一般有银行、保险公司、养老基金、投资基金、其他公司以及少量的散户投资者。

6. 服务人

服务人的职责是受托管理证券化基础资产,监督债务人履行合同,向其收取到期本金和利息,以及追索过期的应收账款等。

服务人通常可以由发起人或者其附属公司来担任。

7. 受托管理人

为保证资金和基础资产的安全,特定目的机构通常聘请信誉良好的金融机构进行资金和基础资产的托管。

受托管理人的职责是负责收取和保存资产组合产生的现金收入,在扣除一定的服务费后,将本金和利息支付给资产担保证券的投资者。

8. 其他参与者

其他参与者是指对发行资产担保证券提供咨询和相关服务的会计师事务所、律师事务所等机构。

二、资产证券化的运作流程

资产证券化是由发起人把能够产生预期现金流的资产出售给特设机构,由该机构以这些资产为支持发行资产证券,并由托管机构托管。一次完整的证券化融资的基本流程为:发起人将证券化资产出售给一家特殊目的机构(SPV),或者由 SPV 主动购买可证券化的资产,然后 SPV 将这些资产汇集成资产池,再以该资产池所产生的现金流为支撑在金融市场上发行有价证券融资,最后用资产池产生的现金来清偿所发行的有价证券。图 8.2 为资产证券化融资的基本流程。

1. 选择确定证券化资产

资产证券化的发起人(资产的原始权益人)在分析自身融资需求的基础上,通过发起

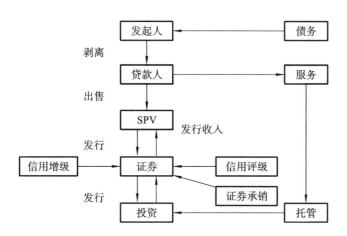

图 8.2 资产证券化融资的基本流程

程序确定用来进行证券化的资产。尽管证券化是以资产所产生的现金流为基础,但并不是所有能产生现金流的资产都可以证券化。总结多年来资产证券化融资的经验可以发现,具有下列特征的资产比较容易实现证券化:

(1) 资产可以产生稳定的、可预测的现金流收入,如住房贷款、汽车贷款、信用卡应收款等资产;

(2) 原始权益人持有该资产已有一段时间,且信用表现记录良好;

(3) 资产具有标准化的合约文件,即资产具有很高的同质性;

(4) 资产抵押物变现价值较高;

(5) 债务人的地域和人口统计分布广泛;

(6) 资产的历史记录良好,即违约率和损失率较低;

(7) 资产池中的资产应达到一定规模,从而实现证券化交易的规模经济。

一般来说,那些现金流不稳定、同质性低、信用质量较差且很难获得相关统计数据的资产不宜被直接证券化。

2. 设立特殊目的机构

特殊目的机构(SPV)是专门为资产证券化设立的一种特殊实体,它是资产证券化运作的关键主体。组建 SPV 的目的是为了最大限度地降低发行人的破产风险对证券化的影响,即实现被证券化资产与原始权益人(发起人)其他资产之间的风险隔离。SPV 被称为没有破产风险的实体,对这一点可以从以下两个方面来理解:一是指 SPV 本身的不易破产性;二是指将证券化资产从原始权益人那里真实出售给 SPV,从而实现破产隔离。为了达到破产隔离的目的,在组建 SPV 时应该遵循以下要求:①债务限制;②设立独立董事;③保持分立性;④满足禁止性要求。

SPV 可以是由证券化发起人设立的附属机构,也可以是长期存在的专门进行资产证券化的机构,其设立形式可以是信托投资公司、担保公司或其他独立法人实体。至于具体如何组建 SPV,则要考虑一个国家或地区的法律制度和现实需要。

3. 资产的真实出售

证券化资产从原始权益人(如住房抵押贷款的发放银行)向 SPV 的转移是证券化运

作流程中非常重要的一个环节。这个环节会涉及众多法律、税收和会计处理问题。其中的一个关键问题是，一般都要求这种转移在性质上是真实出售。其目的是实现证券化资产与原始权益人之间的破产隔离，即原始权益人的其他债权人在其破产时对已证券化资产没有追索权。

以真实出售的方式转移证券化资产要求做到以下两个方面：一方面，证券化资产必须完全转移到SPV中，这既保证了原始权益人的债权人对已转移的证券化资产没有追索权，也保证了SPV债权人（投资者）对原始权益人的其他资产没有追索权；另一方面，由于资产控制权已经从原始权益人转移到SPV，因此应将这些资产从原始权益人的资产负债表上剔除，使资产证券化成为一种表外融资方式。

4. 信用增级

为吸引投资者并降低融资成本，必须对资产证券化产品进行信用增级，以提高所发行证券的信用级别。信用增级可以提高所发行证券的信用级别，使证券在信用质量、偿付的时间性与确定性等方面能更好地满足投资者的需要，同时满足发行人在会计、监管和融资目标方面的需求。信用增级可以分为内部信用增级和外部信用增级两类。具体手段有很多种，如内部信用增级的方式有划分优先/次级结构、建立利差账户、开立信用证、进行超额抵押等，外部信用增级则主要是通过金融担保来实现。

5. 信用评级

在资产证券化交易中，信用评级机构通常要进行两次评级：初评与发行评级。初评的目的是确定为了达到所需要的信用级别必须进行的信用增级水平。在按评级机构的要求进行完信用增级之后，评级机构将进行正式的发行评级，并向投资者公布最终评级结果。信用评级机构通过审查各种合同和文件的合法性及有效性，给出评级结果。信用等级越高，表明证券的风险越低，从而使得发行证券筹集资金的成本也越低。

6. 发售证券

信用评级完成并公布结果后，SPV将经过信用评级的证券交给证券承销商去承销，可以采取公开发售或私募的方式来进行。由于这些证券一般具有高收益、低风险的特征，所以主要由机构投资者（如保险公司、投资基金和银行机构等）来购买。这也从另一个角度说明，一个健全发达的资产证券化市场必须要有一个成熟的、达到相当规模的机构投资者队伍。

7. 向发起人支付资产购买价款

SPV从证券承销商那里获得发行现金收入，然后按事先约定的价格向发起人支付购买证券化资产的价款，此时要优先向其聘请的各专业机构支付相关费用。

8. 管理资产池

SPV要聘请专门的服务商来对资产池进行管理。服务商的作用主要包括：①收取债务人每月偿还的本息；②将收集的现金存入SPV受托人设立的特定账户；③对债务人履行债权债务协议的情况进行监督；④管理相关的税务和保险事宜；⑤在债务人违约的情况下实施有关补救措施。一般地，发起人会担任服务商，这种安排有很重要的实践意义。发起人已经比较熟悉基础资产的情况，并与每个债务人建立了联系，并且发起人一般都有管理基础资产的专门技术和充足人力。当然，服务商也可以是独立于发起人的第三方。这时,发起人必须把与基础资产相关的全部文件移交给新服务商,以便新服务商掌握资产池的全部资料。

9. 清偿证券

按照证券发行时说明书的约定,在证券偿付日,SPV 将委托受托人按时、足额地向投资者偿付本息。利息通常是定期支付的,而本金的偿还日期及顺序就要因基础资产和所发行证券的偿还安排的不同而有所不同。当证券全部被偿付完毕后,如果资产池产生的现金流还有剩余,那么这些剩余的现金流将被返还给交易发起人,证券化交易的全部过程也随之宣告结束。

由此可见,整个资产证券化的运作流程都是围绕着 SPV 这个核心来展开的。SPV 进行证券化运作的目标为:在风险最小化、利润最大化的约束下,使基础资产所产生的现金流与投资者的需求最恰当地匹配。需要特别说明的是,这里只是阐述了资产证券化运作的最一般或者说最规范的流程,而在实践中每次运作都会不同。尤其是在制度框架不同的国家或地区,这种不同会表现得更明显。因此,在设计和运作一个具体的证券化过程时,应以现存的制度框架为基础。

10. 投资银行在资产证券化中的作用

(1) 充当资产担保证券的承销商。

(2) 充当咨询顾问。

(3) 创设特殊目的实体。

(4) 为证券提供信用增级。

(5) 担任受托管理人。

(6) 自身作为资产担保证券的投资者。

三、资产证券化的理论和技术支持

虽然资产证券化的理论比较复杂,但概括地讲,资产证券化主要包括一个核心原理(基础资产的现金流分析原理)和三个基本原理(资产重组原理、风险隔离原理、信用增级原理)。

1. 资产证券化的核心原理

资产证券化的核心原理是指被证券化资产或基础资产的现金流分析原理。

资产证券化是以可预期的现金流为支持而发行证券进行融资的过程。可预期的现金流是进行证券化的先决条件,而不管这种现金流是由哪种资产产生的。证券化表面上是以资产为支持,但实际上是以资产所产生的现金流为支持。可预期的现金流是资产证券化的基础。换句话说,资产证券化所"证券化"的不是资产本身,而是资产所产生的现金流。

2. 资产证券化的基本原理

资产证券化的三大基本原理分别是资产重组原理、风险隔离原理和信用增级原理,这三个基本原理其实是对基础资产现金流的进一步分析,是资产证券化核心原理的深入。

资产重组原理的核心思想是通过资产的重新组合,实现资产收益的重新分割和重组,着重从资产收益的角度来进一步分析现金流;风险隔离原理着重从资产风险的角度来进一步分析现金流,是关于资产风险重新分割和重组的原理;信用增级原理是从信用的角度来考察现金流,即考察如何通过各种信用增级方式来保证和提高整个证券资产的信用级别。

任何一项成功的资产证券化,都要对基础资产进行成功的重组以组成资产池,并实现资产池和其他资产的风险隔离,同时,还必须对资产池进行信用增级。

1) 资产重组原理

资产重组是资产的所有者或支配者为实现发行证券的目标,根据资产重组原理,运用一定的方式与手段,对其资产进行重新配置与组合的行为。资产的原始权益人对自己所拥有的能够产生未来现金流的资产进行组合,形成资产池。资产重组原理的一个重要内容是资产的选择。

资产证券化融资所需要的资产是特定的,是从原始权益人的全部资产中剥离出来的部分特定资产。该基础资产的范围可能不仅限于一家企业的资产,而可以将许多不同地域、不同企业的资产组合为一个证券化资产池。

2) 风险隔离原理

风险隔离原理的核心内容是在资产证券化中,通过基础资产风险和其他资产(主要是基础资产原始所有人的其他资产)风险的隔离,提高资本运营效率,从而给资产证券化各参与方带来收益。

风险隔离主要以真实出售或信托方式实现。

风险隔离从两方面提高了资产运营的效率:首先,通过风险隔离,把基础资产原始所有人不愿或不能承担的风险转移到愿意而且能够承担的人那里去;其次,证券的投资者能够只承担其所愿意承担的风险,而不必承担资产原始所有人面临的所有风险。

风险隔离机制是资产证券化交易特有的技术,它使基础资产原始所有人的其他资产风险、破产风险等与证券化交易隔离开来,风险也不会传染给资产支持证券持有者,资产的卖方对已出售资产没有追索权,在卖方与证券发行人和投资者之间构筑一道坚实的"防火墙"。证券化交易的风险与资产原始所有者的风险无关,而只与证券化资产本身相关。

3) 信用增级原理

为了吸引更多的投资者并降低发行成本,利用信用增级原理来提高资产支持证券的信用等级是资产证券化的一个重要特征。信用增级原理是从信用的角度来考察现金流,即如何通过各种信用增级方式来保证和提高整个证券资产的信用级别。

信用增级的手段有很多种,主要可以分为外部信用增级和内部信用增级。外部信用增级主要由第三方提供信用支持,内部信用增级主要由资产证券化交易结构的自身设计来完成。

外部增级的方式主要包括第三方购买次级证券(或者由委托人自身持有次级证券)、第三方收购剩余的证券化基础资产、发起人为其出售的基础资产提供一定比例的赎回担保、发起人承诺替换一定比例的违约基础资产、银行出具的不可撤销担保信用证等。

内部信用增级主要有优先/次级证券结构(A/B证券结构)、超额抵押、设立储备金账户与利差账户等。内部信用增级成本来自内部。

第三节 资产证券化产品

一、资产证券化的种类

按照不同的类型,资产证券化可分为不同的类型。

(一)根据基础资产分类

根据基础资产,资产证券化可以分为住房抵押贷款证券化和资产担保证券化。住房抵押贷款证券化是最早出现的资产证券化,住房抵押贷款证券代表了对金融机构发放的住房抵押贷款的所有权益,发行人通过将这些抵押贷款打包或组合,再以证券形式出售给投资者来构造住房抵押贷款证券。当原始债务人偿付住房抵押贷款时,证券的投资者就会收到本金和利息。资产担保证券化是指除住房抵押贷款证券化以外的证券化的统称。资产担保证券的种类较多,根据基础资产分类主要有汽车贷款、信用卡应收款、住宅资产净值贷款、消费者贷款和贸易应收款等。从广义来讲,住房抵押贷款证券化属于资产担保证券化的一种,但是由于住房抵押贷款证券化出现最早、规模最大,因此将其单独予以说明。从本质来看,二者没有重大区别。

(二)根据证券偿付结构分类

根据证券偿付结构,资产证券化类型可以分为转手证券、抵押贷款担保债券和转付证券。

1. 转手证券

转手证券是资产担保证券最普遍的形式,属于权益型证券,具有以下两个特征:一是基础资产的所有权随证券的出售而转给投资者,投资者对基础资产组合拥有所有权,因此证券化资产将不再作为资产出现在发起人的资产负债表中;二是基础资产所产生的现金流被完全转手给投资者,投资者自己承担基础资产的早偿风险。

在转手证券的偿付结构下,资产所有权随证券的出售而被转移给投资者,资产组合实现了真实出售,其所有权属于投资者。服务商按月收取原始债务人偿还的本金和利息,在合理扣除费用后,将剩余部分直接转手给投资者。发行证券融资不作为发起人的一项负债,而出售资产所得现金冲抵了其资产负债表上的资产,可能存在的损益直接反映在利润表上,故这种融资业务属于表外融资。转手证券解决了原始权益人的流动性问题,并转移了原始权益人承担的利率风险及违约风险。

2. 抵押贷款担保证券

抵押贷款担保证券是以证券化资产为抵押担保向投资者发行的证券,属于债券型证券。其设计的基本思路为：以抵押贷款担保证券的发起人为委托人，以所有抵押贷款担保证券的投资人为受益人，以服务商为受托人，以抵押贷款担保证券的担保资产为信托财产，设立信托。如果委托人按期偿付本息，则信托目的达到；如果委托人不能按时偿还证券本息，则受托人行使担保权，拍卖担保资产偿还本息。与转手证券不同的是抵押贷款担保证券属于发起人的负债，基础资产仍保留在发起人的资产负债表中；基础资产产生的现金流并不一定用于支付证券的本金和利息，只是起抵押担保的作用，发起人可用其他来源的资金偿还抵押贷款担保证券的本息。抵押贷款担保证券的缺点是发起人只能利用资产进行融资而不能出售基础资产，基础资产仍然保留在发起人的资产负债表中，限制了发起人利用资产证券化转移所有权的行为。

3. 转付证券

转付证券是转手证券和抵押贷款担保证券的结合。与抵押贷款担保证券相似的是，转付证券是发起人对资产担保证券购买者的债务；与转手证券相似的是，发起人用于偿还转付证券本息的资金只来源于相应基础资产组合所产生的现金流。与转手证券的区别在于基础资产组合的所有权是否转移给投资者，转付证券是发起人的债务，基础资产保留在发起人的资产负债表中；与抵押贷款担保债券的区别在于两者清偿证券资金来源的差异。表 8.3 为三种资产证券化的比较。

表 8.3 三种资产证券化的比较

种类	转手证券	抵押贷款担保证券	转付证券
性质	代表基础资产组合所有权，属于权益性证券	发起人以证券化资产为担保发行的债务，属于债权性证券	
偿还本息的方式	本息偿还给投资者	发起人对有担保的债务还本付息	发起人对有担保的债务按优先/次级顺序还本付息
偿还本息的资金来源	基础资产组合产生的现金流	不限于基础资产组合产生的现金流	基础资产组合产生的现金流
是否承担早偿风险	是	否	是
信用级别提高方式	购买信用保险	超额抵押	优先/次级的差别结构
追索权	无	资产组合出售，不存在追索	

（三）其他类型的资产证券化

1. 单一借款人型证券化与多借款人型证券化

根据基础资产卖方数量的多寡，可以将证券化分为单一借款人型证券化与多借款人型证券化。这里的借款人是指基础资产的卖方，即证券化的融资方，也就是原始权益人。进行这种划分的主要目的是提醒投资者和评级机构应该对单一卖方情形下借款人的破产和解体风险加以特别关注。虽然真实出售已经使基础资产不被列入卖方的破产清算资产中，但一旦卖方和卖方的所有者发生破产，仍会在一定程度上影响到基础资产所产生的现金流的收集和分配。

2. 单宗销售证券化与多宗销售证券化

根据基础资产销售结构的不同,可以将证券化分为单宗销售证券化和多宗销售证券化两种类型。在单宗销售证券化中,卖方一次性将基础资产出售给买方;而在多宗销售证券化中,随着原始债务人对债务本息的不断偿付,基础资产池的未清偿余额也就不断下降,资产规模不断缩小。多宗销售证券化更多的是被用来对信用卡应收款、贸易应收款等短期应收款进行证券化。使用多宗销售证券化可以通过循环购买过程来扩大证券化规模,摊薄前期费用,并将短期应收款组合成长期应收款。

3. 单层销售证券化与双层销售证券化

根据发起人与SPV的关系以及由此引起的资产销售的次数,可以将证券化划分为单层销售证券化与双层销售证券化。单层销售证券化由基础资产的卖方向与其有合并会计报表关系的子公司SPV转移资产,不论这种资产转移是一次完成还是循环进行的,由于这种证券化是在母、子公司的层面上展开的,因此被称为单层销售证券化。按照严格的会计标准,需要被转移的资产从母公司的资产负债表中剔除,这就要求将已销售给子公司SPV的资产再次转移给与母公司无合并关系的第三方SPV,这种由子公司SPV再向无关的独立第三方SPV进行的证券化被称作双层销售证券化。

4. 发起型证券化与载体型证券化

在一项具体的资产证券化中,贷款发起人与交易发起人的角色可能重合也可能分离。当贷款发起人同时又是证券化的发起人时,这种证券化结构就被称为发起型证券化。如果贷款发起人只发起贷款,然后就将这些资产销售给专门从事证券化交易的证券化载体,这种证券化交易就是载体型证券化。

5. 政府信用型证券化与私人信用型证券化

根据证券化载体在性质上的差异,可以将证券化分为政府信用型证券化与私人信用型证券化。政府信用型证券化载体在美国的抵押贷款证券化市场中占据着垄断地位,其在享受最低注册资本金要求的同时,还控制着全部证券化交易的条件,包括分销标准、定价等。私人信用型证券化载体是专门购买和收集基础资产,并以自己的名义将其以证券形式出售的融资中介,它们一般都是大银行、抵押贷款银行或证券公司的分支机构。私人信用型证券化载体虽然近年来发展迅速,但只占据很小的市场份额,还远远不能撼动政府信用型证券化载体在抵押贷款证券化市场中的垄断地位。

6. 基础证券化与衍生证券化

按照证券化过程和层次的不同,可将证券化分为基础证券化与衍生证券化。以抵押贷款或应收款等基础资产为支撑发行的证券统称为基础证券。衍生证券是指以这些基础证券组合为支撑所发行的证券。衍生证券化反映了证券化的未来发展趋势,即根据不同投资者的需求,不断进行产品创新,设计出满足特定投资者的个性化产品。投资银行为了吸引那些对由发起人创立的SPV所发行的证券不感兴趣的投资者,创造出独立的SPV,并以已发行的资产支撑证券等其他投资工具的组合为基础资产,再发行满足投资者需要的证券。

7. 表内证券化与表外证券化

在证券化交易中,往往会有表内证券化与表外证券化的区分,这种区分以基础资产是否从发起人的资产负债表中剔除为标准。所谓表内证券化,主要是指,长期以来,欧洲大陆的银行等金融机构以其所持有的某些资产组合为担保,通过发行抵押关联债券或资产关联债券来筹集资金的行为。在表内证券化交易中,资产并不从发起人的资产负债表中剔除。在这种情况下,投资者不是对特定的资产组合拥有追索权,而是对整个发起机构拥有追索权。因此,决定证券信用质量的是发起机构的整体资信状况,而不是证券化资产的质量。

综上所述,资产证券化的基本分类如表8.4所示。

表8.4 资产证券化的基本分类

分类依据	资产证券化的基本类型
基础资产	住房抵押贷款证券化与资产支撑证券化
现金流处理与偿付结构	转付型证券化与转手型证券化
借款人数	单一借款人型证券化与多借款人型证券化
金融资产的销售结构	单宗销售证券化与多宗销售证券化
发起人与SPV的关系及由此引起的资产销售次数	单层销售证券化与双层销售证券化
贷款发起人与交易发起人的关系	发起型证券化与载体型证券化
证券化载体的性质	政府信用型证券化与私人信用型证券化
证券化过程和层次	基础证券化与衍生证券化
基础资产是否从发起人资产负债表中剥离	表内证券化与表外证券化

第四节 我国资产证券化市场

一、我国资产证券化市场概述

资产证券化通俗而言是指将缺乏流动性但具有可预期收入的资产,通过在资本市场上发行证券的方式予以出售,获取融资,以最大限度提高资产的流动性。资产证券化是通过在资本市场和货币市场发行证券筹资的一种直接融资方式。

目前我国资产证券化产品由不同监管机构分别监管。按照监管机构的不同,我国资产支持证券(见表8.5)可划分为中国人民银行、银监会监管的信贷资产支持证券(简称"信贷ABS"),证监会监管的企业资产支持证券(简称"企业ABS"),央行旗下银行间市场交易商协会(简称"交易商协会")监管的资产支持票据(简称ABN),以及保监会监管的项目资产支持计划(简称"保监会ABS")四种产品。因保监会ABS发行量很小且发行数较难获取,这里数据分析将只包含信贷 ABS、企业 ABS 和 ABN 三种产品。

表 8.5 四种资产支持证券对比

类型	信贷 ABS	企业 ABS	ABN	保监会 ABS
监管机构	中国人民银行、银监会	证监会	银行间市场交易商协会	保监会
发行主体	银行业金融机构	未明确限制,实际以非金融企业为主	非金融企业	未明确规定,但对原始权益人做出了一些条件要求
交易场所	由市场和发行人双向选择(银行间债券市场、交易所均可)	证券交易所、全国中小企业股份转让系统、机构间私募产品报价与服务系统、证券公司柜台市场	银行间债券市场	上海保险交易所

我国资产支持证券产品发行概况如下。

2016 年,以产品发行公告日为统计口径,我国共发行 495 只资产支持证券产品,发行总规模为 8567.46 亿元,同比增长 39.73%。其中:

(1) 信贷 ABS 产品发行 106 只,发行规模为 3867.88 亿元,同比减少 4.65%,占发行总规模的 45.15%;

(2) 企业 ABS 产品发行 382 只,发行规模为 4545.01 亿元,同比增长 122.76%,占发行总规模的 53.05%;

(3) ABN 发行 7 只,发行规模为 154.57 亿元,占发行总规模的 1.80%,同比增加 159.92%。

图 8.3 为 2016 年我国各类别资产支持证券产品发行金额统计。

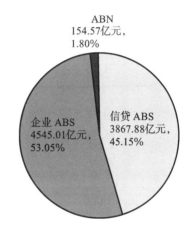

图 8.3 2016 年我国各类别资产支持证券产品发行金额统计

(数据来源:Wind 资讯,零壹研究院)

二、我国资产证券化实践

(一) 企业自发尝试阶段(1992—2004 年)

该阶段的主要特点为:

(1) 没有相关政策规定;

(2) 发起人主要是工商企业(非金融);

(3) 资产证券主要在海外发行。

1997 年东南亚金融危机之后,中国银行业不良资产问题日益凸显,虽然我国银行系统的住房抵押贷款流动性问题并不尖锐,但由于其间银行资产增长很快,银行资本金约束增大,银行积累信贷风险增加。我国对信托业进行了一系列整顿,2001 年 10 月 1 日,《中华人民共和国信托法》颁布实施,其他相关规章制度也相继颁布,我国"一法两则"的

经典案例
三亚地产投资
券发行

监管体系正式确定,在制度上取得了突破。

(二) 资产证券化试点阶段

中国的信贷资产证券化始于2005年,2007年扩大试点,2008年美国次贷危机引发全球金融危机后,信贷资产证券化实际上陷入停滞,2012年6月启动第三批试点。银行资产证券化试点、企业资产证券化试点都开始于2005年。

1. 第一批试点(2005—2006年)

2005年,第一期开元信贷资产支持证券(41.7727亿元)和建元2005-1个人住房抵押贷款支持证券(30.16亿元)通过中央国债登记结算有限责任公司的招标系统正式发行。"开元"CLO和"建元"MBS从法律层面上实现了"优先追索"和"破产隔离",从会计层面上实现了表外处理,从税务层面上实现了税收中性,从市场层面实现了资产支持证券流通。

2. 第二批试点(2007—2008年)

由中国人民银行推动的银行信贷资产证券化扩容加速,2007年9月中国工商银行"工元一期信贷资产证券化(ABS)产品"发行。

中国农业银行、招商银行、兴业银行、中信银行加入第二批资产证券化试点的行列。第二批试点规模预计有600亿元左右。基础资产品种有银行个人住房贷款、汽车贷款、助学贷款等。

3. 资产证券化停滞阶段(2009—2011年)

2007年美国次贷危机爆发,并于2008年演变成席卷全球的金融危机,而过度衍生的资产证券化被认为是此次危机的罪魁祸首。2009年,国内资产证券化试点暂停,资产证券化发展陷入停滞。

4. 第三批试点:资产证券化大发展时期(2012年至今)

2011年9月,证监会重启对企业资产证券化项目的审批。2012年进入第三批试点阶段。本批试点批复了500亿元试点额度。2012年8月,银行间市场交易商协会发布《银行间债券市场非金融企业资产支持票据指引》,资产支持票据(ABN)业务正式开闸。2013年7月5日,国务院办公厅正式发布新"国十条",即《关于金融支持经济结构调整和转型升级的指导意见》,其核心内容之一是在货币信贷领域"用好增量、盘活存量"。其中,"盘活存量"的十大措施之一是逐步推进资产证券化的常规化发展,特别是把一些收益率比较稳定、期限比较长的优质贷款证券化,把存量变成新的增量。在此指导思想下,2013年8月,国务院常务会议提出,进一步扩大信贷资产证券化试点规模,标志着信贷资产证券化第三批试点启动,本次试点总额度创下新纪录,超过4000亿元,国内资产证券化开启大发展时期。

在多重利好之下,资产支持证券产品发行从2014年起集中爆发。

2014年12月20日,银监会下发了《关于信贷资产证券化备案登记工作流程的通知》,将信贷资产证券化业务由审批制改为业务备案制。

2014年12月21日,证监会正式发布了《证券公司及基金管理公司子公司资产证券化业务管理规定》及配套工作指引,取消事前行政审批,实行基金业协会事后备案和基础资产负面清单管理。

从2014年开始,资产支持证券产品发行数量与金额均出现大幅增长。2014年共发行资产支持证券产品104只,发行总额为3309.83亿元;2015年共发行ABS产品320只,发行总额为6131.62亿元,同比增长85.25%。

三、我国资产证券化市场面临的机遇与挑战

(一)充分把握去杠杆过程中资产证券化的内在需求

资产证券化的本质是优化匹配现金流和风险的一种结构性金融安排,即通过资产重组、破产隔离、信用增级等措施使流动性较差的基础资产产生较稳定的现金流,从而支持有价证券发行。从理论角度看,资产证券化的基本功能为增强流动性及转移风险,并在一定程度上承担信用中介职能,成为影子银行体系的重要组成部分。近年来,我国经济脱实向虚和金融化倾向不容忽视。据国家统计局网站数据测算,2016年末M2占GDP的比例达208%,金融业增加值占比达8.35‰;债务规模迅速增长,总杠杆率达250%左右,特别是企业部门杠杆率较高(约150%),去杠杆、防风险任务迫切。在去杠杆的过程中,资产证券化的功能需求进一步显现,在宏观层面有利于盘活贷款存量,促进直接融资和多层次金融市场体系发展;同时,能够满足各参与方的多层次、多元化金融需求,即有利于发起人转移风险资产、缓解资本约束、推动经营转型,帮助融资人降低杠杆率、减少融资成本,并为投资人在"资产荒"下提供风险收益相对较好的投资渠道。

在市场需求支撑下,资产证券化基础资产扩充空间巨大。例如,银监会网站数据显示,截至2016年末,银行业金融机构资产余额达226.3万亿元,若证券化率达到5%,则其金额超过万亿元。另据Wind资讯显示,截至2016年9月末,美国资产支持证券存量规模占债券市场余额的23.9%,而我国的这一比例仅为1.66%,可见资产证券化发展潜力很大。同时,市场参与主体更趋多元,人民币合格境外投资者(RQFII)、外资银行、公积金管理中心等纷纷参与资产证券化市场,监管部门也出台政策鼓励机构投资者投资资产支持证券产品。

(二)严密防范资产证券化发展中的潜在风险

从国际经验看,资产证券化横跨信贷市场、货币市场和资本市场,风险传染性强,如果监管或运用不当,则可能诱发系统性风险。2008年国际金融危机前,美国等发达市场监管松弛,特别是以担保债务凭证(CDO)为代表的再证券化盛行,基础资产中充斥大量次级贷款,杠杆率不断提高,信息不对称和道德风险问题严重。随着2007年美国房市泡沫破裂,众多次级借款人出现违约,风险从次级抵押贷款市场向金融体系快速传染,导致次贷危机爆发并进而引发国际金融危机。危机后,巴塞尔委员会强调加强资产证券化系统风险监管,并在新资本协议框架下针对证券化风险权重、信用评级、信息披露、流动性

等方面的监管要求进行了修订。

从国内看,资产证券化市场仍存在一些薄弱环节。首先,市场基础设施不健全,特别是对资产证券化的法律未作专门界定,对资产处置等方面缺乏明确规定,业务运作存在争议隐患。其次,二级市场流动性整体偏弱,明显低于相同期限和评级的票据、企业债,市场深度不足的问题较为突出。再次,定价机制不完善。基础资产中零售贷款等类型占比仍然较低,资产池历史数据不完整、透明度不高,一些机构投资者风险定价能力不强,导致 ABS 收益率曲线准确性不足。

另外,由于发展时间短,优质资产占比较高,资产证券化产品风险尚未充分显现,而一些发起人采取贷款置换等手段化解违约风险,形成了几乎零违约的现象。尤其是,投资人盲目看重原始权益人主体信用或增信措施,而忽视基础资产信用,埋下风险隐患。当前,监管方面还不能完全适应资产证券化市场运作、创新节奏快的特点,嵌套投资等监管套利问题不容忽视,宏观审慎管理需要进一步加强,针对交叉性金融产品和跨市场金融创新的监管协调有待强化。

四、2016—2017 年市场创新情况

(一) 不良资产证券化重启发行

2016 年 5 月,中国银行"中誉 2016 年第一期不良资产支持证券"和招商银行"和萃 2016 年第一期、第二期不良资产支持证券"(以下分别简称"和萃一期""和萃二期")陆续发行,标志着不良资产证券化时隔 8 年后重启,商业银行不良资产市场化处置渠道进一步拓宽。全年 6 家不良资产证券化试点机构共发行 14 只产品,规模达 156.10 亿元,占试点额度的 31%。基础资产类型快速创新,"和萃一期""和萃二期"成为首单以零售类不良贷款和小微企业不良贷款作为基础资产的不良资产证券化产品,中国建设银行 9 月 23 日发行的"建鑫 2016 年第二期不良资产支持证券"则是首单不良个人住房抵押贷款资产支持证券。

(二) 资产支持证券境外发行实现突破

2016 年,中国银行在境外发行了首批以境内地方政府债为主要基础资产的资产支持证券,同时使用境内人民币债券作为担保品,中央结算公司承担了境内担保品监控人及执行代理人的职责。该业务实现了我国首单境内资产境外发行资产证券化、首单以中国地方政府债为基础资产发行证券化产品等多项市场创新,成功开拓了境外投资机构进入银行间债券市场的新通道,对盘活境内存量债券资产、改善境内银行资产负债结构做出了有益尝试。

(三) 绿色资产证券化创新加速

伴随绿色发展理念的推行和政策的积极扶持,2016 年绿色资产证券化业务不断取得突破和创新。

在银行间市场,兴业银行年初发行了 26.457 亿元的绿色信贷 ABS 产品,获得超 2.5 倍认购,基础资产池全部为绿色金融类贷款,盘活的资金也将投放到节能环保重点领域。

在交易所市场,国内首单光伏行业 ABS 产品"中银证券-深能南京电力上网收益权资

产支持专项计划"、国内首单非上市公司绿色 ABS 产品"无锡交通产业集团公交经营收费权绿色资产支持专项计划"、国内首单水电行业绿色 ABS 产品"华泰资管-葛洲坝水电上网收费权绿色资产支持专项计划"等产品相继发行。

在中证机构间报价系统,全国首单央企绿色循环经济资产证券化项目"汇富华泰资管-中再资源废弃电器电子产品处理基金收益权资产支持专项计划资产"成功挂牌。

(四)信托型 ABN 公开发行

2016 年 6 月 7 日,远东国际租赁公司在交易商协会注册"远东国际租赁有限公司 2016 年第一期信托资产支持票据",为国内市场首单信托型 ABN 产品。该 ABN 引入特定目的信托(SPT)作为发行载体,在我国现有法律框架下实现了有效破产风险隔离,满足了企业资产出表需求,是对原有 ABN 模式的重要创新。

(五)企业 ABS 种类进一步丰富

2016 年,企业资产证券化呈现爆发式增长,更多的发行主体和丰富的基础资产进入市场,各类"首单"产品层出不穷,呈现创新加速、百花齐放的格局。

据初步统计,2016 年共有 12 只"首单"类企业 ABS 产品面世。其中,"太平人寿保单质押贷款债权支持 1 号专项计划"是全国首单以保险资产为基础资产的 ABS,也是全球首单保单贷款 ABS;"中信证券-民生银行票据收益权 1 号资产支持专项计划"是国内首单银行保贴类票据资产证券化产品,也是机构间私募产品报价系统首单采用储架式发行的资产证券化产品;"阳光学院一期资产支持专项计划"正式成立,成为国内首单双 SPV 教育类资产证券化产品,克服了学费、住宿费收费直接作为收益权存在的法律瑕疵。

经典案例
三一重工-中泰光大 2016 年 1 期应收账款资产支持专项计划

(六)保交所首单 ABS 发行

11 月 10 日,"长江养老-太平洋寿险保单贷款资产支持计划"在上海保险交易所正式挂牌发行并交易,是保交所自 2016 年 6 月成立以来的第单产品,基础资产为太平洋寿险以保单现金价值为质押的短期贷款,采用循环购买的模式,注册规模 50 亿元,首期发行 10 亿元。保交所首单保单贷款 ABS 的发行,标志着银行间、交易所、保交所三大资产证券化平台形成,市场格局趋于完整。

五、未来我国资产证券化发展的重点领域

(一)零售贷款证券化

从国际成熟市场来看,零售贷款 ABS 标准化程度高,具有入池资产

笔数多、同质性较高、集中度较低、易于估值定价的特点，是资产证券化的主流品种。如2014年美国零售贷款证券化产品发行规模达1.4万亿美元，占资产证券化产品整体发行规模的95%。近年来，由于零售贷款多为优质资产，加权风险资产占用较低，利差空间较小，商业银行发展动力相对较弱。考虑到监管层面积极鼓励，而近年零售贷款投放迅猛，未来可能面临资产质量劣变压力，相关ABS产品发展前景可期。值得注意的是，个人住房抵押贷款、个人汽车贷款、个人消费贷款、信用卡应收款等基础资产各具特点，需要进行有针对性的产品设计。

（二）绿色资产证券化

"十三五"规划明确将绿色发展理念列入五大发展理念之一。2016年8月，中国人民银行等颁布《关于构建绿色金融体系的指导意见》。银监会也将绿色资产证券化作为"十三五"时期银行业服务绿色发展的重要内容。在政策鼓励下，我国绿色经济正加速发展，绿色金融需求持续催生。据中国环境与发展国际合作委员会研究测算，若落实国家制定的各类环保规划及标准，预计"十三五"时期绿色融资需求达14.6万亿元。未来，基于绿色能源、绿色交通、绿色基础设施的各类ABS发展潜力较大。在发展过程中，有必要进一步明确绿色资产证券化界定标准，严格限定基础资产和募集资金用途；加快培育绿色投资者，积极推动绿色资产证券化与绿色信贷、绿色保险、绿色基金等协调发展。

（三）PPP资产证券化

近年来，国家高度重视PPP发展，政府投融资项目呈现基金化运作的明显趋势。财政部政府和社会资本合作中心数据显示，截至2016年11月末，财政部PPP项目库入库项目超过1万个，接近13万亿元。2016年底，国家发改委和证监会颁布《关于推进传统基础设施领域政府和社会资本合作（PPP）项目资产证券化相关工作的通知》，明确了PPP资产证券化的范围、标准和工作机制，并设立发行"绿色通道"。通过资产证券化，可以为PPP项目提供市场化的退出渠道，提高社会资本参与的积极性。PPP现金流较稳定，风险相对可控，政策支持力度大，预计"PPP+ABS"将成为PPP发展的重要方向。未来，我国可考虑借鉴英国整体业务证券化（WBS）经验，探索发展能够向SPV转移特许经营权、与PPP项目长周期更加匹配的ABS产品。

经典案例
首单PPP资产证券化项目成功发行

（四）新型基础资产企业资产证券化

企业资产证券化细分品种众多，其中特色显著、易复制推广、潜在基础资产规模大的新型品种发展潜力较大。例如，以京东白条和蚂蚁花呗、借呗为代表的互联网金融类基础资产，具有消费场景确定、资产分散度高、还款来源稳定、历史数据完整等特点，并运用循环购买结构设计，有望保持快速发展。又如，国内票据市场容量大、活跃性强，且标准化程度高。随着上海票据交易所成市,票据市场运作将更加规范,基于各类票据收益权的企业 ABS 迎来发展机遇。未来,可以发挥相关产品标准化程度高的优势,努力做大产品规模,推动整体市场完善定价机制,提高交易活跃度。

(五)资产支持票据

2016 年底,银行间市场交易商协会发布《非金融企业资产支持票据指引(修订稿)》,将 SPV 机制引入 ABN 交易结构,并明确基础资产范围、参与机构职责和信息披露要求。考虑到非金融企业融资需求旺盛,加之 ABN 产品结构设计将更加贴近企业 ABS,又不受企业 ABS 中合格投资人数的限制,并且在流动性更强的银行间市场发行,预计 ABN 将快速增长。未来,可借鉴既有信托型 ABN 经验,进一步丰富基础资产类型,全面覆盖商业物业、基础设施等不动产以及应收账款、小额贷款、信托受益权、租赁债权等财产权利。

(六)不良资产证券化

根据银监会网站公布的数据,截至 2016 年 12 月末,国内商业银行不良贷款率达 1.81%,银行体系不良资产化解压力较大。目前,清收、重组、核销、批量转让等传统处置手段存在很多局限;新一轮市场化债转股已启动,实行"一企一策",基本聚焦于大型企业。作为新型处置手段,不良资产证券化正获得国家和市场的积极推动。2016 年,八家试点银行发行不良贷款 ABS 产品 14 只,共 156 亿元,基础资产涵盖公司贷款、零售贷款、小微企业贷款、个人住房抵押贷款等领域,优先档产品均获 AAA 级评级,市场发行取得了较好成效。在不良资产券化发展过程中,应慎重选择基础资产、合理估值定价,在吸引投资者和维护银行债权之间寻求平衡;积极吸引资产管理公司、私募基金等机构参与,充分发挥其专业优势,提高不良资产回收率。

需要注意的是,不良资产的未来现金流具有很大的不可预测性和不稳定性,不良资产风险水平参差不齐,贷款信息不全,给资产证券的包装定价、信用评级与信用增级带来极大的困难。同时,不良资产本身的信用级别很低,以此为基础发行的证券必须经过信用级别的提高。

经典案例
阿里金融突围

(七)住房抵押贷款资产证券化

1. 我国对 MBS 的探索

1997 年,由中国人民银行牵头组织对 MBS 进行研究,并在《2002 年中国货币政策执行报告》中首次提出要积极推进住房抵押贷款证券化,开启了对 MBS 的探索。同时,房地产领域的改革在逐步推进,原有的住房分配制被住房按揭制所替代,推动我国房地产市场进入飞速发展的快车道。

1999 年 9 月,中国建设银行首先向中国人民银行提出发行 MBS 的方案,对方案经过长达 6 年的修改,最终于 2005 年获准以 SPT 模式开展 MBS 试点。2005 年 12 月,由中国建设银行发行的我国首个 MBS——建元 2005-1 个人住房抵押贷款支持证券正式在银行间同业借贷市场诞生,总规模为 31.16 亿元,标志着我国在探索和实践住房抵押贷款证券化的进程中迈出了重要的一步。

而 2008 年美国次贷危机使我国对包括 MBS 在内的资产证券化的推行全面中止,直到 2012 年 5 月才重新启动。此后,我国资产证券化业务开始稳步发展,并在 2014 年出现井喷,但直到 2014 年 7 月中国邮政储蓄银行才发行了资产证券化业务重启后的首只 MBS 产品。随着楼市政策的不断松绑,2014 年 9 月 30 日,央行和银监会联合下发《关于进一步做好住房金融服务工作的通知》,提出鼓励商业银行通过发行 MBS 进行融资,与此同时,2015 年央行"330 房贷新政"也重点提到了推进 MBS 的发展。这些政策都进一步激发了商业银行发行 MBS 的积极性,招商银行、中国民生银行、北京银行、中国银行等多家银行先后在 2015 年发行了 MBS 产品。截至 2015 年 12 月 31 日,共有 7 家银行发行了 11 只 MBS 产品(见表 8.6),发行总额为 399.72 亿元。

表 8.6　MBS 项目一览表(截至 2015 年 12 月 31 日)

项目名称	发起机构	计息起始日	发行总额(亿元)	受托机构	主承销商
建元 2005-1	中国建设银行	2005-12-19	30.17	中信信托	承销团
建元 2007-1	中国建设银行	2007-12-14	41.61	中诚信托	中金公司
邮元 2014-1	中国邮政储蓄银行	2014-07-25	68.14	交银国际信托	中信证券
招元 2015-1	招商银行	2015-03-10	31.50	华润深国投信托	招商证券
企富 2015-1	中国民生银行	2015-07-15	7.80	中海信托	中信证券
和家 2015-1	招商银行	2015-09-23	40.50	华润深国投信托	招商证券
居融 2015-1	江南农村商业银行	2015-09-25	8.48	苏州信托	中信证券
建元 2015-1	中国建设银行	2015-09-29	16.22	建信信托	国泰君安证券
京诚 2015-2	北京银行	2015-10-21	29.90	华能贵诚信托	中信建投证券、华泰证券
中盈 2015-2	中国银行	2015-11-25	44.98	中信信托	中信建投证券、中金公司
建元 2015-2	中国建设银行	2015-12-24	80.42	建信信托	广发证券、中信建投证券、招商证券

(资料来源:Wind 资讯。)

2. 住房抵押贷款具有最符合资产证券化要求的特点

(1)住房抵押贷款是商业银行所有贷款业务中收益最高、资产质量最好的。据占住房抵押贷款市场份额 85% 以上的中国工商银行和中国建设银行统计,个人住房抵押贷款的不良贷款率约为 2%,贷款收息率在 98% 以上。贷款方式采用住房抵押,银行收益稳定可靠。

(2)住房抵押贷款提前支付行为具有很高的可预测性,现金流入的期限与条件已事先明确,容易把握。

（3）与住房抵押贷款相关的损失和拖欠风险相对较小且容易进行事前测控，易得到较高的投资级别评定，相应的信用增级成本较低。

（4）商品住房建设承担着拉动国民经济增长和提高居民住房水平的双重责任，更容易得到有利的会计、税收、法律方面的运行环境。

（5）住房抵押贷款来源单一、期限较长，抵押产权流动性使证券化成为必要。住房抵押贷款期限一般为5～20年，最长可达30年。银行回收住房贷款的周期较长。现阶段我国商业银行的主要负债是存款，且90%以上的存款期限是2年以内。

（6）住房抵押贷款市场需求大，发展速度快。商业银行住房抵押贷款余额占全部贷款余额的10%左右，余额为1.2万亿元。中国金融机构特别是商业银行的流动性风险越来越大，银行资金来源短期化、不稳定性与资产配置长期化、流动性差的矛盾越来越突出。其中，个人住房按揭贷款的问题最为严重。住房按揭贷款占了大量银行资产，期限一般为5～30年，流动性较差，导致银行信贷资产周转率较低，资金使用效率不高。

3. 我国住房抵押贷款资产证券化面临的问题

我国住房抵押贷款资产证券化的发展已历时10年，但其规模扩张并不显著，与美国等成熟市场中住房抵押贷款近70%的资产证券化率相比，我国的住房抵押贷款资产支持证券有非常大的发展空间。

尽管目前的市场环境为我国商业银行发行MBS创造了难得的发展契机，但我国MBS要想在短期内实现爆发式增长仍面临着较多的障碍和不足。

第一，二级市场交易不够活跃，银行间互持现象严重，不仅增加了证券流动性补偿溢价，提高了原始权益人的融资成本，而且会抵消部分资产证券化分散风险的功能。

综合案例
国金-金光金虹桥国际中心资产支持专项计划

第二，70%左右的按揭贷款为五大国有银行所有，而五大国有银行的资本充足率普遍较高，亦可通过发行优先股、二级资本工具等方式来补充资本，其通过发行MBS来缓解资本充足率的动力不足。

第三，我国资产证券化发展尚处于起步阶段，相应的法律法规有待完善。

本章小结

（1）资产证券化是当今世界发展最快的金融衍生工具之一。

（2）资产证券化通过精心设计的金融产品结构将资金的供需双方合理地衔接起来，实现了资金的有效融通，创造了直接融资的新方式。

（3）资产证券化使各参与方共同承担证券化资产的相应风险，并分享其间的利益。它为市场提供了一种新的融资渠道，降

低了融资成本,增强了资产流动性和获利能力,使投资者获得了新的投资工具。

(4)资产证券化对我国金融市场的发展具有重要的战略意义和现实意义,对相关产业发展的促进作用不可低估。

第九章 金融工程

金融工程是20世纪80年代中后期在西方发达国家随着公司理财、银行业的迅速扩张而产生和发展的一门尖端金融业务。它利用金融革命之势,将尖端的数理分析研究、电脑技术、电信技术、自动化及系统工程等全面导入金融领域,使金融乃至整个经济领域出现了更广阔的外延与更深刻的内涵,因此金融工程这个尖端业务的发展近年来备受瞩目。投资银行作为金融工程的设计开发者、组织者、使用者和校验推进者积极参与其中,金融工程业务已经成为投资银行最前沿的业务。本章主要介绍金融工程业务的基本概况,并从实践的角度介绍了投资银行开展的期货、期权、互换等业务的操作特点。

第一节 金融工程概述

一、金融工程的基本概念

近年来,金融业的迅速发展推动了一门新学科的诞生,那就是金融工程。金融工程利用西方金融革命之势,将尖端的数理分析研究、电脑技术、电信技术、自动化及系统工程等全面导入金融领域,使金融乃至整个经济领域出现了更广阔的外延与更深刻的内涵。具体来说,金融工程就是将工程思维引入金融领域,综合地采用各种技术方法(主要有数学建模、数值计算、网络图解、仿真模拟等)设计、开发和实施新型的金融产品,创造性地解决各种问题,它是在现有的金融工具和方法的基础上,不断创造和发展出新的工具和方法。它是运用相关理论和技术手段,对金融市场中的风险和收益进行评估、分解、取舍和重组,把经过调整和搭配的风险收益关系,通过有关法律规定运用于金融市场交易的创造过程。这也可以理解为运用工程和科技的方法,解决复杂的金融交易问题。

芬纳蒂对金融工程所下的定义为:金融工程涉及设计、发展实施创新性的金融工具与金融过程,以及创造性地解决金融问题。由此可见,金融工程的关键在于创新性和创造性。这种创新性有时表现为开发出革新性的新产品,有时则表现为将现有的想法做新颖的应用。

金融工程本身涉及公司财务、证券交易、投资、资产管理及风险管理等诸多领域。例如,在兼并和收购(M&A)方面,金融工程就包括垃圾债券、过渡性融资以及融资收购等。在证券和衍生性产品交易上,金融工程属于套利或半套利性质,不仅包括跨市套利,而且涵盖跨时间套利(比如程式买卖)、不同金融工具之间的套利(如组合期权零息债券、抵押保证证券等)、不同税率之间的套利等。

在金融创新过程中,需要使用的工具有两种:一种是观念性工具,也就是基本金融理论与概念,如投资组合理论、证券评价理论、会计理论、税收等;另一种是实务工具,包括金融工具和金融过程。前者有固定收入型证券、权益证券、远期合约、期权、互换操作等;后者则包含电子资金转账、电子证券交易、事先注册制度、公开销售等。

二、金融工程的主要内容

金融工程创新中最主要的产品是金融衍生工具。金融衍生工具,又称金融衍生产品,是指建立在基础金融工具或基础金融变量之上,价格依赖于基本标的资产价格变化的金融工具。它是在传统金融工具基础上衍生出来的,通过预测股价、利率、汇率等未来行情走势,采用支付较少量保证金签订远期合同或互换不同金融商品等交易形式的新兴金融工具。金融衍生工具依其自身交易的方法和特点可以分为远期、期货、期权和互换。

1. 远期

远期是指合约双方同意在未来日期按照固定价格交换某一标的资产的合约。远期合约规定了将来资产交换的日期、价格和数量,合约条款因合约双方的需要不同而不同。

2. 期货

期货是指买卖双方在有组织的交易所内以公开竞价的形式达成的,在将来某一特定时间交收标准数量特定金融工具的协议。

3. 期权

期权又称选择权,是指其持有者能在规定的期限内按交易双方商定的价格购买或出售一定数量的某种特定商品的权利。期权交易就是对这种选择权的买卖。

4. 互换

互换是指两个或两个以上当事人按共同商定的条件,在约定的时间内交换一定支付款项的金融交易,主要有货币互换和利率互换两类。

三、金融工程的作用

1. 微观作用

微观作用主要表现在为盈利性的金融机构和工商企业服务上。

1) 促进企业开发产品市场

随着市场的国际化和信息量的不断增大,投资者的要求和品位也越来越高,这不仅推动西方金融市场不断向更深和更广发展,同时也极大地促进了以金融工程作为技术支持的金融创新活动的全面展开。近年来,西方许多国家的银行都专门设有金融新产品开发或金融设计部门,此类部门的从业人员研究市场动态,调查客户需求,不断探讨新产品的开发和利用,从而寻找新的商业机会。例如,不少欧美投资银行和商业银行正在积极准备把银行业务的其他部分也证券化,其中包括银行的传统贷款,这一新型的信用衍生产品及其他新产品的开发和有效运作,必将为金融企业带来更广阔的产品市场和更辉煌的发展前景。

2) 促进企业加强金融风险管理

随着国际金融市场的不断发展,以及银行经营中金融新型产品所占的比例日益增大,新型金融产品不但能用于规避风险,而且可能带来新的风险。目前,西方国家的银行花费大量人力和财力研究各种金融产品的风险管理计算机软件系统,而各种风险管理技术的研究开发正是金融工程学研究的重要内容。

2. 宏观作用

宏观作用主要表现在为监管机关规范金融市场提供技术支持上。金融工程集合各种不同的技术创造性地解决了许多金融与财务方面的棘手问题。在西方,它主要为盈利性的金融机构和工商企业服务,同时也为金融监管机关规范金融市场提供技术支持。由于各种新型金融产品和服务投放市场以及新的交易手段的使用,会使许多原被用于监管市场、提取税收及制定公共政策的法规和监督工具不再适应,监管机关必须制定新的监管法规和开发新的监管工具。所以,以金融工程为技术支持的金融创新活动不仅能够转移价值,而且可通过增强金融市场的完备性和提高市场效率来实际地创造价值,从而使金融科学的工程化不是只给一部分人带来好处,而是为整个社会创造效益。

四、投资银行介入金融工程的原因

在金融工程领域,投资银行家被称为金融工程师。有人开玩笑说,几十年前美国计算导弹轨迹的专家,现在正在华尔街设计衍生合约。那么,投资银行为什么对金融工程青睐有加呢?归纳起来,有以下三个因素:提高盈利性,提高安全性,提高流动性。投资银行介入金融工程,不仅是为了提高自身的"三性"(盈利性、安全性、流动性),也是为了迎合投资者对"三性"的追求。

(一)提高盈利性

这里的盈利性需求主要体现在以下三个方面:一是对成本的节约;二是套利;三是投机。

1. 对成本的节约

对成本的节约包括对代理成本的节约和对交易成本的节约。

(1)在金融市场上,普遍存在着委托代理关系。双方利益的不一致性以及信息不对称因素的存在,使得代理成本必然产生。通过金融工程设计新型金融工具和手段来降低代理成本、为客户或自身创造价值,是投资银行的重要任务。主要表现在:一是为企业并购及杠杆收购服务而设计的垃圾债券、过桥贷款等;二是为减少信息不对称、保护投资者利益而设计的可调利率优先股、可回购普通股、浮动利率债券、可转换债券等工具。

(2)交易成本的高低直接影响着资产的可销售性和流动性。为了降低交易成本,人们开发出了一些创新金融工具,如浮动利率工具(节省了短期投资的交易费用)、不需登记的短期商业票据、可展期票据、资产证券化等。另外,税收也构成交易成本的一部分,利用创新金融工具合法避税也成了投资银行开发这种产品的一个动机,由此产生的产品有浮动利率免税收益债券等。

2. 套利

套利是指利用一个或多个市场存在的各种风格差异,在不冒风险或冒较小风险的情况下赚取较高收益率的交易活动。也就是说,套利是利用资产定价的错误、价格联系的失常以及市场缺乏有效性等机会,通过买进价格被低估的资产、卖出价格被高估的资产来获取无风险利润的行为。套利机会的产生,往往是由于信息不对称或金融管制的存在。对利润高度敏感的投资银行可以创造出一些工具,供自己或投资者进行套利,获得超常收益,由此产生的工具有外汇远期、差价期权等。

3. 投机

投机是指投机者根据对某一资产价格变动趋势的分析预测,以赚取价差为目的,承担较大风险采取多头或空头操作的活动。投机者一般是高风险的偏好者。市场上总是存在这样的投机者,甚至有些投资银行也扮演着这样的角色。买空卖空机制以及远期、期货、期权等给此类投机者提供了较好的投机工具。

(二)提高安全性

与安全性相对应的是风险,提高安全性就是规避风险。理性投资者总是想在承担尽量小的风险的同时,获得最大收益。同时,在投资银行的各种业务中,也总是不同程度面临着风险。为了满足客户及自身的避险需求,投资银行开发出一些避险型产品。例如,20世纪60年代至70年代初,国际金融市场的利率水平较低,并且比较稳定,此时投资者及投资银行所面临的利率风险较低。但是,20世纪70年代爆发的两次石油危机触发了全世界范围的通货膨胀,西方国家大都陷入了经济停滞与通货膨胀交织在一起的"滞胀"。为了解决通货膨胀,各国政府采取了提高利率的措施以抑制总需求,但也使经济雪上加霜;而为了解决经济停滞,各国政府采取了降低利率的措施以拉动需求,但这加剧了通货膨胀。因此,政府经常在这两种处境中摆动,表现为70年代中后期利率的剧烈变动。这样,投资者及投资银行都面临着巨大的利率风险。为了改变这种局面,投资银行开发了利率期货,以进行套期保值。

(三)提高流动性

在现有的工具和手段不能很好保证流动性要求的情况下,投资银行就会想方设法进行创新以提高客户或自身的流动性,这从远期合约到期货合约的发展过程可以看得出来。例如,为了规避农产品未来价格变动的风险,1848年投资银行家开发出农产品远期合约。但是在交易过程中,投资者发现,由于远期合约的标的物多种多样,而不同的投资者具有不同的需求和偏好,因此,这种合约只能对特殊的双方有吸引力,那么当远期合约的投资者改变主意时,其就有了转让远期合约的要求。迎合这种流动性要求,1865年投资银行家又开发商品期货合约,将远期合约标准化,使投资者方便地进行转让交易。其他的如资产证券化也是一个典型的提高流动性的金融工程。

五、投资银行在金融工程中扮演的角色

在金融工程中,投资银行扮演了以下角色。

1. 设计开发者

相对于货币市场,由于资本市场特有的资金的长期性和风险性,其对金融工程的要求最高、需求量最大。那么,作为资本市场的最主要中介机构的投资银行,设计开发金融工程是它责无旁贷的任务。因此,虽然出于自身的一些目的,其他金融机构也在设计开发金融工程,但是,投资银行在资本市场不可取代的核心地位以及高精尖的人才优势,使得它成为金融工程最主要的设计开发者。在金融工程的设计开发过程中,对产品的定价是最关键的一个环节。产品的合理定价不仅需要精深的数理技术,还需要繁荣有效的市场。投资银行作为金融工程师和做市商,最有可能发现和确定合理价格。

2. 组织者

金融工程设计开发完毕,就进入运营阶段。在这个阶段,投资银行充当组织者。它寻找金融工程的需求者,安排一系列制度、工具,把金融工程的使用者集合起来,方便其进行交易。例如,投资银行所组织安排的各种证券期权、期货交易所就体现了它的这个作用。

3. 使用者

投资银行不仅为其他市场主体使用金融工程创造条件,而且它本身作为一种特殊的市场主体,也利用金融工程实现它的一些目的。在金融市场中,投资银行不仅可以是套期保值者,也可以是套利者,还可能是投机者。因此,它大量地利用金融工程来实现它的目的。

4. 校验推进者

在金融工程开发完毕后的运营阶段里,投资银行不断通过其他市场主体以及自身的参与对该项金融工程的功能缺陷进行校验。作为某个特定时期的金融工程,它总是与该时期的宏观环境相适应。而当宏观环境发生变化时,该项金融工程的原有运作模式就不一定是合理的。因此,投资银行在这种动态的校验过程中,挖掘金融工程的功效、发现金融工程的缺陷,并通过以下两种方式把金融工程推进下去:一是把同类金融工程沿着原定的方向继续深化,体现为该类型的金融工程的使用范围更广、功能更加细化、体系更加严密;二是在原来金融工程的基础上开发出新的金融工程,达到扬长避短的目的。

由于投资银行家对金融工程发展所起的作用,可以说没有投资银行就没有金融工程;金融工程是投资银行的杰作,也是投资银行生存发展的生命线。

第二节 期 货

一、期货的基本概念

(一) 期货的定义

所谓期货,一般指期货合约,就是由期货交易所统一制定的、规定在将来某一特定的时间和地点交割一定数量标的物的标准化合约。

这个标的物又叫基础资产,是期货合约所对应的现货,可以是某种商品(如铜或原油),也可以是某个金融工具(如外汇、债券),还可以是某个金融指标(如 3 个月同业拆借利率或股票指数)。

期货合约的买方如果将合约持有到期,那么其有义务买入期货合约对应的标的物;而期货合约的卖方如果将合约持有到期,那么其有义务卖出期货合约对应的标的物(有些期货合约在到期时不是进行实物交割而是结算差价)。当然期货合约的交易者还可以选择在合约到期前进行反向买卖来冲销这种义务。

(二) 期货的分类

1. 商品期货

商品期货是指标的物为实物商品的期货合约。商品期货一般可分为以下三类。

1) 农产品期货

1848 年芝加哥期货交易所(CBOT)诞生以及 1865 年标准化合约被推出后,随着现货生产和流通的扩大,不断有新的期货品种出现。除小麦、玉米、大豆等谷物期货外,从 19 世纪后期到 20 世纪初,随着新的交易所在芝加哥、纽约等地出现,棉花、咖啡、可可等经济作物,黄油、鸡蛋乃至生猪、活牛等畜禽产品,以及木材、天然橡胶等林产品期货也陆续上市。

农产品期货主要包括以下四个大类。

(1) 粮油产品:小麦、玉米、大豆、绿豆等。

(2) 畜产品:生猪、活牛、羊毛等。

(3) 林产品:木材、胶合板等。

(4) 经济作物:棉花、糖、天然橡胶、咖啡等。

2) 金属期货

1876 年成立的伦敦金属交易所(LME),开金属期货交易之先河,当时主要从事铜和锡的期货交易。1920 年,铅、锌两种金属也在伦敦金属交易所正式上市交易。伦敦金属交易所自创建以来,一直生意兴隆,至今伦敦金属交易所的期货价格依然是国际有色金属市场的晴雨表,其目前主要的交易品种有铜、锡、铅、锌、铝、镍、白银等。

美国金属期货的出现晚于英国。纽约商品交易所(COMEX)成立于1933年,由经营皮革、生丝、橡胶和金属的交易所合并而成,交易品种有黄金、白银、铜、铝等。其中1974年推出的黄金期货合约,在20世纪七八十年代的国际期货市场上具有较大影响。

金属期货主要包括以下三类。

(1) 有色金属:铜、铝、铅、锌等。

(2) 黑金属:钢材等。

(3) 贵金属:黄金、白银等。

3) 能源期货

能源期货涉及原油、汽油等。20世纪70年代初发生的石油危机,给世界石油市场带来巨大冲击,石油等能源产品价格剧烈波动,直接导致石油等能源期货的产生。目前,纽约商业交易所(NYMEX)和伦敦国际交易所(IPE)是世界上较具影响力的能源产品交易所,上市的品种有原油、汽油、取暖油、天然气、丙烷等。

2. 金融期货

随着第二次世界大战后布雷顿森林体系的解体,20世纪70年代初国际经济形势发生急剧变化,固定汇率制被浮动汇率制所取代,利率管制等金融管制政策逐渐取消,汇率、利率频繁剧烈波动,促使人们重新审视期货市场。

1) 外汇期货

外汇期货是以汇率为标的物的期货合约,实际交割的是一种外币,目的是规避汇率风险。1972年5月,芝加哥商品交易所(CME)设立了国际货币市场分部(IMM),首次推出包括英镑、加元、法国法郎、日元和瑞士法郎等在内的外汇期货合约。

2) 利率期货

利率期货是以利率为标的物的期货合约,可以分为短期债券期货和中长期债券期货,短期不超过1年,中期为1～10年,长期为10年以上。1975年10月,芝加哥期货交易所上市GNMA期货合约,从而成为世界上第一个推出利率期货合约的交易所。

3) 股票价格指数期货

1982年2月,美国堪萨斯期货交易所(KCBT)开发了价值线综合指数期货合约,使股票价格指数也成为期货交易的对象。股票价格指数期货是以股票价格指数为标的物的期货。

进入20世纪90年代后,在欧洲和亚洲的期货市场,金融期货交易占了市场的大部分份额。在国际期货市场上,金融期货也成为交易的主要产品。金融期货的出现,使期货市场发生了翻天覆地的变化,彻底改变了期货市场的发展格局。世界上的大部分期货交易所都是在20世纪最后20年诞生的。目前,在国际期货市场上,金融期货已经占据主导地位,并且对整个世界经济产生着深远的影响。

3. 期货期权

1982年10月1日,美国长期国债期货期权合约在芝加哥期货交易所上市,引发了期货交易的又一场革命,是20世纪80年代初出现的重要的金融创新之一。

期权交易与期货交易都具有规避风险、提供套期保值的功能。期货交易主要是为现货商提供套期保值的渠道,而期权交易不仅对现货商具有规避风险的作用,而且对期货商的期货交易也具有一定程度的规避风险的作用,相当于给高风险的期货交易买了一份保险。因此,期权交易独具的或与期货交易结合运用的种种灵活交易策略吸引了大批投资者。目前,国际期货市场上的大部分期货交易品种都引进了期权交易方式。

二、期货的交易制度与流程

(一) 期货的交易制度

1. 保证金制度

保证金制度是期货交易的特点之一,是指在期货交易中任何交易者都必须按照其买卖期货合约价值的一定比例(通常为5%～10%)交纳资金,用于结算和保证履约。

保证金又分为结算准备金和交易保证金。结算准备金是指会员为了交易结算,在交易所专用结算账户中预先准备的资金,是未被合约占用的保证金。交易保证金是指会员在交易所专用结算账户中确保合约履行的资金,是已被合约占用的保证金。

对一般客户而言,必须通过期货公司才能进行交易。因此保证金的收取是分级进行的,即期货交易所向会员收取保证金——会员保证金,作为会员的期货公司向客户收取保证金——客户保证金。

2. 当日无负债结算制度

期货交易所实行当日无负债结算制度,又称"逐日盯市",是指每日交易结束后,交易所按当日结算价结算所有合约的盈亏、交易保证金及手续费、税金等费用,对应收应付的所有款项同时划转,相应增加或减少会员的结算准备金。

3. 涨跌停板制度

涨跌停板制度又称价格最大波动限制,即期货合约在一个交易日中的交易价格波动不得超过规定的涨跌幅度。通常以上一交易日的结算价为基准,也就是说,合约上一交易日的结算价加上允许的最大涨幅构成当日价格上涨上限,称为涨停板;合约上一交易日的结算价减去允许的最大跌幅构成当日价格下跌下限,称为跌停板。

涨跌停板制度可在一定程度上控制结算风险,保证保证金制度的顺利执行。

4. 持仓限额制度

持仓限额制度是指交易所规定会员或客户可以持有的,按单边计算的某一合约投机头寸的最大数额。该制度的目的在于防范操纵市场价格的行为和防止期货市场风险过度集中于少数投资者。

5. 大户报告制度

大户报告制度是指当会员或客户某种持仓合约的投机头寸达到交易所对其规定投机头寸持仓量的80%以上时,会员或客户应向交易所报告其资金情况、头寸情况等,客户须通过经纪会员报告。

大户报告制度是与持仓限额制度紧密相关的又一个防范大户操纵市场、控制市场风险的制度。

6. 交割制度

交割是指合约到期时，按照期货交易所的规则和程序，交易双方通过该合约所载标的物所有权的转移，或者按照规定结算价格进行现金差价结算，了结到期未平仓合约的过程。

一般来说，商品期货以实物交割为主，金融期货以现金交割为主。

7. 强行平仓制度

强行平仓制度是指当会员、客户违规时，交易所对有关持仓实行平仓的一种强制措施。它是交易所控制风险的手段之一。我国交易所规定应予强行平仓的情况如下：

（1）会员结算准备金余额小于零，且未能在规定时限内补足的；

（2）持仓量超出其限额规定的；

（3）因违规受到交易所强行平仓处罚的；

（4）根据交易所的紧急措施应予强行平仓的；

（5）其他应予强行平仓的。

8. 风险准备金制度

风险准备金制度是指为了维护期货市场正常运行提供财务担保和弥补因不可预见的风险带来的亏损而提取专项资金的制度。

我国规定期货交易所应从收取的会员交易手续费中提取一定比例的资金，作为确保交易所担保履约的备付金。

9. 信息披露制度

信息披露制度是指交易所即时、每日、每周、每月向会员、投资者和社会公众提供期货交易信息的制度。信息内容涉及各种价格、成交量、成交金额、持仓量、仓单数、申请交割数、交割库库容情况等。

（二）期货交易流程

完整的期货流程应包括开户与下单、竞价、结算和交割四个环节。

1. 开户与下单

由于能够直接进入期货交易所进行交易的只能是期货交易所的会员，所以普通投资者在进行期货交易之前必须选择一个期货公司开户。虽然各个期货公司的开户程序不尽相同，但基本程序是一样的，都包括风险揭示、签署合同、缴纳保证金等。

客户在开户以后，就可以进行下单交易。所谓下单，是指客户在每笔交易前向期货经纪公司业务人员下达交易指令，说明拟买卖合约的种类、数量、价格等的行为。通常，客户应先熟悉和掌握有关的交易指令，然后选择不同的期货合约进行具体交易。

一般的下单方式有：书面下单、电话（传真）下单和网上下单。常用的下单基本指令有以下几种。

1) 市价指令

市价指令是期货交易中常用的指令之一，它是指按当时市场价格即刻成交的指令。客户在下达这种指令时不必指明具体的价位，而是要求期货经纪公司出市代表以当时市场上可执行的最好价格达成交易。这种指令的特点是成交速度快，一旦指令下达，则不可更改和撤销。

2）限价指令

限价指令是指执行时必须按限定价格或更好的价格成交的指令。下达限价指令时，客户必须指明具体的价位。其特点是可以按客户的预期价格成交，成交速度相对较慢，有时无法成交。

3）止损指令

止损指令是指当市场价格达到客户预计的价格水平时即变为市价指令予以执行的一种指令。客户利用止损指令，既可以有效地锁定利润，又可以将可能的损失降至最低限度，还可以相对较小的风险建立新的头寸。

4）取消指令

取消指令是指客户要求将某一指令取消的指令。客户通过执行该指令，将以前下达的指令完全取消，并且没有新的指令取代原指令。

2. 竞价

国内期货合约价格的形成方式是计算机撮合成交。计算机撮合成交是根据公开叫价的原理设计而成的一种计算机自动化交易方式，是指期货交易所的计算机交易系统对交易双方的交易指令进行配对的过程。国内期货交易所计算机交易系统的运行，一般是将买卖申报单以价格优先、时间优先的原则进行排序。当买入价大于等于卖出价则自动撮合成交，撮合成交价等于买入价、卖出价和前一成交价三者中居中的一个价格。

开盘价和收盘价均由集合竞价产生。

开盘价集合竞价在某品种某月份合约每一交易日开市前5分钟内进行，其中前4分钟为期货合约买卖价格指令申报时间，后1分钟为集合竞价撮合时间，开市时产生开盘价。

收盘价集合竞价在某品种某月份合约每一交易日收市前5分钟内进行，其中前4分钟为期货合约买卖价格指令申报时间，后1分钟为集合竞价撮合时间，收市时产生收盘价。

集合竞价采用最大成交量原则，即以此价格成交能够得到最大成交量。高于集合竞价产生的价格的买入申报全部成交；低于集合竞价产生的价格的卖出申报全部成交；等于集合竞价产生的价格的买入或卖出申报，根据买入申报量和卖出申报量的多少，按少的一方的申报量成交。

3. 结算

结算是指根据交易结果和交易所有关规定对会员交易保证金、盈亏、手续费、交割贷款和其他有关款项进行计算和划拨。我国的期货交易所实行会员分级结算制度，如图9.1所示。

4. 交割

期货的交割分为实物交割和现金交割两种。实物交割是指期货交易的买卖双方于合约到期时，对各自持有的到期未平仓合约按交易所的规定履行实物交割，了结其期货交易的行为。现金交割是交易双方在交割日对合约盈亏以现金方式进行结算的过程。期货交割是促使期货价格和现货价格趋于一致的制度保证。

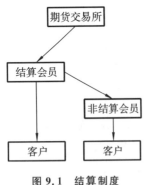

图9.1　结算制度

实物交割又可分为集中交割和滚动交割两种。

集中交割是指所有到期合约在交割月份最后交易日过后一次性集中交割的交割方式,交割价格按交割月份所有交易日结算价的加权平均价格计算。采取集中交割可以有效避免交割违约,为卖方提供增值税发票和买方筹措款项留下充足时间。目前,上海期货交易所的所有品种采取集中交割方式,郑州商品交易所的棉花、白糖和PTA采取集中交割方式。

滚动交割是指进入交割月后可在任何交易日交割,由卖方提出交割申请,交易所按多头建仓日期长短自动配对,配对后买卖双方进行资金的划转及仓单的转让,通知日的结算价格即为交割价格。交割商品计价以交割结算价为基础,再加上不同级别商品质量升贴水,以及异地交割仓库与基准交割仓库的升贴水。目前,大连商品交易所的所有品种以及郑州商品交易所的小麦品种采取滚动交割方式。

现在还有一种期转现交易方式得到越来越广泛的应用。期转现是指持有方向相反的同一月份合约的会员(客户)协商一致并向交易所提出申请,获得交易所批准后,分别将各自持有的合约按交易所规定的价格由交易所代为平仓,同时按双方协定价格进行与期货合约标的物数量相当、品种相同、方向相同的仓单交换行为。

期转现交易有以下优越性:①现货企业可节省成本,灵活商定交货等级、地点、方式,提高资金使用效率;②期转现比平仓后购销现货更便捷;③期转现能有效解决远期交易的安全性问题,也能解决期货合约对交割品级、时间、地点等的限制。

期转现交易的流程包括:①寻找交易对手;②双方商定价格;③向交易所提出申请;④交易所核准;⑤办理手续;⑥纳税。

第三节 期 权

一、期权的基本概念

(一)期权的定义

期权是指在未来一定时期可以买卖的权利,是买方向卖方支付一定数量的金额(指权利金)后拥有的在未来一段时间内(指美式期权)或未来某一特定日期(指欧式期权)以事先规定好的价格(履约价格)向卖方购买或出售一定数量的特定标的物的权利,但不负有必须买进或卖出的义务。

期权是一种很特殊的衍生金融品,它的交易对象既非物质商品,又非价值商品,而是一种权利。

在人们的印象中，期权是近代才逐渐发展起来的一种衍生金融工具，其实，期权的使用很早就出现了。在古希腊亚里士多德的《政治学》中就曾记载，一位名叫撒勒斯的哲学家，在橄榄榨油机闲置的时候，因为没有竞争对手，所以只花费了少量的钱就租到了两个城市橄榄榨油机的使用权。等到橄榄的收获季节来临，许多人突然需要橄榄榨油机，他就以高价租出橄榄榨油机的使用权，从中大赚了一笔。

近代期权的产生是从20世纪70年代开始的，最初源于股票交易，后来移植到期货交易中，发展更为迅猛。现在，不仅在期货交易所和股票交易所开展期权交易，而且在美国芝加哥等地还有专门的期权交易所。芝加哥期权交易所是世界上最大的期权交易所。

(二) 期权与期货的区别

期权和期货的区别体现在双方权利和义务的关系上。期权是由卖方的义务和买方的权利构成的，而期货合约是双方必须执行的义务。

假如某人购买了一份看涨期权，他就拥有了买进标的资产的权利且没有义务。对于怎样处置这份期权，他有三种选择：交易这份期权、到期行权或者到期作废（放弃）。当标的资产的市场价高于行权价时，他可以选择行权或高价卖出合约，或对冲合约，即平仓。相反，当市场上的资产价格低于行权价格时，行权就会造成亏损，所以他会选择不行权。但是对于期货而言，不论买卖亏损与否，期货合约都必须执行或对冲，不能放弃。

(三) 期权的分类

1. 看涨期权和看跌期权

通常来讲，期权可以分为看涨期权和看跌期权。看涨期权是投资者通过支付一定的期权费取得的，在未来特定时间以一定价格买入标的资产的权利。这种特定的价格也称敲定价格。标的资产就是执行期权用来交易的资产，理论上任何形式的资产都可以作为标的物，比如股票、黄金、货币、商品等。看跌期权是期权持有人以特定价格卖出标的资产的权利。看涨期权是给予期权买方对标的资产做多的权利，看跌期权则是给予期权买方对标的资产做空的权利。买入和卖出看涨和看跌期权的收益分别如图9.2和图9.3所示。

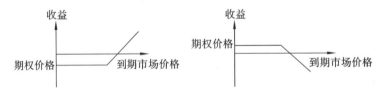

图 9.2 买入(左)和卖出(右)看涨期权的收益

2. 美式期权与欧式期权

美式期权是指期权合约的买方，在期权合约的有效期内的任何一个交易日，均可决定是否执行权利的一种期权。欧式期权是指期权合约买方在合约到期日才能决定其是否执行权利的一种期权。美式期权比欧式期权更灵活，赋予买方更多的选择，而卖方则时刻面临履约的风险，因此，美式期权的权利金相对较高。

郑州商品交易所设计的小麦期权即为美式期权。

图 9.3　买入(左)和卖出(右)看跌期权的收益

3. 实值、平值和虚值期权

期权按执行价格与标的物市价的关系可分为实值期权、平值期权和虚值期权。

(1) 期货价格高于执行价格的买权以及期货价格低于执行价格的卖权为实值期权。例如,小麦期货价格为 1220 元/吨,执行价格为 1200 元/吨的买权为实值期权,执行价格为 1240 元/吨的卖权为实值期权。

(2) 期货价格等于执行价格的期权,称为平值期权。例如,小麦期货价格为 1220 元/吨,执行价格为 1220 元/吨的买权和 1220 元/吨的卖权均为平值期权。

(3) 期货价格低于执行价格的买权以及期货价格高于执行价格的卖权为虚值期权。例如,小麦期货价格为 1220 元/吨,执行价格为 1240 元/吨的买权为虚值期权,执行价格为 1200 元/吨的卖权为虚值期权。

执行价格与期货市场价格相差越大,实值额或虚值额越大,称之为深度实值期权或深度虚值期权。在期权交易过程中,实值期权、平值期权和虚值期权随期货价格变化而发生变化。

二、期权的交易流程

1. 交易指令

期权指令分为市价指令、限价指令和取消指令等。当某客户发出交易指令,买进或卖出一份期权合约,经纪公司接受指令,并将其传送到交易所。

交易者发出交易指令时,很重要的一点是选择执行价格。选择执行价格的一个重要方面是交易者对后市的判断。对于买进看涨期权来说,执行价格越高,看涨预期越大;对于买进看跌期权来说,执行价格越低,看跌预期越大。

2. 下单与成交

交易者向其经纪公司发出下单指令,说明要求买进或卖出期权数量,看涨期权或看跌期权以及所需期权的执行价格、到期月份、交易指令种类、开仓或平仓等。

交易指令通过计算机按照成交原则撮合成交。期权权利金竞价原则与期货合约竞价原则相同,即按价格优先、时间优先的竞价原则。计算机撮合系统首先按照竞价原则分买入和卖出指令进行排序,当买入价大于等于卖出价则自动撮合成交,撮合成交价等于买入价、卖出价和前一成交价三者中居中的一个价格。

3. 期权部位的了结方式

1) 对冲平仓

期权的对冲平仓方法与期货基本相同,都是将先前买进(卖出)的合约卖出(买进)。

只不过,期权的报价是权利金。

如果买进看涨期权,则卖出同执行价格、同到期日的看涨期权对冲平仓。如果卖出看涨期权,则买进同执行价格、同到期日的看涨期权对冲平仓。如果买进看跌期权,则卖出同执行价格、同到期日的看跌期权对冲平仓。如果卖出看跌期权,则买进同执行价格、同到期日的看跌期权对冲平仓。

例如,某客户以20元/吨买进10手3月份到期,执行价格为1200元/吨的小麦看涨期权。如果小麦期货价格上涨到1250元/吨,那么权利金也上涨,比如上涨到30元/手,那么该客户可能发出如下指令:以30元/吨卖出(平仓)10手3月份到期、执行价格为1200元/吨的小麦看涨期权。

2)执行

美式期权的买方在合约规定的有效期限内的任一交易日闭市前均可通过交易下单系统下单执行期权指令,交易所按持仓时间最长原则指派并通知期权卖方,期权买卖双方的期权部位在当日收市后转换成期货部位。

对于看涨期权多头,按照执行价格获得多头期货部位;对于卖出看涨期权,按照执行价格,卖方被指派,获得空头期货部位。

对于买进看跌期权,按照执行价格,买方获得空头期货部位;对于卖出看跌期权,按照执行价格,卖方被指派,获得多头期货部位。

3)期权到期

如果到期时,期权没有对冲平仓,也没有提出执行,在当日结算时,投资者的期权持仓就会被自动了结。按照惯例,在期权到期时,实值期权会被自动执行。因此,买方放任到期的一般为虚值期权。

根据需要,期权买方可以不执行期权,让期权到期。而期权卖方除对冲平仓和应买方要求履约外,只能等待期权到期。

随着到期日的临近,期权的时间价值呈加速衰减。在到期日,期权的时间价值为0,因此,时间是期权卖方的"朋友",是期权买方的"敌人"。期权的买方应尽量避免看对了方向、看错了时间,当期货价格向有利方向变动时,期权已经到期了。

第四节 互换

一、互换的概念

所谓互换,是指两个或两个以上的当事人,通过达成互换协议,在约定的时间内,交换货币、利率等金融资产的支付款项（现金流）的交易行为。互换的主要工具是利率互换和货币互换。

值得注意的是互换的对象是现金流，而非本金。互换双方由于存在信用等级、筹资成本和负债结构等方面的差异，所以通过利用各自在国际金融市场上筹集资金的相对优势，可以在不涉及本金实际转移的情况下进行债务互换，来防范风险，改善资产负债结构。

利率互换是指互换双方根据约定的名义本金交换现金流的行为，双方持有的币种、总值和期限都相同，一方现金流以固定利率计算，另一方现金流以浮动利率计算。互换双方各自为对方还息，而不发生本金的交换。

货币互换交换的是货币，双方借款的总值、期限、计息方法都相同，但是币种不同。双方根据互换协议，按期为对方借入的货币偿还本金和利息，使用的汇率一般为即期汇率。可以简单地将其理解为，利率互换是相同货币间的债务互换，而货币互换是不同货币间的债务互换。

二、互换举例

（一）利率互换

常见的利率互换交易是固定利率与浮动利率的交换。持有同种货币的双方约定本金，一方以其固定利率资金换取另一方的浮动利率资金，但实际上只对利息差异结算，不发生本金的转移。利率互换的原理是比较成本优势。图9.4为第一笔利率互换示意图。下面举例说明利率互换的具体过程。

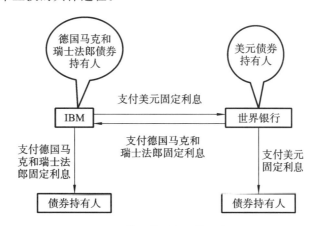

图9.4　第一笔利率互换示意图

假设表9.1是甲、乙两公司借款的年利率。由表9.1可知，甲在固定利率方面具有比较优势，乙在浮动利率方面具有比较优势。但是恰好甲公司需要浮动利率的借款，而乙公司需要固定利率的借款，怎么办呢？两公司商量后决定进行利率互换。

表 9.1　甲、乙两公司借款的年利率

项　　目	固定利率	浮动利率
甲公司	9%	6 个月 LIBOR+0.5%
乙公司	10%	6 个月 LIBOR+0.8%
借款成本差额	1%	0.3%

首先,甲公司以固定年利率 9%借入 2000 万美元,乙公司以浮动年利率 6 个月 LIBOR+0.8%借入 2000 万美元。

其次,双方互换利率。乙公司支付给甲固定年利率 9%,甲公司支付给乙浮动年利率 6 个月 LIBOR+0.8%。

这样,甲、乙两公司的总成本为:9%+6 个月 LIBOR+0.8%。

如果不进行互换,直接从市场上借款,两公司的总成本为:10%+6 个月 LIBOR+0.5%。

于是双方总的借款成本降低:(10%+6 个月 LIBOR+0.5%)-(9%+6 个月 LIBOR+0.8%)=0.7%。

这就是互换产生的利益,这部分利益可以根据甲、乙两公司的商定再在双方间分配。

(二) 货币互换

货币互换分三个步骤完成:①初期本金互换;②期间利息互换;③到期本金再互换。下面具体举例说明。

假设 A 公司需要发行 2000 万美元债券,但是其发行欧洲美元债券的利率相对较高,发行欧洲人民币债券的利率相对较低。B 公司需要发行欧洲人民币债券 1.4 亿元,其发行欧洲人民币债券利率相对较高,发行欧洲美元债券利率相对较低。同时,假设美元兑人民币的即期汇率为 1∶7。相关资料见表 9.2。

表 9.2　A、B 两公司发行债券的利率

项　　目	欧洲美元债券利率	欧洲人民币债券利率
A 公司	8%	4.5%
B 公司	7%	6%

这样就可以由投资银行牵头,A 公司改为发行人民币债券 1.4 亿元,B 公司改为发行美元债券 2000 万美元,然后双方进行货币互换,充分利用各自的相对优势,以节省费用。具体如图 9.5、图 9.6 和图 9.7 所示。

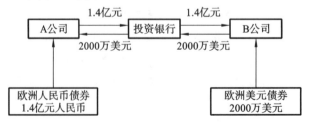

图 9.5　期初本金互换

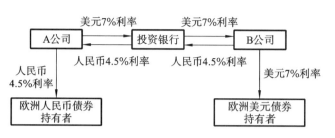

综合案例
宝洁带杠杆利率互换交易

图 9.6　期中利率互换

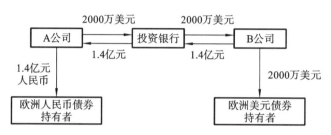

图 9.7　期末本金互换

最终，A 公司以 7% 的利率借入美元，节省了 1% 的利率；B 公司以 4.5% 的利率借入人民币，节省了 1.5% 的利率。假设投资银行向双方各收取 0.2% 的手续费，则可以赚取 0.4% 的利率。可见，三方都有收益。

本章小结

（1）金融工程涉及设计、发展、实施创新性金融工具与金融过程，以及创造性地解决金融问题。由此可见，金融工程的关键在于"创造性"和"创新性"。这种创新性有时表现为开发出革新性的新产品，有时则表现在将现有的想法做新颖的应用。

（2）期货一般指期货合约，就是指由期货交易所统一制定的、规定在将来某一特定的时间和地点交割一定数量标的物的标准化合约。

（3）期权是指在未来一定时期可以买卖的权利，是买方向卖方支付一定数量权利金后拥有的在未来一段时间内或未来某一特定日期以履约价格向卖方购买或出售一定数量的特定标的物的权利，但不负有必须买进或卖出的义务。

（4）互换是指两个或两个以上的当事人，通过达成互换协议，在约定的时间内，交换货币、利率等金融资产的支付款项的交易行为。

第十章 资产管理

第一节 资产管理概述

2012年以来,随着中国人民银行、银监会、证监会以及保监会各项监管政策的放松,证券公司、基金公司、保险公司、信托公司、银行理财以及期货公司之间的竞争壁垒被打破,资产管理业务竞争更加激烈,并迎来前所未有的业务创新浪潮和发展机遇。至此,大资管时代正式拉开序幕。

资产管理就是特定金融机构对客户资产进行的管理活动,通常所说的资产管理业务是指专业的金融服务机构作为受托投资管理人,借助自身人才、技术和信息等方面的专业优势,将委托人所委托的资产进行组合投资,从而实现委托资产收益最大化,资产所有者和管理者之间的法律关系为信托关系。资产管理过程可以形成标准化的金融产品,称之为资产管理产品。

从参与方来看,资产管理包括委托人和受托人。委托人为投资者,是资产所有人和受益人;受托人为资产管理人。

从受托资产来看,主要为货币等金融资产,一般不包括房地产、固定资产等实物资产。资产管理的资金来源一般有三个渠道:机构、企业和个人。其是资产管理行业的客户。其中,机构客户包括政府和保险基金、慈善基金、养老基金等各类基金。

从管理方式来看,资产管理主要通过投资于证券、期货、基金、保险、银行存款等金融资产、未上市公司股权以及其他可被证券化的资产实现增值。根据以上定义,境内资产管理主要涉及公募基金、私募投资基金、资金信托计划、券商资产管理、保险资产管理、期货资产管理、银行理财等。

一、资产管理的本质

资产管理的本质是基于信任而履行受托职责,实现委托人利益最大化,通俗地讲,是"受人之托,代人理财"。资产管理人必须尽到"诚实信用、勤勉尽责"的信托责任,恪守忠诚义务与专业义务。忠诚义务要求管理人应当以实现投资人利益为最高目的,将自身利益妥善地置于投资人利益之下,不得与投资人利益发生冲突。专业义务要求管理人应当具备专业的投资管理和运作能力,充分发挥专业投资管理价值。资产管理的本质具体表现为以下几点。

(一)一切资产管理活动都要求风险与收益相匹配

资产管理提供的是代客理财服务,与储蓄产品有本质区别。第一,对储蓄而言,存款人与银行间是债权人和债务人关系,银行必须按照约定到期偿还本金、支付利息。而对资产管理而言,投资人与管理人间是委托人和受托人关系,投资人自担风险、自享收益,管理机构只作为管理顾问收取一定比例的管理费。第二,资产管理人对于投资人的根本效用价值在于通过集合资金,组合投资,有效管理风险,获取更合理的风险回报,所获取的收益与其承担的风险相匹配。

(二)管理人必须坚持卖者尽责

卖者尽责,是指管理人受人之托,必须忠人之事,在产品设计、投资管理和产品销售的全链条上做到诚实守信、勤勉尽责,严格兑现对持有人的法律承诺,始终坚持"持有人利益至上"原则。

管理机构在销售产品时要实事求是,不弄虚作假,充分履行风险告知义务,做好信息披露,严格保护投资者利益。

(三)投资人必须做到买者自负

买者自负,是指投资人承担最终的收益和风险,不存在保底保收益等"刚性兑付"。投资人要清醒、切实地意识到,如果不承担市场波动带来的风险,就不可能获取投资的收益。作为委托人,投资人要根据自身风险承受能力选择合适的产品,获取与所承担风险相一致的收益。

二、资产管理行业的参与者

成熟市场中的资产管理行业是一个规模巨大、结构复杂和专业分工很细的行业,其中有各种形形色色的参与者。按这些参与者在整个产业中所承担的角色和具有的功能不同,可以将其大体分为资产管理人、产品设计者、产品销售者、市场看护者、投资性购买者和资产所有者六大类。它们形成了产业链或价值链。

这里首先需要说明的一点是,上述分类并不意味着某一法人机构只能固定承担其中的某一角色或只具有其中的某一功能,实际上,现实中许多机构往往扮演着多种角色,如一些机构既是资产管理人又是产品设计者,同时还拥有自己的销售渠道。另外,在一些情形下,产业链中也不一定要包含所有环节,如产品销售者也可以将产品直接销售给资产所有者。

1. 资产管理人

资产管理人的主要职能是为其客户的投资组合选择最好的股票、债券和其他证券。资产管理人有多种形式，可以是独立的投资顾问公司，也可以是基金管理公司、保险公司、证券公司或商业银行等机构中的一个部门。

在整个价值链中，资产管理人位于顶端，这意味着它所提供的服务要通过价值链中的其他市场参与者才能传递最终客户——资产所有者。因此，资产管理人的营销策略不能仅仅以资产所有者为导向，而应该以整个价值链中的所有参与者为导向。要促使产品设计者投入足够精力设计出与资产管理人自身的经验和特长相适应的金融产品；要保证产品销售商明白适合资产管理人的客户群体并愿意向这些客户销售产品；对于市场看护者和投资性的购买者，资产管理人要使其相信自己是最能满足其所代表的投资群体的资产管理者。

在成熟市场里的资产管理行业中，充当最终资产管理人的资产管理机构有四大类，即投资公司、养老基金、保险公司及其他机构。其中，投资公司又包含为一般投资者服务的共同基金和专门为个人服务的私人银行等；养老基金也可进一步分为法定的基本计划的养老基金、固定受益计划的养老基金和固定缴款计划的养老基金三种；其他机构主要包括基金会和捐赠金。需要特别指出的是，资产管理人由上述机构承担并不意味着所有此类机构都是资产管理人。事实上，一些保险公司和许多的固定受益计划和固定缴款计划的养老基金自身并不进行投资，而是更愿意把资金交给其他资产管理人管理，从而成为行业中受托管理资金的一个主要来源。当然，也有保险公司和养老基金愿意接受其他保险公司和养老基金的委托，为其提供资产管理服务。

2. 产品设计者

产品设计者的主要职责是把金融服务打包为可交易的投资产品，如共同基金、年金、保险合约和信托投资工具等。与资产管理人类似，产品设计者既可以是一个独立的专职机构，也可以是一个兼有投资分析、产品设计和产品销售等多项功能的大型机构中的某一个部门，只不过不同情形下产品设计的侧重点不同。

产品设计者将金融服务打包后的金融产品必须同时满足两方面的要求：一是要满足资产管理人的需求，因为不同的资产管理人所熟悉的投资领域、专业特长、投资风格和其所服务的客户类别等都是不同的；二是要满足产品销售商的需求。不同的产品销售商由于销售渠道不同，其所接触的投资者类别不同，对产品的要求也不同。如投资者范围包括了一般的个人、富有的个人、公司团体和政府等。其中，一些投资者资金的投资期限只有7天，而另一些投资者资金的投资期限可能长达两年或更长。另外，投资者对其资金是否要进行积极管理、是否要对其投资的证券组合的风险和表现进行监测等也有不同的要求。

3. 产品销售者

产品销售者是连接作为消费者的资产所有者和作为生产者的资产管理人的最重要的环节。一般而言，产品销售的方式可以分为直接销售和间接销售。直接销售即资产管理人通过自己内部的销售机构直接把产品销售给资产所有者。如基金管理公司直接销售基金单位给居民、保险公司通过自己的销售网络把年金产品销售给客户等都是直接销售。间接销售即资产管理人通过独立于自己的其他机构销售产品。如基金公司通过银行、券商、投资公司等销售基金单位,资产管理人代一些固定缴款计划的养老金投资等都属于间接销售,间接销售的过程一般都有市场看护者的参与。

4. 市场看护者

在金融市场上,还存在着金融顾问公司,养老基金顾问,信托管理人等金融机构,它们代表了资产所有者和投资性的购买者的利益,对市场上的各种金融产品进行跟踪分析、调查和分类等,这些金融机构被称为市场看护者。目前,在这一领域中处于主导地位的是惠悦咨询(Watson Wyatt)、富兰罗素(Frank Russell)和伟世咨询(William Mercer)三家跨国公司,许多大型的机构投资者都聘用它们做投资顾问。国内占优的公司有蚂蚁金服、陆金所、宜信等。

在产业链中,市场看护者最主要的职责是把投资者较模糊的投资目标转化为具体的投资策略和投资指引,同时,其一般还要对备选的资产管理人的资信等进行调查。

5. 投资性购买者

投资性购买者是指代表某一大型的特定群体购买投资产品的机构,它们购买投资产品时往往能享受折价优惠。退休计划的发起人、保险公司的年金管理部门和银行的信托部门等都可能是投资性购买者。这些机构对它们的客户负有特别的信托义务,因此在投资时对资金的收益和承受的风险都必须遵循一定的指引。因此,它们一般会聘请市场看护者对自己客户的投资预期进行量化,并请市场看护者帮助选择与客户预期相吻合的投资产品和资产管理人。

6. 资产所有者

资产所有者是投资产品的所有者和整个行业的最终消费者。其可以分为居民个人和企业机关团体两类。在成熟市场中,企业机关团体是最大的资产所有者和投资性的购买者,因此,一直以来,资产管理人都将其作为主要的营销对象。近年来,随着针对机构客户的业务竞争加剧和管理费率的降低,个人客户也逐步受到资产管理人的重视。

三、资产管理机构

我国资产管理人涉及银行、保险、证券、基金、信托、期货等行业机构。从资产管理的本质特征出发,可以将我国资产管理行业从机构类型和业务两个维度做出界定(见表10.1)。

表 10.1 我国资产管理行业中的金融机构

机构类型	资产管理业务
基金管理公司及子公司	公募基金和各类非公募基金管理计划
私募机构	私募证券投资基金、私募股权投资基金、创业投资基金等
信托公司	单一资金信托、集合资金信托
证券资产管理公司	集合资产管理计划、定向资产管理计划、专项资产管理计划
期货资产管理公司	期货资产管理业务

续表

机构类型	资产管理业务
保险公司、保险资产管理公司	万能险、投连险、管理企业年金、养老保障及其他委托管理资产
商业银行	银行理财产品、私人银行业务

(资料来源:由中国证券投资基金业协会整理而成。)

从资产管理业务的产品出发,我国资产管理行业构成大致如下。根据最新统计数据,2016年我国资产管理行业规模达到116万亿元。其下子行业中期货占2%,私募占7%,基金子公司占8%,保险占13%,基金占14%,券商资管占15%,信托占16%,银行理财占25%。

1. 商业银行理财业务

1) 起点

2013年9月末,银监会批准了国内11家商业银行开展理财资产管理业务试点,宣告银行理财正式进入资管时代。商业银行理财业务又称银行资产管理业务,是商业银行向客户提供的财务分析、财务规划、投资顾问、资产管理等专业化服务活动。

2) 现状

在资产管理产业链上最接近下游的投资者,业务附加值来源于中游的渠道业务及下游的客户关系维护,其核心竞争力在于强大的渠道优势和客户资源。近年来,资产配置能力有所提升。

2. 信托公司资管业务

信托,是指委托人基于对受托人(信托投资公司)的信任,将其合法拥有的财产委托给受托人,由受托人按委托人的意愿以自己的名义,为受益人的利益或者特定的目的进行管理或者处分的行为。

目前我国的营业信托业务主要由信托公司经营。信托公司须持有银监会颁发的《金融机构许可证》,以营业和收取报酬为目的,以受托人身份承诺信托和处理信托事务。信托产品开发的优势在于广泛的投资范围与灵活的投资形式,其核心竞争力在于跨市场投资运作的能力。

3. 保险资产管理业务

保险资产管理公司是专门管理保险资金的金融机构。其主要业务是接受保险公司委托管理保险资金,目标是使保险资金保值、增值。保险资产管理公司由保险公司或联合保险公司的控股股东发起成立。

受委托之后,保险资产管理公司可以管理运用其股东的保险资金或股东控制的保险公司的资金,也可以管理运用自有资金。但保险资金运用不得突破保险法规定,限于银行存款、买卖政府债券、金融债券和国务院规定的其他形式。

保险公司参与资产管理业务具有较强的特殊性,其行业布局分散在产业链的两端,通过提供特殊的产品和保有丰富的客户资源来获得行业附加值。随着保险行业的发展以及公司产品概念的逐渐拓展,保险公司开始根据银行客户的需求开发合适的产品,全面参与资产管理市场。

4. 证券公司

证券公司资产管理业务是指证券公司作为受托管理人，根据有关法律、法规和委托人的投资意愿，在特定的范围内进行投资，以实现委托财产收益最大化的一种理财业务。典型的证券公司资产管理业务是证券公司客户资产管理业务。《证券公司客户资产管理业务管理办法》《证券公司集合资产管理业务实施细则》和《证券公司定向资产管理业务实施细则》（这3部规范性文件即通常所指的证券公司客户资产管理业务的"一法两则"）构建了该类资产管理业务的法律框架。

目前，在资产管理产业链上的能力较为均衡。在产品研发方面，客户群体的广泛性使得券商可以提供债券、股票、衍生品等不同风险、期限的产品。同时，通过整合内部资源，产品可以延伸至私募股权、债权投资领域，其投资领域相较于公募基金等机构要宽广得多。

5. 公募基金

公募基金是受政府主管部门监管的，向不特定投资者公开发行受益凭证的证券投资基金，这些基金在法律的严格监管下，有着信息披露、利润分配、运行限制等行业规范。

公募基金在我国内地的标准称谓是证券投资基金，只能进行证券投资，投资标的相对单一。在美国，公募基金又被称为共同基金，除了证券投资外，也投资黄金、其他贵金属、期货、期权、房地产等。

1）公募基金的分类

公募基金按不同的标准有以下不同的分类。

第一，按组织形式不同，可分为契约型基金和公司型基金。

契约型基金又称单位信托，是指将投资者、管理人、托管人三者作为基金的当事人，通过签订基金契约的形式发行受益凭证而设立的一种基金。

公司型基金是依据基金公司章程设立，在法律上具有独立法人地位的股份投资公司。公司型基金在组织形式上与股份有限公司类似，由股东选举董事会，由董事会选聘基金管理公司，基金管理公司负责管理基金的投资业务。

第二，按运作方式不同，可分为封闭式基金和开放式基金。

封闭式基金是指经核准的基金份额总额在基金合同期限内固定不变，基金份额可以在依法设立的证券交易场所交易，但基金份额持有人不得申请赎回原基金。

开放式基金是指基金份额总额不固定，基金份额可以在基金合同约定的时间和场所申购或者赎回的基金。

第三，按投资目标不同，可分为成长型基金、收入型基金、平衡型基金。

成长型基金追求基金资产的长期增值。通常投资于处于成长期的公司的股票。

收入型基金主要投资于可带来现金收入的有价证券，以获取当期的最大收入为目的。一般分固定收入型基金和股票收入型基金。

平衡型基金分别投资于两种不同特征的证券，并在以取得收入为目的的债券及优先股和以资本增值为目的的普通股之间进行平衡。

第四，按投资标的不同，可分为股票基金、债券基金、货币市场基金、指数基金等。

2) 公募基金和私募基金的区别

(1) 公募基金的募集对象是广大社会公众,即社会不特定的投资者;而私募基金的募集对象是少数特定的投资者,包括机构和个人。

(2) 公募基金的投资门槛为1000元,但现在也有很多公募基金公司推出认购金额为10元的公募基金;而私募基金的投资门槛较高,最低金额为100万元。

(3) 公募基金募集资金是通过公开发售的方式进行的;而私募基金募集资金是通过非公开发售的方式进行的。

(4) 公募基金经理是看相对收益,目标是超越业绩比较基准,以及追求同行业的排名,要是全部股票型基金今年都亏了5%而自己只亏了2%,那说明今年干得还不错;而私募基金经理追求的是绝对收益,希望基金能比大盘涨得多、跌得少。

6. 基金子公司

基金子公司是指依照《公司法》设立,由基金管理公司控股,经营特定客户资产管理、基金销售以及中国证监会许可的其他业务的有限责任公司。其中经营特定客户资产管理业务特指投资于未通过证券交易所转让的股权、债权及其他财产权利以及中国证监会认可的其他资产。这是目前各基金子公司的主要业务。

在基金子公司成立之前,基金是利用专户进行资管业务,而子公司成立之后,则有了专项计划。专户跟专项的区别在于:专户的投资范围只能是债券、股票、存款等二级市场的标准化产品,所以其业务范围也就限制于股票质押、定向增发等内容;专项则是在包含专户投资范围的基础上,扩大到未上市公司的股权、债权,也就是说除了不能直接发放贷款外,基金子公司的投资范围跟信托公司几乎一样,可以直接进入实体领域,而这是基金专户、券商资管都不具备的。

7. 私募基金

1) 私募股权投资基金

私募股权投资基金(PE),也就是私募股权投资,从投资方式角度看,是指通过私募形式对私有企业,即非上市企业进行的权益性投资,在交易实施过程中附带考虑了将来的退出机制,即通过上市、并购或管理层回购等方式,出售所持股份获利。

2) 私募证券投资基金

私募证券投资基金(简称"私募基金"),是指通过非公开方式募集,募集资金主要投资于可流通的上市公司股权及其衍生品或其他有价证券,投资者收益共享、风险共担的集合资金管理方式。

与公募证券投资基金相比,私募证券投资基金具有以下显著特征。

(1) 募集对象方面:私募证券投资基金严格限定投资者的范围,把私募证券投资基金的投资者的范围限定为一些大的机构投资者和一些具有一定投资知识和投资经验的个人。

(2) 募集方式方面:私募证券投资基金不用于公募证券投资基金的公开募集,它是通过非公开的方式募集资金的,对非公开的方式的界定是通过对投资者的人数和发行方式两个方面进行的。

(3) 信息披露方面:私募证券投资基金在信息披露方面要求比较低,而公募证券投资基金要对投资目标、投资组合等信息进行披露,公募证券投资基金在信息披露方面的要求比私募证券投资基金严格。

(4)法律监管方面:从2007年诞生以来,长期私募证券投资基金一直处于灰色地带,没有专门的法律对其进行规范,引导其健康发展。继《证券投资基金法》明确私募基金的法律地位后,2014年备案制的实施,使得私募证券投资基金行业迎来了正规化、规模化发展。

四、资产管理工具

(一)养老基金

1. 养老基金的运营制度

基于专业性和安全性的要求,养老基金投资运营涉及投资管理人和投资规则两个关键问题。20世纪80年代以来,国际上均依法明确了养老基金受托人制度,其中,比较典型的有以新加坡公积金等为代表的法定机构模式和以美国、澳大利亚和加拿大等为代表的法人机构投资者模式。

1)法定机构模式

法定机构管理模式是中央政府将参保人的缴费(税)集中到一家公共管理的中央基金,由政府主管部门或者通过法律专门成立的政府机构代表国家直接负责这部分资金的投资运营。

2)法人机构投资者模式

法人机构投资者模式的基金运营采用委托管理方式,由政府通过透明、公开、有效的方式公开选择若干家经营良好的基金公司等独立法人机构,由其管理运作养老基金,并对其运营进行监督。这种模式下,政府不直接参与市场运作,主要负责研究资本市场,选择并委托业绩较好的投资机构,评估并监管委托机构的管理运营状况。受托管理机构负责养老基金的具体运营,并定期向政府管理机构提交报告。其主要特点是,所有的投资机构原则上允许自由进入养老基金市场,但通常必须经过一定的筛选,采取公开招标等方式,确定几家业绩稳健、效率高、费用低的公司,由其管理运作养老基金。法人机构投资者模式通过使多家机构参与运作管理养老基金,不仅有效利用现有投资机构的管理经验、市场认同、人力资源等优势,给养老基金本身带来了较高的投资业绩,也增强了竞争,有利于成本费用的下降,同时还推动了国内资本市场的进一步发展和完善。

从养老基金的收益率来看,法人机构投资者模式要优于法定机构模式。基金公司作为独立的市场竞争主体,在遵循养老基金投资运营有关法律规定的前提下,具有较为充分的运营决策自主权,为增强社保基金投资运营的灵活性创造了有利的前提条件,因而取得了更高的收益。同时,政府通过对养老基金运营过程的管理,在一定程度上也起到了稳定收益率、减少波动性的作用。

2. 我国社会养老保险基金分析

社会养老保险基金(简称"养老金")作为职工退休后主要的收入来源,其重要性不言而喻。因此,国家政策规定,社会养老保险基金结余,除预留相当于两个月的支付费用外,应全部购买国家债券和存入专户,不得投资其他金融产品。但是,过于严格的投资政策也使得社会养老保险基金的投资收益率较低,甚至低于通货膨胀率,国债与储蓄的投资方式都无法达到保值增值的目的,也就不能起到真正的保障作用。

总体来说,我国资本市场的投资管理主体和客观市场条件已经为社会养老保险基金的入市奠定了良好的基础,政府主管部门应当逐步放宽关于社会养老保险基金投资的限制,在考虑安全性的同时兼顾投资的收益性,保证养老金的购买力不下降,真正起到保障作用。一般认为,我国养老金入市会参照社保基金运作,全国社保基金理事会管理了两部分资金:第一部分是全国社保基金,主要由财政拨款形成,规模超过 16000 亿元;第二部分规模比较小,是社会养老保险基金阶段性结余。在实际运营中,进入证券市场的基金规模和时点不是由社保基金理事会来直接操作的,而是根据社保基金的运营经验,由授权受托的市场机构来具体运作,而证券市场对投资有着严格的规定。

经典案例
全国社会保障基金

(二)投资型保险产品

投资型保险(简称"投资险")是人寿保险下面的一个分支,这类保险属于创新型寿险,最初是西方国家为防止经济波动或通货膨胀对长期寿险造成损失而设计的,之后演变为客户和保险公司风险共担、收益共享的一种金融投资工具。投资型保险可分为三类:分红险、万能寿险、投资联结险。其中,分红险投资策略较保守,收益相对其他投资险为最低,但风险也最低;万能寿险设置保底收益,保险公司投资策略为中长期增长,主要投资工具为国债、企业债券、大额银行协议存款、证券投资基金,存取灵活,收益可观;投资联结险主要投资工具和万能险相同,不过投资策略相对偏进取,无保底收益,所以存在较大风险,但潜在增值性也最大。

(三)证券投资基金

1. 证券投资基金含义

证券投资基金,又称共同基金、集合投资计划,是指通过公开发售基金份额募集资金,由基金托管人托管、基金管理人管理和运作,以投资组合的方式进行证券投资的一种利益共享、风险共担的集合投资方式。

2. 证券投资基金的功能

1)集合投资

证券投资基金拥有集合理财、专业管理的特点,一方面可以面向社会大众,通过使其购买基金份额的方式募集资金;另一方面基金管理公司通过其专业化的投资运作团队将募集的资金分散进入资本市场,投向有价证券等金融工具,使资产保值增值。近年来,证券投资基金市场的投资主体也由社会大众转向养老金、券商、保险等机构投资者并重。当前市场规模逐步扩大,体系逐渐健全,规模经营使得交易成本降低,证券市场信息披露质量有所提高,市场效率也有很大的提高。在这样的市场环境中,更加适合投资者选择集合投资的理财方式。

2) 分散风险

通过对中小投资人闲置的资金进行集中回笼,并且将其用于投资证券市场,使得融资的比例扩大,并且让企业在市场中的筹资环境得到很好的改善,这就是证券投资基金的影响过程,证券投资基金就在这中间起到资金合理有效配置的作用。基金管理公司通过发行相对较小的基金份额的方式,将广大中小投资者手中需要投资的闲余资金汇集起来,形成具有相当规模的基金,然后将这些资金在法律规定的投资范围内投资于股票、债券等有价证券。众多的投资品种能够有效分散投资风险,同时尽可能保障投资收益的稳定性。证券投资基金属于金融工具,其能够把投资者的资金集合起来,然后采取证券投资组合的方式,进行专业运作,使得基金资产保持稳定,投资者收益得到提升,达到较好的风险回避效果,因此极大地改变了中小投资者的投资选择,尽量让中小投资者可以减少投资上的损失。

3) 专业理财

通过证券投资组合的方式来降低风险,这是证券投资基金之所以更受到人们喜欢,从而取代个人投资的原因。基金管理公司作为专业化的资产管理机构,通过专门的投资研究团队来进行宏观研究、策略研究、行业研究、个股研究,并由经验丰富的投资团队来进行投资决策的制定与实施,使得所募集的资金通过组合方式进入资本市场,以此来实现基金资产的保值增值。该方式帮助中小投资者更好地选择风险和收益最适宜的搭配。另外,经过对国外相对成熟市场的深入研究,债券市场、股票市场、抵押贷款市场等都是很好的投资方式,并且我国证券公司、社保基金、保险公司以及大型企业都是证券投资基金的机构投资者,其可以对市场上证券价格的变动情况给予正确的判断和预测,从而降低投资决策的风险,投资成功率自然就会提升,投资人的收益也会相应提高。

(四) 信托

现代信托业发源于英国,与银行业、保险业、证券业并称为现代金融业的四大支柱。根据《中华人民共和国信托法》,信托是指委托人基于对受托人的信任,将其财产权委托给受托人,由受托人按委托人的意愿以自己的名义,为受益人的利益或者特定目的,进行管理或者处分的行为。

信托的特性在于从一个物的所有权分化出来的双重性质,即信托财产的所有权与受益权分开,财产权利被区分为名义所有权与实际所有权,两者分别为受托人与受益人拥有。受托人拥有财产的名义所有权,因而可以对信托财产进行管理、运用和处分;受益人拥有实际所有权,因而可以享有财产所产生的经济利益。信托制度具有以下优势。

1. 信托财产的独立性

信托一旦设立,信托财产便独立于受托人的自有财产和其他信托财产,不受受托人的自有财产和其他信托财产管理运作情况的影响,信托财产不作为受托人的破产清偿财产。信托财产的独立性决定了信托成为一种安全的财产管理的制度安排。

2. 信托财产所有权和受益权分离

信托财产的名义所有人是作为受托人的信托投资公司,而实际获得信托财产的利益的是信托财产的受益人。财产权利的两重性决定了信托名义下的权利转让更为灵活和便捷,也决定了信托作为管理层持股、职工持股的最佳方式和资产证券化的变通渠道。

3. 集合资金信托方式作为资金募集方式的便利性

根据央行颁布的《资金信托管理暂行办法》的规定,信托公司可以以集合资金信托的方式募集信托资金。由于集合资金信托的募集手续简便,不需要报批,资金成本低,已经成为重要的投融资资金来源。

4. 信托资金投向的灵活性

信托公司作为联系货币市场、资本市场和产权市场的重要纽带,是资金运用范围最广的金融机构。信托资金既可以运用于银行存款、发放贷款、融资租赁,也可以运用于有价证券投资、基础设施项目投资和实业投资。

(五) 私人银行业务

私人银行是面向高净值人群,为其提供财产投资与管理(不限于个人)等服务的金融机构。私人银行与私人银行服务不是同一范畴。私人银行服务最主要的是资产管理,规划投资,根据客户需要提供特殊服务,也可通过设立离岸公司、家族信托基金等方式为顾客节省税务和金融交易成本。一般而言,私人银行(包括商业银行或国际金融机构)与特定客户在充分沟通协商的基础上,签订有关投资和资产管理合同,客户全权委托商业银行按照合同约定的投资计划、投资范围和投资方式,代理客户进行有关投资和资产管理操作的综合委托投资服务。

根据西方银行业的服务分类,第一类是大众银行(Mass Banking),不限制客户资产规模;第二类是贵宾银行(Affluent Banking),要求客户资产在10万美元以上;第三类是私人银行(Private Banking),要求客户资产在100万美元以上;第四类是家族传承工作室(Family Office),要求客户资产在8000万美元以上。

私人银行服务的内容非常广泛,包括资产管理服务、保险服务、信托服务、税务咨询与规划、遗产咨询与规划、房地产咨询等。每位客户都有专门的财富管理团队,包括会计师、律师、理财和保险顾问等。一般来说,私人银行为客户配备一对一的客户经理,每个客户经理身后都有一个投资团队做服务支持;通过客户经理,客户可以打理分布在货币市场、资本市场、保险市场、基金市场以及房地产、大宗商品和私人股本等领域的各类金融资产。

私人银行的业务特点如下。

(1) 私密性。私人银行的首要特点是私密性。私人银行面对的客户,拥有巨额财富,管理如此庞大的财富,要求保证其私密性,需要私人银行提供高私密性的服务,以保证财产的安全性并实现保值和增值。

(2) 专属性。私人银行的专属性体现在三个方面:专属产品、专属理财规划和专属服务人员。银行面向个人客户提供的服务,可以分为三个层次:零售产品、理财产品和私人银行服务。

(3) 专业性。私人银行涉及庞大资产的管理,对专业性要求非常高,专业水平如何将成为衡量私人银行业务竞争力的重要指标,并成为私人银行业务竞争的关键。

(六) 对冲基金

对冲基金的英文名称为"Hedge Fund",意为"风险对冲过的基金",起源于20世纪50年代初的美国。当时的操作宗旨在于利用期货、期权等金融衍生产品以及对相关联的不同股票进行实买空卖、风险对冲的操作技巧,在一定程度上规避和化解投资风险。经过几十年的演变,对冲基金已失去其初始的风险对冲的内涵,"Hedge Fund"的称谓亦徒有虚名。对冲基金已成为一种新的投资模式的代名词,即基于最新的投资理论和极其复杂的金融市场操作技巧,充分利用各种金融衍生产品的杠杆效应,承担高风险、追求高收益的投资模式。现在的对冲基金有以下特点。

1. 投资活动的复杂性

近年来结构日趋复杂、花样不断翻新的各类金融衍生产品如期货、期权、掉期等逐渐成为对冲基金的主要操作工具。这些衍生产品本为对冲风险而设计,但因其低成本、高风险、高回报的特性,成为许多现代对冲基金进行投机的得力工具。对冲基金将这些金融工具配以复杂的组合设计,根据市场预测进行投资,在预测准确时获取超额利润,或是利用短期内市场波动而产生的非均衡性设计投资策略,在市场恢复正常状态时获取差价。

2. 投资效应的高杠杆性

典型的对冲基金往往利用银行信用,以极高的杠杆借贷在其原始基金量的基础上几倍甚至几十倍地扩大投资资金,从而达到最大限度地获取回报的目的。对冲基金的证券资产的高流动性,使得对冲基金可以利用基金资产方便地进行抵押贷款。一个资本金只有1亿美元的对冲基金,可以通过反复抵押其证券资产,贷出高达几十亿美元的资金。这种杠杆效应的存在,使得在一笔交易后扣除贷款利息,净利润远远大于仅使用1亿美元的资本金运作可能带来的收益。同样,也恰恰因为杠杆效应,对冲基金在操作不当时往往亦面临超额损失的巨大风险。

3. 筹资方式的私募性

对冲基金的组织结构一般采用合伙制。基金投资者以资金入伙,提供大部分资金但不参与投资活动;基金管理者以资金和技能入伙,负责基金的投资决策。由于对冲基金在操作上要求高度的隐蔽性和灵活性,因而在美国,对冲基金的合伙人一般控制在100人以下,而每个合伙人的出资额在100万美元以上。由于对冲基金多为私募性质,从而规避了美国法律对公募基金信息披露的严格要求。由于对冲基金的高风险性和复杂的投资机理,许多西方国家禁止其向公众公开招募资金,以保护普通投资者的利益。为了避开美国的高税收和美国证券交易委员会的监管,在美国市场上进行操作的对冲基金一般在巴哈马和百慕大等一些税收低、管制松的地区进行离岸注册,并仅限于向美国境外的投资者募集资金。

4. 操作的隐蔽性和灵活性

对冲基金与面向普通投资者的证券投资基金不但在基金投资者、资金募集方式、信息披露要求和受监管程度上存在很大差别,在投资活动的公平性和灵活性方面也存在很多差别。证券投资基金一般都有较明确的资产组合定义,即在投资工具的选择和比例上有确定的方案,如平衡型基金指在基金组合中股票和债券大体各半,增长型基金指侧重于高增长型股票的投资;同时,共同基金不得利用信贷资金进行投资。而对冲基金则完全没有这些方面的限制和界定,可利用一切可操作的金融工具和组合,最大限度地使用信贷资金,以获取高于市场平均利润的超额回报。由于操作上的高度隐蔽性和灵活性以及杠杆融资效应,对冲基金在现代国际金融市场的投机活动中担当了重要角色。

第二节 证券公司资产管理业务

证券公司资产管理业务是指证券公司作为资产管理人,依照有关法律法规的规定与客户签订资产管理合同,根据资产管理合同约定的方式、条件、要求及限制,对客户资产进行经营运作,为客户提供证券及其他金融产品的投资管理服务的行为。

一、我国投资银行资产管理业务发展历程

自20世纪90年代以来,证券公司的资产管理业务经历了一个由无序发展到整顿规范再到快速发展的过程,在较短的时间内化解了诸多风险,同时做到了从无到有、从无序到规范及推陈出新,成功地实现了资产管理业务回归传统、规范运作直到发展创新的转变。这个过程大致经历了如下5个阶段:萌芽阶段、形成阶段、高速发展阶段、逐步规范与创新阶段、创新发展阶段。

1. 萌芽阶段

在证券市场大规模扩容的背景下,投资群体快速发展。证券公司为了吸引客户以保障经济业务,推出了代客理财的资产管理业务,主要服务对象是个人投资者,业务规模较小。

2. 形成阶段

沪深证券市场长达2年的大牛市、银行利率的连续下调以及大量机构投资者特别是资金充裕的上市公司的加盟,为证券公司大规模开展代客理财业务提供了十分有利的条件。1996年9月18日发布的《深圳市证券经营机构管理暂行办法》把资产管理明确地列入券商经营范围,并且将资产管理业务与自营业务、代理业务区分,但是对于什么是资产管理业务没有详细规定。资产管理这项业务在券商中逐渐风行,各家券商开始设立专门的部门。

3. 高速发展阶段

1998年12月29日通过的《证券法》第129条,没有明确规定资产管理业务属于综合类证券公司的业务范围,但出于立法技术的考虑,该条第4项规定综合类证券公司可以

经营经国务院证券监督管理机构核定的其他证券业务。1999年3月,证监会发布《关于进一步加强证券公司监管的若干意见》,在涉及综合类券商的业务范围时指出:综合类券商经批准除可以从事经纪类证券公司业务外,还可以从事证券的自营买卖,证券的承销和上市推荐,资产管理,发起设立证券投资基金和基金管理公司以及中国证监会批准的其他业务。这算是为资产管理业务争得了一个名分。总体来说,前三阶段,国家对于什么是资产管理业务、资产业务的风险如何防范等诸多问题没有做出规定,对资产管理业务基本上处于放任状态。

4. 逐步规范与创新阶段

为规范证券公司受托投资管理业务,保护受托投资管理业务当事人的合法权益,证监会自2001年起推出了一系列规章制度。2001年11月28日,证监会发布了《关于规范证券公司受托投资管理业务的通知》,这标志着监管机关开始规范和监管证券公司的资产管理业务。2003年4月29日,为了规范证券公司从事的集合性受托投资管理业务,证监会发布了《关于证券公司从事集合性受托投资管理业务有关问题的通知》。2003年12月18日,证监会发布了《证券公司客户资产管理业务试行办法》(以下简称《试行办法》),第一次明确界定了证券公司资产管理业务的类型,即定向、专项与集合资产管理三项业务。随后,证监会就资产管理业务的相关事项发布了相应的文件。2008年5月31日颁布的《证券公司定向资产管理业务实施细则(试行)》(以下简称:《定向细则》)和《证券公司集合资产管理业务实施细则(试行)》(以下简称《集合细则》)对定向资产管理业务和集合资产管理业务的规范进行了更加细化和可操作的规定。2009年5月颁布的《证券公司企业资产证券化业务试点指引(试行)》则为以专项资产管理计划方式开展企业资产证券化业务制定了比较明确的操作规范。随着"一法两则"的推出,证券公司资产管理业务得到了长足的发展,截至2011年末,证券公司资产管理总规模达到2800亿元。在规范的同时,中国证监会也鼓励证券公司进行创新。2004年8月12日,证监会发布《关于推进证券业创新活动有关问题的通知》,鼓励证券公司在"法制、监管、自律、规范"的基础上进行创新。从2005年以来,证监会批准了莞深高速公路收费收益权专项资产管理计划、中国网通专项资产管理计划等9个专项资产管理计划。在集合资产管理业务领域,也已经出现了伞型集合计划和收益互换集合计划产品。2007年6月18日,证监会公布《合格境内机构投资者境外证券投资管理试行办法》,并公布了其他配套规定,允许证券公司以集合资产管理业务的形式投资境外证券市场。但无论是专项计划还是QDII业务发展均较缓慢,与同类性质的信托计划、基金QDII等规模尚不可同日而语。

5. 创新发展阶段

2012年10月,随着《证券公司客户资产管理业务管理办法》、《证券公司定向资产管理业务实施细则》、《证券公司集合资产管理业务实施细则》等一批部门规章的颁布实施,证券公司资产管理业务的发展站在了新的起点上。此次修改主要体现在以下几个方面。

1) 放松管制,放宽限制

(1) 取消集合计划行政审批,改为事后由证券业协会备案管理。

(2) 适度扩大资产管理的投资范围和资产运用方式。一方面适度扩大投资范围,另一方面扩大资产运用方式。特别是对定向计划投资范围的限制基本取消,这也是此后各类定向资产管理快速发展的主要原因。

（3）调整资产管理的相关投资限制。

（4）允许集合计划份额分级和有条件转让。

（5）删除《集合细则》"理财产品连续20个交易日资产净值低于1亿元人民币应终止"的规定。

（6）允许证券公司自身办理登记结算业务。

2）强化监管，防控风险

（1）强化对集合计划适当销售的监管。

（2）充分揭示风险和强化市场主体责任。

（3）完善公平交易、利益冲突管理的监管要求。

（4）提高资产管理业务透明度，方便社会监督。

（5）加强集合计划取消审批的日常监管。

受到上述监管政策的推动，证券公司资产管理业务取得了跨越式发展，业务规模从2011年末的2800多亿元跃升至2016年年末的1.89万亿元，增长接近6倍，集合计划产品数量从此前的每年几十只激增至每个月发行过百只，数量增长达数十倍。同时，各类结构化、对冲型、指数挂钩型等产品类型不断涌现。可以说，"一法两则"的出台打开了券商资管创新发展的新局面。

二、投资银行资产管理的特点

1. 资产管理是委托代理关系的体现

在资产管理业务中，客户是资产的所有者，与投资银行签订协议后，委托投资银行代为管理资产；投资银行作为资产管理人，仅享有资产的经营权，只能在委托人的意愿与授权范围内行使资产管理的职能。在这种委托代理关系中，由于委托代理契约对资产使用目的和条件有约定，因而委托人和代理人的市场风险都能得到有效控制。

2. 投资银行委托管理的资产具有多样性

投资银行接受客户委托管理的资产主要是金融资产，金融资产具有多样性，所以在投资银行管理的资产中，不仅有现金资产，还包括股票、债券及其他有价证券。

3. 资产管理采用个性化管理

客户委托投资银行管理的资产各式各样，对投资银行管理资产的要求千差万别，赋予投资银行的权利也不尽相同，投资银行对各个客户的资产管理只能采用个性化管理，根据客户的个性化需求，设立专户进行资产的运作。

4. 资产管理业务监管的困难性

资产管理业务监管的困难性表现在：一方面是相关法律法规不够完善；另一方面是资产管理业务较自营业务更具隐蔽性，只要委托方与受托方不因利益纠纷而主张权利，取证将相当困难。

三、投资银行资产管理业务的主要程序

1. 申请阶段

在这一阶段,投资银行要审查客户申请,要求其提供相应的文件,并结合有关的法律限制决定是否接受其委托。委托人可以是个人,也可以是机构。个人委托人应具有完全民事行为能力,机构委托人必须合法设立并有效存续,对其所委托的资产具有合法所有权,一般还必须达到受托人要求的一定数额。

2. 签订协议

经过审查合格后,投资银行将与客户签订资产委托管理协议。协议中将对委托资金的数额、委托期限、收益分配、双方权利义务等做出具体规定。

3. 管理运作

在客户资金到位后,投资银行便可以开始运作。通常,投资银行大都通过建立专门的附属机构来管理投资者委托的资产。投资银行在资产管理过程中,应该做到专户管理、单独核算,不得挪用客户资金,不得骗取客户收益。同时,投资银行还应遵守法律上的有关限制,防范投资风险。

4. 返还本金及收益

委托期满后,按照资产委托管理协议要求,在扣除受托人应得的管理费和报酬后,将本金和收益返还委托人。

四、投资银行客户资产管理业务

投资银行资产管理业务可划分为集合资产管理计划、专项资产管理计划和定向资产管理计划。

第一类是集合资产管理计划,它是券商发行的,通过"私募"的形式把投资者的合法资金集合起来进行专业投资的一种理财产品,主要面向中高端客户群体。与公募基金相比,其参与门槛较高,并且带有私募性质,在产品推广阶段不能通过电视、报刊、广播等公共媒体进行推广。集合资产管理计划向多个客户募集资金,与多个客户签订资产管理合同。其投资范围如下。①中国境内依法发行的股票、债券、股指期货、商品期货等证券期货交易所交易的投资品种;央行票据、短期融资券、中期票据、利率远期、利率互换等银行间市场交易的投资品种;证券投资基金、证券公司专项资产管理计划、商业银行理财计划、集合资金信托计划等金融监管部门批准或者备案发行的金融产品;中国证监会认可的其他投资品种。②可参与融资融券交易,也可以将持有的证券作为融券标的证券出借给证券公司。③证券公司可以依法设立集合资产管理计划,在境内募集资金,投资中国证监会认可的境外金融产品。

第二类是专项资产管理计划,它是为了实现特定目标,专门针对投资者的特殊要求和资产的具体情况而设立的。在深入了解客户的资产负债状况及风险收益偏好的前提下,借助强大的投研力量,为客户提供个性化的高端金融增值服务。专项资产管理计划的投资范围包括可以预测的、具有稳定的现金流的股权、债权、收益权等。

第三类是定向资产管理计划,是指证券公司作为管理人,接受单一客户的委托,根据

客户的投资意愿,对投资者委托的资产进行专业化投资。主要面向高端客户,由公司专业人员为客户提供一对一服务,根据客户特定投资风险偏好进行资金的管理与运作。相对于集合资产管理计划,其进入门槛更高,但是投资限制较少,能更好地发挥券商投资团队的优势。其又可分为主动管理型、被动管理型业务。主动管理型业务主要投向债券、同业存款、信托计划及股票。被动管理型业务主要投向信托贷款、银行委托贷款、资产收益权及票据,即所谓的券商资管通道业务。

表 10.2 为券商理财产品比较简表。

表 10.2　券商理财产品比较简表

分类	集合资产管理计划	专项资产管理计划	定向资产管理计划
含义	证券公司设立集合资产管理计划,与客户签订集合资产管理合同,将客户资产交由具有客户交易结算资金法人存管业务资格的商业银行或者中国证监会认可的其他机构进行托管,通过专门账户为客户提供资产管理	证券公司以管理人身份发起设立专项资产管理计划,依照能够产生稳定现金流的基础资产发行资产支持受益凭证,受益凭证持有人据此享有该资产的收益分配权	证券公司接受单一客户委托,与客户签订合同,根据合同约定的条件、方式、要求及限制,通过专门账户管理委托资产
投资范围	股票、债券、股指期货、商品期货等证券期货交易所交易的投资品种;央行票据、短期融资券、中期票据、利率远期、利率互换等银行间市场交易的投资品种;证券投资基金、证券公司专项资产管理计划、商业银行理财计划、集合资金信托计划等金融监管部门批准或备案发行的金融产品;可以参与融资融券交易;中国证监会认可的境外金融产品	可以预测的、具有稳定的现金流的股权、债权、收益权等	投资范围由证券公司与客户通过合同约定,可以参与融资融券交易,也可以将其持有的证券出借给证券金融公司
投资限制	证券公司不得违规将集合资产管理计划资产用于资金拆借、贷款、抵押融资或者对外担保等用途;证券公司不得将集合资产管理计划资产用于可能承担无限责任的投资	无特别限制,但需要向证监会提出逐项申请	未经客户同意,证券公司不得将客户委托资产投资于本公司以及与本公司有关联方关系的公司发行的证券
投资规模和投资门槛	募集资金在 50 亿元人民币以下,但是募集资金额不低于人民币 3000 万元。集合资产管理计划应当符合下列条件:①募集资金规模在 50 亿元人民币以下;②单个客户参与金额不低于 100 万元人民币;③客户人数在 200 人以下	无具体门槛,但需要向证监会提出逐项申请	单个客户的资产净值不低于人民币 100 万元

续表

分类	集合资产管理计划	专项资产管理计划	定向资产管理计划
法律框架	《证券公司客户资产管理业务管理办法》、《证券公司集合资产管理业务实施细则》、《证券公司定向资产管理业务实施细则》(这3部规范性文件即通常所指的证券公司客户资产管理业务的"一法两则")		

以上是对于三种业务的书面描述,下面对三种业务间的区别结合目前的发展现状进行较为通俗的解释。

集合资产管理计划业务可分为大集合和小集合。大集合是面向普通大众发行的集合资产管理计划业务,债券型的起点是5万元,股票型的起点是10万元。但目前已经不再新发,相当于被时代所淘汰,属于历史遗留产物。小集合是券商资管发行最多的产品,为迎合各种需求而设立。

专项资产管理目前主要指的是ABS,通俗地说,就是通过出售基础资产的未来现金流进行现在的融资。

定向资产管理业务现在基本已经成为通道工具,形成通道业务。所谓通道业务,是指一个机构比如银行处理其资产负债表,通常只把保本型的理财产品计入资产负债表,而将承担信用风险的非保本理财产品记在表外代客理财的科目中。

五、投资银行直接投资业务

投资银行直接投资业务是指对非公开发行公司的股权进行投资,投资收益在企业上市或购并时通过出售股权兑现。之前,券商仅能使用自有资金进行直接投资业务,自有资金的上限是证券公司净资本的15%。这一规定使得多数券商直接投资子公司的注册资本局限在10亿元以内,客观限制了业务拓展。

六、证券公司直接投资业务

除证券公司客户资产管理业务外,证券公司的直接投资业务中也包括资产管理相关业务,特别是直接投资基金业务,更是证券公司参与甚至主导股权基金业务的主要形式。证券公司直接投资业务是指证券公司按照其机构监管部门(证监会)有关规定设立直接投资业务子公司,并由直接投资业务子公司根据法律法规及证监会指定的行业自律组织的相关规定开展的直接投资业务、直接投资基金及相关业务。直接投资子公司可以开展以下业务:

(1) 使用自有资金或设立直接投资基金,对企业进行股权投资或与股权相关的债权投资,或投资于与股权投资相关的其他投资基金;

(2) 为客户提供与股权投资相关的投资顾问、投资管理、财务顾问服务;

(3) 经中国证监会认可开展的其他业务。

证券公司直接投资业务是指证券公司按照其机构监管部门(证监会)的有关规定设立直接投资业务子公司,并由直接投资子公司根据法律法规及证监会指定的行业自律组织的相关规定开展的直接投资业务、直接投资基金及相关业务。

(一) 直接投资基金重要事件

1. 2011 年 7 月 8 日

中国证监会颁布《证券公司直接投资业务监管指引》,首次在券商直接投资业务范围中加入了"设立直接投资基金,筹集并管理客户资金进行股权投资"。中金公司很快成为募集直接投资基金的首家券商,这也标志着券商直接投资基金将从监管放开快速走向规模壮大阶段。

2. 2012 年 10 月

中国证券业协会向各券商直接投资子公司下发《证券公司直接投资子公司自律管理办法(征求意见稿)》,明确规定券商发行直接投资基金将由中国证监会行政审批监管改为在中国证券业协会备案。

3. 2014 年 1 月 3 日

中国证券业协会公布了修改后的《证券公司直接投资业务规范》(下称《规范》)。《规范》从五个方面对券商直接投资业务做了修改,券商直接投资业务进一步松绑。个人投资者被允许投资券商直接投资基金,要求具备充分的风险识别、判断和承受能力且认购金额不低于人民币 1000 万元。

4. 2015 年底

截至 2015 年底,45 家直接投资子公司累计设立 178 只直接投资基金,其中存续 175 只。

直接投资基金是用于对非公开发行公司的股权进行投资的基金,与外面的基金本质相同,但过去券商不可以做这项业务,经行政许可批准后,才可以做。直接投资基金管理机构应采取有限责任公司或有限合伙企业形式。据了解,借鉴国际经验,所谓的有限合伙制,通常由普通合伙人(管理方)和有限合伙人(出资方)组成。前者出资 1%,且在基金运作时,按基金规模提取 2%~4% 的管理费;后者则缴纳剩余的出资,且不参与基金的运营管理。在利润分配方面,当有限合伙人收回其全部投资成本后,普通合伙人可从该基金投资收益中获取 20%~50% 的利润分成。

5. 2016 年 5 月 16 日

中国证券基金业协会(简称"基金业协会")称,从 2016 年 5 月 16 日起,券商直接投资业务子公司及其下属机构的基金产品(简称"直接投资基金")只能在基金业协会的私募产品备案管理系统(简称"券商系统")进行备案,私募基金登记备案系统(简称"私募系统")不再受理直接投资基金相关备案事宜。

(二) 直接投资基金与私募股权基金

所谓私募股权基金,一般是指从事非上市公司股权投资的基金。直接投资基金也是狭义的私募股权投资。相较于私募股权投资基金,直接投资基金具有以下优势。

(1) 募资的优势。相较于其他私募,券商直接投资依托券商母公司的品牌和客户资源,较容易募集社会资金(前提是券商本身实力强大)。

(2) 项目质量优势。相较于其他私募,券商直接投资可以从母公司其他业务部门那里获得优质项目。

(3) 资本市场运作优势。相较于其他私募,券商直接投资依托券商平台,本身根植于资本市场,所以可以为投资企业提供后续关于资本市场和资源整合的增值服务,也可以在项目退出时提供更多渠道。

(三) 直接投资基金运作模式

1. 模式一:仅负责管理基金

在该模式下,证券公司旗下的直接投资子公司通过参股方式,设立私募股权投资基金管理机构,并参与基金的管理工作,但不在其所管理的基金中出资(见图10.1)。

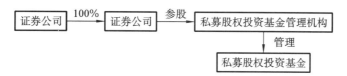

图 10.1 模式一

(1) 优点:降低了自有资金投资的风险。
(2) 缺点:收益较少,基金募资困难。

2. 模式二:合作管理基金+出资投入

在该模式下,证券公司旗下的直接投资子公司通过参股方式,设立私募股权投资基金管理机构,并参与基金的管理工作,但不在其所管理的基金中出资(见图10.2)。

图 10.2 模式二

采用这种模式组建直接投资基金的券商较多。例如中信证券旗下全资直接投资子公司金石投资与北京市农业投资公司共同出资设立北京金石农业投资基金管理中心。

(1) 优点:避免了募集资金的压力与风险,多家共同管理有利于基金的平稳运营。
(2) 缺点:虽然平滑了风险,但也制约了治理与投资决策方面的灵活性,可能因投资决策分歧错失投资时机。

3. 模式三:独立管理基金+出资投入

在该模式下,证券公司旗下的直接投资子公司通过参股方式,设立私募股权投资基金管理机构,并参与基金的管理工作,但不在其所管理的基金中出资(见图10.3)。

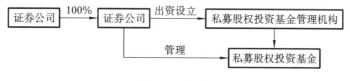

图 10.3 模式三

(1) 优点:保证了收益及投资决策的话语权。

（2）缺点：考验募资能力，提高了自有资金风险。

七、证券投资基金的运作与管理

基金管理业务是一项非常重要的资产管理业务，我们有必要在此进行专门阐述。

1. 证券投资基金的发起

证券投资基金由发起人发起并设立，投资银行是最主要的发起人。对发起人的资格要求，各国法律都做出了一定的限制，即只有具备一定条件的个人或企业才能作为发起人申请设立基金。在英国，发起人必须首先成为基金行业协会的会员，而能否成为会员要看发起人是否符合"适当会员资格与要求"。我国《证券投资基金管理暂行办法》规定，基金发起人必须具备下列条件：

（1）主要发起人为按照国家有关规定设立的证券公司、信托投资公司和基金管理公司；

（2）每个发起人的实收资本不少于3亿元，主要发起人有3年以上从事证券投资经验、连续盈利的记录，但是基金管理公司除外；

（3）发起人、基金托管人、基金管理人有健全的组织机构和管理制度，财务状况良好，经营行为规范；

（4）基金托管人、基金管理人有符合要求的营业场所、安全防范设施和与业务有关的其他设施；

（5）中国证监会规定的其他条件。

申请设立开放式基金，还必须在人才和技术设施上能够保证每周至少一次向投资者公布基金资产净值和申购、赎回价格。

基金发起人在筹划设立投资基金之前，通常就基金是否符合国家产业政策、基金运营是否可行等基本问题展开调查研究，在得出肯定结论后，便着手设计基金的总体方案。总体方案经充分论证、完善，成为基金设立与运作的指导性文件。

基金的设立必须由发起人向政府主管部门申请并获得政府主管部门的批准。基金发起人提出申请时应递交相关的法律文件，包括设立基金的申请报告、发起人协议、基金契约或公司章程、基金管理协议书和基金招募说明书等。

申请报告主要包括基金名称、拟申请设立基金的必要性与可行性、基金类型、基金规模、存续期间、发行价格、发行对象、基金的交易或申购与赎回安排、拟委托的基金管理人与基金托管人等。

发起人协议应包括拟设立基金的基本情况、发起人的权利和义务、发起人认购基金单位的数量、拟聘任的基金管理人与基金托管人、发起人对主要发起人的授权等内容。

基金契约、公司章程是基金的说明性文件，是投资者进行投资及其利益得到保护的法律依据。基金管理协议是规范基金公司和基金管理人双方权利、义务的契约。基金托管协议又称委托保管协议，是规范基金公司与基金托管人双方权利、义务的契约。基金招募说明书是经主管机关批准同意后，为基金公司公开发行基金券，向社会提供有关基金的详细资料的文件。

政府主管部门收到发起人上报的文件后，对基金发起人资格、基金管理人资格、基金托管人资格以及基金契约、托管协议、招募说明书和上报资料的完整性、准确性进行审核,如符合有关标准,则正式下文批准基金发起人公开发行基金。

2. 证券投资基金的发行与设立

投资基金的发行是指证券公司、信托投资公司或基金管理公司在基金发行申请经主管机关批准同意后,将基金券(公司型基金)或基金受益凭证(契约型基金)向广大投资者推销出去的经济活动。基金发行是证券投资基金整个运作过程中的一个基本环节,也是基金市场的一个重要组成部分。

基金的发行方式也有公募和私募两种。在基金规模较小,基金的投资范围比较窄,发行总额在规定的范围内,由特定的投资者认购便可完成发行计划时采用私募发行。而当发行总额较大,急需募集基金参与有利的投资机会,对所发行基金的受欢迎程度把握不住,并出于公开、公正原则的考虑时,则采取公募发行,以便在尽可能短的发行期内完成销售计划。

基金的发行可以有中介机构的介入,由承销商将基金单位承销下来,再分销给零售商,由零售商分售给投资者;也可以不经过任何专门的销售机构,而直接面向投资者销售。直接销售方式是最简单的发行方式,在早期的基金发行中,多数采用直接销售方式,由投资公司或基金管理公司向投资者发售基金单位。随着基金业务分工的不断专业化以及竞争日益激烈,一些专营证券承销业务的公司或大的投资银行的附属承销机构也进入到基金业务的发行领域,基金的承销发行日益普遍。

在规定的期限内认购到足额的资金后,投资基金即可成立。我国《证券投资基金管理暂行办法》及其实施细则规定,封闭式基金自批准之日起 3 个月内,募集的资金要超过批准规模的 80%;开放式基金自批准之日起 3 个月内净销售额不得少于 2 亿元,最低认购户数达到 100 户。有关募集资金的数额需经有证券业务资格的会计师事务所出具验资证明。若基金不能成立,基金发起人必须承担基金募集费用,并将募集的资金连同活期存款利息返还给投资者。

3. 证券投资基金的运作与管理

投资基金正式成立后,基金管理公司便正式承担基金管理的责任,使用募集资金进行投资运作。而基金资产则交由基金保管公司托管。对基金管理公司的设立,不同国家和地区的法律规定不尽相同。但一般都要求基金管理公司设立与运行必须符合投资基金法规,经过政府证券主管部门审核批准。审核的主要内容包括公司是否具有一定的资金实力和良好的证券经营业绩、是否具有经营管理基金的专门人才和良好的投资计划等,审核合格并核发了相应证照,基金管理公司才有资格从事基金管理业务。在我国,申请设立基金管理公司,必须经中国证监会审查批准,并按照中国证监会的要求提交有关文件。设立基金管理公司应具备下列条件:

(1) 主要发起人为按照国家有关规定设立的证券公司、信托投资公司;

(2) 主要发起人经营状况良好,最近 3 年连续盈利;

(3) 每个发起人实收资本不少于 3 亿元;

(4) 拟设立的基金管理公司的最低实收资本为 1000 万元;

(5) 有明确可行的基金管理计划;

(6) 有合格的基金管理人才;
(7) 中国证监会规定的其他条件。

基金管理人只负责基金日常管理和操作,基金托管人独立开设基金资产账户,依据管理公司指示负责处理基金资产,并对管理人投资计划进行监督。

基金托管人(基金保管公司)是基金资产的名义持有人与保管人。基金托管人一般由具有一定资产和信用的商业银行、投资公司或保险公司来担任,以贯彻基金经营与基金保管相分离的原则。基金托管人在基金运作中具有重要地位,从一定意义上说它是基金持有人、管理人以及承销人的联络中枢。因此,各国证券管理部门对基金托管人资格均有严格要求,对托管公司的要求主要在于安全、公正及信誉良好。我国《证券投资基金管理暂行办法》规定,基金托管人应当具备下列条件:

(1) 设有专门的基金托管部;
(2) 实际资本不少于 80 亿元;
(3) 有足够的熟悉托管业务的专职人员;
(4) 具备安全保管基金全部资产的条件;
(5) 具备安全、高效的清算、交割能力。

基金通过投资获得增值来回报投资者。立足于基金投资的基本原则,在基金投资目标的指导下,基金管理公司按照一定的投资规则和程序,把发行基金单位所募集的资金分散到股票、债券、外汇、金融衍生品等各种金融资产中,取得投资收益。为维护基金投资者的利益,基金管理公司在运作基金资产时均遵循收益性、安全性和流动性三个基本原则。

收益性是指基金资产的增值能力。投资者之所以投资基金是希望能够获得相对较高的收益。由专家进行资产管理,基金通常能够取得比个人投资者高且较为稳定的收益,这也是基金吸引投资者的主要原因。安全性是指基金避免投资风险、保证原始资本安全的能力。安全性主要体现在两个方面:①投资的本金必须能够按期收回;②必须保证原始资本的实际价值不变,即保证基金投资收益率不低于通货膨胀率。流动性(变现性)是指各种金融资产无损失地变为现金的能力。基金以现金方式向投资者分配投资收益以及投资者清偿时,如果基金所投资的金融资产质量不高、流动性差,则变现后的价值必然要打折扣。在开放式基金中,流动性显得尤为重要,因为随时都有投资者赎回基金单位。

收益性、安全性和流动性相互制约、相互影响。一般情况下,风险与收益成正比,风险越大收益越高,即安全性越低的资产收益越高;安全性与流动性成正比,流动性越强,安全性越高;流动性与收益性成反比,流动性越低,风险越大,收益相应越高。基金管理公司正是利用其人才优势,充分利用各种投资技巧,把收益性、安全性和流动性有机地结合起来。

基金投资目标是基金发起人或董事会为满足特定细分市场上投资者的需求而制定的关于基金收益、风险和投资对象的计划,是基金性质及特征最明显的反映,也是基金管理公司制定投资政策和投资计划的基本依据,如成长型基金的投资目标是追求资产的长期稳定增长。基金管理公司在选择投资对象时,则会采取积极进取的投资策略,将资金投向成长性较好但风险较大的上市公司,以迎合那些风险承受能力强且偏好高收益的投资者的口味。

投资目标是基金管理公司的总体指导方针,但在进行具体投资运作时,基金管理公司必须遵守相关法规对基金投资范围、投资组合以及交易对象等方面所做的规定。对于投资范围,各国和地区均有不同的限制,如日本政府对证券投资信托财产的运用范围规定为,仅限于买卖已上市的有价证券,以及进行期货、期权交易,剩余资金可作为短期贷款、银行存款等。我国政府规定,一只基金投资于股票、债券的比例,不得超过该基金资产总值的80%。换句话说,我国证券投资基金只能将其资产的80%投资于符合规定且流动性较强的有价证券。基金的投资范围一般在招募说明书、信托契约或保管协议中清楚载明。

同样,对于基金组合,各国政府也制定和实施了不同的规定和限制。日本规定,基金所投资的股票,其发行公司的资本必须在10亿日元以上,股东人数在3000人以上,且未满5000股的股东所持股数占发行股数的20%以上,该股票在最近3年间平均买卖数量必须超过20万股;投资于一种股票的资金不得超过基金资产总数的10%;投资一种股票,不得超过该公司已发行股票总数的20%。我国《证券投资基金管理暂行办法》规定,一只基金持有一家上市公司的股票,不得超过该基金资产净值的10%;同一基金管理人管理的全部基金持有一家公司发行的证券,不得超过该证券总数的10%;一只基金投资于国债的比例,不得低于该基金资产价值的20%。美国则规定,对同一种股票的投资不得超过基金资产价值的5%,等等。

为保护投资者利益,促使基金管理人在市场上公平参与竞争,各国政府规定禁止与基金管理公司自身或关系人交易,禁止自我交易、内幕交易、基金间相互交易以及信用交易等。

信息披露是基金管理的重要内容,各国都有一套投资基金信息披露制度。基金管理人必须定期通过报告形式向投资者或有关人员提交翔实、全面、可靠的公开性文件以便接受社会公众的监督,提高基金运作的透明度。其作用类似于上市公司的财务报告。基金报告的基本内容包括投资结果报告和基金账目报告。

通过投资获得的股息、利息、红利及资本利得,构成了基金的收益。扣除基金操作和管理过程中的相关费用后,即为基金的利润,归基金的投资人所有。不同国家和地区对投资基金的利润分配方式均有不同的要求。

美国有关法律规定,基金应至少将利润的95%分配给投资人,分配比例和方式因基金的形态不同而有所区别。货币市场基金的利润为利息收入,每月分配一次;债券基金则每月或每季分配一次;其他基金通常每年分配一次。

我国有关法律规定,基金利润采取现金形式每年至少分配一次,分配比例不得低于基金利润的90%。

八、投资银行资管业务新规

(一)证券公司公募证券投资基金管理业务

相关数据显示,截至2017年12月22日,目前已经有13家获批公募牌照的券商及资管子公司,它们合计发行了 78 只公募基金。其中,以东证资管发展最为迅速,达 30 只;其次是中银国际证券,发行了 10 只;而山西证券、财通资管、华融证券、华泰资管和渤海汇金的产品数量均在 5 只以下。此外,2015 年 8 月就获批公募资格的高华证券,至今没有发行公募基金。

另外,管理规模上,除了新上的中泰资管以外,剩下的 12 家券商资管合计规模为 1920.82 亿元,其中东证资管和中银国际证券分别达到 698.25 亿元和 677.07 亿元。此外,于 2016 年 7 月末拿上公募牌照的华泰资管后来居上,规模达到 161.26 亿元。同时,东兴证券和长江资管的规模也突破 100 亿元大关。

同时,券商资管及子公司发行的公募产品类型并不丰富,在去通道趋势下,代表主动管理能力的权益类基金数量仍较少,目前券商系公募共发行混合型基金 39 只,其中东证资管最多,为 20 只,东兴证券 6 只产品中也有 4 只是混合基金。相较于发行混合基金,多数券商选择货币基金或者债券基金来试水市场,如财通资管和长江资管目前发行的产品均为债券或货币。

券商系公募产品类型不同,业绩表现差异较大。不过,从整体看,东证资管旗下公募产品业绩最为亮眼。比如,截至 2017 年 6 月 23 日,东方红睿元、东方红睿丰、东方红睿华沪港深混合 17 年以来收益率突破 28%,其中东方红睿丰混合更是逼近 30%。浙商资管旗下 6 只公募基金,浙商汇金转型混合是公司旗下公募产品近年来收益率较高的一只,不过也只有 3.47%。东兴证券旗下 6 只公募产品业绩分化明显,既有回报率 14.97% 的东兴改革精选,也有下跌超 6% 的东兴量化多策略混合。中银国际的 6 只公募基金成立时间在 2016—2017 年,在 2017 年初成立的中银证券瑞益混合近年来回报率较高,超过 3%。

(二) 房地产投资信托基金

房地产投资信托基金(REITs)是一种以发行收益凭证的方式汇集特定多数投资者的资金,由专门投资机构进行房地产投资经营管理,并将投资综合收益按比例分配给投资者的一种信托基金。

世界上第一只 REITs 在 1960 年诞生于美国,和 20 世纪 60—70 年代的其他金融创新一样,REITs 也是为了规避管制而形成的。随着美国政府正式允许满足一定条件的 REITs 可免征所得税和资本利得税,REITs 开始成为美国较重要的一种金融工具。

房地产投资信托基金的主要优势有以下几点:

(1) REITs 收益由房地产价值决定,波动性较低,保值性较高;

(2) 可免双重征税且无最低投资资金要求;

(3) REITs 按规定必须将 90% 的收入作为红利分配,投资者可以获得比较稳定的即期收入;

(4) 中小投资者也可以投资 REITs;

(5) 流动性较高;

(6) 信息不对称程度较低。

将房地产投资信托基金引入中国的必要性有以下几点:

(1) 房地产投资信托基金有利于完善中国房地产金融架构,丰富二级市场;
(2) 引入房地产投资信托基金有助于分散与降低系统性风险,提高金融安全;
(3) 引入房地产投资信托基金有助于疏通房地产资金循环的梗阻。

从本质上看,REITs 属于资产证券化的一种方式,其运作方式有以下两种:

(1) 特殊目的载体公司向投资者发行收益凭证,将所募资金集中投资于写字楼、商场等商业地产,并将这些经营性物业所产生的现金流向投资者还本归息。

(2) 原物业发展商将旗下部分或全部经营性物业资产打包设立专业的 REITs,以其收益(如每年的租金、按揭利息等)作为标的,均等地分割成若干份出售给投资者,然后定期派发红利,实际上给投资者提供的是一种类似债券的投资方式。

图 10.4 为 REITs 发行流程及运作图。

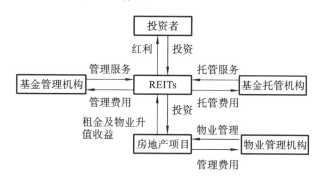

图 10.4　REITs 发行流程及运作图

(三) 2018 年资管新规发布

1. 资管新规概述

我国资管业务统一监管标准已正式落地。2018 年 4 月 27 日,《关于规范金融机构资产管理业务的指导意见》(以下简称"资管新规")发布。截至 2017 年末,不考虑交叉持有因素,金融机构资管业务总规模已达百万亿元。其中,银行表外理财产品超过五分之一,资金余额为 22.2 万亿元。资管新规出台之后,理财产品市场将迎来巨变。

尽管部分条款相较于征求意见稿有所放松,但总体上的监管要求仍然比较严格。此外,资管新规出台由中央深改委会议审议通过,也彰显了中央对于规范资管行业的决心。文件层面的"靴子"已经落地,执行层面的影响才刚刚开始——金融机构的业务调整和数十万亿元的资产"腾挪"也将成为金融市场最大的变量之一。

过渡期延长将适当减缓金融市场受到的资产"腾挪"冲击,但很多存在潜在风险的领域,拆除杠杆结构和资金池结构的过程中仍然会有风险的不断暴露和传递,非标融资渠道受限可能会加剧信用市场的分化。而权益市场受到的影响也会逐渐显现,一些自身或者主要关联方杠杆较高、对非标融资依赖程度较高的主体也会面临一些冲击。当然,确保不发生系统性风险也是底线,在未来如果相对优质的资产在"腾挪"中受到较大冲击,也会带来一些特殊的投资机会。而从长远来看,更加标准化、净值化的资产管理行业对基础市场的稳定发展是有积极作用的。

就新规本身来说,一些基本原则没有发生变化,如严格地切割表内和表外,以及去通道、去杠杆、去嵌套、破刚兑等。后续各金融监管部门将以新规为基础,针对具体的资管子行业出台相关的细则,届时大资管新规中尚不明确的地方将逐步明晰。

2. 资管新规精要

过渡期延长至2020年(过渡期为本意见发布之日起至2020年底)。

打破刚兑的基本原则没有动摇,对刚兑行为的举报奖励原则没有变化,但受理举报的部门由中国人民银行和金融监督管理部门消费者权益保护机构改为金融管理部门,并高度强化了外部审计机构的责任。外部审计机构在审计过程中未能勤勉尽责,则依法追究相应责任或依法依规给予行政处罚,并将相关信息纳入全国信用信息共享平台,建立联合惩戒机制。

相较于征求意见稿,新增"对提前完成整改的机构,给予适当监管激励"的表述。不排除以定向降准等手段作为激励措施。

降低对个人合格投资者的认定门槛,规定应具有2年以上投资经历,且满足以下条件之一:家庭金融净资产不低于300万元,家庭金融资产不低于500万元,或者近3年本人年均收入不低于40万元。

除非银行理财新出管理办法予以另行规定,公募银行理财投资范围将比照其他公募产品执行,不再受主要投资于固定收益产品的限制,不再可以投资非标准化债权资产。公募产品主要投资风险低、流动性强的标准化债权类资产以及上市交易的股票,除法律法规和金融管理部门另有规定外,不得投资未上市企业股权。公募产品可以投资商品及金融衍生品,但应当符合法律法规以及金融监督管理部门的相关规定。

标准化债权资产限于国务院批准设立的交易场所交易产品,其他争议性交易场所挂牌资产均不在标准化资产范畴内。国务院批准设立的交易场所包括上海证券交易所、深圳证券交易所、全国中小企业股份转让系统、上海期货交易所、郑州商品交易所、大连商品交易所、中国金融期货交易所、上海黄金交易所、上海保交所等。

资产管理产品不能直接投资银行信贷资产,相较于征求意见稿的"不能直接或间接投资银行信贷资产"表述减少了"或间接"三个字;但在具体细则出台前,尚不明确"间接"投资银行信贷资产的途径。

放开并明确业绩报酬计提要求,金融机构可以与委托人在合同中事先约定收取合理的业绩报酬,业绩报酬计入管理费,须与产品一一对应并逐个结算,不同产品之间不得相互串用。

删除饱受争议的关于管理期限越长管理费率越低的表述。

封闭式持有至到期及非标资产明确以摊余成本法计量,并明确5%的偏离度限制。

新增对于私募投资基金的表述,私募投资基金适用私募投资基金专门法律、行政法规,私募投资基金专门法律、行政法规中没有明确规定的适用本意见,创业投资基金、政府出资产业投资基金的相关规定另行制定。

私募基金可以作为受托管理人,受托机构应当为具有专业投资能力和资质的受金融监督管理部门监管的机构。

封闭式单一非标资产类私募、股权质押融资类私募、证券投资类私募可分级,但需符合分级杠杆等要求,相较于征求意见稿有所放松。

明确了银行理财将和其他资产产品一样享有平等的法律主体地位,资产管理产品应当在账户开立、产权登记、法律诉讼等方面享有平等的地位。

公募产品不得分级,并且过渡期结束后,征求意见稿要求金融机构不得再发行或者续期违反本意见规定的资产管理产品,正式稿将"续期"改为"存续"。显然,分级基金是违反本规定的产品,但绝大多数分级产品是永续产品,无须"续期",现改为不得"存续",明确了分级基金在过渡期后将终结。

与征求意见稿一致,公募FOF在多层嵌套上获得豁免,即公募基金和公募FOF一样都属于一层资产,公募FOF兼顾大类资产配置和多策略配置的收益,具有一定的比较优势。

公募FOF投资进一步分散化,单一基金明确不超过10%(单只公募资产管理产品投资单只证券或者单只证券投资基金的市值不得超过该资产管理产品净资产的10%),与征求意见稿一致。

非上市企业股权的投资要求未发生变化。

3. 资管新规对各资产管理行业的影响

1) 银行:受影响最大

百亿资管产品里,银行表外理财规模达到22.2万亿元,是当之无愧的"带头大哥"。此次资管新规对银行影响很大,主要表现在以下几个方面。

第一,打破刚兑,实现净值化管理。

资产新规要求,对于非保本类理财产品,要打破刚性兑付,实现净值化管理。而对于保本类理财产品,目前已将其纳入银行表内核算,视同存款管理。保本类理财产品在法律关系、业务实质、管理模式、会计处理、风险隔离等方面与非保本类理财产品"代客理财"的资产管理属性存在本质差异,两者将清晰划分。

净值化转型或将改变当前的银行理财市场。银行面临的压力是,变成浮动收益后,如何留住原有非保本理财产品的客户。

年初至今,各家银行已经先后推出净值型理财产品,产品投资标的也多以固定收益类为主。

第二,规范资金池,降低期限错配风险。

资产新规要求,每只资产管理产品的资金单独管理、单独建账、单独核算,不得开展或者参与具有滚动发行、集合运作、分离定价特征的资金池业务。这意味着以下几点。①银行理财产品的周期会被拉长,因为不能再期限错配了,未来银行会更倾向于发行周期较长的理财产品。②银行理财产品的投资标的、结构也要发生变化。最明显的就是对非标准化债权资产端的投资会受到限制。目前银行理财的期限普遍在1年以内,而非标资产往往周期较长,短者期限为3~5年,长者可以达10年。因此预计,未来银行理财投资非标资产的规模也会大幅下降。

截至2017年底,银行理财的非标准化债权类资产配置比例为16.22%,规模在4.79万亿元左右,仅次于债权类资产配置比例(42.19%)。

第三,银行成立资管子公司。

在加强公司治理与风险隔离的要求下,银行将成立资管子公司,专门运作资管产品,分离业务,隔离风险。目前已有3家银行公布成立资管子公司计划。北京银行称,董事会已通过相关议案,同意投资不超过50亿元设立资产管理公司。此前,已有招商银行和华夏银行先后公布成立全资资管子公司计划。可以预见的是,未来银行资管子公司会加速落地。其实几年前,监管部门和银行界人士就有过资管子公司改革的讨论和探索。彼时就有三家上市银行公告拟成立资管子公司,然而由于市场条件和监管环境尚未成熟,一直未有下文。

这次新规是监管政策的硬性要求,获批可能性极大,对银行来说也非常迫切。未来,新成立的资管子公司能够丰富理财业务功能,推动产品创新,利于风险隔离等。

2)信托:迎来刚性转型期

此次新规对资管行业影响深远,对信托机构的影响尤为突出。在去杠杆、去通道的大背景下,信托业难免经历转型的"阵痛",但就长期来看,资管新规对行业发展是利好的。同时,资管新规对行业提出更高的要求,新的监管环境下,信托转型不仅是生存的需要,更是防范系统性金融风险的要求。2018年,信托业实际已经全面进入刚性转型期,这意味着信托公司业务转型已经势在必行,不可逆转。"今年注定会成为信托公司刚性转型元年,任何冲规模、做通道的动作都可能是踩红线的动作,靠通道业务作为支撑的外延式发展模式将成为过去。"

截至2017年末,全国68家信托公司管理的信托资产规模总计达26.25万亿元,去杠杆、去通道背景下的信托业面临着行业收入增长放缓、信托报酬率下滑的挑战。

3)公募:回归本源

此次资管新规对金融去杠杆和维护金融体系安全具有积极意义,这次"靴子落地"有助于打破刚性兑付,引导资产管理业务回归本源,对净值型产品构成长期利好。

目前来看,资管新规将对基金行业构成长期利好。资管新规的落地使得银行资管"躺着赚钱"的时代成为过去,进入优胜劣汰的市场化竞争时代,而公募基金因其积累的专业主动管理能力和严格的风险控制能力,将是最有可能承接原银行理财投资者资金的机构。

银行理财投资者的投资习惯还停留在类保本、收益率稳定的资管产品上,货币基金更接近这类需求,同时在高流动性、类保本的安全性和免税的优势基础上还有一定的无风险收益率。在基金流动性管理新规和风险准备金的要求下,货币基金规模仍会保持匀速发展。

4)券商资管:去通道趋势明显

根据资管新规,去通道是最为明确的一个信号。券商资管作为去通道的首要对象,过去依靠牌照优势冲规模、获得收入的时代难以为继,业务转型迫在眉睫。

根据基金业协会数据,截至2017年末,证券公司资产管理业务规模为16.88万亿元,相比2017年一季度末的18.77万亿元减少1.89万亿元。其中定向资管计划产品规模为14.39万亿元,相比2017年一季度末的16.06万亿元减少1.67万亿元。定向资管缩水规模占券商资管规模整体缩水规模的八成左右,其中减少的主要是通道业务。

此次新规为资管产品的健康发展指明了方向。投资经理必须注重发现优质价值的资产机会,关注新技术、新产业、新生态,加强主动管理能力,在打破刚兑的要求下,回归服务实体经济,创造资产配置价值。

5) 保险资管:走进发展期

首先,资管新规明确了保险资管机构的市场地位,指出资产管理业务是指银行、信托、证券、基金、期货、保险资产管理机构等金融机构接受投资者委托,对受托的投资者财产进行投资和管理的金融服务。这是第一次正式把保险资管列入资管行业,使保险资管机构可以在同一起点上与其他金融机构开展公平竞争,改善了保险资管机构的市场地位。

其次,由于银行理财受资管新规影响较大,预计银行理财规模增速将大幅下滑,并且打破刚兑净值化管理后由于无法进行期限错配投资或使银行理财投资收益有所下滑,导致保险资金投资银行理财的规模下降。

在资管新规下,虽然保险资管公司可能会流失部分来自银行的委外业务,却迎来直接面对企业客户的翻身机会。

综合案例
兴业证券牵涉欣泰电气欺诈发行

4. 新资管时代下的资产管理业务转型展望

在新资管时代功能监管为主线的背景下,资产管理机构、产品、投资者会各自回归本源。各类资管机构的职能会逐步清晰,以资源及能力禀赋自然形成区分;产品形态会简化并形成多维分类,以适应不同投资者的需求;资管产品的资金会逐步突显长期、低成本费用化、原始资金个人化及投资资金机构化的特点。同时,为了支持上述转变,需要更加精细化的营销模式与功能完备的基础设施建设支持。

本章小结

资产管理是特定金融机构对客户资产进行的管理活动。我国在2012年相关监管政策改革后进入了大资管时代。我国的资管业务目前以银行理财为主,以保险、券商资管、信托和基金为辅。其中使用的资产管理工具主要有以下几类:养老基金、投资型保险产品、证券投资基金、信托、私人银行业务、对冲基金等。券商资管近几年正在飞速发展。从20世纪90年代起,证券公司的资产管理业务经历了一个由无序发展到有序高速发展的过程,此过程中,形成了三类券商资产管理业务:集合资产管理计划、专项资产管理计划和定向资产管理计划。截至2017年底,已经有13家获批公募牌照的券商及资管子公司,它们合计发行了78只公募基金。

第十一章 投资银行的管理

第一节 投资银行的组织结构

一、投资银行的组织结构

组织结构是组织所建立的分工和协调系统,用以实现其组织目标,运用分权与集权的手段来控制和组织企业的生产经营活动,从而达到组织在分工和专业化两个方面的平衡。因此,分工与整合是组织结构的基本构成要素。分工是指企业将其所拥有的资源、人员进行适当分配,以完成其职能工作,从而为企业创造价值。专业化分工是指企业将其所要做的工作按照业务流程或职能进行适当分配,每位员工不需要做所有工作,只需要精通其所负责的那一小部分,这样有助于提高组织效率。分工通常包括纵向分工和横向分工。整合是指企业为实现其目标而将其子部门、子模块进行适当整合,以实现统一调度和协作。许多复杂的工作离不开团队合作,此时整合资源、统一调度就显得尤为重要。企业的组织结构有多种形式,通常分为纵向分工结构和横向分工结构两大类。纵向分工结构是指企业选择适当的控制幅度和管理层次,来实现对企业垂直体系的管理。主要通过分权与集权来实现,同时兼顾企业的信息传递和决策效率。横向分工结构是指组织横向地按照部门职能或产品、服务、市场、区域等标准来分配企业资源,从而共同完成组织目标。横向分工结构主要包括创业型组织结构、职能制组织结构、事业部制组织结构、矩阵制组织机构,以及由上述几种组织结构衍生出来的复合模式。

投资银行的组织结构是指投资银行在实现其经营目标的过程中,联结投资银行内部全体成员和各部门的方式以及这种方式所呈现的状态。在现代投资银行业中,各企业内部结构的设计各不相同,却也没有一家投资银行的模式能够脱颖而出成为经典并推而广之,这是因为投资银行所采取的组织结构是与其搭建构架、经营理念及企业价值等相适应的。若一家投资银行在经营过程中能以最小的成本实现既定的最大化利润(降低成本,提高公司价值),那它的组织结构就是成功的。一般来说,投资银行的组织结构包括组织形式和内部结构两个方面。

组织内部构成和各部分间所确立的较为稳定的相互关系和联系方式称为组织结构(又称"组织架构")。组织结构是一个组织是否实现内部高效运转、是否能够取得良好绩效的先决条件。组织结构通常表现为一个组织的人力资源、职权、职责、工作内容、目标、工作关系等要素的组合形式,是组织在"软层面"的基本形态,其本质是实现某一组织的各种目标的一种手段。组织结构的基本内涵包括:确定正式关系与职责的形式;向组织各个部门或个人分派任务和各种活动的方式;协调各个分离活动和任务的方式;组织中权力、地位和等级关系。

投资银行的组织架构可分为以下几种。

(一) 客户驱动模式

该架构形式的基本特点是以客户为核心,即在部门的设置上,突出为客户服务的特征,按照客户的不同性质划分相应的业务部门。如美林的组织架构。

(二) 业务驱动模式

该架构形式的基本特点是以业务为核心,即在部门的设置上,突出业务种类的重要性,按照业务种类的不同来划分相应的职能部门。

日兴证券是这种组织架构的代表,如图11.1所示。从日兴证券组织架构图中,可以看出以业务为核心的特征。

(三) 客户与业务交叉式模式

该架构形式的基本特点是将业务和客户结合起来,按照客户的需要或公司业务运作的需要设置不同的部门,以达到预期的目标。这种管理架构的主要代表是摩根士丹利。

摩根士丹利,财经界俗称大摩,是一家成立于美国纽约的国际金融服务公司,提供包括证券、资产管理、企业合并重组和信用卡等在内的多种金融服务,目前在全球27个国家的600多个城市设有代表处,雇员总数达5万多人。2008年9月,更改公司注册地位为"银行控股公司"。在2016年世界十大投资银行排行榜中位列第三名。2017年6月7日,2017年《财富》美国500强排行榜发布,摩根士丹利居于第76位。

与美林相似,摩根士丹利的组织架构由四部分组成:决策管理、内部管理、业务管理、区域管理。其中决策管理、内部管理、区域管理的运作及部门设置和美林的大同小异,其与美林的区别主要体现在业务管理上。

摩根士丹利的业务管理总体架构如下。

1. 公司将其所有业务按所提供的产品和服务划分为三大块

(1) 证券;

(2) 资产管理;

(3) 信用服务。

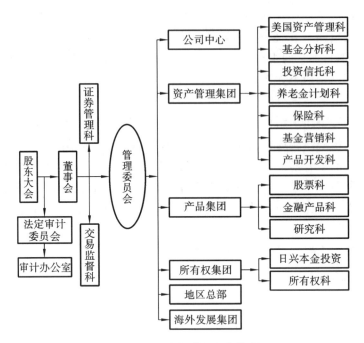

图 11.1 日兴证券组织架构图

2. 在每一类业务中按照客户种类（机构或个人）划分（或归并）业务部门

在这两个层次下，再以具体的证券业务（投资银行、交易、研究）及金融品种（股票、公债、公司债券、金融衍生产品、垃圾债券等）为标准进行细分，从而使得各部门的专业分工和职能定位非常明确。

图 11.2 为摩根士丹利组织架构图。

二、投资银行的组织形式

早期的投资银行一般采取合伙制的组织形式，规模较小，业务单一，几乎没有分支机构，也无须设置和划分部门。第一次世界大战以后，投资银行的组织形式通常是直线集权式或母子公司式。企业结构也相应从传统型向现代型过渡。现代投资银行可以选择的组织形式一般有三种，即合伙制、公司制及金融控股公司制。

（一）合伙制

合伙制是指两个或两个以上的自然人或法人共同拥有企业，分享利润，并对合伙企业的债务承担无限连带责任的企业制度形态。合伙人即为公司主人或股东。其优点是不会出现股东与管理层之间的代理问题。

1. 合伙制投资银行的产生过程

合伙制投资银行的产生是建立在合伙人的能力基础上的，随着家庭成员能力的分化，能力差的成员慢慢不再受到欢迎，而投资银行为了发展又必须引进新成员，这些新成员大多在投资银行业务或管理的某个方面具有特殊才能。家庭合伙制投资银行是由从事贸易融资的个体商人和金匠家族的商人业务中分离出来的专门从事金融业务的家族

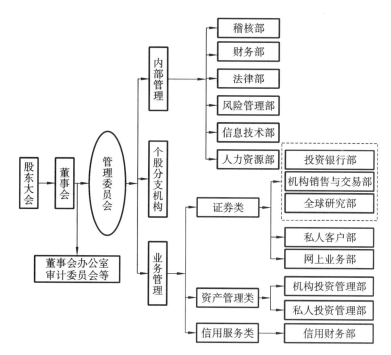

图 11.2　摩根士丹利组织架构图

企业。在 18 世纪和 19 世纪,投资银行的业务不断增多,规模不断扩大,并且开始在各个贸易中心和金融中心设立分支机构,家族合伙制投资银行已经无法满足投资银行进一步发展的需要。于是在这一阶段出现了更为一般的合伙制投资银行,家族以外的一些较有实力的人士和机构开始加入投资银行的经营管理当中,成为合伙制投资银行的合伙人,但重要职务还是由家族成员把持。因此,合伙制投资银行一般比家族合伙制投资银行更具有生命力。20 世纪 70 年代以前,投资银行在组织形式上主要采用合伙制。

2. 合伙制投资银行的概念

合伙制是指两个或两个以上的合伙人共同拥有公司的财产,分享公司的利润,同时承担公司的经营风险的制度。一般形式的合伙制,合伙人之间是完全平等的,其平等地位体现在财产的拥有权、利润的分配比例和风险的承担份额上。但也有些合伙制是建立在主合伙人基础上,即某个人是投资银行的主合伙人,因此,主合伙人承担投资银行的经营管理和责任,其他人只是有限合伙人,只承担责任而不参与投资银行的日常管理工作。有限合伙人仅以出资额为限,对合伙业务承担有限责任。

3. 合伙制投资银行的特点

合伙制投资银行具有以下特点:第一,合伙制是建立在合伙人能力基础上的,因此,合伙人一般在投资银行业务或管理的某个方面具有特别的才能,这是合伙制投资银行的一个重要特点;第二,合伙人共享企业经营所得并对亏损承担连带的无限责任;第三,企业可以由所有合伙人共同经营,也可以由主合伙人主要经营;第四,合伙人数量不定,企业规模可大可小;第五,由于合伙人所承担的无限责任,使得企业经营更加注意风险。因此,合伙制企业市场信誉较高。

4. 合伙制投资银行的缺点

合伙制投资银行存在着资金来源狭窄导致规模扩张速度缓慢,每项决策都要征得所有合伙人同意导致决策效率低下,合伙人之间的契约关系导致缺乏内部制衡和补充管理经营机制,以及合伙人对企业债务承担无限责任导致风险承担不均等问题。因此,随着世界经济的发展和金融环境的变化,20世纪70年代以后,众多投资银行纷纷从合伙制转为公司制。

经典案例
高盛公司的合伙制组织

(二) 公司制

从本质上讲,公司制就是产权明确、政企分开、管理科学的公司制度。其基本内容包括三个方面:企业产权制度,即公司法人制度;企业组织制度,即公司组织制度;企业管理制度,即公司管理制度。

公司制是现代投资银行与传统投资银行的根本区别之一。

1. 公司制发展变革过程及其意义

到19世纪中叶,西方主要国家公司法立法逐步完善,使得社会经济单元由个人所有向社会化的公司制过渡。股份公司要求信息披露制度、风险控制制度、内部控制制度。1986年,摩根士丹利由合伙制改为公司制,20%股权上市。1971年的美林和1985年的贝尔斯登完成了股改。在这种大规模的经济制度变革中,企业法人制度是其变革的核心。而这种制度一方面保证了公司在社会经济活动中的法律地位,另一方面也开辟了不同自然人参与社会经济运行的新模式,为企业的发展提供了制度保证。其间投资银行的组织制度也随之发生变化,出现了众多的公司制投资银行。具有生命力的公司制比旧的合伙制更适合社会经济大规模发展。而投资银行这一社会经济中活跃的行为主体当然在这种制度变化中领先其他行业而采用新制度。经过长期发展的验证,公司制投资银行明显更具有生命力。因此,这一制度也普遍被采纳。

2. 公司制与合伙制比较

综合对比合伙制投资银行和公司制投资银行,我们可以看出其各自的优缺点。

合伙制投资银行的主要优点是有限合伙人对企业承担无限责任,因此企业一般具有较好的信誉;同时,合伙制特别注重合伙人的个人能力,这对企业决策的科学性有一定意义。合伙制的缺点也是非常明显的:第一,由于有限合伙人承担无限责任,因此在重要问题的决策上必须采用一致原则和一票否决原则,这在一定程度上影响了决策的效率;第二,由于合伙制是以人为核心,资本的作用难以体现,这在一定程度上影响了企业的扩张;第三,合伙制中有限合伙人都是企业的老板,这有可能造成人员流动困难;第四,不同合伙人之间对风险的承担是不一样,其结果会产生企业内部的不公平。

与合伙制相比,公司制具有以下优点:①公司采取法人制度,在法律上明确了公司法人对公司财产享有所有权、使用权、收益权和处置权,这些权利可以充分保障公司在对生产经营和财产处置时不受公司外部的干扰;②公司制中最重要的特点是股份的设立,无论股份有限公司或者有限责任公司,公司所有的投资者以股东的形式介入公司发展,按照股份的多少享有相应的权利和义务,这体现了公司内部的公平意识,同时也便于进一步吸引投资者,为公司今后发展持续筹集资金;③在公司制框架下,公司管理进一步发展,特别是所有权和经营权的分离,使得公司在组织管理上更加科学化;④公司的法人治理结构、公平的股权设置以及现代的管理方式和便于公开监管的制度,使得公司更容易吸引公众投资者,从而更有利于公司实现迅速扩张。

3. 总结

1) 具有独立的法人地位

公司制赋予公司独立的法人地位,以法人财产作为法人制度的核心和重要内容。

2) 增强筹资能力

有一套完整的内部融资的资本累积制度,如提取公积金、转增资本金、职工内部持股和债转股,同时还可以通过公募和私募途径向社会发行股票和债券。

3) 推动和加速投资银行间的并购,促进投资银行的资源优化配置

由于公司制投资银行资本金实力的增强,金融创新工具的不断涌现,以及证券市场的发展促使股权流动性加强,这一切都加速了投资银行之间和其他企业之间的并购。投资银行往往用换股收购等股权手段来收购和兼并其他企业,或者以股权互持等方式与其他企业建立战略联盟。如1995年美林公司出资8.4亿美元收购英国最大的独立经纪公司——兆福公司,成为世界上最大的股票经纪公司。

4) 提高了投资银行的整体运作效率

(1) 用人效率:有一套完整的吸引人才和留住人才的用人机制,大大提高了内部员工的素质,如年薪制、股票期权制、职工持股计划等。

(2) 组织决策效率:确立了分权与民主化的决策机制以及信息披露制度,这些均有利于管理层与公司股东、客户之间的信息交流与反馈,降低信息处理成本,从而保证决策的及时性、准确性和科学性,大大提高组织的整体决策效率。

(3) 监督约束效率:规范有效的公司治理结构的建立,为内部监督制衡机制的建立奠定了基础,提高了投资银行监督约束的效率。

(4) 强化风险管理:加强对运营风险的防范与控制,如设置风险管理委员会等。

(三) 金融控股公司制

金融控股公司制是在现代金融混业经营的趋势下,以控股公司形式组建的金融控股集团,它是金融业实现全能化的一种组织制度。巴塞尔委员会指出,金融控股公司"在同一控制权下,所述的受监管实体至少明显地在从事两种以上的银行、证券和保险业务,同时每类业务的资本要求不同"。

我国的金融控股公司有平安集团、中信控股、光大集团、中国银河、中银国际、工商东亚金融控股等。

经典案例
中国平安保险（集团）股份有限公司

从本质上讲，金融控股公司制属于现代公司制的领域，但作为多样化经营的金融集团，它具有自身的特点。

1. 集团控股，联合经营

集团控股是指存在一个控股公司作为集团的母体，控股公司既可能是一个单纯的投资机构，也可能是以一项金融业务为载体的经营机构，前者如金融控股公司，后者如银行控股公司、保险控股公司等。

2. 法人分业，规避风险

法人分业是金融控股集团的第二个重要特性，指不同金融业务分别由不同法人经营。它的作用是防止不同金融业务风险的相互传递，并对内部交易起到遏制作用。

3. 财务并表，各负盈亏

根据国际通行的会计准则，控股公司对控股 51% 以上的子公司，在会计核算时合并财务报表。合并报表的意义是防止各子公司资本金及财务损益的重复计算，避免过高的财务杠杆。在控股公司架构下，各子公司具有独立的法人地位，控股公司对子公司的责任、子公司相互之间的责任，仅限于出资额，而不是由控股公司统负盈亏，这就防止了个别高风险子公司拖垮整个集团。

（四）混合公司制

采用混合公司制的公司各不同部门在职能上没有太多联系。这种公司往往是混合兼并的结果，其特点是规模庞大，同时涉足多个相互没有联系的业务领域。通常情况下，投资银行由于被收购或兼并而成为混合公司的事业部之一或全资附属公司。

投资银行业是一个动态竞争性和适应性合而为一的行业，同时也是一个循环周期性很强的行业。在经济增长时期迅速扩张发展；在经济低迷时期迅速紧缩合并，此时投资银行的并购之风开始盛行。如 2007 年美国次贷危机发生后，雷曼兄弟破产，贝尔斯登、美林等著名投资银行被更大的金融集团并购，成为大型金融控股公司的附属子公司。除此以外，也有一些非金融机构为了增强母公司的获利能力以及实现业务多样化而收购投资银行。

（五）证券公司组织形式分析

证券公司内外部各种因素的变化会对证券公司的组织结构产生影响，这些因素包括公司的规模、战略、环境、技术等。证券公司的规模越大，组织构成就越专业化、越复杂。奉行防守型战略的证券公司，其组织结构的特征是严格控制，规范化程度高，规章制度多，集权程度高；奉行进攻型战略的证券公司采取分权化的松散型结构。证券市场处于经常性快速变动状态，因为环境的不稳定，要求证券公司组织结构也具有相对灵活的动态性。环境越复杂，就越需要协调组织内部的各种活动，形成统一的整体。证券公司采取有机式组织结构,经常变动自己的组织结构,以适应环境的变化。因此,并不存在一个适应各个证券公司的组织结构,各证券公司的组织结构是根据各自的规模、战略等因素而决定和设计的。但是,证券公司组织结构又有一些具有共性的东西,尤其是在组织结构的发展过程中有相似之处。

科层结构是一种最基本的组织结构形态,在现代证券公司组织结构中仍可找到科层结构的踪影。科层结构强调分工和专业化,明确规定职权、等级制度。科层结构中组织层次过多会引起沟通成本剧增,并且随着企业规模的扩大,延长了信息沟通的渠道,从而增加信息传递时间,可能会造成信息在传递过程中的失真,导致延误时机和决策失误。由于指挥路线过长,上下级关系不确定,会造成管理上的"真空地带"。科层结构中下级没有主动性、创造性,易使组织僵化,缺乏适应环境变化的弹性。而证券业是一个知识密集型的产业,证券公司的组织结构要能充分发挥个人的智慧,并且要注意组织结构能随时适应不同的环境。职能部门化的组织结构形式相对科层组织而言,更能适应证券公司的特征。职能部门是一种传统的、普遍的组织形式。因为职能是划分活动类型从而设立部门的最自然、最方便、最符合逻辑的标准,据此进行分工和设计的组织结构可以带来专业化分工的种种好处。

随着证券公司发展和金融产品多样化,把性质不同和客户不同的产品集中在同一部门,会给部门管理带来日益增多的困难。事业部制是企业规模不断扩大、新的部门不断增加、企业最高领导难以控制许多部门管理工作的情况下产生的。与扩大了的企业规模相对应,证券公司的最高管理层除了保留一些必要的职能外,根据证券公司提供的金融服务产品或所服务的客户来设立事业部。所谓事业部制,就是把企业按业务或地区划分成各个事业部。各事业部实行独立经营、单独核算,并设有相应的职能部门。事业部制的组织结构形式,易于区分和分摊各种金融服务的收益与成本,考察和比较不同的金融服务对证券公司的贡献,各个部门对证券公司的贡献容易辨认,因此,可能导致部门间的竞争。加以正确引导,可以促进不同的产品部门努力改善本单位工作。事业部还可根据地理因素来设立,这在证券公司中通常称为分公司。组织活动在地理上的分散带来的交通和信息沟通困难是设立分公司的主要理由。当然,随着通信技术的发展,这个理由已不再那么重要,取而代之的是社会文化环境方面的理由。根据地理位置的不同设立管理部门,甚至使不同区域的经营单位成为相对自主的管理实体,可以更好地针对各地区的客户和经营者的行为特点来开展业务。在国际范围内从事经营业务的跨国投资银行尤其如此。

实际上,证券公司是不可能只根据单一标准来构建组织结构的。在事业部制和分公司制中,在根据产品或区域划分部门的情况下,不仅公司总部保留了必要的人事、财务等职能部门,而且事业部或分公司也设立了一些必要的职能部门。典型的形式就是矩阵组织,这是一种由纵横两套系统交叉形成的复合结构组织。矩阵组织具有很大的弹性和适应性,可以根据工作需要,集中各种专门的知识和技能,在短期内迅速完成重要任务。

随着经济日趋金融化,金融工具品种越来越多,证券公司的分工细化,证券公司的纵向等级层次增多,组织的地理分布广泛,组织结构日益复杂,大型证券公司采取控股公司的组织结构。证券公司总部只持有子公司的部分或全部股份,一方面证券公司的各子公司具有更大的经营独立性,另一方面证券公司总部只对子公司的部分或全部投资负有限责任。也就是说,控股公司型组织结构具有分散经营风险的功能。

控股公司型组织结构使市场的交易成本与企业的组织成本之间得到较好的平衡。企业和市场是两种可以互相替代的机制,当市场的交易费用很高的时候,市场不再是协调经济活动的有效方式,而应通过企业将交易内部化来节约交易费用,即用各种要素(资本、劳动、经营管理才能等)所有者之间的长期契约来代替市场上大量的短期契约,用管理的权威来代替市场的议价。因此,企业是为了降低交易成本而形成的一种经济组织。此外,机会主义和有限理性与不确定性等环境因素相互作用导致市场机制失灵,也需要用内部组织机制代替市场协调。但企业本身也是有组织费用的。与市场的平等交易不同,企业是根据组织结构来运作的,会带来许多方面的费用,还有"影响费用"。在企业组织中,决策者总要靠下级提供信息和建议才能做出决策。这样,不管是出于有意还是无意,下级都会力图向上级提供对自己有利的信息和建议,以影响上级的决策。企业规模越大,层次越多,管理者权力越大,这些方面的费用、信息成本、管理成本、监督成本就会越高,以至于可能超过市场协调方式下的交易成本。当企业规模扩大到一定程度时,组织费用的边际增加额与交易费用的边际减少额相等,公司就不会再扩大规模。因为再扩大规模,组织费用就更高,从而抵消采用企业替代市场减少的交易费用。而对金融企业来说,"大即是美",证券公司在追求更大的过程中,企业规模扩大,管理幅度和层次增加,为了避免企业组织费用的上升超过交易费用的节约导致的不经济,采取内部结构外在化方式,即公司的组织结构中纳入子公司这种法律实体,而证券公司也就成为控股公司。

此外,证券公司采取控股公司型组织结构的一个重要原因是,在证券公司的扩张过程中,并购是一种最常用的方式,有的被收购方收购股权之后,就成为收购方的子公司。

三、投资银行的内部结构

1. 决策部门

投资银行的决策部门包括股东大会、董事会、监事会、专门委员会和经理层等。其中,股东大会是最高权力机构,由全体股东组成,采用多数原则对公司重大事项进行决策,对公司的经营管理有着广泛的决定权。董事会是股东大会的常设决策机构,董事主要由股东代表组成并由股东大会选举产生,另外包括一定比例的职工代表和独立董事。监事会是与董事会平行的监察部门,独立行使监察权,并向股东大会报告。专门委员会协助董事会的日常运作,负责各种专门职责,比如提名委员会、薪酬委员会、审计委员会、执行委员会等。经理层由董事会提名并任命,是投资银行最主要的管理执行者,主要负责日常业务管理和内部管理制度的制定,包括:任免各个层次的工作人员;对日常经营活动进行决策、管理和控制;定期向董事会及下设的执行委员会提交经营状况和财务状况报告;制定投资银行年度预算和长期规划等。

2. 职能部门

职能部门是投资银行的内部控制和核算中心,保证投资银行内部能按照规定的经营目标和工作流程进行日常运转。职能部门对各个部门人员和业务活动进行组织、协调和制约,从而控制投资银行内部在经营过程中潜伏的非系统性风险。投资银行的职能部门主要包括财务部、人力资源部、法律部、信息技术部以及综合事务办公室。

3. 业务部门

投资银行的业务部门(见表 11.1)有资本市场部、研究发展部、消费咨询部等。

表 11.1 投资银行的业务部门

业务部门		业务范围
资本市场部	公司融资部	负责在证券一级市场上承销公司新上市和再发行的股票、债券和票据等
	项目融资部	为某些专门项目设计和安排融资,例如对某大型建设项目(如三峡工程)安排融资
	企业并购部	负责对其他公司的兼并与收购业务进行咨询,包括兼并战略、选择兼并对象,确定兼并方式,为兼并收购进行融资,以及帮助被收购对象进行反收购,等等
	私募证券部	专门从事私募发行业务
	证券交易部	为本投资银行或者为客户买卖证券。根据证券的种类,该部门还可以分为债券组、股票组、期货期权组、外汇买卖组等分部门
	资产管理部	为个人或机构管理资产或基金
	风险管理部	负责监控投资银行的总体风险
	国际业务部	负责协调和管理本投资银行的所有国际业务
	资产证券化部	负责资产证券化业务,将缺乏流动性、具有可预测现金流的资产或资产组合作为抵押品,在资本市场上出售变现
研究发展部		负责为其他部门乃至其他公司提供研究服务,包括股票研究、固定收益研究,兼并收购研究以及宏观经济研究等。研究部是投资银行其他部门立足的基础,如果没有研究人员提供的大量资料,IPO 和兼并收购都不可能发生
消费咨询部		主要进行各种证券的销售和分配,为消费者提供金融产品和基金的咨询意见以及信息服务

第二节 投资银行的经营战略

投资银行的经营战略是指投资银行在现代市场经营观念的指导下,通过对外部环境和内部条件的全面估量和分析,从企业发展全局出发而做出的较长时期的总体性谋划和活动纲领。从动态角度看,经营战略是使企业的长期使命和目标转变为短期的计划和目标的过程。

一、投资银行业的发展趋势

金融自由化、金融市场全球化、资产证券化以及金融工程的兴起,对投资银行的发展起着重要作用,投资银行业完全跳开了传统证券承销和证券经纪狭窄的业务框架,并呈现出以下发展趋势。

1. 合业经营

金融自由化放松了参与市场的控制性约束;证券化的推进要求银行参与证券经营;金融工具的创新,使商业银行和投资银行在新的业务领域内融合交叉。无论从世界潮流还是从我国内在发展要求看,合业经营都是历史发展的必然。

2. 国际化

国际经济一体化的浪潮冲击使得产业国际化成为不以人们的主观意志为转移的客观规律。投资银行业同样也面临国际化问题:金融市场全球化;信息技术的发展和跨国交易金融创新的取得;资本市场的发展不平衡导致资本跨国流动,寻求利润点。国际化不仅是扩大市场、增加盈利之举,而且是加强国际交流、获取国际信息,在国际竞争环境中锻造自身、增强竞争力的必然选择。

3. 多元化与专业化

多元化主要体现在大型投资银行发展过程中;专业化主要是指投资银行在抓住重点的同时,走特色经营道路。现代投资银行早已不再扮演单一承销商的角色,除传统的证券承销、经纪和自营业务以外,投资银行还深入到并购重组、资产管理、投资咨询、项目融资、研究开发、风险投资和金融衍生工具等诸多领域,多种业务齐头并进,尤其是在并购领域,无论是理论还是实践上,都具有重大现实意义。

4. 与企业合作关系进一步发展

投资银行通过签订协议或股权参与的形式,与企业建立一种长期、密切、稳定的关系,以降低双方的交易和经营成本,促进投资银行和企业间的合理分工,发挥投资银行在资本经营方面的优势。

5. 集中化

由于受到商业银行、保险公司及其他金融机构的业务竞争,各大投资银行纷纷通过并购、重组、上市等手段扩大规模,体现出明显的集中化发展趋势。

二、投资银行业务的演变

1. 传统业务

(1) 证券承销业务:具有证券承销业务资格的承销公司,接受证券承销人的委托,在法律规定或者约定的时间范围内,利用自己的良好信誉和销售渠道将拟发行的证券发行出去,并且因此收取一定比例的承销费用。

(2) 证券经纪业务:分为狭义的经纪业务和广义的经纪业务,狭义的经纪业务也称证券代理业务,指投资银行接受客户委托,按照客户的要求,代理客户买卖证券,并以此收取佣金的业务;广义的经纪业务不仅包括证券代理业务,还包括投资咨询、资产管理、设计投资组合等业务。

(3) 自营业务:证券公司使用自有资金或者合法筹集的资金以自己的名义买卖证券并获取利润。

2. 创新业务

(1) 兼并收购业务:在企业收购过程中提供各种服务的业务形式,包括寻找兼并收购对象、提供买卖价款及非价款的咨询、制订收购计划,并且还为并购积极创新金融工具。

(2) 项目融资业务:它是美国投资银行首创的业务形式,对需要大规模资金的项目采取融资活动,投资银行运用自己的各项渠道,为项目寻找合适的贷款者,也能为贷款者找到合适的项目。投资银行将项目的各方联系起来,从而通过发行债券、基金、股票等各种形式进行资金融通,并且在其中提供项目评估、融资方案设计、有关信用评级、证券价格确定等服务。

(3) 资产证券化业务:以基础资产所产生的现金流为偿付支持,通过结构化等方式进行信用增级,在此基础上发行资产支持证券。

3. 投资银行的引申业务

(1) 咨询业务:对投资人员所提供的财务顾问、资产管理顾问、以及投资建议等服务。

(2) 委托理财:专业管理人接受资产所有者的委托,代为经营管理资产,以实现委托资产增值及其他特定目标。

(3) 风险投资:通过科学评估和严格筛选,向有潜在发展前景的新创和市值被低估的企业、项目、产品注入资金,并运用科学的管理方法增加风险资本的附加值。

三、投资银行的品牌战略

1. 品牌概述

品牌是生产者、经营者为了标识其企业、服务、产品,以区别于竞争对手,便于让消费者认识而采用的显著标志。

品牌可以是名称、术语、记号、象征或设计,也可以是以上若干因素的综合。

2. 品牌建设的目的

(1) 增强企业的凝聚力。凝聚力不仅能使团队成员产生自豪感,增强员工对企业的认同感和归属感,使之愿意留在企业里,还有利于提高员工的素质以适应企业发展的需要,使全体员工以主人翁的态度工作。

(2) 增强企业的吸引力和辐射力,有利于企业美誉度和知名度的提升。不仅使投资环境价值提升,还能吸引人才,从而使资源得到有效集聚和合理配置。企业品牌的吸引力是一种向心力,辐射则是一种扩散力。

(3) 形成提高企业知名度和强化竞争力的一种文化力。这种文化力是一种无形的、巨大的促进企业发展的力量。企业实力、活力、潜力以及可持续发展的能力,集中体现在竞争力上,而提高企业竞争力又同提高企业知名度密不可分。一个好的企业品牌将大大有利于企业知名度和竞争力的提高。这种提高不是来自人力、物力、财力的投入,而是靠品牌这种无形的文化软实力。

（4）推动企业发展和社会进步。企业品牌不是停留在美化企业形象的层面，而是成为吸引投资、促进企业发展的巨大动力，进而促进企业将自己像商品一样包装后拿到国内甚至国际市场上"推销"。在经济全球化的背景下，市场经济全方位渗透，可逐步清除企业的体制障碍。

3．品牌建设的过程

（1）确立有特色的业务，明确品牌定位。确立鲜明的、有特色的业务就是确立自身的市场定位，即对特定的客户群体提供有特色的产品或服务，也就是明确自身的品牌定位。品牌定位是指建立或重塑一个与目标市场有关的品牌形象的过程与结果。品牌定位的核心是 STP，即细分市场、选择目标市场和具体定位。

（2）确立以客户为导向的品牌服务理念，塑造品牌服务形象。投资银行的品牌资本实质上是一种服务品牌资本。优质的服务不仅可以提升金融产品的附加值，而且可以向客户传递理念性和情感性的品牌形象，增进客户对企业的认识、理解与支持。金融消费市场的变化要求金融企业能够提供个性化、情感化乃至智能化的全方位金融服务。为此，金融企业要不断更新服务理念，推出新的服务标准，增强服务技能，建立起以客户为中心的服务体系，不断提高客户满意度，以求在客户心中建立起良好的品牌形象。

（3）改进品牌质量，提升品牌价值。主要包括以下两个方面。①提升企业的运行质量。投资银行要保证充足的资本水平，加强风险管理、稳健经营，维护企业的安全运营，这是创建品牌的先决条件，也是形成品牌价值的基础。②提升产品质量。产品质量是指品牌在安全性、增值性、流动性及方便性等方面的综合效能水平。投资银行应尽力在保证安全性的基础上，帮助客户最大限度地实现资金增值。只有不断改进产品质量，投资银行品牌的信誉度、知名度、美誉度、忠诚度才能不断增强，品牌价值才能不断提升。

（4）进行有效营销，扩大品牌的影响。品牌需要营销，营销提升品牌。要想在数量众多、产品丰富多彩、金融需求复杂多变的市场中创造投资银行品牌，扩大品牌影响，卓有成效的营销工作必不可少。品牌的营销推广工作包括：广告推销、公关推广、新闻推广、网络推广等。营销是创建投资银行品牌的基本手段。

4．品牌建设方法与手段

（1）守约。投资银行在开展业务的过程中，与客户在许多方面通过合同形式形成法律关系，如承销证券时签订承销协议，担任并购顾问时签订财务顾问协议，从事证券经纪时签订委托协议，等等。如果业务开展顺利，则协议的执行不会有什么问题。一旦发生某些意外情况，则不利于投资银行的自身利益。这时一家投资银行能否仍然严格执行合约、履行自己的职责，则体现出其经营信誉的好坏。

（2）高效。资本市场瞬息万变，投资银行在为其客户服务的过程中，能否抓住稍纵即逝的机会，除了取决于其良好的市场判断能力以外，还取决于其经营运作的效率。例如：在并购业务中，投资银行要帮助客户筹划如何在第一时间取得一家公司的控制权；在经纪业务中，投资银行需要立即将客户的指令传达到交易市场；在增发股票的承销业务中，投资银行要看准时机，获得较高的发行价；在基金管理业务中，投资银行要根据市场状况不断变化投资组合。经营效率是投资银行实力的体现。效率的取得一方面靠投资银先进的硬件设施,另一方面靠其员工积极的工作态度、良好的组织管理手段等。

(3)稳健。资本市场具有高风险的特性,投资银行作为资本市场的中枢,所面临的风险自不待言。具有稳健的经营风格是投资银行可持续发展的保证。投资银行投机心态过重是投资银行发展过程中的最大危险。投资银行与客户的关系往往是长期的,双方的利益互为关联,客户不希望自己所依赖的投资银行热衷于投机,具有稳健的经营作风才是投资银行争取与客户长期合作的关键。

(4)创新。要求投资银行具有稳健的经营作风并不意味着投资银行只能维持现状,不求开拓进取。投资银行的信誉还体现在其能否发挥创新精神,针对客户不同的需求,开发出不同的金融产品。相较于商业银行,投资银行的业务更加灵活多变,客户对投资银行创新有着更高的要求。纵观著名投资银行的发展历史,其规模的扩大、信誉的提高,与其开发某种新一代的金融产品,从而迅速占有市场具有极大的相关性。

(5)规范。投资银行业务有着许多成文和不成文的职业规范。能否严格遵守这些职业规范,是投资银行能否树立信誉的重要因素。例如:在为企业充当收购顾问时,要做到严守秘密,不泄露内幕信息,以降低收购成本;在证券交易业务中,要严格区分自营和委托业务,防止侵犯客户利益的行为发生;从事咨询研究业务时,要确保研究结论的客观性、中立性,等等。

四、投资银行的市场策略

1. 营销策略的演变

1)基于满足顾客需要

4P:产品(Product),价格(Price),渠道(Place),促销(Promotion)。

2)基于追求顾客满意

4C:消费者(Consumer),成本(Cost),便利(Convenience),沟通(Communication)。

3)基于建立顾客忠诚

4R:关联(Reletivity),反应(Reaction),关系(Relation),回报(Retribution)。

4V:差异化(Variation),功能化(Versatility),附加值(Value),共鸣(Vibration)。

2. 竞争策略的三种基本形式

1)低成本策略

针对大众化的服务,凭借低成本、高效率、勤勉尽责的服务实现较高的市场占有率。为此,投资银行应全力以赴地降低成本,严格控制成本、管理费用及研发、服务、推销、广告等方面的成本费用。为了达到这些目标,投资银行需要在管理方面对成本予以高度重视,确保总成本低于竞争对手。

2)差异化策略

投资银行使提供的产品或服务差异化,树立起一些全行业范围中具有独特性的东西。投资银行要实现差异化策略有很多方式,如树立名牌形象,保持技术、性能特点,具有顾客服务、商业网络及其他方面的独特性,等等。最理想的状况是投资银行在几个方面都具有差异化的特点。差异化战略是针对小规模的市场提供特色化的服务。

3）集中式服务

针对高度集中的市场空缺，对目标客户群体进行定位服务。投资银行把自己的经营业务集中于某个特殊的顾客群、产品的某一细分区段或者某一地区市场。低成本与差异化战略都是要在全行业范围内实现其目标。集中化战略的前提思想是，投资银行业务的集中化能够以较高的效率、更好的效果为某一狭窄的策略对象服务，从而超过在较广范围内的竞争对手。投资银行或者通过满足对象的需要而实现差异化，或者在为这一对象服务时实现了低成本，或者二者兼得。这样，投资银行可以使其盈利的潜力超过整个行业的平均水平。

3. 投资银行竞争战略管理过程

1）环境分析

投资银行在制定竞争战略之前，必须首先进行 SWTO（优势（Strength）、劣势（Weakness）、机会（Opportunity）、威胁（Threat））分析。投资银行必须清楚外部环境以发现可能的机会和威胁，同时也必须分析内部环境以自知优势和劣势。

2）战略制定

战略制定是一个相对复杂的决策过程。首先要确定投资银行的使命；其次要在未来一定战略期间内，沿着已定的使命或宗旨方向，明确将要达到一个怎样的目标结果，即战略目标的确定。然后是如何实现这一战略使命与目标，即投资银行应采取什么样的战略措施。在制定战略方案时，可以考虑多种方案，然后根据一定的标准进行评估比较，以选择最有助于实现公司使命和目标的管理战略。被选择的方案应有助于投资银行在自己所确定的经营领域中夺取优势，从而保证其目标的实现。

3）战略执行

投资银行竞争战略执行过程是指通过切实可行的步骤和方法将战略化为可执行的行动。

（1）战略方案分解。为了使每一个部门都明确自己在一定时期内的任务，应将战略方案中规定的总目标进行分解。

（2）行动计划编制。通过编制行动计划，可以进一步规定任务的轻重缓急和时机，可以明确每一战略项目的工作量、大体时间安排、资源保证、负责人等。

（3）战略任务执行。各单位要根据编制好的行动计划，有秩序、高效率地执行所分配的具体任务。

4）战略控制

战略控制（见表 11.2）是投资银行实施竞争战略中的重要一环。战略控制是指将战略执行结果与既定的战略目标进行对比，发现偏差、分析原因并及时采取措施加以克服的整个过程。如果将实际工作成果与预定的目标或评价标准进行对比，就会发现偏差，特别是实际成果达不到目标要求的情况。这时就要进一步分析造成偏差的原因，究竟是战略本身的问题，还是执行不力、方法不妥、互相脱节等行动方面的问题，然后针对存在的问题进行战略修订或调整，纠正偏差。

表 11.2　投资银行的战略控制

战略＼环境	内部优势(S)： 公司管理层政策的激励； 员工队伍素质不断提高； 企业文化健康向上； 业务牌照已经齐全； 业务格局正在逐步形成	内部劣势(W)： 公司资本金偏少； 业务区域受限； 公司无品牌知名度； 缺乏人才和创新能力
外部机会(O)： 公司在地方的影响力以及投资者对公司的认知度； 区域饱和政策对佣金的保护； 创新大会给行业创造战略机遇； 对外合作、合资	SO战略： 充分利用公司在当地的影响力和投资者的认可程度，加大公司资产引进力度，提高周转率，为客户创造更好的环境，为员工创造更好的收益和进行价值提升	WO战略： 继续增资扩股引进优质股东； 加强品牌宣传力度； 利用西南经济发展推动创新业务； 良好的人才培养计划
外部威胁(T)： 同业之间的无序竞争，恶意营销和打价格战； 与其他金融行业尤其是与银行客户之间的竞争加剧； 创新大会后政策全面放松，行业竞争更加残酷； 中国资本市场的对外开放导致的冲击	ST战略： 积极开展创新业务； 以投行、经纪业务为基础，以研究为依托，扩大研究业务的影响力，推动经纪业务转型	WT战略： 坚持有所为、有所不为的经营策略，逐步改善企业内部存在的问题，精简不合理的机构和人员； 实施防御战略

对投资银行竞争的一些要求：

(1) 证券公司不得向第三方运营的客户端提供网上证券服务端与证券交易相关的接口，证券指令必须在自主控制的系统内全程处理。

(2) 将证券公司分为 A、B、C、D、E 五大类，其中，A、B、C 代表正常经营公司，D、E 代表潜在风险可能超过公司可承受范围及被依法采取风险处置措施的公司。

第三节　投资银行的风险管理

一、投资银行面临的主要风险

风险是投资银行的固有特性，与投资银行相伴而生。投资银行风险按不同标准可以分为不同类型,根据马科维茨和夏普的现代投资理论,可以把投资银行风险分为两类:系统性风险和非系统性风险。系统性风险又称宏观风险,主要是指波及整个证券市场的风险,它主要来源于政治、经济、社会环境的变化,以及利率风险、汇率风险和购买力风险等。对于投资银行而言,这种风险是投资银行无法控制的,属于不可分散的风险。非系统性风险是商业金融机构在经营过程中,由于决策失误、经营管理不善、违规操作、违约等原因,导致金融资产损失的可能性。非系统性风险包括信用风险、流动性风险、资本风险、决策与管理风险、财务风险等。

我国国内商业银行开展投资银行业务的时间不同,进程不同,所以各家银行的投资银行业务也不相同。表11.3选取了国内几家实力比较雄厚的银行为代表,整理出它们开展投资银行业务的主要类型,经过比较,可以看出比较多的商业银行都开展了银团贷款、财务顾问等业务,而且各家商业银行的投资银行业务范围越来越广泛、越来越综合。

表11.3 我国商业银行投资银行业务范围

银行名称	业 务 范 围
中国工商银行	跨境并购,境内并购,股权融资,投融资顾问,常年财务顾问,投资银行研究服务,债务融资顾问,财务重组顾问,创新业务,资信业务
中国农业银行	融资业务:香港人民币债券承销,金融债券承销,非公开定向债务融资工具承销,超短期融资券承销,中期票据承销,中小企业集合票据,银团贷款,并购贷款。 财务顾问类业务:常年财务顾问,企业上市财务顾问,并购重组财务顾问,私募股权投资基金投融资财务顾问,清洁发展机制顾问,投融资财务顾问,资信业务。 资产管理业务:信贷资产转让,结构化融资,定向融资理财,信贷资产证券化
中国银行	银团贷款,咨询策划服务,财务顾问,债券承销分销业务,出口买方信贷
交通银行	债券主承销:地方政府债主承销,政府支持机构债主承销,债务融资工具主承销,金融债主承销,离岸债主承销,资产支持票据,公司债、企业债、可转债等债券配套服务,信用衍生产品设计与发售。 权益融资及配套服务:企业境内权益性融资配套服务,私募股权投融资财务顾问,上市公司股权市值管理,赴港上市保荐及配套服务,直接投资业务,并购顾问与融资,财务顾问与融资,资产证券化
兴业银行	债券承销,银团贷款,财务顾问,资产证券化
招商银行	并购金融,信贷资产证券化,专项财务顾问,债务融资工具承销业务
浦发银行	债券融资,股权融资,项目融资,租赁融资,代理融资,资产证券化,兼并收购,财务顾问
中信银行	债券承销与分销,债券融资综合顾问,银团贷款,转贷款,结构融资,资产管理及资产证券化,商业银行便利服务,国际业务财务顾问,财富管理咨询顾问
中国建设银行	财务顾问,债券融资,股本融资,理财产品,资产证券化,私募股权投资基金,机构证券销售业务,金融市场研究服务,建银国际

（一）系统性风险

1. 利率风险

利率风险是指由于利率水平的不确定变动,导致行为人受到损失的可能性。利率是资金的价格,是调节货币市场资金供求关系的杠杆。由于受到中央银行的管理行为、货币政策、经济活动水平、投资者预期及其他国家或地区利率水平等多种因素的影响,利率也将经常发生变动。近年来,我国利率逐渐市场化,利率变动更加频繁,难以预料。所以,投资银行面临越来越大的利率风险。

利率风险的一个显著特征是导致现金流量(净利息收入或支出)的不确定,从而使收益和融资成本不确定。对于某个时期内被重新定价的资产来说,将面临到期日利率下降、利息收入减少的风险；对于某个时期内被重新定价的负债来说,将面临到期日利率上升、利息支出增加的风险。另外,对于一些支付固定利率的资产或负债来说,尽管现金流量确定,但是利率的升降也可能带来一些间接的损失。例如,按固定利率收取利息的投资,必将面临市场利率可能高于原先确定的固定利率的风险,因为当市场利率高于固定利率时,投资者实际取得的利息收入比按市场利率收取的利息少。对于一个人或者一个机构来说,如果持有利率风险正缺口,其将面临利率下降、净收益或净利息收入减少的利率风险；反之,如果持有利率风险负缺口,其将面临利率上升、净收益和净利息收入减少的利率风险。

此外,利率风险也影响到金融机构的经营环境。例如,一些存款者为了取得更优惠的利息收入,往往将存款转入利率高的机构；一些借款者为了支付较少的利息,尽量寻求贷款利率低的机构。因此,利率风险引起了这些金融机构资金来源和运用的不确定性。又如,利率下降,生产扩张,一些企业面临竞争加剧的风险；利率上升,生产成本上升,一些金融产品的需求将会减少。最后,利率的变动也将影响汇率,从而影响到有关公司的经营活动。

投资银行主要进行证券的管理和买卖,面临着很大的利率风险,利率的波动能够对其所拥有的资产和经营的金融产品的价格带来较大影响,并且能够影响其自身的流动性和安全性。所以,投资银行主要面临利率风险。

2. 汇率风险

汇率风险,通常是指汇率的波动给行为人造成损失的不确定性。目前各国普遍采用了浮动汇率制,在外汇市场上,汇率频繁波动,变化莫测。尤其是近年来,各国经济联系日益密切,金融向国际化、电子化发展,外汇市场上不确定因素增多。各国经济发展不平衡、国际收支不平衡,一些国家政局动荡不安以及外汇市场上投机交易规模巨大等,加剧了汇率的波动。一些大型投资银行往往经营着大量外国证券和资产,面临着较大的汇率风险,其金融资产的面值货币和所在国货币汇率的波动能够直接影响其收益。

3. 购买力风险

购买力风险,即通货膨胀风险,是指因一般物价水平的不确定性变动而使人们遭受损失的可能性。通货膨胀是当今各国普遍存在的问题。通货膨胀风险主要能够影响投资者的实际回报率,通货膨胀率过高,则相同到期收益率下,投资银行获得的实际收益就相对较少。通货膨胀不仅对一国经济、政治具有重大影响,而且会对经济主体的投资经营带来直接影响,这是因为购买力风险存在于经济的各个部门和各个环节。通货膨胀也能够通过影响人们的预期和对资产回报率的要求,影响整个市场的利率波动,从而影响投资银行的收益。并且,购买力风险能够通过购买力平价间接影响一国货币的汇率水平,从而影响投资银行的国外证券的经营收益。

4. 政策性风险

政策性风险是指因国家政策变动造成市场环境的急速变化,从而对投资银行正常的经营管理所造成的风险。目前,我国由于市场法规体系和市场监管体系尚不健全以及管理层在政策把握力度、政策的连续性、政策发布的时机选择方面缺乏经验,投资银行一方面在经营上缺乏完善的法规环境和稳定的政策环境,另一方面对政策演变的规律难以把握而承受风险,从而使投资银行的政策性风险具有概率较大和波动性较强的特点。

5. 社会经济风险

证券市场是国民经济的晴雨表,往往先于经济周期而出现谷底和谷峰。这种波动性给公司的发展带来的风险就是社会经济风险。中国经济经过多年的改革,已经从计划经济周期转为商业周期,市场机制开始发挥基础性作用。市场经济内生的自发性调节作用会使宏观经济表现出繁荣、衰退、萧条、繁荣的短期性波动,这种波动首先反映在金融市场的价格、利率、汇率等信号上,进而影响金融市场上投资银行的经营活动,因此,投资银行也要根据经济的周期性来调节自己的业务结构和投资组合。

6. 体制风险

证券行业是一个高风险、高利润的行业。市场发育程度的风险是指证券市场的监管水平和投资者的成熟程度对投资银行业务可能带来的损失。在我国,证券市场是一个新兴的市场。纵观我国证券业的发展历程可以看到,我国的证券机构走的主要是一条外延扩张的路线,是一种粗放型经营方式,行业内部蕴含着很大的风险,市场监管还不完善,投资者尚不成熟,投资银行业务中的暗箱操作时有发生,二级市场投资色彩较浓,所有这些都很可能使投资银行业务陷入风险之中。

7. 政治风险

政治风险是指由于证券市场所在国家的政治事件(如领导人的变动、大方针的转变、法令规章的更改等)给投资者带来的损失。

国际政治风险一般包括下列情况:剥夺非居民的资产;不让国外投资者撤回其资金要求的外汇控制;不利的税收政策;由非居民投资者给予当地居民部分所有权的要求;被所在国有敌意的居民破坏了外国投资者拥有的财产而得不到补偿,等等。

此外,国外投资必须获得比国内投资更高的预期收益率,也可以利用一些措施,如获得外国高级官员的书面保证、在从事国外投资前使用国外规定的无追索权贷款等来减少国际政治风险。

(二)非系统性风险

1. 信用风险

信用风险是金融行业中最基本的风险。投资银行所面临的信用风险是指由于交易对手不能或不愿履行合约承诺而使投资银行遭受的潜在损失。这些合约包括按时偿还本息、互换与外汇交易中的结算、证券买卖与回购协议以及其他合约义务。

引发信用风险的原因是交易双方拥有信息的不对称性,容易导致逆向选择和道德风险。

2. 流动性风险

流动性风险又称变现能力风险,是指投资银行流动比率过低,其财务结构缺乏流动性,由于金融产品不能变现和头寸紧张,使投资银行无力偿还债务形成的风险。由于流动性需求的不确定性,如客户何时取款、取多少金额等都无法准确预测,所以投资银行往往难以保持稳定的流动性以保持其与盈利性的平衡。因而,投资银行面临着较大的流动性风险,"多米诺效应"将使公司很快陷入危机中。

造成流动性风险的主要原因在于投资银行的财务结构中资产流动比率过低,在经营不利时,由于头寸和金融产品不能及时变现,投资者得不到现金支付而造成恐慌。

3. 财务结算风险

投资银行的财务结算有着特殊的风险表现,主要包括以下几个方面。

(1) 清算:资金清算不及时及发生差错,发生在客户端会影响客户次日的正常交易,发生在交易所端会造成证券机构被罚款或全部新股申购无效,进而导致证券机构对投资者群体的经济赔偿。

(2) 资金支取:主要是客户的非现金资产通过保证金账户实现现金存取,可能酿成证券机构的经济赔偿。

(3) 客户保证金:主要是指自营、上级法人机构抽调等挪用现象十分严重,有些地方已经影响了投资者资金的正常支取。

(4) 账外经营:部分机构"小金库"失控,账外自营证券损失十分严重。

(5) 对外担保:一些证券机构对外进行的各种财务担保,可能使证券机构遭受重大损失,甚至倒闭。

4. 财务风险

财务风险也称拖欠风险或公司风险,主要是由于企业经营状况变化而引起盈利水平的改变,从而产生投资者受益下降的可能。在上市公司经营不善时,常会使股票狂跌或无法分配股利,或使债券持有人无法收回本息。

5. 管理风险

管理风险是指在经营管理过程中,因某些金融因素的不确定性,导致经营管埋出现失误,而使投资银行遭受损失的可能性,它实质上是因管理失控而造成的风险。因此,管理风险是一种可控风险。管理风险通常有以下几种表现形式。

1) 决策风险

决策风险是指由于经营方针不明确,或者信息不充分,或者对业务发展趋势的把握不准等原因,在业务经营方向和业务范围的选择上出现偏差,造成决策失误,从而导致损失的可能性。

2) 操作风险

操作风险是因交易或管理系统操作不当或缺少必要的后台技术而造成的损失,具体包括操作结算风险、技术风险和内部失控风险。

6. 资本充足性风险

这一风险可以通过资本充足率来衡量。资本充足率也称资本充实率,是保证银行等金融机构正常运营和发展所必需的资本比率。基于投资银行的特殊性质,加上如今的投资银行涉足的领域越来越多,其中一些还涉足高风险行业,对投资银行资本充足性提出了更高的要求,业务开拓和风险控制在今后的发展中两手都要抓、两手都要硬。

(三) 根据投资银行不同业务所面临的风险来划分

1. 证券经纪风险

证券经纪风险是指投资银行在接受客户委托,代理交易股票、债券、金融衍生工具时所面临的风险。由于投资银行是通过证券营业部向客户提供服务的,而证券营业部自身并不具有独立法人的地位,且在日常工作中享有较大的自主权,再加上存在的地域等方面的因素,投资银行不能对营业部进行全程、全方位监控,难免存在风险。证券经纪风险主要包括规模不经济风险、信用风险等。

2. 证券承销风险

证券承销风险是指投资银行在承销股票、债券、金融衍生工具等过程中,由于不能在规定时间内按事先约定的条件完成承销任务而造成损失的可能性。证券承销风险包括发行方式风险、竞争风险、违法违规操作风险等。

3. 证券自营风险

证券自营风险主要来自所经营证券的风险。而证券自营风险主要包括系统性风险和非系统性风险。

4. 并购风险

并购的成败不仅在于交易的完成与否,而且在于交易完成后的经营效果是否实现。一般来说,投资银行在并购业务中面临以下风险。

(1) 财务风险。并购的财务风险是伴随着企业并购的一系列行为所产生的,贯穿于企业并购投资战略分析、财务分析、价值评估、融资与支付决策、并购整合等活动的过程中。因此,并购的财务风险是并购中财务调查、财务分析、财务评估、财务融资和支付及其他活动或决策形成的风险。具体来说,并购的财务风险指的是由企业并购定价、融资支付和并购整合等各项财务决策和并购活动所引起的财务状况恶化或不确定性的财务成果损失,是并购预期的价值与价值实现严重的负偏离而导致企业的财务出现困境和危机。从某种意义上来说,并购的财务风险是一种价值风险,是各种并购风险在价值量上的综合反映,是贯穿于并购全过程的不确定性因素对预期的价值产生的负面效果和影响。

(2) 运营风险。如果并购后企业运营不理想,就会面临运营风险。

(3) 信息风险。信息风险是指由于并购者与目标企业处于信息不对称地位,由此导致对目标企业资产价值和盈利能力判断失误,致使并购难以达到预期效益,甚至陷入沼泽。

(4) 操作风险。主要是企业并购目标公司的时候,被目标公司部署反并购战略,出现反并购风险。

(5) 法律风险。主要包括：①制定出的并购方案违反目标公司所在地的某些法律而使并购策略落空；②在帮助企业并购的过程中因操作不当或忽视某些法律规定而被起诉等增加了并购成本。

5. **融资融券业务风险**

1) 业务规模失控风险

证券公司为投资者提供融资融券服务，不仅能获得资金或证券的融通费用，而且可以收取不菲的交易佣金收入。证券公司出于自身利益的考虑，将尽可能地扩大业务规模。在证券信用交易中，证券公司是资金或证券的提供方，信用交易客户数量越多，业务规模越大，证券公司承担的客户信用风险、资金流动性风险、管理风险等也就越大。证券公司若不在自身风险承受能力和风险控制能力内开展业务，盲目扩张证券信用交易业务规模，不仅不能为公司增加利润来源，反而会给公司带来巨大的信用交易风险和损失。我国证券行业尚处于以收付代理为主的劳动密集型阶段，与国外同业相比还有很大的差距。对比发达国家与我国商业银行中间业务收入数据显示，发达国家商业银行中间业务收入占银行总收入的比重通常高于40％，有些国家甚至达到70％的水平，美国花旗银行更是达到80％的水平；而我国商业银行中间业务收入仅占5％～10％（一些内陆地区只有2％左右，最低的为1％）。从现阶段来说，我国商业银行并未取得开展投资银行业务的许可，很大程度上限制了投资银行业务的发展，创新速度也跟不上市场的变化。市场流动性差加上透明度不高，导致投资银行业务品种少，发展规模小，难以满足市场需求。

2) 资金流动性风险

证券公司开展融资业务的资金主要是自有资金和依法筹集的资金，资金一经向客户融出，有可能被客户在一定时期内占用。证券公司从外部筹集的资金通常是有期限的，如果该类资金在到期日因信用交易仍被客户占用，而证券公司不能及时获得新的筹资渠道，则会给公司带来资金流动性风险。为控制资金流动性风险，证券公司在试点阶段应以自有资金开展融资业务，同时以净资本为参照指标限定信用交易规模不得超过净资本的一定比例；在信用交易业务成熟期，证券公司应动态测算资金流动性指标，做好资金预算，合理安排资金筹措计划，并根据流动性情况及时调整信用交易的授信规模。

3) 客户信用风险

在融资交易中，证券公司以自有资金或依法筹集的资金融给客户使用，可能会面临到期融资客户不能偿还融资款，甚至对其质押证券平仓后所得资金还不足偿还融资款的信用风险，证券公司可能会因此遭受一定的资产损失。为控制客户信用风险，证券公司应做好以下工作：

(1) 参照银行等金融机构的成功做法建立信用交易客户征信制度，对信用交易客户进行征信调查；

(2) 对信用交易客户进行充分的风险揭示，使客户充分认识到信用交易可能存在的风险；

(3) 实行较高的质押资产与融资资金比率；

(4) 证券公司应加强对客户授信额度的集中度管理,明确单一客户的最大授信额,严格禁止客户授信的集中度;

(5) 证券公司总部建立集中监控系统,加强对信用账户的保证金比率、授信额度的集中监控,对风险账户及时与客户沟通直至强行平仓。

4) 强行平仓引起纠纷风险

在融资交易中,由于行情下跌,证券公司对客户信用账户中的证券进行强行平仓会经常发生,被平仓的证券在卖出后发生大幅反弹的情形也有可能发生。因此,证券公司有可能与投资者在平仓通知时间、证券平仓范围、证券平仓顺序、证券平仓时间、证券平仓时机等方面发生纠纷,甚至会引起索赔诉讼。为控制强行平仓可能引发的纠纷风险,证券公司应与信用交易客户签订协议书,约定双方在信用交易中的权利和义务,揭示信用交易风险,并就平仓通知、平仓范围、平仓顺序、平仓时间、平仓时机等具体操作细节进行明确约定。

5) 经营管理及业务操作风险

在信用交易中,证券公司缺乏相关的内控制度或制度不健全,或制度执行力不够,或缺乏必要的信息技术系统,或信息技术系统功能不健全,或融出的证券价格发生下跌等,都可能给证券公司带来经营管理上的风险;另外,证券公司对信用交易业务的技术系统操作不当,或发生平仓错误等,也可能带来业务操作风险。为控制经营管理及业务操作风险,证券公司可按照监管部门的规定,制定包含信用交易业务所涉及的每个环节的关键点及相应措施的详细业务操作制度和业务流程;证券公司总部建立并完善对信用账户进行集中监控的信息技术系统,将业务操作流程固化到技术系统中实行自动化管理,尽可能减少人为干预;开展融券业务时,证券公司应加强对融出证券的调查研究,对基本面可能发生非良性变化的证券,尽可能不向客户进行融券交易。

6) 分支机构非法融资风险

由于证券信用交易业务具有交易量放大效应,在巨大的利益驱动下,证券公司或分支机构为扩大业务规模,在资金渠道较为有限的情况下,可能会出现非法融资行为。为控制非法融资风险,一方面,监管部门可以证券公司净资本指标为监控手段,严格限定证券公司只能以自有资金开展信用交易业务,并对市场信用交易规模进行总量控制;另一方面,监管部门对证券公司用于证券信用交易的资金进行定期或不定期检查,对以非自有资金开展信用交易的证券公司给予严厉处罚,提高其违规成本。

6. 信贷资产证券化风险

信贷资产证券化风险来源主要是证券化资产本身的质量和预期效应以及投资者和资本市场对其认同程度。信贷资产证券化风险主要包括资本风险、收益风险、市场风险、价格风险和汇率风险。

二、投资银行的风险成因

投资银行的风险是指由于种种不确定的因素使得投资银行的实际收益与预期收益发生偏离,从而蒙受损失或减少获取收益的可能性。投资银行风险产生的根源主要在于其本身的内在脆弱性以及其经营对象即金融资产价格的过度波动性。

（一）投资银行的内在脆弱性

1. 投资银行高负债经营

投资银行高负债经营表现为投资银行业的资产负债率很高，自有资金相对薄弱。据统计，境外大投资银行的平均资产负债率一般在90％以上，而我国各家投资银行资金总额的50％～60％来源于客户保证金，这种运作方式固然可以带来丰厚的利润，但若发生亏损，则往往会超过公司的承受能力，最终导致倒闭。

2. 制度上的缺陷

投资银行在具体的运作过程中，由于经营制度设计上的缺陷而使其面临巨大的风险，这可以从委托代理理论得到解释。从管理者角度看，其在经营业绩上获得的奖励和受到的处罚不对称。管理者的某种风险性决策一旦成功，其将获得极大的奖励，而即使失败，最坏的结果也只是暂时性地失去工作而已。从公司所有者的角度来看，投资银行的资产选择有很大的负外部效应。因为投资银行的自有资金只占资产负债的很小部分，而其净值越小，所有者从错误决策中遭受的损失就越小，其就越倾向于采用高风险的经营策略。

3. 竞争压力大

随着金融一体化和混业经营趋势的加强，投资银行面临着国内外众多同行和其他进入投资银行业的金融机构的巨大挑战，市场竞争异常激烈。在传统业务市场空间狭小和利润较低的情况下，投资银行不得不以增大风险为代价，在原有业务中加上种种优惠条件以争取顾客与市场，同时不断开拓新的市场和业务，这些行为本身就蕴含着高风险。

4. 金融风险的传染性

相对于其他产业，金融业更易发生系统性不稳定现象，其中的一个重要原因在于金融机构之间存在着密切而复杂的财务联系，金融风险具有很强的传播性，这使单一的或局部的金融困难容易演变成全局性的金融动荡。而金融创新和金融国际化加重了金融风险的传播性，衍生工具在金融机构之间创造出远比过去复杂的债权债务链条，而达到天文数字的金融交易规模使整个清算体系更加脆弱，金融国际化的发展则使金融体系风险的积累具有了全球性。

（二）金融资产价格的过度波动性

投资银行在从事各种投资银行业务的过程中，不可避免地要持有大量的金融资产。而这些金融资产价格的波动性造成的风险是投资银行重要的风险根源。金融资产价格不稳定有下列原因。

1. 金融资产难以定价

金融资产是虚拟资产，根据收入的资本化定价理论，任何一种金融资产的内在价值等于其未来全部现金流的贴现值之和。由于将来收入是难以准确预见的，是不确定的，市场贴现率的选择有时也难以准确确定。这样，金融资产的价值难以真正确定。价格是围绕价值上下波动的，当价值本身的定位模糊时，价格就会大起大落。

2. 金融资产价格受市场信心影响很大

金融资产价格受市场信心的影响，而市场信心是极不稳定和敏感脆弱的。当市场看好时,这种信心就不断地加速膨胀,推动价格更快地上涨;当市场预期发生逆转时,市场信心就一下子崩溃,使价格急剧下滑,造成大幅波动。

3. 投机力量和信用交易机制对价格波动的推动作用

强大的投机力量的存在加重了金融市场"赌博游戏"的气氛,往往会使市场偏离真实价值而使价格发生巨大的波动。同时,信用交易中的保证金和抛空机制也加剧了证券市场的波动。

(三) 我国商业银行投资银行业务风险管理存在的问题分析

1. 控制风险类型单一

我国商业银行对投资银行业务风险管理方面主要着重于对投资风险的控制,对目标项目或目标客户的信用评级比较完善,但是对于资金风险、内部交易风险等类型的风险,目前的管理措施还不够成熟,没有形成系统的管理办法。

2. 缺乏严谨的风险管理体系

我国商业银行开展投资银行业务的时间还比较短,没有形成完善的风险管理体系,仅仅是对每种风险逐个管理,并且内部审批和业务经营互相分离,没有将其纳入风险管理的整体。除此之外,商业银行内部也缺乏系统的风险管理制度。由于投资银行业务比商业银行传统业务更加广泛、灵活多样,所以风险制度的制定应当更加严谨细致,形成完善的项目开展制度和开展之后的管理制度。

3. 缺乏风险管理人才

由于投资银行业务操作复杂,且投资银行业务本身风险也比较大,所以对人才的要求更高。现如今我国商业银行内部缺乏投资、法律及风险管理的复合型人才,现在急需这种人才来匹配我国商业银行投资银行业务快速发展趋势。而对于已经从事商业银行投资银行业务的操作人员,我国商业银行也缺乏对其进行系统的风险意识培训和职业道德意识培训。

4. 传统银行业务和投资银行业务并未分离

由于我国商业银行开展投资银行业务时间尚短,所以对于投资银行业务,不论是从资金方面还是从组织人员方面都与传统银行业务一致,在这样的情况下,很容易由于投资银行业务所产生的资金问题而影响到商业银行的存贷款业务。并且用同一套组织人员也容易产生人员的管理问题。

三、风险管理概述

投资银行的风险管理是投资银行能够识别风险、衡量风险、分析风险,进而有效控制风险,以尽量避免风险损失和争取风险收益,风险管理是投资银行经营活动的一项重要内容。作为现代资本市场重要的金融

导入案例
百富勤投资集团有限公司

中介机构,投资银行在优化资源配置和促进国民经济发展方面发挥着越来越重要的作用。投资银行自身的业务特点决定其也要面临各种风险,而其本质就是通过吸收风险、承担风险转移来获取收益。要通过建立完善的风险管理机制与制度,对各种风险因素进行充分的识别和评估;要在资本金约束下敢于承担与预期收益相平衡的风险,追求盈利机会;同时又要以科学的理念和方法加强风险管理,将风险控制在与资本金和风险管理能力相适应的水平上。

(一) 投资银行风险的类型

1. 按现代投资理论划分

投资银行风险按不同标准可以分为不同类型,根据马科维茨和夏普的现代投资理论可以把投资银行风险分为两类:系统性风险和非系统性风险。

1) 系统性风险

(1) 政策风险。政策风险主要是国家的宏观经济、法律、政策等调整引起市场波动而给投资银行带来的风险。

(2) 法律风险。法律风险来自交易一方不能对另一方履行合约的可能性。引起法律风险,可能是因为合约根本无从履行,或是合约一方超越法定权限作为的行为。

(3) 市场风险。市场风险是指证券公司的金融资产随着市场系统性因素的不利波动发生损失的可能性。这些因素包括利率、汇率、股票指数、商品价格等。系统因素包含于市场的各个方面,所以市场风险全面影响着证券公司各项业务的损益。

2) 非系统性风险

(1) 操作风险。操作风险是指由于投资银行在业务经营和管理过程中产生的失误而招致损失的可能性,主要包括投资银行决策风险、内部控制风险和技术风险等。

(2) 信用风险。信用风险是指由于信用危机而造成损失的可能性,包括贷款、掉期、期权及在结算过程中因交易对方违约带来损失的风险。信用风险的程度和交易性质与信用制度有着很大关系。一般来说,衍生品交易表现出的信用性质及其缺乏健全的保险金制度、逐日盯市制度,决定了其信用风险远高于非衍生品。信用风险是证券公司经常遇到并且将越来越多遇到的风险。

(3) 流动性风险。流动性风险又称变现能力风险,是指投资银行因资产结构不合理,流动比率过低,财务结构缺乏流动性,金融产品不能变现和头寸紧张,使投资银行无力偿还债务而形成的风险。

(4) 资本充足性风险。资本作为每个从事经营活动的实体存在的基础,其缺乏会影响投资银行的正常运营。资本充足不仅有利于公司筹集扩展业务所需要的资金,提高在同行中的竞争实力,还可抵御其经营中的风险。由于资本充足性风险对于投资银行的重要性,世界各国证券监管当局非常重视投资银行资本充足性管理。

2. 按风险来源划分

依据风险来源,可将投资银行风险分为信用风险、市场风险和操作风险。

1) 信用风险

信用风险是指债务人不能履行合同所规定的全部义务,给债权人造成经济损失的风险。信用风险具体可分为以下几类。

(1) 违约风险。它是指到期不能偿还债务造成的信用风险。如银行向企业发放贷款后,企业到期不能足额偿还贷款本息,从而给银行带来经济损失。

(2) 价格风险。它是指由于资产发行者(如债券发行人)信用评级被调低,导致资产价格下降从而造成损失的风险。

(3) 结算风险。它是指交易双方在结算过程中,一方支付了合同资金但另一方发生违约的风险。信用风险在银行业务中广泛存在,是商业银行最重要的风险种类,也是金融市场中最早出现的风险。

2) 市场风险

市场风险通常是指由于市场条件(如资产价格、利率、汇率等因素)的变化而给金融机构所持资产的盈利带来的不确定性。根据《巴塞尔协议Ⅱ》的内容,市场风险被定义为由于市场价格的变动所造成的资产负债表表内、表外资产头寸损失的风险。因此,利率风险、汇率风险及商业银行持有的资产价格变动风险都被归为市场风险。菲利普·乔瑞(2010)将市场风险分为两种,即以货币衡量的绝对风险和对应指数标准衡量的相对风险。前者关注总体回报的波动性,后者则衡量追踪误差(偏离指数的幅度)。

3) 操作风险

2004年巴塞尔委员会制定的《巴塞尔新资本协议》对操作风险有了具体描述,操作风险可以分为由系统、人员、外部事件和流程所引发的四类风险,并由此分为七种表现形式:内部欺诈;外部欺诈;就业制度和工作场所安全;客户、产品和业务活动;实物资产损坏;营业中断和信息技术系统瘫痪;执行、交割和流程管理。操作风险具有很强的隐蔽性,且不能带来盈利。商业银行业务的各个环节都可能存在操作风险,有些操作风险可以随着环境、技术进步得到规避,有些新的操作风险会伴随着新的技术、业务和产品的出现而出现。操作风险和其他风险的联系比较密切,如银行可能由于操作风险引发市场风险。

(二) 投资银行风险管理的原则

1. 全面性原则

风险管理必须覆盖投资银行的所有相关业务部门和岗位,并渗透到决策、执行、监督、反馈等各项业务过程和业务环节。

2. 独立性原则

投资银行应设立风险管理委员会、审计稽核部等部门,部门内部设立风险管理小组。上述各风险管理机构及人员应保持高度的独立性和权威性,负责对投资银行管理业务及内部风险控制制度的执行进行监察和稽核。

3. 防火墙原则

投资银行必须建立防火墙制度,业务中的投资管理业务、研究工作、投资决策和交易清算应在空间上和制度上严格隔离。对因业务需要知悉内幕信息和穿越防火墙的人员,应制定严格的批准程序和监督处罚措施。

4. 适时有效原则

在保证所有风险控制措施切实有效的基础上,投资银行业务内部控制制度的制定应具有前瞻性,并且必须随着公司经营战略、经营方针、经营理念等内部环境和法律法规、市场变化等外部环境的改变及时进行相应的修改和完善。

5. 定性与定量相结合原则

建立完备的制度体系和量化指标体系,采用定性分析和定量分析相结合的方法,同时重视数量分析模型和定性分析的应用,使风险控制更具科学性和可操作性。

(三) 投资银行风险管理的目标

投资银行风险管理的目标是在识别与评估风险的基础上,控制和处置风险,防止和减少损失,保障投资银行各项经营行为的顺利实施。实质上是以最经济合理的方式规避或消除风险导致的灾难性后果,并且产生最大化的收益。

(1) 经济目标:建立行之有效的风险控制机制,实现风险管理成本最小化。它要求风险管理者运用最佳的技术手段来降低管理成本。风险管理者应力求用最经济合理的处置方式,把控制损失的费用降至最低,通过尽可能小的管理成本达到最大的安全保障,取得控制风险的最佳效果。

(2) 职责目标:严格遵守有关法律法规、行业规章及公司各项规章制度的规定,自觉树立规范运作、稳健经营的经营思想和经营风格,承担必要的社会责任等。

(3) 持续经营目标:保证公司正常经营活动的实施,损失发生后,任何风险管理措施的执行和实施,都可以使风险造成的损失得到及时而有效的补偿,从而为公司经营活动的正常进行创造必要的条件。

(4) 系统性目标:风险管理往往是由多个相互联系、相互作用的部分构成有机整体或系统,其各个组成部分都存在各自的风险问题。处理局部风险应以整体风险管理为出发点,从全局降低系统的整体风险。

(四) 投资银行风险管理的流程

在实践中,投资银行的风险管理体系常常由四个环节构成,即风险识别、风险分析与评估、风险控制、风险决策。

1. 风险识别

风险识别就是在纷繁复杂的宏观、微观市场环境中及对投资银行实行经营管理过程中识别出可能给投资银行带来意外损失和额外收益的风险因素。风险识别需要投资银行对宏微观经营环境、竞争环境有充分的了解,有完备的信息收集处理系统,还需要丰富的实践经验和深刻、敏锐的洞察力。

2. 风险分析与评估

风险分析指投资银行深入全面地分析导致风险的各种直接要素和间接要素,如影响市场行情的宏观货币政策、投资者的心理预期等。风险评估是指管理者具体预计风险因素发生的概率,预测这些风险因素对投资银行可能造成损失和收益的大小,进而尽可能地确定投资银行的风险程度。

风险评估中需要用到风险管理指标体系,主要适用于可度量风险的识别和评估。该体系分为两个层次:一是用于反映公司整体风险情况的指标体系;二是用于反映各部门风险情况的指标体系。一级指标体系中包括安全性指标(如资产负债率、资产权益率等)、流动性指标(如流动比率、速动比率、长期投资余额占资本的比例等)、风险性指标(如自营证券期末余额与所有者权益比例、风险投资比率、应收账款比率等)和盈利性指标(如资产收益率、资本收益率等)。二级指标体系包括证券自营部门和投资管理部门监控指标、经纪业务监控指标和承销业务指标。

3. 风险控制

风险控制是指对投资银行的风险进行防范和补救。它包括风险回避、风险分散、风险转移、风险补偿等方式。风险回避主要指在资产的选择上避免投资于高风险的资产,通过对资产期限结构进行比例管理等方式来规避风险;风险分散主要指通过资产投资的多样化,选择相关性较弱甚至不相关或负相关的资产进行搭配,以实现高风险资产向低风险资产扩散;风险转移是指通过合法的交易方式和业务手段将风险转移到受让人的手里;风险补偿是指通过将风险报酬打入价格或订立担保合同进行保险等方式来保证一旦发生风险损失即可有补救措施。

4. 风险决策

投资银行风险决策一般由投资银行管理者在风险分析和评估的基础上做出,是风险控制的基础。它是指投资银行的管理层在综合考虑风险和收益的前提下,根据自身的风险偏好及对于相关业务的发展前景的一些判断,选择风险承担的过程。风险决策首先要依据投资银行的经营目标确定决策目标,然后采用概率论、决策树等方法提供两个或两个以上的方案,最后确定优选方案。

(五)投资银行风险管理的体系

1. 投资银行风险管理程序

有效的风险管理以功能完善和协调运行的风险管理体系为支撑,这一体系包括实现风险管理目标的政策和程序、进行风险分析、做出风险决策、执行风险管理决策、对决策的执行进行监控、做出风险管理报告,以及对战略、政策和程序的有效性进行动态评估和改进等各项内容。

图11.3为风险管理程序。

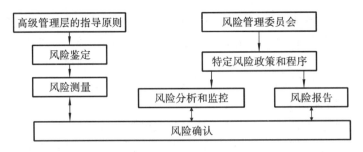

图11.3 风险管理程序

2. 投资银行风险分析

投资银行风险分析就是风险管理专业人员对投资银行的各项业务可能存在的风险种类、风险性质、风险大小、风险发生概率以及风险数量额度进行分析和研究。

3. 投资银行风险管理方案设计

投资银行风险管理部门根据不同的风险-收益对应关系,设计出控制和应对这些风险的多种对策,并形成报告,供高级管理层参考,同时根据证券市场环境的变化对风险方案进行动态跟踪和调整。

4. 投资银行风险管理决策

根据投资银行的经营风格或领导人的偏好,投资银行的决策层在不同风险和收益的对应关系中做出选择。投资银行的业务是围绕着风险和收益的对称性展开的。从理论上讲,投资银行的风险管理是在给定预期收益目标下将风险控制在最低水平,或者使经过风险修正的收益最大化。风险偏好高的投资银行追求的是高风险和高收益,风险偏好低的投资银行关注的是既定风险约束下的资产安全性。因此,投资银行的风险偏好不同,相应采取的风险管理策略也不同。

5. 投资银行风险管理决策执行

在高级管理层做出决策之后,投资银行专门的部门负责执行投资银行风险管理决策,具体包括:核定投资银行各部门和业务的风险大小,确定风险限额,明确各部门、各环节的权利和责任等。

6. 投资银行风险管理监督和控制

投资银行风险管理的有效性很大程度上取决于对投资银行风险管理对象的监督和对风险进行跟踪控制的效果。从国外投资银行风险管理的经验看,进行风险管理有效监督的一个切实可行的办法是实行定期报告制度。

四、风险管理理论的发展历程

从 20 世纪四五十年代起,就已经产生了相关的金融风险管理理论,比如早期的马科维茨的均值-方差理论、Downside-Risk 方法与哈洛资产配置理论、资本资产定价模型(CAPM)、期权定价理论等,但是这些理论更多的是对金融风险的刻画和度量,而不是系统的风险管理理论。现代风险管理理论包括市场风险管理理论、信用风险管理理论和全面风险管理理论。

(一) 早期风险管理理论

1. 马科维茨的均值-方差理论

1952 年,马科维茨发表了《证券组合选择》,标志着证券组合理论的正式诞生,他利用均值-方差模型分析得出通过投资组合可以有效降低风险的结论。马科维茨根据每种证券的预期收益率、方差和所有证券间的协方差矩阵,得到证券组合的有效边界,再根据投资者的效用无差异曲线,确定最佳投资组合。

2. Downside-Risk 方法与哈洛资产配置理论

马科维茨的均值-方差理论假设投资者收益呈正态分布,同时在金融市场中,对于超出期望收益的那部分收益,人们一般不将其视为风险,这部分收益与位于期望收益之下的那部分收益是有本质区别的。为了解决此类缺陷,人们长期以来一直希望能找到一种新的风险度量方法,这种风险度量方法应只关注资产组合收益率低于给定收益率的部分。为实现这种构想,人们相应地发展出一些方法,总体来说可称为下方风险(Downside-Risk)度量法,它引入收益参照水平,同时重点关注低于该参照水平的损失,既强调所谓的锚定效应。其中最具代表性的是 LPM 法和 VaR 法。在 LPM 法中,只有收益分布的左尾部分才被用来进行风险度量。

3. 资本资产定价模型(CAPM)

威廉·夏普和摩森提出的资本资产定价模型(CAPM)开创了现代风险资产定价理论的先河,提出了投资的回报与风险成正比的基本规律,即资产的期望报酬等于无风险利率加上风险调整后的收益率,揭示了在均衡条件下证券的期望收益率和市场风险之间的关系,证明了通过证券组合可以有效地分散和规避非系统性风险,但是无法分散具有整体特征的系统性风险。因此,对于企业进行风险管理来说,每种业务的费用至少应等于资本的 CAPM 成本,从而可以确保投资回报率经过风险调整后能够实现最大化。

4. Black-Scholes 期权定价模型

Black 和 Scholes(1973)提出了著名的 Black-Scholes 期权定价模型,解决了期权定价问题,推动了金融衍生产品的迅速发展和现代金融风险管理市场的形成,为企业的风险管理提供了更为精确的工具,企业既可以通过金融衍生品交易来转移市场风险,也可以通过信用衍生品的交易来进行信用风险管理。该理论的提出,使得风险管理突破了传统模式下依靠保险转移风险的思路,开始利用风险获取收益,标志着风险管理理论开始向纵深发展。

5. 套利定价理论

罗斯(1976)提出的套利定价理论(APT)在避开了 CAPM 许多严格的假设和不可得的市场资产组合的情况下,得出了与 CAPM 相似的均衡资产市场的定价模型。套期保值者利用期货价格和现货价格具有平行变动性的特征,在期货市场和现货市场做相等且相反的操作,即在两个市场上进行数量相等、方向相反的交易来对冲风险。

(二)现代风险管理理论

1. 监管方面:《关于统一国际银行的资本计算和资本标准的报告》的诞生

20 世纪 80 年代巴塞尔协议的出台可追溯至 1974 年联邦德国 Herstatt 银行和美国富兰克林国民银行的倒闭,这使得银行业普遍开始注重对信用风险的防范与管理,其结果是 1975 年第一个《巴塞尔协议》出台和 1983 年《巴塞尔协议》推出,但是这两个协议比较空洞,可操作性不强。1988 年通过的《关于统一国际银行的资本计算和资本标准的报告》,对各类资本按照各自不同的特点进行明确分类,同时确立了风险资产的风险权重的计算标准,这对银行业的风险管理起到了重要作用。《关于统一国际银行的资本计算和资本标准的报告》的推出意味着资产负债管理时代向风险管理时代过渡,正是这一思想的转变,使得该报告成了最具代表性的监管准则,不仅影响了银行业,也影响到其他金融业。此后通过的《巴塞尔协议》也是在这个基础上的补充和扩展。

2. 市场风险测量新方法的出现和全面风险管理理念的形成

20 世纪 90 年代以后,随着衍生金融工具及交易的迅猛增长,市场风险日益突出,巴林银行和大和银行先后倒闭,不久亚洲金融危机爆发,使人们认识到市场上各种风险是交织在一起的,仅仅依靠《巴塞尔协议》不足以应对风险。此时一些主要国际大银行开始建立自己的内部风险测量与资本配置模型,如 VaR 模型等。

全面风险管理理念的形成,对金融行业,特别是证券公司和投资银行产生了重大影响。同时,巴塞尔委员会修改原资本协议,提出了以资本充足率、监管部门监督检查和市场纪律为三大支柱的新资本监管框架草案,广泛征求意见,并于 2003 年达成协议。这一协议反映了这一时期的特征,也反映了全面的风险管理需要。2004 年,COSO 委员会通过完善内部控制框架,并提出了全面风险管理框架;GARP 也先后提出全面风险管理框架,全面风险管理成为这个时期风险管理的主要特征。

3. 整体风险管理理论

VaR 风险管理技术在风险定量计算上发挥着不可或缺的作用,但它也有明显的局限性,其中最重要的是它基于金融资产的客观概率,而没考虑其他因素。由于完整的风险管理包括风险识别、计量、管理和控制 4 个环节,而且对一定量风险进行控制是金融风险管理的最终目的,这必然要涉及风险管理的风险偏好和风险估价因素,所以单纯根据风险可能造成损失的客观概率,只关注风险的统计特征,并不是系统的风险管理的全部。金融风险管理的新进展即整体风险管理理论(TRM)系统,就是在现有风险管理系统的单一变量——概率的基础上引进另外两个要素,即价格和偏好。谋求在三要素(3P'S)系统中达到风险管理上的客观量计量与主体偏好的均衡最优,从而实现对风险的全面控制。TRM 技术克服了包括 VaR 技术在内的现有风险管理技术的基本弱点,将金融风险管理中的价格、概率、偏好三个要素综合起来进行系统、动态的决策,从而实现金融风险与风险偏好之间的均衡,使投资者承担愿意承担的风险并获得最大的风险报酬。更重要的是它可以使由几个单个决策者组成的机构主体在风险管理中最大限度地控制风险,不至于由于某一决策者的行为而造成整个机构遭受过大的风险损失。所以 TRM 为完整的金融风险管理开辟了新的道路和视野。

4.《巴塞尔协议Ⅲ》

进入 21 世纪后,美国先后出现安然丑闻、世通事件和 AIG 奖金风波,引起了人们对公司治理的关注。而由美国次贷危机引发的全球金融危机,则使人们对金融衍生品的风险给予了更多的认识和关注。在此背景下,2010 年,巴塞尔银行监管委员会(简称"巴塞尔委员会")再次达成《巴塞尔协议Ⅲ》。根据该协议,商业银行的核心资本充足率由 4% 上调到 6%,同时计提 2.5% 的防护缓冲资本和不高于 2.5% 的反周期准备资本,这样核心资本充足率的要求可达到 8.5%~11%,总资本充足率的要求仍维持 8% 不变。此外,还引入杠杆比率、流动杠杆比率和净稳定资金来源比率的要求,以降低银行系统的流动性风险,增强抵御金融风险的能力。而在投资银行业和证券业,保护投资者利益成为美国 SEC 对证券业监管的主要目标,并要求投资银行、上市公司、资产管理公司等提供连续的年度财务报告,监督其信息披露。但是对于飞速发展的对冲基金和私人股权投资基金的监管,全球金融监管当局没有形成统一的认识。

5. 金融风险管理的发展趋势:ISO 31000 风险管理标准

从金融风险管理理论发展历程可以看出,金融风险管理理论取得了很大进展,但是新的危机也总在对金融风险管理理论提出挑战,而现有的金融风险管理理论对新的危机处置乏力。2009年,国际标准化组织通过了ISO 31000风险管理标准。虽然这不是一个专门针对金融行业的风险管理标准,但其提出的风险管理内涵、管理原理、管理方法与逻辑、管理架构、管理流程及管理策略等,对金融业风险管理具有建设性的意义。

1) 风险管理原理

企业风险管理的目标与组织活动的范围有密切的联系,并能够对企业活动的策略、运营、流程与计划、财务与组织声望等产生影响。风险管理是为了协助未来可能发生的不确定性提供决策,并评估采取的应对措施。

2) 风险管理方法与逻辑

主要包括:沟通与咨询的过程;建构风险管理的相关内涵;辨识、分析、评价及处理与组织活动有关的流程、功能、计划、服务和生产等的风险,这其中包含了监督与策略风险、适当记录与报告风险等。

3) 风险管理架构

ISO 31000风险管理架构采用P-D-C-A管理循环模式。企业进行分析管理之前,应该调查、了解企业组织的内外部环境,并以此作为基础制定相关的风险管理策略,建立相应的风险管理模式,对企业的角色、责任、目标、绩效测量、资源和风险管理指标进行必要的沟通和协调。此外,企业还应明确风险发展支线计划与程序,进行必要的监督和审计,使组织的风险管理机制能够持续改善。

4) 风险管理流程

ISO 31000风险管理标准要求的风险管理流程,包括沟通与咨询、建立环境状况、风险评估(包含风险辨识、风险分析、风险评价、风险处理)等。

1998年10月,长期资本管理公司(LTCM)濒临破产,这家由华尔街精英、政府前财政官员及诺贝尔经济学奖得主组成,曾经红极一时的金融业巨子,在世界金融动荡冲击下难逃一劫。这使得金融界开始警醒,进一步深入考虑风险防范与管理问题。人们发现金融风险往往以复合的形式存在,单一形式的金融风险往往具有相互联动性。风险管理不仅是对过去的单个业务的单个风险进行管理,而应从整个系统的角度对所有风险进行集合管理。全面风险管理(ERM)理论就是在此背景下应运而生的。全面风险管理理论的核心理念是整个机构内各个层次的业务单位、各个种类的风险的通盘管理。ERM系统要求风险管理系统不仅处理市场风险或信用风险,还要处理其他各种风险,并且要覆盖涉及这些风险的所有资产与资产组合,以及所有承担这些风险的各个业务单位。ERM体系要能一致地测量并加总这些风险,考虑全部的相关性,而不是以分散的、不同的方法去处理不同的风险。

目前,这一管理方法还只是一个框架,但它迟早将成为大型金融机构的标准风险管理方法,体现了风险管理的发展趋势。

五、风险分析方法

在投资银行所面临的风险中,最核心的是市场风险和信用风险。投资银行的核心业务共同面临这两类风险,无论是投资银行内部风控部门还是外部监管机构,都将其视为风险管理的主要对象,因此诞生了不少量化、评估、控制市场风险、信用风险的模型和工具。其中比较流行的有衡量市场风险的 VaR 模型、CVaR 模型和度量信用风险的 KMV 模型。

（一）VaR 模型

20 世纪 70 年代以来，由于利率、汇率波动的加剧，市场风险成为金融机构风险环境中的重要因素，同时由于管制放松和金融自由化的发展，以及由此带来的金融机构混业经营的发展，传统的商业银行以信用风险为主、投资银行以市场风险为主的差异逐渐消失，风险特征正在趋同。风险管理模型首先在较为容易量化的市场风险管理中得到了迅速发展，其代表性模型就是 1994 年 J.P.摩根提出的 VaR 模型，该模型目前受到业界的广泛认可，并被许多金融机构采用。

VaR 即"风险价值"，在正常的市场条件和给定的置信度内，它用于评估和计量任何一种金融资产或资产组合在既定时期内所面临的市场风险大小和可能遭受的潜在最大价值损失。

从统计意义上讲，VaR 本身是个数字，是指面临正常的市场波动时处于风险状态的价值，即在给定的置信水平和一定的持有期限内，预期的最大损失量。例如，某一投资公司持有的证券组合在未来 24 小时内，置信度为 95%，在证券市场正常波动的情况下，VaR 值为 100 万元，其含义是指，该公司的证券组合在一天内（24 小时），由于市场价格变化而带来的最大损失超过 100 万元的概率为 5%，也就是说平均 20 个交易日才可能出现一次这种情况，或者说有 95% 的把握判断该投资公司在下一个交易日内的损失在 100 万元以内。这里，5% 的概率反映了金融资产管理者的风险厌恶程度，可根据不同的投资者对风险的偏好程度和承受能力来确定。

VaR 有两个重要的参数：资产组合的持有期和置信水平。此外，观察期、资产组合回报率的分布这两个参数对 VaR 的计算也起着重要作用。

资产组合的持有期，即计算损失的时间。从投资者的角度来说，资产组合的持有期应由资产组合自身的特点来决定。资产的流动性越强，持有期越短；反之，流动性越差，持有期越长。国外商业银行由于其资产的高流动性，一般选择持有期为一个交易日，而各种养老基金所选择的持有期则较长，一般为一个月。在应用正态假设时，持有期选择得越短越好，因为资产组合的收益率不一定服从正态分布。但在持有期非常短的情形下，收益率接近服从正态分布，这时的持有期一般为一天。另外，持有期越短，得到大量样本数据的可能性越大。

置信水平是测量的可信度。置信水平的选取反映了投资主体的风险厌恶程度，置信水平越高，风险厌恶程度越大。由前面所述 VaR 的定义可以看出，置信水平的选取对 VaR 值有很大影响。同样的资产组合，由于选取的置信水平不同，计算出的 VaR 值也不同。由于国外已将 VaR 值作为衡量风险的一个指标对外公布，因此各金融机构有选取不同的置信水平以影响 VaR 值的内在动力。例如，国外各银行选取的置信水平不尽相同，美洲银行和 J.P.摩根银行选择 95%，花旗银行选择 95.4%，大通曼哈顿银行选择 97.5%，信孚银行选择 99%。由 VaR 的定义可知，置信水平越高，资产组合的损失小于其 VaR 值的概率越大，也就是说，VaR 模型对极端事件的发生进行预测时失败的可能性越小。

观察期,是估计 VaR 时所需样本数据的选取时间范围。观察期越长,越有利于克服周期性变化的影响;但是随着观察期的拉长,市场结构发生变化的可能性也就越大,历史数据的有效性就越弱。

资产组合回报率的分布,即收益的概率密度函数。不同的分布意味着得到不同的 VaR 估值,因此,关于 VaR 的估值方法,主要是围绕其回报率分布特征进行估计,主要的估值方法有历史模拟法、蒙特卡罗模拟法等。

(二) CVaR 模型

CVaR(条件风险价值)模型是在 VaR 模型的基础上发展起来的一种风险计量方法。VaR 模型作为风险计量方法不仅具有概念简单、易于沟通和理解的优点,而且为不同金融工具构成的复杂投资组合提供了一个统一的、综合性的风险测量框架。因此,VaR 模型现在被广泛应用于各金融机构,并且正在成为计量金融风险的国际标准。然而,许多实证研究表明,VaR 模型具有其本身无法克服的缺陷:其一,VaR 模型不满足一致性公理,这就意味着用 VaR 模型来计量风险,投资组合的风险不一定小于或等于该组合中各种资产分别计量的风险值之和,这与风险分散化的市场现象相违背;其二,VaR 模型尾部损失测量具有非充分性,它无法考察超过分位点的下方风险信息;其三,VaR 模型应用的前提必须是股票收益率服从正态分布,而许多实证研究表明,目前中国的股票收益率并不服从正态分布。

为了克服 VaR 模型的缺陷,Rockafeller 和 Uryasev 于 2000 年提出了 CVaR 模型。CVaR 是指投资组合的损失大于某个给定的 VaR 值的条件下,该投资组合损失的平均值。与 VaR 模型相比,CVaR 模型满足次可加性、正齐次性、单调性及传递不变性,因而 CVaR 模型是一种一致性风险计量方法。另外,研究表明,CVaR 模型可以通过使用线性规划算法来进行优化。CVaR 模型以其优点正在被越来越多的机构投资者所重视。

CVaR 是指损失超出 VaR 的条件均值,也称平均超值损失、平均短缺和尾部 VaR。CVaR 值是超过 VaR 值的损失的期望值,即它是 $(100(1-\beta))\%$ 的最大损失的平均值。例如,$\beta=99\%$,则 CVaR 是那 1% 的最大损失的平均值。

若设定投资组合的随机损失为 $-X(-X<0)$,VaR_β 是置信水平为 $1-\beta$ 的 VaR 值,则 CVaR 值可用数学公式表示为:

$$CVaR_\beta = E(-X \mid -X \geqslant VaR_\beta)$$

(三) KMV 模型

信用监控模型,即 KMV 模型,是美国 KMV 公司于 1997 年提出的用来估计借款企业违约概率的模型。该模型认为,贷款的信用风险是在给定负债的情况下由债务人的资产市场价值决定的。该模型基于 Merton(1974)提出的运用期权定价理论对风险债券和贷款等非交易性信用资产进行观测和估值的模型。运用期权定价思想,通过可观测的公司证券市场价值来推测公司资产价值以及资产收益的波动性等,据此估计公司的违约概率。

KMV 模型的基本思想是,债务人的资产价值变动是驱动信用风险产生的本质因素,所以只要确定了债务人资产价值变动所遵循的规律和模型（如服从某个随机方程），就可实现估计违约率的目的。在 KMV 模型中，如果债务人无法按时还本付息，则将其视为违约；当债务人企业的市场价值等于企业负债水平时，即达到企业市场价值的违约触发点时，就会发生违约。

KMV 模型最适合用于上市公司，首先由股票市场公开的数据和信息来确定公司权益的价值，再据此确定公司资产的价值，进而估计违约率。当然，KMV 模型是建立在债务人公司股票价格被正确评估的基础上，如果不能正确评估股票价格或者股票市场处于非正常情形时，基于 KMV 模型的结论就可能产生较大偏差。

KMV 模型主要是为了得到 EDP 曲线，即违约距离（DD）和预期违约率（EDP）的曲线。在 EDP 曲线中，预期违约率 EDP 与违约距离 DD 是负相关的。计算 EDP 曲线主要有以下三个步骤。

1. 估计公司资产价值和资产收益率波动性

事实上，公司的所有者权益本质上是对公司资产的或有索偿权。当债务到期时，公司资产价值 V_T 大于借款 D，公司偿还债务以后，股权所有者保有资产的剩余价值为 $V_T - D$。公司资产价值越大，股权所有者所保有的资产剩余价值就越大；否则，公司的股权所有者将无法偿还贷款，在经济上失去清偿能力。因此，我们可以将公司股权所有者持有的股价 S_T 看作是一份执行价格为 D 的公司资产的欧式看涨期权。于是，只要确定了资产价值服从的随机方程，就可以利用期权定价方法得到股价：

$$S_t = h(V_t, \sigma_V, r, D, \tau)$$

$$S_t = N(d_1)V_t - D e^{-r\tau} N(d_2)$$

$$d_1 = \frac{\ln\left(\dfrac{V_0}{D}\right) + \left(r + \dfrac{1}{2}\sigma_V^2\right)}{\sigma_V \sqrt{\tau}}$$

$$d_2 = d_1 - \sigma_V \sqrt{\tau}$$

股价 S 由公司资产价值 V、公司资产收益率波动系数 σ_V、无风险利率 r、负债 D 和到期期限 $\tau(\tau = T - t, T$ 为到期日，t 为当前时刻$)$决定。其中，参数 S、r、D、τ 的值可以在市场上直接观察到，显然，要确定 V 和 σ_V，还需要另外一个关系式。KMV 公司找到了可观察到的公司股票收益率的波动系数 σ_s 和不可观察到的公司资产收益率的波动系数 σ_V 之间的关系式：

$$\sigma_s = \frac{V_t}{S_t} N(d_1) \sigma_V$$

利用上述公式，可以计算公司资产价值 V 和公司资产收益率波动系数 σ_V。

2. 计算违约距离

按照 Merton(1974)模型的假设，公司的资产价值 V 服从几何布朗运动：

$$\frac{\mathrm{d}V_t}{V_t} = \mu \mathrm{d}t + \sigma \mathrm{d}Z_t$$

$$\mathrm{d}Z_t = \varepsilon \sqrt{\mathrm{d}t}$$

于是：

$$V_t = V_0 \exp\left[\left(\mu - \frac{\sigma^2}{2}\right)t + \sigma\sqrt{t}\varepsilon\right]$$

假设企业只有一种负债,所以可直接用到期时的债务价值 D 近似代替临界值 V_{DEF},用以计算违约概率 PD,即:

$$PD = P(V_\tau < D) = P\left\{V_t\exp\left[\left(\mu - \frac{\sigma^2}{2}\right)t + \sigma\sqrt{t}\varepsilon\right] < D\right\}$$

$$= P\left\{\varepsilon < -\frac{\ln\left(\frac{V_t}{D}\right) + \left(\mu - \frac{\sigma^2}{2}\right)\tau}{\sigma\sqrt{\tau}}\right\} = \Phi(-d_2)$$

计算违约距离:

$$DD = d_2 = \frac{\ln\left(\frac{V_t}{D}\right) + \left(\mu - \frac{\sigma^2}{2}\right)\tau}{\sigma\sqrt{\tau}}$$

3. 利用违约距离推导出预期违约率

假定公司资产价值服从几何布朗运动:

$$DD = d_2 = \frac{\ln\left(\frac{V_t}{D}\right) + \left(\mu - \frac{\sigma^2}{2}\right)\tau}{\sigma\sqrt{\tau}}$$

代入公式:

$$PD = \Phi(-d_2)$$

即得到预期违约率:

$$EDP = \Phi(-DD)$$

综合案例
巴林银行倒闭

综合案例
券商倒闭潮

本章小结

投资银行的管理中存在着多种多样的问题,本章主要通过四个方面来介绍:组织结构、经营战略、财务管理、风险管理。投资银行的组织形式的演变过程是合伙制—公司制—上市公司—金融控股公司。同时其内部结构可分为决策层、职能层和业务部三个层次。在其发展期间出现了以下趋势:合业经营、国际化、业务多元化与专业化、与企业合作关系进一步发展和集中化。同时,投资银行在财务管理方面应遵守以下四大原则:营利性原则、稳健性原则、效益原则、协调合作原则。在经营上,投资银行主要面临如下风险:系统性风险和非系统性风险。这些风险的成因在于投资银行的内在脆弱性、金融资产价格的过度波动性以及我国商业银行、投资银行业务风险管理本身存在的问题。对于投资银行相关的风险管理理论的研究从未停止,现代风险管理理论发展到现在,主要包括市场风险管理理论、信用风险管理理论和全面风险管理理论。目前其中比较流行的有衡量市场风险的 VaR 模型、CVaR 模型以及度量信用风险的 KMV 模型。

第十二章 投资银行监管

第一节 投资银行监管概述

一、投资银行监管的含义

监管的含义是指对于一些动作或者阶段进行管理和调理,通过规则或限制进行控制的行为或过程。我们可以将监管最为直白地理解为监督和管理。监督是指一般性照看、主管或检查。管理则有管辖、管束、处理等含义,是指决定、确立或控制,以一定规则、方法或确立的模式进行调整,以规则或限制进行指导(受管理性原则或法律的管辖)。为此,对于投资银行的管理就是专门机构根据法律对投资银行的各项活动和制度进行最为直接和根本的管理。从本源上来说,对投资银行的管理涉及其在证券和相关市场上的各项经济活动和业务的展开。

投资银行业监管是指监管机构依法对投资银行及其金融活动进行直接限制和约束的一系列行为的总和。

要注意,依法利用经济手段对投资银行业务活动进行调整的行为不属于投资银行监管的范围,而应属于宏观调控的范畴。

二、投资银行监管的理论基础

投资银行监管的理论基础包括公共利益论、捕获论和管制新论。

1. 公共利益论

公共利益论认为,资产本身是有缺陷的,存在着市场失灵,而市场不完善的结果是市场运行效率的低下,要提高市场的运行效率就必须对市场进行监管。它假定市场失灵的三种表现是存在自然垄断、外部性和信息不对称,实行监管就是要从公共利益出发,对自然垄断、外部性和信息不对称进行修正和控制,以解决市场失灵所带来的问题,提高市场的运行效率。

公共利益论是最早出现也是发展得最完善的关于监管的理论。它认为市场失灵自然而然就会产生监管需求,通过监管可以消除市场失灵所带来的价格扭曲,从而弥补市场机制在资源配置中的效率损失。但是,该理论不能说明这种监管需求是如何转化为监管实际的,也不能说明为什么监管者会背离初衷与被监管者形成相互依赖的关系。它是一种不完全的理论。公共利益论提出的关于什么时候应该实施监管,所作的假设是公众为取得福利而产生了监管需求,监管因此应运而生。这里显然缺少一个环节,即公众对监管的潜在需求转化为政府对监管的实际执行的机制是如何建立的,因为监管是要通过政府立法和监管机构的实施来实现的。公共利益论缺乏事实支持。大量的事实与公共利益论不符,许多产业被监管既不是由于自然垄断,也不是由于外部效应。理查德·波斯纳曾指出:"经过大约15年的理论和实证研究,经济学家得出的结论是,监管与外部效应的存在、自然垄断市场结构之间不呈正相关。"

2. 捕获论

捕获论认为,随着时间的推移,监管机构会越来越为监管对象所支配,监管机构的监管目的将会从保护公共利益转变为保护被监管者的利益,管制将会严重破坏正常的资源配置,最后将放弃管制。有人甚至认为,有些监管机构的产生本身就是某些利益集团活动的结果,认为这些利益集团为了逃避市场竞争和保护自己的利益,要求政府提供监管。最终,监管在限制垄断权利方面已经变得越来越没有效率,监管机构往往被某些行业巨头所支配,成为它们的总管家,那么监管的初衷就由保护消费者逐渐沦为保护被监管者。

捕获论从监管机构本身的行为出发,比较完整地论述了其产生和发展的整个过程。它的积极意义在于将人们的注意力从以往的仅仅从经济学理论出发研究监管,转向对监管者实际行为和动机的考察,说明了究竟是什么原因导致对监管的需求。但是它不能说明监管的供给是怎么产生的以及是什么原因导致监管机构行为的变异,也不能说明为什么监管者会背离初衷与被监管者形成相互依赖的关系,更不能说明为什么只有被监管者才是唯一能够给监管机构施加影响的利益集团。捕获论与监管的历史更加吻合,因而捕获论比公共利益论更有说服力。但捕获论缺乏理论基础,仅仅是一些实证研究的结论。它没有提供问题的解释,提供的只是一种假设,即监管有利于生产者。捕获论同样不能解释监管怎样为产业部门所利用和控制,消费者、劳工、厂商这些利益集团都要受到监管的影响,为什么监管唯独会被产业部门所控制而不是被其他利益集团所控制?捕获论也难以解释许多产业先前被监管但到后来又被放开的原因。

3. 管制新论

管制新论认为,在有些情况下,管制可能被管制者、不同利益集团和压力集团所利用,任何集团都可能是利益争夺中的胜利者,最终谁取胜取决于其政治实力和市场余额的分配——利润和消费余额的分配。

三、投资银行监管的主要原因

1. 金融市场上的外部性尤为严重

金融领域可能具有传染性,传染性(主要从国家间的关联角度出发解释危机。由于全球一体化以及区域一体化的不断加强,特别是后者,因此区域内国家之间经济依存度逐渐增高,危机将首先在经济依存度高的国家之间扩散)的存在使得金融领域的外部性(金融外部性是金融行为中私人成本或私人收益向第三方溢出的外部经济效应,其形成背景是全球经济金融一体化发展趋势和现代金融在经济中核心作用的形成。外部性意味着金融市场机制的失灵,不利于实现金融资源的帕累托效应。因此认识金融外部性的本质,创新金融制度,完善金融功能,对于市场经济体制的建设和完善具有现实和理论意义。当外部性出现时,一般无法通过市场机制的自发作用来调节以达到社会资源有效配置的目的。外部性的存在既然无法通过市场机制来解决,政府就应当负起这个责任)有自我放大的特性,这个时候引入金融领域的监管,既有利于金融稳定,也有利于保护投资者的利益。此外,金融领域内存在比其他经济领域更为严重的外部性这一事实为政府介入实行严格监管提供了理论支持。

2. 金融市场上存在严重的信息不对称

信息不对称主要涉及当事人和市场两个方面。从当事人的角度看,信息不对称导致当事人不了解全部的交易有关信息,知情较多的当事人会出现逆向选择和道德风险。逆向选择源于事前的信息不对称,道德风险源于事后的信息不对称。逆向选择是指在买卖双方信息不对称的情况下,差的商品必将把好的商品驱逐出市场,即形成劣货驱逐良货的局面。道德风险是指交易双方在交易协定签订后,其中一方利用多于一方的信息,有目地地损害另一方的利益而增加自己利益的行为。逆向选择经典的例子就是 Akerlof 的"柠檬市场"。从资本市场的角度看,信息不对称会导致证券价格对市场信息的反映不及时、不准确,进而市场无法正确引导资金的流向,导致证券市场效率的丧失。这个时候政府监管的进入,一方面将保证每个投资者有公平的获取信息的机会,防止内幕交易;另一方面将促使证券市场信息完全公开,并保证信息的真实性、准确性和及时性。

3. 正常的经济金融秩序是一种公共品

公共品是可以供社会成员共同享用的物品,严格意义上的公共品具有非竞争性和非排他性。任何人都可以免费地享受一个稳定、公平而有效的金融体系提供的信息和便利,任何人享受上述好处的同时并不会妨碍别人享受同样的好处。由市场机制决定的公共品供给量远不能满足需求,只能通过政府监管部门来承担提供正常的经济金融秩序的责任。因此,经济学家主张政府介入金融市场的监管以降低社会成本。资本市场是金融市场的重要组成部分,投资银行是资本市场上的主力机构之一,因而也必然是政府金融监管的对象之一。

总体来说,监管就是通过规则或限制进行控制的行为或过程。我们知道,监管是有成本的。"在理想的状态下,监管和竞争应该相互补充,彼此提供一个框架,相互安全运行"。投资者保护领域中一种常用的方法就是将监管所保护的投资者分为专业投资者和零散投资者,对后者提供更多的保护。

市场发展不平衡,价格不公正以及市场本身没有发挥作用是市场中的信息不对称导致的,对于证券市场来说这样的缘由也是适合的,同时由于证券市场中其承担物体的特殊性更加强化了市场信息不对称。此外,金融体系由于其本身内在的不协调和不是太具有弹性,同时还有不是太稳定,容易发生各种危机。如果对此没有及时进行监督和管理的话,对于银行的信用和应该承担的责任就没有多大的制约。如果缺少必要的监管,投资银行的诚信义务和责任就失去了有效的规制,从而导致银行有可能对投资者的利益做出损害,导致市场经济下滑,威胁到银行最为根本的经济基础,加剧金融市场动荡。

四、投资银行监管的目标和原则

总体而言,建立一个高效率的资本市场,充分发挥市场机制的资金配置作用,促进资本形成和经济增长,是各国对投资银行实施监管的根本目标。共同目标包括以下内容。

(1) 保护投资者的合法权益。投资者是投资银行业的服务对象,充分披露信息是保护投资者利益的重要方法。投资者的信任和信心是投资银行业生存与发展的前提。此外,资本市场的投资者特别容易被中介机构或其他人的违法行为侵害,但个人投资者采取行动的能力有限。对投资银行依法进行监管,限制其承担过高的风险和从事不良经营活动,禁止其弄虚作假等欺骗投资者的行为,同时禁止内幕交易、操纵证券市场、扰乱证券市场等行为。这样才能保护投资者的合法权益,避免公众利益受到损害而引起社会动荡。

(2) 保障投资银行业的公平竞争。合理竞争、防止垄断是促使投资银行不断提高服务质量和效率的前提条件。通过对投资银行的监管,才能维护正常的金融秩序,创造一个公平、公正、公开及高效统一的市场环境。使投资银行在公平竞争的基础上提供高效率、多样化的金融服务,最终促进资本形成和经济增长。

(3) 降低系统性风险,维护投资银行业乃至整个金融体系的安全稳定。一家投资银行因经营不善而倒闭或违法违规经营时,将会影响公众的信心,危及证券市场的健康发展和投资银行业的安全稳定,甚至波及整个金融体系。这就需要通过市场准入的监管、业务活动的监管以及投资者保护基金等措施,促使投资银行稳健经营,防范和降低风险,保障投资银行乃至整个金融体系的安全稳定。

监管的原则主要有以下六个。

(1) 依法管理原则。它是投资银行业监管的前提。首先,投资银行的监管主体必须由法律确定,其对投资银行的监管权力和范围必须由法律规定和授予;其次,在行使监管权力时,投资银行必须遵守相应的法律法规。

(2) "三公"原则。①公开原则——市场信息要公开,透明度要高。一是要求在内容上凡是影响投资者决策的信息,投资银行都应予以公开;二是要求形式要公开,采取社会公告的形式。②公平原则——要求证券活动中的所有参与者在交易中都享有平等的法律地位,享有相同的待遇,各自的合法权益能够得到公平的保护。③公正原则——要求投资银行的监管机构在对待投资银行时,要在坚持客观事实的基础上,对所有投资银行一视同仁,对所有证券市场的参与者都给予公正的待遇。

（3）协调性原则。首先，同一监管主体的不同职能部门之间以及上下级机构之间的职责要明确合理，相互协调；其次，不同监管主体之间的职责范围要合理划分，执法时要加强协调等。

（4）透明度原则。资本市场监管的核心是信息披露，它也是保证资本市场的"三公"原则得以实施的具体体现。首先，监管主体在重大监管政策和规则出台或变动前应征求市场主体的意见；其次，监管主体要监管投资银行，使之在经营过程中充分披露信息。

（5）效率性原则。一方面是监管效率，要注重建立有效的监管机制，使监管成本最小化和效益最大化。另一方面是通过监管，规范竞争，防止垄断，提高投资银行业的整体效率。

（6）监督与自律相结合原则。在加强政府、证券主管机构对证券市场监管的同时，也要加强自律性监管，充分发挥投资银行在投资者与政府部门之间的纽带作用，促进投资银行业的规范、健康发展。

第二节 金融监管体制

由于证券风险存在很强的外部性，这种外部性容易导致市场失灵，所以需要引入政府的力量，加强证券监管，使证券风险的社会成本内部化。在具体的实践过程中，由于国情不同，各国在控制证券风险实践中，所采用的监管体制大体可分为集中型监管体制、自律型监管体制和综合型监管体制。

一、投资银行监管体制类型及特点

（一）三种监管体制

1. 集中型监管体制

集中型监管体制又称国家集中统一监管体制，是指国家通过制定专门的法律，设立隶属于政府或直接隶属于立法机关的全国性证券监管机构，对投资银行业进行集中统一监管。在这种监管体制下，政府积极参与证券市场的管理，自律性组织（如证券业协会、证券交易所等）只起协助性作用。这种监管体制以美国、日本、韩国等国为代表。中国目前投资银行业的监管体制也属于这种类型。这种监管体制的特点在于有一套较为完备的监管投资银行的专门法律来监管其业务活动；同时有权威的监管机构在全国范围内对投资银行实施监管，具有绝对意义上的权威性和控制力。这样可以稳妥地进行市场经济下金融市场的控制，防止因金融主体的自私牟利行为尤其是作为市场上最活跃的投资银行的经济行为而引起大范围的经济的巨大波动。

其优点可以概括为以下三个方面。

(1) 具有统一的证券法律和专门的法规,使证券行为和投资银行业务活动有法可依,提高监管的权威性。以法律形式控制市场经济行为,对于市场上参与证券和投资银行业务的投资银行提供了强有力的约束。例如,可以防止投资银行因恶意炒作而引起证券市场上证券价格的巨大波动,从而也可以有力避免因为虚拟资本的过度炒作而引起实体经济的频繁波动和受损。

(2) 有一个统一的监管机构,能公平、公正、严格地发挥监管作用,防范市场失灵。市场经济虽然有利于资源配置,但市场不是万能的,市场失灵不可避免。政府出台维持经济稳定的政策和法规,有利于减少市场经济因为市场失灵而带来的危害,从而保持经济的稳定发展。

(3) 监管者的地位超脱,有足够的权威来维护证券市场的正常运行,有利于保护投资者的利益。监管者作为市场监管最重要也是最强有力的主体,对于经济行为的监管有着独立的权力。这样可以避免因为其他行为的干涉而影响其对经济运行的独立判断,这有助于更好地看清经济的发展状况以及提出相应的对策来稳定市场的平稳快速发展。

其缺点可以归纳为以下三个方面。

(1) 监管者超脱于市场,可能使监管脱离实际、缺乏效率。其超脱地位可能产生对证券市场的过多干预。监管者虽然拥有绝对的独立权,但是过度独立可能产生对经济不利的方面。由于监管者过多地重视经济的稳定,所以可能会过多地干预市场的发展。比如,监管者可能会出台较高的利率政策来维持经济的稳定,从而削弱了市场的调节能力,使经济效率低下。

(2) 监管者与自律机构相比与市场相距较远,掌握的信息相对有限,对证券市场发生的意外行为反应较慢,可能处理不及时。由于监管者不参与市场行为,只是针对市场进行调节,所以其对于市场信息的把握会滞后,往往会在经济形势已经发生明显变化时才采取相应的政策来挽救。

(3) 监管者的超脱地位往往使其在投资者眼中以严厉的执法者或救助者面目出现,容易引发道德风险和逆向选择,增加监管者的间接成本。

正因为有其缺点,同时由于证券市场的管理是个相当复杂而艰巨的任务,涉及面广,单靠全国性的证券主管机关而没有证券交易所和证券商协会的配合就难以胜任其职,所以实行集中型监管体制的国家越来越注重证券交易所和证券商协会的自我管理。如美国的自我管理组织就有联邦证券交易所,它实际上是证券交易委员会管理政策的执行机构,主要负责美国各证券交易所场内交易的管理。

2. 自律型监管体制

与严格的集中型监管体制相比,自律型监管体制更注重证券行业自律管理,国家除了某些必要的立法之外,较少干预证券市场,对证券市场的监管主要通过证券交易所和证券业协会等自律机构进行,一般不设专门的证券监管机构。自律机构通常拥有对违法违规行为的处置权力。各个自律机构的各种规则实际上起到了对法律的增补或替代作用。英国、荷兰、新加坡、马来西亚、新西兰和肯尼亚等国家采用自律型监管体制。英国是这种体制的典型。例如,英国的证券市场主要通过以英国证券业理事会和证券交易所协会为核心的非政府机构进行自我管理。在传统上,伦敦证交所完全是自治的,不受政府干预,长期以来这种体制在英国运转正常。这种监管体制的特点为:通常没有制定专门规范投资银行业和证券市场管理的法律法规,而是通过一些间接的法律法规来调整和制约证券市场的活动;没有设立专门的全国性的证券监管机构,而是依靠证券市场的参与者(如证券商协会、证券交易所等自律机构)进行监管。

自律型监管体制的优点如下。

(1) 在保护投资者利益的同时,能发挥市场的创新和竞争作用,有利于活跃市场。自律型监管体制能够为充分的投资保护同竞争与创新的市场相结合提供最大的可能性。它不仅让证券交易商参与制定和执行证券市场管理条例,而且鼓励其模范地遵守这些条例,在经营管理上更灵活有效。

(2) 由于投资银行更贴近市场,在信息资源方面具有更大的优势,因此允许投资银行参与制定证券市场监管规则,能使监管更符合实际,也使制定的监管规则具有更大的灵活性和更高的效率。

(3) 自律组织直接置身于市场之中,能对市场发生的违规行为迅速而有效地做出反应,对突发事件可以更妥善地解决。

自律型监管体制的缺点如下。

(1) 监管的重点通常放在保证市场的有效运转和保护自律性组织成员的利益上,对投资者的利益往往难以提供充分的保障。尤其是对中小投资者的利益难以提供保障,中小投资者信息获取不充分,会造成对于中小投资者的利益的损害。

(2) 缺乏专门的监管立法,对违法行为的约束缺乏强有力的法律效力,影响了监管的权威性,监管手段较弱,监管力度不够。由于缺乏法律的强制力,一些投资银行会因为更大的回报而违规经营。

(3) 设有统一的监管机构,难以实现全国证券市场的协调发展,而监管者的非超脱性难以保证监管的公正。

由于自律型监管体制具有许多缺陷,因此实行自律型监管体制的国家也纷纷仿效集中型监管体制中的某些做法,朝着政府管制与市场相结合的方向发展。如1986年英国通过了《金融服务法》,这是英国第一次以国家立法形式对证券业进行直接管理。

3. 综合型监管体制

综合型监管体制介于集中型监管体制和自律型监管体制之间,它既强调集中统一的立法监管,又强调自律管理,可以说是集中型监管体制和自律型监管体制相互协调、渗透的产物。综合型监管体制有时也被称为分级监管体制,主要包括二级监管和三级监管两种类型。二级监管是指中央政府和自律机构相结合的监管;三级监管是指中央、地方两级政府和自律机构相结合的监管。德国是中间型监管模式的典型代表,此外,意大利、泰国、约旦等国也采取这种监管模式。德国没有制定全国统一的证券法,涉及证券活动的法律法规相当分散。德国也没有专门的证券监管机构,由于德国是实行"全能银行"制度,银行业和证券业混业经营,因此,证券业务也通过中央银行来管理,并通过银行监管局实施监管。在德国,以证券交易所为主体的自律监管是德国证券市场监管的基础和重要构成,证券上市、信息披露、二级市场交易等都由证券交易所负责监管。

其优点在于分级的管理体制,在市场方面可以充分利用自律组织对于市场信息的快速反应采取相应的政策调整,在控制方面由法律和中央政府独立进行宏观调控以及建立权威性。这样一来,既可以规避对信息反应慢的问题,也可避免因为缺少强制力而有损权威的问题。

综合型监管体制也有缺点。例如,信息的反应有问题或者各级监管之间的沟通出现问题,这样不仅避免不了市场失灵,而且有可能会使得市场瘫痪。

(二)三种监管体制的比较

1. 集中型监管体制与自律型监管体制的联系与区别

1) 两者的联系

(1) 监管目的一致。两者的监管目的都是保护投资者的合法权益,维护社会经济秩序的稳定和社会公共利益,保障投资银行业及整个金融体系的安全稳定,保障投资银行业的公平竞争,提高金融服务效率。

(2) 自律性组织(又称"自律机构")的自我管理是政府监管的补充。自律性组织可以配合政府监管机构对其会员进行法律法规的指导和政策宣传,督促其会员自觉守法,同时指导和监督会员的业务活动。

(3) 自律性组织在政府监管机构和证券经营机构之间起着桥梁和纽带的作用。会员之间可以沟通信息、交流意见,维护证券公司的合法权益,向政府监管机构提出建议等;同时,政府监管机构还可以通过自律性组织对证券业务活动进行检查监督。

(4) 自律性组织也要受到政府有关部门的监管和指导。自律性组织的设立、业务活动的范围、日常经营活动等都要受到政府的监管。

2) 两者的区别

(1) 性质不同。集中型监管实质上是执法行为,是一种行政管理,通过法律法规手段来进行强制性的管理;而自律型监管则具有自律性,强调的是投资银行的自我监管。

(2) 监管的依据不同。集中型监管依据的是法律法规和政策监管;而自律型监管除依据法律法规之外,还依据行业章程、公约、业务规则进行监管。

(3) 具体内容不同。集中型监管主要是通过专门机构执行一系列的法律法规来实施监管;自律型监管的内容主要是为会员提供服务和从业人员培训,调节成员之间的纠纷等。

(4) 采取的处罚措施不同。集中型监管的处罚措施是行政处分、经济处罚、取消从业人员资格、依法追究刑事责任等;自律型监管采取的措施则是罚款、给予纪律处分、暂停会员资格、取消会员资格等,情节严重的可以提请上级主管部门处理。

2. 集中型监管与自律型监管的结合

证券市场中存在多个利益主体,筹资者与投资者、证券机构与客户之间有着各自不同的利益,存在着种种矛盾和冲突,需要一个协调不同利益主体之间矛盾并超脱于这些利益主体的机构;同时,证券市场是高风险的市场,在注重法律和国家监管的同时,证券市场还必须强调自律,发挥证券市场组织者、参与者自我管理、相互监督的作用。首先,证券市场参与者众多,运作程序复杂,相关因素广泛,仅靠国家监管机构的监管是不够的,必须要求证券市场所有利益主体进行相互监督和自我约束;其次,进行自律也是市场组织者和参与者自身利益的需要。因此,集中型监管与自律型监管的结合是相当重要的。

综合型监管体制既能发挥集中型监管的优势,又能发挥自律型监管的优势,可谓是两者相互结合的产物。目前,世界上大多数实行集中型监管体制和自律型监管体制的国家都逐渐向综合型监管体制靠拢。例如,美国开始重视政府监管与证券交易所和证券机构等自律性组织的监管相结合。又如,英国于1986年颁布了《金融服务法》,首次以立法形式对证券业进行直接管理;于1998年成立金融管理局,加强对投资银行业的集中型监管。由于具体国情的不同,各个国家监管的侧重点不同,有的国家侧重于集中型监管,有的则侧重于自律型监管。

二、投资银行监管体制的发展历程

随着投资银行业的发展,中国的投资银行监管体制经历了由分散、多头监管到集中统一监管的过程,大致可分为三个阶段。

1. 第一阶段(1992年5月以前):分散、多头监管

第一阶段,在国务院的部署下,主要由上海、深圳两地的地方政府进行监管。这一阶段的证券市场只是一个区域性市场,证券发行与交易限于上海和深圳两市试点,对投资银行的监管没有形成集中统一的监管,是一种分散、多头的监管。在中国人民银行和国家经济体制改革委员会等部门决策下,主要由上海、深圳两地的地方政府监管。上海、深圳两地的中国人民银行分行相继出台了一些有关规章,对证券发行与交易行为进行规范。

针对各地出现的证券发行、交易的不规范行为,各地方政府部门陆续颁布了一些地方性法规,开始对当地的证券市场进行一定程度的监管。如北京市1986年10月13日的《北京市企业股票管理、债权管理暂行办法》、上海市1987年5月的《上海市股票管理暂行办法》以及深圳市1986年的《深圳市有关股票管理的一些规定》等。

2. 第二阶段(1992年5月—1997年底):过渡阶段

第二阶段是由中央与地方、中央各部门共同参与管理向集中统一管理的过渡阶段。

1992年5月,中国人民银行成立证券管理办公室。7月,国务院建立国务院证券管理办公会议制度,代表国务院行使对证券业的日常管理职能。10月,国务院决定成立国务院证券委员会及其执行机构——中国证券监督管理委员会(简称"中国证监会")作为专门的国家证券监管机构,同时将发行股票的试点由上海、深圳等少数地区推广到全国。

同时,国务院赋予中央有关部门部分证券监管职责,形成了多部门共管的局面。如国家计委根据国务院证券委员会的建议编制证券发行计划,中国人民银行负责审批和归口管理证券机构、报证券委备案等。

另外,地方政府仍在证券管理中发挥重要作用。上海、深圳证券交易所由当地政府归口管理,由证监会实施监督;地方企业的股份制试点,由省级或计划单列市人民政府授权的部门会同企业主管部门审批。

3. 第三阶段（1997年底至今）：集中统一监管

第三阶段初步建立了全国集中统一的证券监管体系。1997年8月15日，国务院正式做出决定，沪、深证券交易所划归中国证监会直接管理。1997年11月，中共中央召开了全国金融工作会议，决定对银行业、信托业、证券业和保险业实行分业经营和管理，并由中国证券监督管理委员会统一负责对全国证券、期货业的监管，建立全国统一的证券期货监管体系，理顺中央和地方监管部门的关系。根据中央金融工作会议决定，撤销国务院证券委员会，其监管职能移交中国证监会。

1998年4月，中国人民银行行使的对证券市场监管职能（主要是对证券公司的监管）也移交中国证监会。同时，对地方证券监管体制进行改革，将以前由中国证监会授权、在行政上隶属各省区市政府的地方证券监管机构收归中国证监会领导，同时扩大了中国证监会向地方证券监管机构的授权，增加了对证券经营机构的设立、变更、分立、合并、增资扩股、撤销、停业、年检，对证券公司高级管理人员的任职资格进行初审并出具初审意见，以及进行日常监管等内容。证券交易所也由地方政府管理转为中国证监会管理。

1999年7月1日，《证券法》开始实施，与此同时，中国证监会派出机构正式挂牌。这标志着我国集中统一的投资银行监管体制正式形成。

三、我国现行投资银行监管模式

目前，我国通过制定专门的管理法律并设立全国性监管机构来实现对投资银行的监管，实行中国证券监督管理委员会对地方证券管理部门的垂直领导模式。

（1）中国证券监督管理委员会。中国证券监督管理委员会简称证监会，是依照法律法规对证券市场的具体活动进行监管的国务院直属单位。证监会设发行部，负责我国证券发行监管事宜。

（2）证监会地方派出机构。1998年，证监会将地方证券管理部门收归证监会直接管理，并将原来的35家机构缩减为9家大区派出机构。此外，在北京和重庆等地还设立了直属派出机构。在大区派出机构下，再设立了25家地方特派机构。这些地方特派机构的主要任务是协助证监会和大区派出机构进行监管。

（3）中国证券业协会。中国证券业协会正式成立于1991年8月28日，是依法进行注册，具有独立法人地位，由经营证券业务的金融机构自愿组成的行业性自律组织。它的设立是为了加强证券业之间的联系、协调、合作和自我控制，以利于证券市场的健康发展。

（4）证券交易所。证券交易所是依据国家有关法律，经政府证券主管机关批准设立，集中进行证券交易的有形场所。在我国，有四大证券交易所：上海证券交易所，深圳证券交易所，香港证券交易所，台湾证券交易所。作为自律性的监管机构，证券交易所的监督职能包括对证券交易活动进行监管，对会员进行监督，以及对上市公司进行监管。

我国证券业管理的最高层级是国务院证券委，它对全国证券市场统一规划、协调、指导及监督检查；而证监会作为证券市场执行监督机构，相对独立地依法行使对证券市场的监管职能。

中证券业协会成立时间较短，受政府管制较多，在某种意义上是投资银行行政监管机构的辅助性服务机构,没有使投资银行的自律作用得到真正有效发挥,与较为典型的自律管理相比差距较大。因此,我国投资银行的监管体制实质上是政府主导的监管体制,投资银行的自律机制较为薄弱。

四、我国投资银行监管现状

2016年至今,金融监管全面从严氛围日益升温,据不完全统计,已有十余家金融机构遭监管处罚,包括兴业证券、信达证券、中德证券、中投证券、爱建证券、西南证券、新时代证券、国信证券、中泰证券、国泰君安证券、东莞证券等。

随着越来越多的风险项目、违规项目浮出水面,过去通过高风险项目、违规业务模式激进发展的金融业"野蛮人"将受到风险项目暴露和监管处罚的双重打击,面临生死攸关的考验。而坚持注重专业能力和风控合规的金融机构短期内虽也会受到一定冲击,但从中长期来看其将凭借稳健的经营在进一步完善的监管框架中具备更强的竞争力。

从监管体制上看,我国投资银行业的监管体制主要是参照美国的模式,属于集中统一型监管体制。它还存在一些缺陷,主要表现在以下几点。

(1) 监管部门不具有完全的独立性。纵观我国投资银行业的监管,从分散、多头监管到集中统一监管,虽然监管的职能已相对集中,然而证券市场违法犯罪现象仍时有发生。从震惊全国的"327"国债事件,到"琼民源"、"红光"事件,以及后来发生的"亿安科技"、"中科创业"、"银广厦"等事件,说明了我国投资银行业的监管仍然存在很多漏洞,监管的力度和深度不够。作为投资银行业的最高监管机构中国证监会,其权限往往受到地方政府的干预,独立性受到很大制约。另外,证监会的派出机构与地方政府有着密切的关系,受地方政府干预的可能性较大。

(2) 监管缺乏长期的制度性建设。与发达国家相比,我国投资银行业的监管力量和监管手段大大落后于证券市场的发展速度。监管部门疲于应付证券市场中不断出现的经常性问题,缺乏中长期证券市场发展战略规划研究。当市场上出现一些紧急问题时,往往会采取不顾长远利益的急救方法,用行政命令的方式来干预市场,虽然可能暂时可以解决问题,却为未来的监管工作埋下了隐患。例如,1994年的"八月救市"、1995年的"3·27国债期货事件"等。

(3) 自律性组织的自律性较弱,带有较浓的行政色彩。我国虽于1991年8月28日就成立了证券业协会,但自其成立以来,一直只是起着辅助政府监管的作用,完全受制于中国证券监督管理委员会的管理,自律功能并未得到充分发挥。从我国目前证券业监管的情况看,自律性监管主要是通过上海和深圳证券交易所来进行,然而,各交易所之间为了自身利益竞争激烈,无法达到统一协调的自律管理效果。

五、中国投资银行未来监管环境

随着加入WTO后金融业的全面放开,如何对投资银行进行有效的监管,以增强我国投资银行的国际竞争力,并防范金融风险的国际传导,成为当务之急。通过借鉴国际相对成熟的经验,来加强我国投资银行业的监管,可从以下方面着手:①在公平的基础上兼顾监管的合法、协调、效率和透明原则;②以集中型监管体制为主、自律型监管体制为辅;③加强风险监管;④强化信息披露;⑤注重监管的前瞻性;⑥注意区域的非均衡性。

2018年5月4日,为贯彻党中央、国务院廉政建设要求,督促证券期货经营机构加强廉洁从业管理,证监会研究制定了《证券期货经营机构及其工作人员廉洁从业规定(征求意见稿)》(以下简称《规定》),并向社会公开征求意见。

证监会始终高度重视证券期货经营机构廉洁从业监管工作。《证券法》《证券投资基金法》《证券公司监督管理条例》《期货交易管理条例》《证券公司和证券投资基金管理公司合规管理办法》等法律法规,对证券期货经营机构及其工作人员遵守职业道德、恪守执业底线提出原则性要求,并对相关人员干扰审核工作、谋取不正当利益、利益输送等行为做出了禁止性规定。但总体来看,现行规定中关于廉洁从业的规定较为分散,缺乏统一要求和安排;部分条款较为原则化,缺乏细化、明确的罚则。

近年来,随着行业规模的扩大,干扰发行审核工作、债券交易中的利益输送、基金经理从事"老鼠仓"交易等多起违法违规案件被严肃查处。上述不当行为严重破坏了行业生态,扰乱了市场秩序,损害了投资者利益,侵蚀了资本市场健康发展的基础。

中国证监会深刻认识到证券期货行业反腐的必要性和紧迫性,坚持反腐无禁区、全覆盖、零容忍。通过制定《规定》,旨在统一行业认识,铲除行业毒瘤,通过督促经营机构建立健全廉洁从业内部控制管理体系,严肃处理廉洁从业管控不到位的行为,进一步提高行业机构执业质量,推动新阶段证券期货行业规范发展。

这份"廉洁从业"新规矛头指向机构内部管理失控、商业贿赂等问题。对有关人员干扰审核工作、不正当竞争、谋取不正当利益、利益输送等行为做出了明确的禁止性规定。既有对机构内控不严的规范,又有对从业人员违规执业的打击,加强监管、重塑行业风气意味极深。这份新规的关键点如下。

1. 关键点一:五类行为列入不正当利益被禁止

《规定》第九条中明确,机构及其工作人员在开展证券期货业务及相关活动中,不得以下列方式向公职人员、客户、潜在客户或者其他利益关系人输送不正当利益:一是提供礼金、礼品、房产、汽车、有价证券、股权、佣金返还等财物,或者为上述行为提供代持等便利;二是提供旅游、宴请、娱乐健身、工作安排等利益;三是安排显著偏离公允价格的结构化、高收益、保本理财产品等交易;四是直接或者间接向他人提供内幕信息、未公开信息、商业秘密和客户信息,明示或者暗示他人从事相关交易活动;五是其他输送不正当利益的情形。例外的是,机构及其工作人员按照证券期货经营机构依法制定的内部规定及限定标准,依法合理营销的,不适用此规定。

2. 关键点二:六类行为被认定成谋取不正当利益

禁止性规定中明确机构工作人员不得以下列方式谋取不正当利益:一是直接或者间接以前述第九条所列形式收受、索取他人的财物或者利益;二是直接或者间接利用他人提供的内幕信息、未公开信息、商业秘密和客户信息谋取利益;三是以诱导客户从事不必要交易、使用客户受托资产进行不必要交易等方式谋取利益;四是违规从事营利性经营活动,违规兼任可能影响其独立性的职务或者从事与所在机构或者投资者合法利益相冲突的活动;五是违规利用职权为近亲属或者其他利益关系人从事营利性经营活动提供便利条件;六是其他谋取不正当利益的情形。

《规定》还要求,机构及其工作人员不得干扰或者唆使、协助他人干扰证券期货监督管理或者自律管理工作,包括以不正当方式影响监督管理或者自律管理决定;以不正当方式影响监督管理或者自律管理人员工作安排;以不正当方式获取监督管理或者自律管理内部信息;协助利益关系人,拒绝、干扰、阻碍或者不配合证监会及其工作人员行使监督、检查、调查职权;其他干扰证券期货监督管理或者自律管理工作的情形等。

3. 关键点三:投资银行业务中的这七类行为被禁止

在从事投资银行业务时,以下七类行为被明令禁止:第一,以非公允价格或者不正当方式为自身或者利益关系人获取拟上市公司股权;第二,以非公允价格或者不正当方式为自身或者利益关系人获取拟并购重组上市公司股权或者标的资产股权;第三,以非公允价格为利益关系人配售债券或者约定回购债券;第四,泄露证券发行询价和定价信息,操纵证券发行价格;第五,直接或者间接通过聘请第三方机构或者个人的方式输送利益;第六,以与监管人员或者其他相关人员熟悉,或者以承诺价格、利率、获得批复及获得批复时间等为手段招揽项目、商定服务费;第七,其他输送或者谋取不正当利益的行为。

可以看出,上述禁止性规定,全面梳理经营机构及其工作人员证券期货业务活动中利益冲突和道德风险隐患,找准潜存廉洁从业风险点,细化廉洁从业底线。重点突出向监管部门输送利益和投资银行类业务相关要求,强调不得干扰或唆使、协助他人干扰行政监管和自律管理工作。禁止在项目承揽、承做、定价、发行配售等投资银行业务开展过程中通过不正当方式进行利益输送或谋取不正当利益。强化廉洁从业风险防控的针对性,保证执行层面的有效落实。

4. 关键点四:机构董事会设立目标,专门部门监督廉洁情况

《规定》要求,机构承担廉洁从业风险防控主体责任。机构董事会决定廉洁从业管理目标,对廉洁从业管理的有效性承担责任。机构主要负责人是落实廉洁从业管理职责的第一责任人,各级负责人在职责范围内承担相应管理责任。

同时,机构应指定专门部门对本机构及其工作人员的廉洁从业情况进行监督、检查,充分发挥纪检、监察、审计等部门的合力,发现问题及时处理,重大情况及时报告。

证券期货经营机构应当建立健全廉洁从业内部控制制度,制定具体、有效的管控措施和事后追责机制,对所从事的业务种类、环节及相关工作进行科学、系统的廉洁风险评估,识别廉洁从业风险点,强化岗位制衡与内部监督机制并确保运作有效。

其中,业务种类、环节包括业务承揽、承做、销售、交易、结算、交割、商业合作、人员招聘,以及申请行政许可、接受监管执法和自律管理等。

总体来看,《规定》一是强调证券期货经营机构应承担廉洁从业风险防控主体责任,强化对工作人员廉洁从业行为管控;二是将廉洁从业风险防控工作渗透至经营机构日常经营和业务活动的各个方面和环节,实现廉洁从业风险防控的全覆盖;三是强化事中监测和事后追责机制。

5. 关键点五:强化问责力度,违规者重罚

在强化监管方面,《规定》一是强化机构内部检查、报告机制;二是明确证监会的现场检查职能,纳入日常检查体系;三是针对每项廉洁从业义务性要求,制定相应的违规罚则。明确对于违反《规定》的行为,区分情节,可以采取的自律惩戒、行政监管、行政处罚、

市场禁入等措施范畴。对于情节特别严重的情形,予以从重处罚;对于涉嫌违纪的,将通报相关主管单位纪检部门;对于涉嫌犯罪的,依法移送监察、司法机关,追究其刑事责任。

其中,机构工作人员违反相关法律法规和本规定,情节严重的,证监会可以依法对其采取市场禁入的措施。机构工作人员在开展证券期货业务及相关活动中向公职人员及其利益关系人输送不正当利益,或者唆使、协助他人向公职人员及其利益关系人输送不正当利益,情节特别严重的,证监会可以依法对其采取终身市场禁入的措施。

机构及其工作人员违反《规定》,证监会应从重处理,包括:直接、间接或者唆使、协助他人向监管人员输送利益;连续或者多次违反本规定;涉及金额较大或者涉及人员较多;产生恶劣社会影响;曾为公职人员特别是监管人员,以及曾任证券期货经营机构合规风控职务的人员违反本规定;证监会认定应当从重处理的其他情形等。

6. 关键点六:监管意在戳破行业"潜规则"

这份文件虽然称之为"证券期货经营机构及其工作人员廉洁从业规定",需要指出的是,私募基金管理人、其他公募基金管理人、证券期货投资咨询机构、证券资信评级机构、基金销售机构、基金托管人以及从事基金评价、基金估值、信息技术服务等证券期货服务类机构也需按照该文件执行。可以说,这份文件针对服务资本市场的各类机构进行了廉洁要求。

证监会相关人士指出,近年来,随着金融体制改革不断深化,直接融资规模日益扩大,一些机构在各类业务快速发展中出现了内部管理失控、未勤勉尽责、直接或间接进行利益输送、商业贿赂等廉洁问题,此类问题一方面造成了恶劣的社会影响,另一方面引发和加剧了机构的合规和经营风险,为资本市场规范、健康发展埋下隐患。与此同时,行业证券期货从业人员快速增长,并呈现年轻化的发展趋势,对打造符合资本市场建设需求的从业人员队伍带来极大挑战。

在此背景下,证监会对机构及其工作人员遵守职业道德、恪守执业底线提出原则性要求,并对有关人员干扰审核工作、不正当竞争、谋取不正当利益、利益输送等行为做出了明确的禁止性规定。

特别是随着行业规模的扩大,干扰发行审核工作、债券交易中的利益输送、基金经理从事"老鼠仓"交易等多起违法违规案件被严肃查处,引发了市场热议。同时,证券分析师为争取排名进行不当拉票,工作人员以不正当手段"拉项目"等行业"潜规则"时常成为市场关注焦点。这些执业乱象不仅有损行业整体形象,极大侵害公众投资者利益,甚至严重影响资本市场长期健康发展和社会经济秩序。

反腐败要坚持"无禁区、全覆盖、零容忍",需进一步整顿市场秩序,净化市场环境,铲除腐败毒瘤,有必要以部门规章的形式颁布《规定》,统一行业认识、明确经营机构及其工作人员廉洁从业的专项要求、建立长效机制,促进行业廉洁从业监管制度化、常态化。通过督促经营机构建立健全廉洁从业内部控制管理体系,严肃处理廉洁从业管控不到位的行为,进一步提高行业机构执业质量,推动新阶段证券期货行业规范发展。

证监会在对经营机构及其工作人员的日常监管中,加强对廉洁从业情况的管理,并由证券业、期货业、基金业协会进行自律管理。

第三节 投资银行监管内容

一、市场准入监管

市场准入监管也就是对投资银行资格的监管。为了防范风险,维护金融体系的安全,世界上所有存在资本市场的国家都对投资银行的资格设定了标准,只有满足这个标准,投资银行才能进入金融市场,开展业务。由于各国具体国情以及对市场认识程度的不同,各国在对投资银行的设立审批上存在着差异。目前,各国对市场准入的监管大致可以分为两种类型:注册制和特许制。

(一) 注册制

在注册制下,投资银行只要符合法律规定的设立条件,在相应的证券监管部门和证券交易部门注册后便可以设立。目前实施注册制的国家以美国为代表。美国《证券交易法》规定,投资银行必须取得证券交易委员会(SEC)的注册批准,并且成为证券交易所或全国证券业协会的会员,才能开展经营活动。实际上,美国投资银行的注册必须经过证券交易委员会和证券交易所两道程序才能完成。

首先,在证券交易委员会登记注册。投资银行必须填写注册申请表,内容包括投资银行的注册资本及构成、经营活动区域、经营的业务种类、组织管理机构等。接到投资银行的注册申请后,证券交易委员会要对投资银行进行考察,主要包括以下几点:投资银行的交易设施是否具备,自有资本是否充足、来源是否可靠;投资银行管理人员的资格是否具备,尤其要考虑其是否曾违反证券法规及其他法规;投资银行是否具备从事其申请的业务能力。然后,将在45天(必要时可延长至90天)内予以答复。同时,投资银行还要向证券交易委员会缴纳一定的注册费。

其次,在证券交易所登记注册。申请注册的程序与在证券交易委员会的注册程序类似。投资银行必须经过证券交易委员会的批准之后,才能在交易所注册。同时交易所还要考察其是否能够遵守交易所的规章制度。投资银行被批准成为证券交易所的会员后,要按规定缴纳会员费。

从美国的注册制中,可以看出注册制更多强调的是市场机制的作用,通过市场机制和交易所席位的限额来控制投资银行的数量,其理论依据为"太阳是最有效的防腐剂,灯光是最有效的警察"。如果市场机制不完善或交易所限额失控,将会使进入金融市场的投资银行数量失控,造成金融体系的混乱。因此,实行注册制的前提是要有一个成熟、完善的市场。

（二）特许制

在特许制下，投资银行在设立之前必须向有关监管机构提出申请，经监管机构核准之后才能设立；同时，监管机构还将根据市场竞争情况、证券业发展目标、投资银行的实力等考虑批准经营何种业务。实行特许制的代表国家是日本（日本在1998年12月1日以前实行的是特许制，1998年12月1日，通过新的《证券交易法》，改特许制为注册制）。

在日本，根据法律规定，任何从事证券业的投资银行在经营证券业之前，必须向大藏省提出申请，大藏省在考察其资本金、业务水平、未来的盈利性以及市场竞争状况和证券业发展目标等因素之后，根据不同的业务种类发放不同的许可证。如对从事自营、承销等业务者授予综合类业务的许可证，对从事证券经纪业务者授予证券经纪业务的许可证等。日本对投资银行的最低资格要求主要有以下几点：

（1）拥有足够的资本金，并且资本金的来源是稳定可靠的，例如，规定从事证券承销业务的投资银行最少要有30亿日元的资本金；

（2）投资银行的管理人员要具有良好的信誉、素质和证券业务水平；

（3）投资银行的业务人员必须受到良好的教育，并且和管理人员一样必须具有相当的证券业务知识和经验；

（4）要求投资银行具有比较完备、良好的硬件设施。

与注册制相比，特许制对投资银行的市场准入要求更为严格，行政色彩较为浓厚。特许制要求投资银行的设立不仅自身要具备一定的经营实力，而且要考虑到整个证券市场的情况。在这种制度下，政府起着主导作用。

此外，对于既从事证券经纪业务又从事自营业务的投资银行，各国的监管机构通常都设置了更高的要求。除了一般的资格要求之外，监管机构对从事自营业务的投资银行往往规定其要拥有更高的资本金，其管理人员和从业人员要具备更好的证券业务水平，要通过更严格的考核。

目前，中国投资银行的设立采用许可制，投资银行的设立必须获得中国证监会颁发的许可证。我国《证券法》第一百二十二条规定："设立证券公司，必须经国务院证券监督管理机构审查批准。未经国务院证券监督管理机构批准，任何单位和个人不得经营证券业务。"第一百二十四条规定，设立证券公司，应当具备下列条件：

（1）有符合法律、行政法规规定的公司章程；

（2）主要股东具有持续盈利能力，信誉良好，最近三年无重大违法违规记录，净资产不低于人民币二亿元；

（3）有符合本法规定的注册资本；

（4）董事、监事、高级管理人员具备任职资格，从业人员具有证券从业资格；

（5）有完善的风险管理与内部控制制度；

（6）有合格的经营场所和业务设施；

（7）法律、行政法规规定的和经国务院批准的国务院证券监督管理机构规定的其他条件。

二、业务监管

(一) 业务范围的监管

由于理论界对投资银行的定义尚未形成共识,因此对投资银行的业务范围的规定也就不尽相同。一般认为,投资银行的主要业务为证券承销业务、证券经纪业务、证券自营业务、公司并购重组业务、投资基金业务、风险投资、咨询服务、资产管理业务、资产证券化等资本市场的业务。对投资银行业务范围的控制主要有以下两种模式。

一种是以德国、日本为代表的全能银行模式。商业银行可以经营信贷、证券等多种业务,集商业银行与投资银行职能于一身。这种模式可以形成规模效应,有利于产生产业协同效应,使金融市场信息交流更充分,可以降低交易成本,提高交易效率;有利于分散风险,损益可以实现互补,稳定银行的收入。但同时不利于公平竞争,可能存在潜在的利益冲突,如银行可能将未能销售出去的证券作为贷款条件要求借款人购买等。

另一种是以英国、美国为代表的分业管理模式。美国于1933年颁布了《格拉斯-斯蒂格尔法案》,实行证券业与银行业分业管理。《格拉斯-斯蒂格尔法案》为银行业与证券业的业务范围划分了严格的界限。这种模式有利于降低整个金融体系的风险,通过业务范围的严格限制在一定程度上弱化了竞争,降低了金融机构被淘汰及退出市场的可能性,从而有利于金融体系的安全和稳定。但是这种模式在一定程度上可能会制约本国银行的发展壮大。为了加强本国银行的竞争力,适应金融业混业经营的趋势,美国于1999年通过了《金融服务现代化法案》,废除了《格拉斯-斯蒂格尔法案》及其他一些法律中有关限制商业银行、投资银行和保险公司三者混业经营的条款,在法律上确立了混业经营模式。

进入20世纪90年代以来,在一些实行分业管理模式的国家,银行通过金融衍生工具和下属的分支机构,避开法律的限制,从事包括信贷、证券、保险、信托、投资咨询等在内的多种业务,金融各业之间的业务也出现交叉融合的趋势。新的金融领域的涉足使得投资银行面临着更激烈的竞争和更大的风险,也对投资银行的监管者提出了新的问题。如何更好地发挥投资银行自身专业化的优势,同时又能适应时代的变化,满足金融领域出现的新业务的需求;如何达到金融体系的稳定性、有效性和公正性"三性"的最佳结合,是各国投资银行业的监管者在界定投资银行的业务范围时所必须关注的问题。

我国《证券法》第一百二十五条规定:"经国务院证券监督管理机构批准,证券公司可以经营下列部分或者全部业务:(一)证券经纪;(二)证券投资咨询;(三)与证券交易、证券投资活动有关的财务顾问;(四)证券承销与保荐;(五)证券自营;(六)证券资产管理;(七)其他证券业务。"一百二十七条规定:"证券公司经营本法第一百二十五条第(一)项至第(三)项业务的,注册资本最低限额为人民币五千万元;经营第(四)项至第(七)项业务之一的,注册资本最低限额为人民币一亿元;经营第(四)项至第(七)项业务中两项以上的,注册资本最低限额为人民币五亿元。证券公司的注册资本应当是实缴资本。"

(二) 日常经营活动的监管

综观各国对投资银行业日常经营活动的监管,大致包括以下五个方面。

1. **经营报告制度**

投资银行必须将经营活动按统一的格式和内容定期报告给证券监管机构。例如,美国规定投资银行必须向证券交易委员会上交年报、季报和月报三种经营报告。我国从2002年1月1日起开始实施的《证券公司管理办法》规定,证券公司应当按照中国证监会的要求报送财务报表、业务报表和年度报告。

2. 经营管理制度

几乎所有国家的监管机构都通过有关法律法规禁止投资银行内幕交易行为、操纵市场行为、制造虚假信息行为和欺诈客户行为。比如,美国证券交易委员会通过"反垄断条款"、"反欺诈、假冒条款"和"反内部沟通条款"等来限制投资银行的上述行为。

3. 资本比率限制

为了防范投资银行过度追求风险,很多国家都对投资银行的资本充足率作了要求,规定了投资银行持有净资本的最低限度。比如,美国证券交易委员会规定,投资银行的净资本(由现金和随时可变现的自由资本构成)与其负债的比例不得低于1∶15。我国从2002年1月1日起开始实施的《证券公司管理办法》规定:证券公司净资本不得低于其对外负债的8%;证券公司流动资产余额不得低于流动负债余额;综合类证券公司的对外负债不得超过其资产额的9倍;经纪类证券公司的对外负债不得超过其资产额的3倍。

4. 收费限制

各国对投资银行业经营证券承销、经纪以及咨询等业务的收费都有一定的限制。例如,美国投资银行经纪业务的佣金额不得超过交易额的5%,其他业务的佣金比例不得高于10%,否则按违反刑法论处。

5. 缴纳管理费制度

投资银行必须向证券监管机构和证券交易所缴纳一定的管理费用。证券监管机构和证券交易所把这些费用集中起来,主要用于对投资银行经营活动检查、监督等方面的行政开支。我国政府规定,自2003年1月1日起,对在我国境内登记注册的证券公司、基金管理公司、期货经纪公司均收取机构监管费。对证券公司每年按注册资本金的0.5‰收取,最高收费额为30万元;对基金管理公司每年按注册资本金的0.5‰收取,最高收费额为30万元;对期货经纪公司每年按注册资本金的0.5‰收取,最高收费额为5万元;期货市场监管费标准为年交易额的0.002‰,向上海、郑州、大连期货交易所收取。

(三)证券承销业务的监管

作为沟通证券发行者和证券投资者的桥梁,投资银行在证券承销业务中往往掌握大量的证券,可能会以此来操纵市场,获取不正当收益。因此,对投资银行证券承销业务的监管主要是禁止其在承销活动中获得不合理利润,以及利用热门股票发行或稳定价格时操纵市场。主要内容如下。

(1)公开原则:禁止投资银行在承销中以任何形式进行欺诈、舞弊、操纵市场、内幕交易等。

(2)诚信原则:投资银行负有信息披露义务,禁止其参与或放任证券发行者在发行公告中弄虚作假、欺骗公众;此外,当投资银行与证券发行者有关联时,应当予以公布,以便投资者有充分的心理准备和正确的认识。

(3)风险控制:禁止投资银行在证券承销中过度投机和承销风险超过自身承受范围

的证券。

(4) 费用限制：禁止投资银行对发行企业征收过高的费用，从而造成企业的筹资成本过高，侵害发行者与投资者的利益，影响二级市场的运行。大多数国家规定，投资银行从事证券承销业务的佣金最高不得超过其交易额的10％。

(四) 证券经纪业务的监管

投资银行在从事证券经纪业务时无须动用资本金，也无须冒任何投资风险，只是根据客户的指令买卖证券，赚取佣金收入。因此，为了保护投资者的利益，各国都非常重视对投资银行证券经纪业务的监管，大致包括以下几个方面。

(1) 投资银行在经营证券经纪业务时必须坚持诚信原则，禁止任何欺诈、违法、私自牟利的行为。在向投资者提供信息时，必须保证所提供信息的真实性和合法性，同时所提供的信息要语义清楚，不能含有让投资者混淆的内容。

(2) 在接受客户委托方面，有些国家禁止投资银行接受客户"全权委托"（即投资银行全权代理客户选择证券种类、买卖数量、买卖机构、买卖时机），防止投资银行侵犯客户的利益。有些国家虽然设置了"全权委托账户"，但是也作了一些限定，禁止投资银行做出不必要的买进卖出，未经委托，不能自作主张替客户买卖证券；接受委托，进行证券买卖之后，必须将交易记录交付委托人。我国《证券法》第一百四十三条规定：证券公司办理经纪业务，不得接受客户的全权委托而决定证券买卖、选择证券种类、决定买卖数量或者买卖价格。

(3) 对投资银行的一些道德约束。不得向客户提供证券价格即将上涨或下跌的肯定性意见；不得劝诱客户参与证券交易；不得利用其作为经纪商的优势地位，限制某一客户的交易行为；不得从事其他对保护投资者利益和公平交易有害的活动，或从事有损证券业信誉的活动。我国《证券法》第一百四十四条规定：证券公司不得以任何方式对客户证券买卖的收益或者赔偿证券买卖的损失做出承诺。

(4) 对佣金做出规定。很多国家都对投资银行向客户收取佣金的比例做出规定，佣金一般为其交易额的5％，投资银行不得自行决定收费标准和佣金比例。在一些没有规定佣金比例的国家，佣金比例由投资银行和客户协商决定，但必须遵循诚信原则，不得损害投资者的利益。

(5) 投资银行负有对客户的证券交易信息保密的义务，不得以任何方式向第三人公开，金融监管机构和国家执法机关调查的除外。

(五) 证券自营业务的监管

投资银行利用自有资金或借入资金来从事自营买卖时，往往会在利益的驱动下追求高收益而忽视对风险的防范，同时由于其自身拥有资金、信息等优势，可能存在着更大的操纵市场的可能性。各国都在以下几个方面对投资银行实施了严格的监管。

(1) 限制投资银行所承担的风险。要求投资银行在进行证券交易时按一定比例提取准备金；对外负债的总额不超过其资本净值的倍数；流动负债不得超过流动资产的一定比例，限制其通过借款买卖证券；严格限制投资银行购买有问题证券（如遇到重大自然灾害或严重财务困难的公司的股票，连续暴涨暴跌的股票等）。

(2) 禁止投资银行买空卖空的活动。规定投资银行在从事自营业务时,在证券交易所卖出证券成交后,应逐笔将卖出的证券提交证券交易所办理交割,不得与当日买进的同类证券相抵消,不得买空卖空。

(3) 禁止投资银行操纵证券的价格。证券市场的一切交易行为都要在公开、公平、公正和诚信的原则上进行。各国监管机构都限制投资银行大量买进或卖出某一证券,往往规定一家投资银行所购买的某一种证券的数量,不得超过发行公司证券总量的一定百分比,或者是规定不能超过该公司资产总额的一定百分比。

(4) 规定投资银行的自营业务与经纪业务要严格分开。这一规定是为了防止投资银行兼营自营业务和经纪业务时将风险转嫁给投资者,侵犯投资者的利益。很多国家都规定了实行委托优先和客户优先的原则:当投资银行的买卖价格与客户的买卖价格相同时,即使投资银行叫价在先,也要优先以客户的委托成交;在同一时间,不得同时对一种证券既自行买卖又接受委托买卖。我国《证券法》第一百三十六条规定:证券公司必须将其证券经纪业务、证券承销业务、证券自营业务和证券资产管理业务分开办理,不得混合操作。第一百三十九条规定:证券公司客户的交易结算资金应当存放在商业银行,以每个客户的名义单独立户管理。证券公司不得将客户的交易结算资金和证券归入其自有财产。禁止任何单位或者个人以任何形式挪用客户的交易结算资金和证券。

(5) 规定投资银行必须实名经营。我国《证券法》第一百三十七条规定:证券公司自营业务必须以自己的名义进行,不得假借他人名义或者以个人名义进行。证券公司不得将其自营账户借给他人使用。

(六) 金融衍生产品业务的监管

为了规避风险和追求利润,各国金融业都热衷于金融创新,从而使得越来越多的金融衍生产品出现,同时也给金融体系带来了更大的风险,给监管者提出了新的挑战。各国监管机构都非常重视对投资银行从事金融衍生产品业务的监管,具体措施有以下几种。

(1) 增加市场的透明度。要求交易机构制定出一套完善的风险管理、信息收集制度,密切注意资本市场的变化,定期向监管机构和投资者公布信息。同时还规定投资银行公开的资料会计口径必须标准化,以便评估市场风险。

(2) 证券交易所、票据交易所必须强化交易、清算以及交割的管理,将交易日到交割日的期限标准化,扩大使用交易当天便交割的制度,以增强市场的流动性。

(3) 加强协调合作。一方面,大户投资者必须与投资银行合作,遵从相关的交易法令;另一方面,各投资银行之间要加强协调与合作,共同抵御风险,以维护金融体系安全。

(4) 重视对电子信息系统的安全性管理,要在技术上加强安全性,避免重大损失。

(七) 投资咨询业务的监管

投资银行在为客户提供服务时要遵循诚信原则,对客户的收费要符合有关规定,不能欺诈客户。大多数国家都对投资银行的投资咨询业务的监管作了法律上的规定。1998年4月23日,中国证监会发布了《证券、期货投资咨询管理暂行办法》,其主要内容有以下几点。

（1）实行业务许可制。投资银行从事证券、期货咨询业务必须取得中国证监会的许可，否则不得从事各种形式的证券、期货投资咨询业务。

（2）对咨询机构和咨询人员有相应的条件和资格要求。申请从事证券、期货投资咨询的机构，必须在资本、设施及从业人员等方面符合法定的条件，由地方证管局初审后报中国证监会审批，方可从业。证券、期货投资咨询人员必须参加某个证券、期货投资咨询机构方可执业，且不得同时在两个以上的证券、期货投资咨询机构执业。

（3）在业务管理上，投资银行从事咨询业务时，不得代理从事证券、期货买卖，不得向投资人承诺投资收益，不得与他人合谋操纵市场或进行内幕交易。

（4）向投资人提供的投资分析、预测和建议所应用的有关信息资料，应当真实、合法、完整、客观、准确。

（5）向投资人就同一问题提供的投资分析、预测和建议应当一致，不得对客户区别对待。

三、信息披露制度

信息披露制度源于英国1844年的《公司法》，为美国1933年《证券法》和1934年《证券交易法》所确立并日臻完善，成为美国证券法律的核心与基石。信息披露是指有关行为主体从维护投资者权益和资本市场运行秩序出发，根据法律法规的规定，完整、准确、及时地向社会公众公开披露信息的行为。目前，世界上几乎每个国家都制定了信息披露制度，信息披露制度已成为金融监管的重要手段。

（一）建立信息披露制度的必要性

1. 市场竞争的不完全性要求建立信息披露制度

在一般情况下，市场的常态特征主要表现为不完全竞争。与商品市场一样，资本市场也无法避免市场失灵带来的影响，是一个不完全竞争的市场。资本市场的市场失灵一方面表现为资本品价格形成过程中的非市场化因素的介入以及投资者对这些因素反映的差异性，进而表现为价格信号产生过程的不完善和价格所反映信息的不完整、不一致甚至不真实；另一方面表现为资本市场效率下降或有效性的不足。然而，市场经济条件下的资本市场应该是信息充分透明、真实准确、公布及时、披露无遗的，每一个投资者都处于平等竞争的市场环境之中。由于投资银行的主要业务集中于资本市场，因而也难免受到资本市场失灵的影响。为了保护投资者利益，加强对投资银行的监管，必须建立完善的信息披露制度。

2. 信息的不对称性要求建立信息披露制度

市场的有效性主要体现在价格对可获得信息的及时和充分反映上。市场机制对资本或稀缺资源的有效配置，很大程度上取决于可获得信息的充分性、真实性和及时性。在证券市场上存在着严重的信息不对称，上市公司及投资银行的有关人员肯定比普通投资者更清楚公司的财务状况、盈利能力和发展潜力等信息，与普通投资者相比，其处于信息优势地位。这种信息的不对称可能导致内幕交易、关联交易和欺诈行为等的出现，也可能出现"垃圾股"排斥"绩优股"而充斥资本市场，其结果是投资者利益得不到保护，社会资源得不到优化配置,造成稀缺资源的浪费。因此,要保证资本配置的效率,建立完整的信息披露制度是必不可少的。

(二) 中国投资银行的信息披露制度

根据我国《证券法》的规定,我国证券市场的信息披露制度主要包括首次披露、定期报告和临时报告三大部分。

对投资银行信息披露的要求,本书着重从证券承销业务、公司并购业务和证券投资基金业务三个方面加以讨论。

1. 证券承销业务的信息披露

(1) 关于证券承销商审查发行文件的规定。证券公司承销证券,应当对公开发行募集文件的真实性、准确性、完整性进行核查;发现含有虚假记载、误导性陈述或者重大遗漏的,不得进行销售活动;已经销售的,必须立即停止销售活动,并采取纠正措施。

(2) 关于证券承销情况报告制度的规定。证券公司包销证券的,应当在包销期满后的15日内,将包销情况报国务院证券监督管理机构备案;证券公司代销证券的,应当在代销期满15日内,与发行人共同将证券代销情况报国务院证券监督管理机构备案。

2. 公司并购业务的信息披露

(1) 对持股情况需要进行披露的条件。具体为:通过证券交易所的证券交易,投资者持有已上市公司已发行股份的5%时;投资者持有上市公司已发行股份的5%后,其所持该上市公司已发行的股份比例每增加或者减少5%。

(2) 披露的期限。首次达到5%时,或增减5%,应当在该事实发生之日起3日内进行报告和公告。

(3) 披露方式。应向国务院证券监督管理机构、证券交易所做出书面报告,通知该股份有限公司,并予以公告。

(4) 披露期间禁止的行为。具体为:不得再行买卖该股份有限公司的股票,首次达5%为3天;随后增减达5%,为报告期限内(即在该事实发生之日起3日内)和做出报告、公告后2日内。

3. 证券投资基金业务的信息披露

根据我国《证券投资基金法》,基金管理公司对基金信息披露的主要内容和要求有以下几点。

(1) 基金管理人、基金托管人和其他基金信息披露义务人应当依法披露基金信息,并保证所披露信息的真实性、准确性和完整性。

(2) 披露的形式和内容。公开披露的基金信息包括:基金招募说明书、基金合同、基金托管协议;基金募集情况;基金份额上市交易公告书;基金资产净值、基金份额净值;基金份额申购、赎回价格;基金财产的资产组合季度报告、财务会计报告及中期和年度基金报告;临时报告;基金份额持有人大会决议;基金管理人、基金托管人的专门基金托管部门的重大人事变动;涉及基金管理人、基金财产、基金托管业务的诉讼;依照法律、行政法规有关规定,由国务院证券监督管理机构规定应予披露的其他信息。

(3) 披露期间禁止的行为。公开披露基金信息,不得有下列行为:虚假记载、误导性陈述或者重大遗漏;对证券投资业绩进行预测;违规承诺收益或者承担损失;诋毁其他基金管理人、基金托管人或者基金份额发售机构;依照法律、行政法规有关规定,由国务院证券监督管理机构规定禁止的其他行为。

四、大数据时代的金融监管

随着互联网金融生态体系的演化,行业自我生长、自我纠错和自我完善的能力越来越强,大数据也将成为核心资产,并重构监管逻辑和监管机制。也就是说,围绕数据的生成、传输和使用等环节,采取实时、互动方式,实现对金融大数据的监管,这就是大数据监管。

大数据监管是指通过动态、实时、互动的方式,通过金融大数据对金融系统内的行为和其潜在风险进行系统性、规范性和前瞻性的监管。尽管"大数据监管"是一个全新的课题,但我们相信,这个远期目标必须在整个行业满足几个必要条件时,才可能实现。其一是监管的分布化和动态化。以属地、业务、机构等为导向的监管将会逐渐弱化,监管将更多地针对数据及数据背后所代表的行为。其二是监管的协同化。金融行为越来越深地嵌入人们的日常生活,金融和非金融机构的边界变得越来越模糊。这种变化将促使金融业监管者与非金融业监管者之间增加跨界协同。以数据为纽带,监管者之间的交互将越来越频繁,监管框架和规则也因时而变、随事而制。其三,大数据配之以有效的分析和呈现工具,不仅能让监管者迅速观察到已经和正在发生的事件,更能让其预测到即将发生的风险及风险发生的概率。这样,监管者可以动态地配置监管资源。

(一)大数据时代的特点

大数据时代的金融监管与之前的将数据用于金融监管有什么不同?

从特点上看,大数据具有 4 V(Volume(大体量)、Velocity(高速度)、Variety(多维度)、Veracity(较真实))特点。其中,大数据的大体量与多维度的特点值得关注。大数据的体量大,一般指大数据的规模在 10TB 左右;大数据的多维度,是指大数据包括了用户很多维的信息。大数据的上述特点,使得大数据分析手段的精确性远远大于普通数据分析手段,其具体表现形式如下。

1. 大数据时代的数据体量提高了分析结果的准确性

传统的数据分析过程中,由于数据量较小的限制,通常只对总体的一部分(总体的一个样本)进行分析。由于样本容量与总体容量的差异性,必然造成样本的统计特性与总体的统计特性呈现一定的差异。简而言之,就是由于样本只是总体的一部分,通过样本分析出来的结果未必符合总体的特征,即分析结果准确度不高,因此,一般采用多次采样的方式提高分析结果的准确性。而在金融行业,上述方法变得不再现实,其主要表现在以下几个方面。第一,金融行业对分析结果的准确度要求极高。金融行为总是伴随着一定的现金流,分析结果直接关系到相应资产的安全性与监管的有效性。相关研究表明,即使数据分析的错误率在 8% 以下(对于数据营销领域而言,该错误率已经足够支持其业务发展),对于投资决策、监管分析而言,该错误率仍不可接受。第二,金融行业在相当多的情况下不存在多次反复从总体取样的条件。

大数据时代的一个典型特点是样本即总体，分析基础即为整个样本，这将大大提高数据分析手段的准确性，使依靠数据分析作为投资分析、监管监察成为可能。根本原因在于，随着信息技术的迅猛发展，越来越多的活动从线下转移到线上，使分析时可得到的数据集从样本扩展到总体。

2. 大数据时代的数据维度提高了分析结果的准确性

在传统的数据时代，数据往往只刻画一个主体的某一部分。以监管为例，银行领域的监管部门只掌握被监管主体在银行体系中的活动数据，证券领域的监管部门只掌握其在证券体系中的活动数据。大数据时代提供的高效分析手段及数据整合理念，使跨领域的数据合作与数据监管常态化，如果再结合诸如移动终端、电子商务平台等产生的数据，将使监管部门能够刻画出一个完整的被监管主体行为活动图，这将为监管带来一个崭新的时代。近来证券监管系统频频使用大数据作为监察手段对"老鼠仓"进行查处，就宣告了这一时代的到来。

（二）大数据作为风险管理手段

大数据时代的金融监管，将是一个精确制导的金融监管，大数据为金融监管部门提供了全新的风险管理手段。在传统的金融监管过程中，金融监管部门通常为整个行业或者某一个领域制定一个统一的监管规范，缺乏个性化监管的理念，不考虑被监管主体的差异性。这一监管方式的好处在于监管成本低、监管难度小，而且在缺乏有效的数据分析手段来刻画被监管主体时，这也是唯一可选的方式，毕竟个性化的监管服务意味着更大的人力投入及更高的监管成本。而在大数据时代，由于数据量的急剧增加，监管机构可以完整、准确地刻画出被监管主体的特征，此时如果仍采取大一统的监管方式，将会给被监管主体带来不必要的监管成本。

大数据分析为风险管理带来了全新的手段。以防范流动性风险为例，目前已经有相关的市场主体将大数据用于流动性风险管理。例如，余额宝通过大数据分析用户支取资金的习惯，进行余额宝的流动性风险与投资管理。通过大数据的应用，余额宝只需保有5%的资金就可以实现其"T+0"流动性的承诺。因此，监管部门在防范流动性风险时，在达到同一监管要求的前提下（同一监管要求，是指各类金融机构所要达到的流动性风险指标是相同的，比如，都要求在有0.0001%的统计概率意义上不会发生流动性风险），以数据分析手段为基准对其进行监管。对于现金存取可预测性较差的机构，制定较高的存款风险准备金比例，而对于可预测性较高的机构，制定较低的存款风险准备金比例，实现精确化监管。在上述过程中，达到的风险控制目标是一致的，但实现的手段（存款准备金比例）是不同的。监管机构在保证目的一致性的前提下实现了手段的差异性。

（三）大数据作为信息分析手段

大数据为金融监管部门提供了全新的信息分析手段，通过海量、多角度数据的分析，监管部门可以形象生动地刻画各市场参与主体各个维度的信息。大数据作为信息分析手段，其应用领域至少包括以下几个部分。

1. 认定投资者的资格

证券行业目前普遍在开展各种类型的创新服务，例如个股期权、股指期权等，而此类业务由于其特有的高风险性,对投资者的资格提出了一定的要求。目前的做法是,以几个比较简单的指标,例如投资者的资产量、投资者投资时间等来认定合格投资者。在大数据时代,可以加入投资者平时的投资行业以及在其他领域的投资数据,来对投资者的风险偏好、投资习惯、收入水平及稳定性等特征进行全方位、多角度的分析,以确定投资者是否有资格介入某项具有一定风险性的投资产品。

2. 打击内幕交易

随着金融创新活动的进一步发展,跨市场、跨国界的金融交易将越来越频繁。对内幕交易的发现与取证成为各国监管部门的普遍难题。根据证据学的观点,"凡发生必留痕迹"。随着电子化的不断加深,一个被监管主体在电子市场的留痕,将从简单的金融产品交易信息扩展到其地理位置信息(通过相应的移动端获取)、日常消费信息、浏览信息及社交信息。通过对上述不同维度的信息进行综合分析,监管部门将能有效地刻画出一个个形象生动的被监管主体的活动路线图,对内幕交易的发现、内幕交易行业的取证有着重要的意义。

3. 加强对拟上市公司的审查

通过大数据分析,可以对拟上市公司的经营、销售、市场占有率等各方面的情况形成一个闭环分析。随着商业活动数据化的不断深入,越来越多的企业行为线上化的程度将不断加深。可以说,一个企业的各方面情况可以由各种不同来源、不同角度的数据进行生动形象的刻画,使企业对其运营情况的造假难度增大。在大数据时代,监管部门可以通过分析上述不同的数据,高效准确地对拟上市公司提交的材料的真实性进行审查。可以想象,未来当技术手段发展到一定的程度,监管部门在接到拟上市公司的上市申请时,通过成熟有效的技术分析手段,可以在短时间内自动生成该公司财务、经营、管理等方面的全方位、多角度的信息,根据这些信息来判断该公司是否满足上市的要求。

(四)大数据监管中应该注意的问题

首先,大数据的精确制导式监管并不意味着为不同的主体设立不同的监管标准。不同的市场参与主体所要达到的监管要求是相同的,但是由于大数据手段的使用,监管部门对不同的市场参与主体的实际情况更加清楚明晰,因此对其达到监管要求所采取的具体措施可以灵活制定。

其次,大数据时代涉及的隐私问题值得关注。监管部门在使用大数据进行监管时,必将收集大量信息用于其监管目的,这其中必然涉及被监管对象的隐私问题。因此,如何平衡监管需求与隐私需求,值得关注与思考。

五、中国投资银行监管的最新指示

(一)中国投资银行监管的最新政策

如果用一个字来概括近两年的中国金融监管,那就是"严"。为促进金融市场的健康发展,监管机构轮番上阵,不断加强对各领域的监管。本书筛选出 2017 年以来我国证监会、银监会、保监会和财政部等监管机构对于投资银行的监管变动政策,并分析其可能带来的影响。

1．近期监管政策

1）严打大股东清仓式减持行为

证监会相关负责人表示,对于上市公司大股东和其他高层违法减持,甚至清仓式减持等行为,证监会会采取严厉措施进行整治,并对其中涉及刑事犯罪的坚决移送至公安机关,依法追责。

证监会还对上市公司大股东和董事以及监事等高级管理人员发出了警示,提醒其严守相关法律法规,那些触碰资本市场红线和底线者,必将付出较高代价。

证监会通报了2017年度律师事务所从事的IPO法律业务的专项检查状况,一共抽查了21家律师所共47个IPO项目。检查发现一些律师事务所仍然存在问题,证监会已经对八家律师事务所出具了警示函,对一家律师事务所采取责令改正的行政监管措施。

对大股东减持行为的严格监管有利于保障其他股东的权益,保障二级市场投资者的利益和维护市场的稳定。

2）境内证券经营机构境外全资子公司遵从属地监管原则

证监会采用问答的方式对境内证券经营机构境外全资子公司的监管权属问题进行了明确。根据属地监管原则,证监会表示,证券公司境外子公司持牌业务由所在地证券监管部门履行监管职责。

证监会通过督促母公司切实履行职责和加强对境外子公司管控来避免非持牌金融业务经营失控,并防范相关风险。

2．2016年以来银监会相关监管政策梳理

1）对信托的风险防控

2016年3月18日,银监会向各银监局下发《进一步加强信托公司风险监管工作的意见》。该文件的内容主要有以下四点:

(1) 对信托资金池业务穿透管理,重点监测可能出现用资金池项目接盘风险产品的情况;

(2) 结构化配资杠杆比例原则上不超过1:1,最高不超过2:1,相比之前业内常见的3:1有明显的压缩;

(3) 对信托公司的拨备计提方式提出改变,除了要求信托公司根据资产质量足额计提拨备外,还要求对于表外业务以及向表内风险传递的信托业务计提预计负债;

(4) 对信托风险项目处置从性质到实质的转变,要求把接盘固有资产纳入不良资产监测、接盘信托项目纳入全要素报表。

该文件总结了2015年证券市场加杠杆的经验,进一步对结构性配资产品的杠杆进行了严格的限制。

2）对套利行为的监管措施

2017年3月29日,《关于开展银行业"监管套利、空转套利、关联套利"专项治理工作的通知》颁布,主要涉及以下内容。

(1) 监管套利:规避信用风险指示;规避资本充足指标;规避流动性指标;规避其他类指标;违反宏观调控政策;违反风险管理政策;利用不正当竞争;增加企业融资成本。监管套利就是通过规避监管指标获取收益的套利行为。

(2)空转套利:信贷空转;票据空转;理财空转;同业空转。空转套利就是通过多种业务组合使资金在金融体系内流转,未流向实体经济,也就是所谓的"脱实向虚"。

(3)关联套利:违规向关联方授信、转移资产或提供其他服务;违反或规避并表管理规定。关联套利就是银行通过关联方或附属机构设计交易机构、交易背景等形式获取利益。

3. 2016年以来证监会相关监管政策梳理

1)加强对基金子公司的监管

2016年5月18日,《证券投资基金管理公司子公司管理规定》和《基金管理公司特定客户资产管理子公司风险控制指标指引》颁布,主要涉及以下内容。

(1)收紧基金子公司成立门槛。文件新增了基金管理公司管理的非货币市场公募基金规模不低于200亿元人民币,同时基金公司净资产不低于6亿元人民币的规定,本次针对新设基金子公司的时候对母公司要求大幅度提高,但存量基金子公司牌照的稀缺性提升。

(2)新增对基金子公司的净资本约束。规定专户子公司开展特定客户资产管理业务,应当持续满足下列风险控制指标:①净资本不得低于1亿元人民币;②调整后的净资本不得低于各项风险资本之和的100%;③净资本不得低于净资产的40%;④净资产不得低于负债的20%。净资本指标是首次提及,也将对行业产生非常深远的影响。其实整个资管行业,进行资产管理业务都需要计提资本,不论是信托公司还是券商从事资管业务都需要消耗净资本。

(3)基金子公司需计提风险准备金。规定专户子公司应当按照管理费收入的10%计提风险准备金,风险准备金达到子公司所管理资产规模净值的1%时可不再计提。

总体来看,《证券投资基金管理公司子公司管理规定》和《基金管理公司特定客户资产管理子公司风险控制指标指引》对基金子公司较重要的两项影响在于对基金子公司正式实施金融机构牌照化,设立门槛大幅提升,另外就是新增了净资本约束。

2)新"八条底线"

2016年5月18日,《证券期货经营机构落实资产管理业务"八条底线"禁止行为细则(修订版,征求意见稿)》(简称"暂行规定")颁布,主要涉及以下内容。

(1)涉及资管机构范围扩大。暂行规定涉及的资产管理机构包括券商资管、基金专户、基金子公司、期货公司以及私募证券投资基金。

(2)限制结构化产品的负债端杠杆率水平。暂行规定明确了结构化产品的负债端杠杆倍数=优先级份额/劣后级份额。其中中间级份额也计入优先级,进一步提高了结构化产品的杠杆限制。此外,暂行规定明确规定了结构化产品负债端的杠杆倍数,其中股票类、混合类结构化资产管理计划的杠杆倍数不得超过1倍,固定收益类结构化资产管理计划的杠杆倍数不超过3倍,其他类结构化资产管理计划的杠杆倍数不超过2倍。与此前出台的征求意见稿相比,将期货资管以及非标类资管的杠杆倍数从3倍降低至2倍,杠杆率进一步压缩。

(3)限制集合资产管理产品的投资端杠杆率水平。关于集合资产管理产品的资产端融资杠杆率,暂行规定区分了结构化和非结构化集合资产管理计划,将结构化集合资产管理计划的融资杠杆率上限维持在140%,将非结构化集合资产管理计划的融资杠杆率上限限制在200%。

(4) 禁止预期收益率宣传,禁止对优先级提供保本保收益安排。暂行规定延续了征求意见稿中不准向投资者宣传资产管理计划预期收益率,不允许直接或者间接对优先级份额认购者提供保本保收益安排(包括但不限于在结构化资产管理计划合同中约定计提优先级份额收益、提前终止罚息、劣后级或第三方机构差额补足优先级收益、计提风险保证金补足优先级收益等)的规定,也就是劣后级仅以资金为限承担风险,防止结构化产品"类借贷"化。从监管机构的监管思路看,监管就是要禁止劣后级为优先级提供任何补偿或收益保障措施,仅以劣后级资金为限提供增信,那么优先级的收益率并没有足够保障。

(5) 禁止嵌套和资金池操作。暂行规定实行穿透检查,并提出结构化资产管理计划不能嵌套投资其他结构化金融产品劣后级份额;证券期货经营机构不得开展或参与具有资金池性质的私募资产管理业务,包括不同资产管理计划进行混同操作,资金和资产无法明确对应,未单独建账等行为。

(6) 加强对第三方投资顾问的监管。暂行规定还加强了对第三方投资顾问的监管,除了对相关第三方机构遴选机制、信息披露、风险管控机制、防范利益冲突以及费用支付等方面作了明确要求外,暂行规定还要求第三方机构不得直接执行投资指令,禁止第三方机构及其关联方以其自有资金或募集资金投资于结构化资管产品劣后级份额的行为。

总体来看,新"八条底线",其主要目的就是防范高杠杆的结构化资管产品对资本市场形成助涨助跌的扰动,同时也是监管层为了防范金融风险,进行的金融去杠杆系列政策之一。新规对杠杆率的限制,从中长期来看有助于预防未来再次疯狂加杠杆的行为。另外,禁止任何对优先级保本保收益的补偿,禁止嵌套和资金池操作,有助于资产管理回归本源,也有利于实现产品信息的透明化与业务风险的隔离,降低特殊时点的流动性冲击风险,提升监管的有效性。券商资管以及基金公司等机构进一步扩张资管产品规模的难度加大,限制了资管计划的通道作用,尤其是原来靠杠杆追求高收益的模式难以延续。

3) 保本基金新规

2016年8月12日,证监会就修订《关于保本基金的指导意见》公开征求意见,主要涉及以下内容。

(1) 控制保本基金规模。征求意见稿明确基金管理人管理的保本基金(合同约定的保本金额乘以相应风险系数后的总金额),不得超过基金管理人最近一年经审计的净资产的5倍(其中保险资管公司为1倍)。同时规定,证券公司担任基金管理人的,应按照合同约定的保本金额乘以相应风险系数后的总金额的20%计算特定风险资本准备。

(2) 完善相关风险控制指标。从严要求稳健资产的投资范围、剩余期限以及风险资产的放大倍数,进一步降低保本基金投资运作风险。如权益类资产投资金额、信用等级在AA+及以上的固定收益类资产投资金额分别不得超过安全垫的3倍、10倍。对稳健资产进行了明确,对投资组合的剩余期限进行了限定。

(3) 完善担保相关监管要求。适度降低担保机构对外担保资产总规模,同时要求基金管理人审慎选择担保机构,并在定期报告中对担保机构情况进行披露。

(4) 要求基金管理人及其子公司的特定客户资产管理业务不得募集保本产品。另外还有两条分别是对基金管理人的投资管理经验进行规定,以及要求每日监控保本基金净值变动和开展压力测试。

总体来看,新规的主要目的在于规范保本基金运行,努力预防保本基金发生风险。不过新规执行后,由于对连带责任担保的严格要求和对保本基金投资的多方面限制,保本基金的收益率存在下行的可能,其对投资者的吸引力或下降。此处,由于限制颇多,新规或使得近年来保本基金数量上升的趋势减缓。

导入案例
监管大年到底有多严?11家投资银行遭点名或领罚

(二)《证券公司分类监管规定》

随着监管思路的转变,券商分类评级成了监管从严的重要抓手。2016年7月,证监会发布券商2016年分类评价结果,由于2015年两融业务违规、场外配资、信息披露违规、投资银行项目违规、新三板业务违规等多种原因所致,95家券商中有56家评级下调,下调占比高达58.9%。

券商评级的升级将影响投保基金缴纳额的变动,同时也直接反映公司当前市场竞争力和持续合规状况,常被作为其他公司考察业务合作对象的准入门槛;一旦降级,则意味着券商新业务开展、融资等都将受到限制。券商分类评级下调会让更多公司将风控质量摆在首要位置,毕竟评级越高才能在市场上获得更多的竞争优势。

根据《证券公司分类监管规定》,经证券公司自评、证监局初审、中国证监会证券基金机构监管部复核,由中国证监会证券基金机构监管部、证监局、自律组织、证券公司代表等组成的证券公司分类评价专家评审委员会审议确定了2016年证券公司分类结果。

证券公司分类结果不是对证券公司资信状况及等级的评价,而是证券监管部门根据审慎监管的需要,以证券公司风险管理能力为基础,结合公司市场竞争力和合规管理水平,对证券公司进行的综合性评价,主要体现的是证券公司合规管理和风险控制的整体状况。

证券公司分为A(AAA、AA、A)、B(BBB、BB、B)、C(CCC、CC、C)、D、E等五大类11个级别。A、B、C三大类中各级别公司均为正常经营公司,其类别、级别的划分仅反映公司在行业内风险管理能力的相对水平。D类、E类公司分别为潜在风险可能超过公司可承受范围及被依法采取风险处置措施的公司。

中国证监会根据证券公司分类结果对不同类别的证券公司在行政许可、监管资源分配、现场检查和非现场检查频率等方面实施区别对待的监管政策。分类结果主要供证券监管部门使用,证券公司不得将分类结果用于广告、宣传、营销等商业目的。

被依法采取责令停业整顿、指定其他机构托管、接管、行政重组等风险处置措施的证券公司,评价计分为0分,定为E类公司。评价计分低于60分的证券公司,定为D类公司。

中国证监会每年根据行业发展情况,结合以前年度分类结果,事先确定A、B、C三大类别公司的相对比例,并根据评价计分的分布情况,具体确定各类别、各级别公司的数量,其中B类BB级及以上公司的评价计分应高于基准分(100分)。相关规定如下:

(1) A类公司风险管理能力在行业内最高,能较好地控制新业务、新产品方面的风险;

(2) B类公司风险管理能力在行业内较高,在市场变化中能较好地控制业务扩张的风险;

(3) C类公司风险管理能力与其现有业务相匹配;

(4) D类公司风险管理能力低,潜在风险可能超过公司可承受范围;

(5) E类公司潜在风险已经变为现实风险,已被采取风险处置措施。

设定正常经营的证券公司基准分为100分。在基准分的基础上,根据证券公司风险管理能力评价指标与标准、市场竞争力、持续合规状况等方面情况,进行相应加分或扣分以确定证券公司的评价计分。

评价期内证券公司因违法违规行为被证监会及其派出机构采取行政处罚措施、监管措施或者被司法机关刑事处罚的,按规定原则给予相应扣分。

同时,当证券公司符合规定的标准或者各项业务的竞争力满足位于行业前5名、前10名、前20名,按规定原则给予相应加分。

(三) 我国监管与美国监管的对比

金融危机爆发后,美国私营部门经历了去杠杆化进程,资产负债表得到了大幅改善,美国银行业迅速回升。中国在信贷快速扩张和几乎所有经济部门的杠杆不断上升的情况下,金融风险在升高。

1. 债务上升

根据国际清算银行统计,2016年中国对非金融企业的信贷总额达到国内生产总值的167%,远高于美国的72%和新兴市场的106%。私人债务的快速增长和不良贷款的不断上升令人非常担忧。2016年9月,国际清算银行发布了中国银行业在未来三年危机风险将持续增高的警告。

2. 房地产泡沫

中国70个主要城市的房价大幅上涨,引发了关于资产泡沫的担忧。房地产市场投机活动背后的因素之一是宽松的信贷政策。金融危机通常建立在快速的债务增长和资产价格泡沫的基础上,这两者都是中国显著的市场现象。政府已采取措施遏制一、二线城市过热市场,严格限制采购和抵押。

3. 影子银行业务

影子银行业务被认为是2008年美国金融危机的重要因素。因此,"多德-弗兰克法案"中含有众多有关影子银行业务的规定。在中国,影子银行业务增长迅速,据估计目前大约占国内生产总值的58%。中国的表外产品没有得到监管机构的密切监督。由于部分信贷增长打着财富管理产品(WMPs)和投资计划的幌子,从而降低了透明度,进而增加了金融体系内传染效应导致的风险。自2016年以来,中国人民银行已将表外产品纳入宏观审慎评估计划,标志着加强影子银行业务管理的重要一步。中国领导层在2016年12月举行的经济工作会议上将遏制财务风险纳入首要任务范畴。随后,短期政策工具(SLF常备借贷便利和MLF多边基金)的利率被提高以控制过度投机。近期,中国领导层再度强调金融安全的重要性。

4. 需要改进的监管

中国目前的金融监管框架本质上采取了一种机制化的方式,即一家金融机构的法律地位(比如,是一家银行、证券公司或保险公司)决定了由哪家监管者(如中国人民银行、银监会、证监会、保监会)监督其活动。然而,由于金融机构日益参与跨市场、跨行业的业务,新的商业模式对监管者提出更多的挑战。在目前的方式下,来自不同机构的同样或类似的产品或活动适用于不同的监管者的监督,导致监管上的随意性。此外,由于缺乏单一的监管者覆盖整个交易过程,也就无法适当地识别风险,各自为政的规则在跨市场活动中被证明缺乏及时性和有效性。在2015年的证券市场风波中,证券监管方对于进行融资融券交易的基金无法掌握实时信息,因为这一领域由银行监管者负责,缺乏共享和监督协调措施的问题暴露无遗。关于改革监管框架包括重组金融监管实体的讨论已经持续进行,无论关于组织结构的最终决定是什么,关键在于加强协调,以确保对风险的全面监控和实现监管规则的标准化。目前,四家监管机构(中国人民银行、银监会、证监会、保监会)正在努力为资产管理产品制定一套统一的规则,标志着在加强金融监管层面上更高层次的协调配合和共同努力。美国政府的金融监管放松可能要比人们预期的缓慢,但美国投资银行的监管自金融危机发生后从严管走向宽松。

(四)《外商投资证券公司管理办法》

2018年4月28日,经国务院批准,证监会对外正式发布了《外商投资证券公司管理办法》(以下简称《外资办法》),并宣布自公布之日起施行。

《外资办法》是为落实党的十九大关于"大幅度放宽市场准入,扩大服务业对外开放"的决策部署和《国务院关于扩大对外开放积极利用外资若干措施的通知》(国发〔2017〕5号)、《国务院关于促进外资增长若干措施的通知》(国发〔2017〕39号)的有关要求而制定的,旨在进一步扩大证券业对外开放,促进高质量资本市场建设。

具体来看,《外资办法》修订内容主要涉及以下五个方面。

一是允许外资控股合资证券公司。合资证券公司的境内股东条件与其他证券公司的股东条件一致;体现外资由参转控,将名称由《外资参股证券公司设立规则》改为《外商投资证券公司管理办法》。

二是逐步放开合资证券公司业务范围。允许新设合资证券公司根据

综合案例
国海债券代持门

综合案例
西南证券定增案

自身情况，依法有序申请证券业务，初始业务范围需与控股股东或者第一大股东的证券业务经验相匹配。

三是统一外资持有上市和非上市两类证券公司股权的比例。将全部境外投资者持有上市内资证券公司股份的比例调整为"应当符合国家关于证券业对外开放的安排"。

四是完善境外股东条件。境外股东须为金融机构，且具有良好的国际声誉和经营业绩，近3年业务规模、收入、利润居于国际前列，近3年长期信用均保持在高水平。

五是明确境内股东的实际控制人身份变更导致内资证券公司性质变更相关政策。

证监会表示，《外资办法》出台后，将相应更新证券公司设立审批等行政许可服务指南，符合条件的境外投资者可依照《外资办法》和服务指南的要求，依法报送合资证券公司的设立等申请。

本章小结

投资银行的监管目标，总体而言是建立一个高效率的资本市场，充分发挥市场机制的资金配置作用，促进资本形成和经济增长。监管原因在于金融市场的失灵。对投资银行的监管主要遵循以下6个原则：依法管理原则，"三公"原则，协调性原则，透明度原则，效率性原则，监督与自律相结合原则。对投资银行的监管体制可分为以下三类：集中型监管体制、自律型监管体制、综合型监管体制。我国对投资银行的监管实行中国证券监督管理委员会对地方证券管理部门的垂直领导模式。目前我国投资银行的监管以稳为主，在逐步推进。

第十三章 投资银行职业道德分析

金融行业是个高危行业,从业人员时刻面临着巨大的金钱诱惑。近年来,金融类的职业犯罪率不断攀升,如摩根士丹利基金唐健的"老鼠仓"事件、美国麦道夫的"庞氏骗局"等事件,时刻提醒人们道德风险防范在金融行业中尤为重要。而职业道德教育主要有两条途径:一是高校专业基础教育;二是在岗继续教育。因此,必须重视职业道德研究,提高从业人员的职业道德操守,树立良好的社会形象。

第一节 道德与职业道德

一、道德的概念和特征

1. 概念

道德是一种社会意识形态,是由一定的社会经济基础决定并形成的。道德是以是与非、善与恶、美与丑、正义与邪恶、公正与偏私、诚实与虚伪等范畴为评价标准,依靠社会舆论、传统习俗和内心信念等约束力量,实现调整人与人之间、人与社会之间关系的行为规范的总和。

2. 特征

(1) 道德具有约束性。道德具有约束性,但其约束力是有限的。

(2) 道德具有差异性。道德由一定的社会经济基础决定,是一定社会关系的反映。社会经济基础和社会关系的不同决定了道德的差异性。因此,不同的社会条件有不同的道德标准和价值观念。

(3) 道德具有继承性。由于决定或者影响道德形成和发展的各种因素具有历史延续性,因此道德也必然与文化、民俗、宗教、伦理等一样有着历史传承。

(4)道德具有具体性。在表现形式上，道德就是行为规范。但行为规范不限于道德，它还包括法律、规章、制度等。因此，相对于法律规范、制度规范等行为规范，道德也称为道德规范。

二、职业道德的概念和特征

职业道德是一般社会道德在职业活动和职业关系中的特殊表现，是与人们的职业行为紧密联系的符合职业特点要求的道德规范的总和。

职业道德的基本特点：在空间上，它存在于从事一定职业的人中间，是家庭、学校教育影响下所形成的道德观念的进一步发展；在内容上，它具有较大的稳定性和连续性，形成比较稳定的职业行为规范；在形式上，由于行业的特点以及社会作用的差异，每一社会职业的义务道德是有所区别的；在约束性上，职业道德是处于法律和社会道德之间的特殊规范，对与之有关的从业人员具有一定的约束性；在差异性上，对每一种文化、每一个社会群体、团体、职业领域和组织而言，又都有其独特的职业道德体系和规则；在期望性上，对一个社会的职业而言，其存在的合理性在于它的行为应当符合社会公众的期望。

三、投资银行职业道德

投资银行职业道德是指投资银行从业人员在执业时所应遵守的行为规范，具体包括职业品德、职业纪律、专业胜任能力及职业责任等方面应达到的行为标准，它是社会职业道德在投资银行领域的具体化。

投资银行职业道德与投资银行职业活动的特征紧密相关，一般具备以下特征。

1. 具有公众性

投资银行职业活动的服务主要面向社会公众，它的受益人为社会公众，既包括委托人，也包括现实的和潜在的相关利益机构和个人，是一对多的服务关系。

2. 具有公开性

投资银行职业活动提供的是一种公开性的服务，其目的是向社会公众展示其工作结果，接受社会公众的监督与评价。

3. 具有无差异性

投资银行职业活动提供的是一种无差异服务，即它的受益人在接受服务时，不会因为身份、地位的不同而受到有差别的待遇。

4. 具有风险性

投资银行职业活动提供的是一种风险性服务。投资银行职业活动既会为客户带来收益，也会带来风险。

第二节 投资银行职业道德的内涵和具体要求

一、投资银行职业道德的基本要素

独立性、客观性、公正性和专业性是投资银行职业道德的基本要素。

1. 独立性

独立性是指投资银行从业人员在从事相关投资业务时,出具各种投资分析报告或从事相关业务时应当在实质上和形式上独立于委托机构、个人和其他机构。实质上的独立,是要求从业人员与委托客户之间必须完全不存在任何利益关系。从业人员只有与委托客户保持实质上的独立,才能够以客观、公正的态度出具投资建议。形式上的独立,是对第三方而言,从业人员必须在第三者面前呈现一种独立于委托客户的身份,即在他人看来从业是相互独立的。由于从业人员的投资建议是客户决策的依据和基础,因此,从业人员除了保持实质上的独立外,还必须在第三方面前呈现形式上的独立,只有这样才会得到社会公众和客户的信任。

2. 客观性

客观性是指投资银行从业人员对有关事项的调查、判断和意见的表述,应当基于客观的立场,以客观事实为依据,实事求是,不掺杂个人的主观意愿,也不为委托客户或第三方的意见所左右,在分析问题、处理问题时,不以个人的好恶、意志或偏见行事。客观性要求从业人员在执业中必须一切从实际出发,注重调查研究,只有深入了解实际情况,才能做到主观与客观的一致,做到投资分析建议有理有据。

3. 公正性

公正性是指投资银行从业人员应当具备正直、诚实的品质,公平正直、不偏不倚地对待有关利益各方,不以损害一方利益为条件而使另一方受益。也就是说,从业人员无论与各有关客户关系如何,都不能偏袒任何一方,必须做到一视同仁。

4. 专业性

专业性是指投资银行从业人员必须具有较强的专业技能、敏锐的市场观察能力、高超的分析判断能力等。要求具有这种要素,是因为从业人员必须要为客户提供高质量的专业服务。

二、投资银行职业道德的基本要求

1. 执业纪律

投资银行从业人员在从事工作时必须严守各种与职业相关的纪律。严守执业纪律是指从业人员必须遵循其所处社会和所属行业自律组织所规定的各种法律法规。因为只有这样，外界才能认同投资银行从业人员所做出的投资分析报告等能达到一定的水准。同时行业所规定的执业纪律也是维持投资银行专业形象的一个重要因素。

2. 执业责任

投资银行从业人员在社会生活和经济活动中担当了重要的角色，对保持良好的经济秩序具有重要责任，因此必须承担一定的执业责任，包括对客户的责任、对行业的责任和对社会的责任。

（1）对客户的责任。具体包括：合同责任，依据业务合同书按质按时完成各项业务，编制周密的工作计划并获得客户的支持，将工作计划与客户商讨并获取理解和支持，保证工作得以顺利开展和完成；保密责任，由于从业人员在实施业务中掌握了客户的大量资料和机密信息，因此从业人员应当严守秘密，除非得到客户的书面授权或法律法规规定外，不得将其提供或泄露给第三方，更不能将其用于私人目的；权益责任，要遵从客户的各项规章制度，重视客户的资产和资源，并且不在第三方面前批评、评论客户的事务，即使被客户调换了，也不能对客户的做法和行为进行任何形式的诋毁，确保客户在转换过程中利益没有受损，并且必须按客户的最大权益提供咨询建议；真实性责任，不得向客户通告有虚假信息的广告等以吸引客户，同时要保持工作记录的真实、完整，真实、完整的工作记录是向客户或其他相关机构做出必要说明和解释的依据。

（2）对行业的责任。具体包括：保持行业间的相互尊重、团结协作，维护行业的良好形象，不得诋毁同行，损害同行的利益；不得利用与行业有关的事项去从事其他行业的业务活动等。

（3）对社会的责任。从业人员的一切业务活动必须以维护社会经济秩序的稳定、有效运转为目的，不得故意给社会经济活动造成任何破坏，导致社会发生动荡。

3. 执业能力

执业能力是投资银行从业人员向客户提供优质服务的基本条件。具体包括：良好的专业技术能力，不得从事不能胜任的业务，不能承接不能胜任或不能按时完成的业务；良好的团队协作能力，投资银行业务通常要涉及多方面的人员，是各方面共同合作的结果，因此要求有很好的团队协作能力；持续学习的能力，在当前高速发展的社会，知识更新的周期越来越短，新产品不断出现，因此必须适应时代的要求，不断地学习新知识、新技术，持续更新专业技术知识。

第三节　投资银行职业道德的核心

市场经济是信用经济，是以诚实守信为前提的经济活动，因此决定了诚信是投资银行职业道德的核心和精髓,是投资银行道德准则、道德操守的基本要素和价值基础。投资银行从业人员的诚信是对公众的诚信、对社会的诚信,不仅是投资银行从业人员在职业活动中的行为标准和要求,也是投资银行行业对社会所承担的责任和义务。这就决定了投资银行从业人员必须坚持诚信的具体内涵和要求,即投资银行职业道德要鲜明地表达以诚信为核心的道德准则,要反映投资银行从业人员职业责任的特殊要求。投资银行从业人员只有遵守职业道德准则,坚持诚信原则,才能使自身具有公信力。

一、诚信的内涵

1. 诚信是权利与义务的统一

诚信作为伦理道德规范的精髓,是道德权利与道德义务的统一。诚信既是道德主体的一种道德权利,又是道德主体的一种道德义务,是伦理道德关系中不可分割的两个方面。只把诚信单独作为一种道德义务或者一种道德权利的思想都是片面的,不利于创建诚信环境,实现诚信的社会价值。根据道德权利与道德义务的关系,如果要获得道德权利,同样也要履行道德义务,这是基本条件。在既定的社会生活中,主体履行了诚信义务,社会就有责任建立一种反映道德权利与道德义务关系的惩恶扬善机制,形成互为促进的良性循环,以保证诚信者道德权利的实现,体现履行诚信道德义务的价值。

2. 诚信与信用、信誉的关系

信用是一种信守承诺的表现,是行为人对自己行为承担后果的道德责任。信用既是个人的一种品性,同时也是社会素质的一种表现,它是市场交易过程中,在让渡权利时因为时间差而产生的,是最基本的社会关系之一。信用是市场经济的基础,信用关系是市场经济的基本关系,体现的是最基本的法律关系和经济关系,体现着市场经济必需的法律规则与经济行为,反映的是整个社会赖以存在的伦理道德基础。伦理道德意义上的信用是指诚实守信、言行一致,能够自觉地履行约定而取得信任,以个人内心的道德约束为实现途径。信用是恪守诚信的必然结果,信用必须有诚信作为价值支撑,否则就会丧失。

信誉是信用与名誉的统称,是指人们因为遵守信用而获得的一定的声誉,是诚信的衍生物。信誉获得的保证是诚实和守信,有诚信才会有信誉,无诚信也就无信誉。信誉是社会伦理道德文明的果实,是市场经济必需的道德理念;诚信是赢得信誉的道德基础和思想源泉,是经济交往中契约性本质在道德上的体现;信誉的获得有利于诚信道德发展和信用活动的实施。

二、诚信的价值

1. 诚信是国民的基本素质之一

著名的《全球伦理宣言》把诚信作为根植于各民族文化和伦理传统中的人类生存所需要的、不可取消的准则和价值观,认为诚信是现代社会活动中所必须遵守的最重要的道德准则。缺乏诚信,人与人的交往将变得不可捉摸,不仅人际关系变得冷漠、紧张,而且人们将生活在一种充满怀疑、恐惧和互不信任的氛围中。这种社会危机一旦加深,将会引起社会的动荡和不安。所以,在社会活动中,倡导建立以诚信为核心的与市场经济体制相适应的道德规范,使以诚信为核心的道德观念深入人心,成为人们自觉履行的一项基本道德准则。

2. 诚信具有道德示范作用

道德示范是指道德行为和道德品质的巨大感染力和影响力形成的对他人和社会的示范作用。诚信的道德示范价值是在现实社会生活中产生的,其最大特点是用身体力行即道德实践来解析道德理想,并通过道德实践去影响日常的行为。诚信作为职业道德是道德示范价值的典型承载者。诚信的职业道德经过长久的实践检验被证明为具有巨大的价值。诚信的道德示范价值在道德实践中,会体现为社会道德和职业道德的有机统一,并在道德实践中创生新的道德原则、道德规范和道德理想,引领诚信的职业道德。

3. 诚信与法律的互补作用

法律是通过国家机器强制执行的社会行为准则,它是带有强制性的社会管理方式。尽管它也告诉人们社会生活的基本准则,但其主要是告诉人们不能干什么,而不能鼓励人们应该干什么,也不能告诉人们什么是最有价值、最值得做的。因此,法律管理是有效的,但作用又是有限的。法律管理的局限性主要表现在:其一,法律管辖范围的有限性,法律所要求的人们必须遵守的行为规范是最低准则,对一般的不道德行为以及没有构成较大社会危害的行为,通常不予追究;其二,法律制定的滞后性,这是因为法律法规的形成总是滞后于其所约束的社会现象和社会行为;其三,法律的完善是一个渐进化的过程,因此法律总有不够精确、全面、清晰的一面,总会存在法律管辖的滞后区域。因此,规范职业行为只有法律法规是不够的,诚信伦理调节的自律自觉作用也是不可或缺的。诚信的培养与法制的规范,在形成市场经济的诚信行为上,相辅相成,互为补充,形成一个完善的管理框架。

第四节 加强我国投资银行职业道德建设

事实已经证明,投资银行业的生存与发展与行业职业道德的整体水平以及从业人员的个人道德休戚相关。因此,要解决投资银行业存在的问题,必须以职业道德建设为突破口,采取多种措施,根据投资银行业诚信内涵的要求,推进行业职业道德建设和从业人员职业道德素质的培养。基于当前行业诚信水平和从业人员道德水平受到多种不利因素的影响与制约,投资银行职业道德建设需要采用综合性、有针对性的政策,包括加强诚信教育、法制建设、诚信监管以及舆论监督等。通过运用教育、法律、行政、舆论等手段,使之有机结合,贯穿于行业职业道德建设的方方面面,促进行业诚信意识和诚信水平的提高,把行业诚信建设的要求融于严格的监督管理中,融于良好的社会舆论氛围中。

一、建立现代公司治理结构

投资银行从业人员的各种行为一般与投资银行和上市公司的治理结构直接相关。从业人员的咨询信息,不仅要满足现实所有者的需要,而且要满足潜在投资人的需要。以我国为例,从上市公司角度看,目前我国的上市公司股权结构处于畸形状态,一股独大的现象十分严重,导致相关利益方过多地干涉上市公司的生产经营,并使投资银行为自己服务;从投资银行角度看,目前我国证券市场投机盛行,内幕交易、股价操纵现象频频出现,根源之一就是我国多数投资银行根本就没有建立真正的现代公司治理结构,无法保证信息披露基本质量,不按照公认会计准则、信息披露准则操作,缺乏有效的内外部监督管理机制,对违规从业人员的惩罚制度还不健全,这就使投资银行的从业人员有很大的空间操纵各种信息,损害信息的真实性与完整性,误导广大投资者。完善的现代公司治理结构是建立现代投资银行职业道德的基础。通过健全上市公司和投资银行的内部控制制度,使得上市公司和投资银行的业务、资产、人员、机构、财务真正做到分开、分离,减少上市公司和上市公司之间的关联交易以及上市公司和投资银行之间的内幕交易,并对关联交易和咨询服务实施严格的监督决策程序,坚决制止非法关联交易和内幕交易的发生。具体的措施包括:积极发挥监事会、独立董事的作用;建立公司内部由董事会直接领导的资信审查委员会,负责对各项业务和相关业务人员的资信进行全面稽查;完善决策程序和议事规则,强调董事的诚信勤勉义务,建立董事责任追究机制;强化信息披露,增强公司的透明度,杜绝内部人控制的现象;建立激励约束机制,对于诚信较好的从业人员予以更高的待遇等。总之要保证投资银行从业人员真正能够维护广大投资者的利益,必须对上市公司和投资银行实施真正的现代公司治理结构,从根源上杜绝非法交易的产生。

二、完善职业道德规范的制度建设

投资银行诚信的形成、巩固和发展,既要靠从业人员的道德自律,也要靠行业规范制度的约束和保障;需要自律与他律的有机统一,把内在觉悟与外在约束有机结合起来。行业诚信的制度建设,就是要从他律,也就是从法律法规的角度,建立完善的道德规范评价体系以及对非诚信行为的惩戒与制裁。

(1)必须强化法律法规在诚信制度建设中的功能和作用,通过法律的强制措施来建立诚信为本的行业秩序。在相关法律法规中,对投资银行从业人员的各种非道德的失信行为都应有相应的处罚条款。要严格执法工作,对失信者依法严厉制裁;要进一步明确诚信责任,细化由法律制裁的失信行为及制裁力度,便于执法操作;要建立相应的民事赔偿制度,对严重违法违规给当事人造成财产损失的失信行为的处罚,应由目前的行政处罚为主逐步过渡到行政处罚与经济处罚并重。

(2)完善投资银行职业道德规范。虽然我国已经由证券业协会颁布了证券分析师职业道德规范,但该规范只是证券分析师职业道德体系的总纲,是关于证券分析师的职业品德、职业纪律、职业能力和职业责任的一般要求和基本规范,还需要有具体的操作规范。因此,要根据目前的行业实际,尽快制定更为详细的职业道德规范,进一步细化投资银行从业人员在执业过程中的诚信要求,特别突出保持执业独立性的有关要求,使其成为可操作性的具体行为准则,一方面便于从业人员对照执行,另一方面便于行业自律约束和管理监督。

(3)建立行业信用评级制度,开展信用等级评价。要建立投资银行和投资银行从业人员的信用档案资料,对其诚信状况进行严格的登记,充分保证诚信记录信息的真实性和全面性,确保诚信记录成为投资银行和投资银行从业人员的"从业资格证书"。信用档案可以供社会公众查阅,使诚信者受到社会的信任和尊重,失信者受到社会的惩罚。并且以建立信用档案为起点,开展行业信用制度建设,在此基础上建立起一套信用等级评价制度,从而实现信用制度的规范化、科学化和制度化。

三、加强投资银行监督管理

在职业道德的发展中,从业人员和投资银行都是职业道德的信誉载体,两者相互作用、互为促进。从业人员职业道德的培养取决于投资银行,而投资银行又依赖于从业人员的职业道德。从业人员的不道德行为会损害投资银行的声誉并间接损害其他从业人员的利益。这种机制使得投资银行有对内部从业人员的不道德行为进行惩罚的积极性,并且会大力加强内部监督管理。具体措施如下。

(1)推进投资银行内部制度建设。投资银行是从业人员的执业机构,也是对从业人员进行诚信教育和监督管理的主要单位。投资银行的经营理念、管理方式等,对其从业人员的诚信水平都有很重要的影响。因此,培养职业道德,必须要依赖投资银行的制度建设和文化建设:健全投资银行的内部风险控制制度等内部管理机制,通过严格的内部控制,加强执业活动每个环节的风险和诚信管理,最大限度地消除和防范可能出现的欺诈和风险;推动投资银行自身文化建设,把诚信意识、职业道德作为投资银行文化建设和执业宗旨的重要组成部分;强化投资银行的品牌意识,品牌本身就意味着诚信,只有通过诚信才能建立并持久地保护好投资银行的品牌;建立符合国际规则的投资银行管理体制,包括股权结构、组织结构等,增强投资银行自主经营管理能力。

(2)加强政府监管、行业监管和社会舆论监督的合作。推动行业诚信建设,巩固行业诚信建设的成果,必须加强监管工作。监管分为三个方面,具体为政府部门的监管、行业自律组织的监管和社会舆论监督。做好监管工作,必须使这三方面做到统一协调、互为补充。

四、培养投资银行从业人员的综合素质

综合素质是提高职业道德的必要条件。现代社会的投资银行行业范畴已经扩展到内部风险控制体系设计、投资咨询、管理体系设计与评价、兼并收购等,伸展到社会经济的各个角落。现代投资银行业务的技

综合案例
中信银行陷入
"做空 A 股"
舆论旋涡

术、方法也处于不断发展变化之中,从业人员的专业水平能否适应新形势下新知识、新技术、新经济的挑战,已成为提高从业人员职业素养的关键。为此,从业人员必须加强职业继续教育和终身学习,以保持和提高其执业的胜任能力。

本章小结

(1) 诚信不仅是一种道德规范,还是一项社会规范,同时也是市场经济的黄金准则。

(2) 关于诚信道德的建设,必须重视对诚信机制的研究,并积极开展全社会范围内的诚信教育和培训,积极营造诚信建设的社会环境和氛围。

(3) 从诚信建设情况来看,由于我国的市场经济尚不完善,许多方面处于转轨时期,与此相应的是国内的诚信建设尚处于起步阶段。我国虽已展开了对社会信用管理体系建设的探讨,但相比较而言,也仍远远落后于西方国家,因此需要全社会的力量来推动职业道德和诚信建设。

附录 A
中国证券市场主要历史事件(1983—2017)

1983 年,第一家股份制企业——深圳宝安联合投资公司成立。

1984 年,一帮从没见过证券市场的学生——中国人民银行研究生部 20 多名研究生(其中包括蔡重直、吴晓玲、魏本华、胡晓炼等),发表了轰动一时的《中国金融改革战略探讨》,其中第一次谈到了在中国建立证券市场的构想,在 1984 年第二届中国金融年会上引起"思想风暴"。

1984 年 7 月 20 日,第一家股份有限公司——北京天桥百货股份有限公司成立。

1984 年 11 月,第一家公开发行股票的企业——上海飞乐音响股份公司成立。

1985 年 1 月,上海延中实业有限公司成立,并全部以股票形式向社会筹资,成为第一家公开向社会发行股票(全流通股票)的集体所有制企业。

1985 年,北京天桥公司开始发行股票。

1987 年 5 月,深圳市发展银行首次向社会公开发行股票,成为深圳第一股。

1986 年 9 月 26 日,第一个证券柜台交易点——中国工商银行上海信托投资公司静安分公司成立。

1987 年 9 月 27 日,第一家证券公司——深圳特区证券公司成立。

1988 年 7 月 9 日,中国人民银行召开证券市场座谈会,由其牵头组成证券交易所研究设计小组。

1990 年 12 月 1 日,深圳证券交易所试开业。

1990 年 12 月 19 日,上海举行上海证券交易所开业典礼。时任上海市市长的朱镕基在浦江饭店敲响上证所开业的第一声锣。上市交易的仅有 30 种国库券、债券和被称为"老八股"(延中、电真空、大、小飞乐、爱使、申华、豫园、兴业)的股票。同日,申银证券公司开设了上海第一个大户室,出现了中国第一代个人证券投资大户/股票大户。

1991 年 7 月 11 日,上海证券交易所推出股票账户,逐渐取代股东名卡。

1991 年 7 月 15 日,上海证券交易所开始向社会公布上海证券市场 8 种股票的价格变动指数。

1991 年 7 月 3 日,深圳证券交易所正式开业。

1991 年 8 月 1 日,第一只可转换企业债券——琼能源发行。

1991 年 10 月 31 日,中国南方玻璃股份有限公司与深圳市物业发展(集团)股份有限公司向社会公开招股,这是中国股份制企业首次发行 B 股。

1992年1月,一种叫股票认购证的票证出现在上海街头,股票认购证广义上讲也是一种权证。该权证价格30元,后被炒至几百元。

1992年1月13日,兴业房产股票在上海证券交易所上市交易,是该所开业后第一家新上市的股票,也是全国唯一上市交易的不动产股票。

1992年1月19日,邓小平从即日起视察深圳4天,在了解了深圳证券市场情况后,他指出:"有人说股票是资本主义的,我们在上海、深圳先试验了一下,结果证明是成功的,看来资本主义有些东西,社会主义制度也可以拿过来用,即使错了也不要紧嘛!错了关闭就是,以后再开,哪有百分之百正确的事情。""坚决试,不行可以关"。

1992年2月2日,我国第一只中外合资企业股票——联合纺织发行。

1992年2月21日,第一家B股上市公司——电真空首次向境外投资者发行股票。

1992年3月2日,举行1992股票认购证首次摇号仪式。

1992年5月21日,沪市突然全面放开股价,大盘直接跳空高开在1260.32点,较前一天涨幅高达104.27%。沪指当天从616点蹿至1265点,仅仅3天,又登顶1420点。股票价格一飞冲天,暴涨570%。其中,5只新证券市场价面值竟狂升2500%至3000%。上证指数首度跨越千点。

1992年7月7日,深圳原野股票停牌。

1992年8月5日,深圳市邮局收到一个17.5公斤重的包裹,其中居然是2800张身份证。

1992年8月10日,深圳发售1992年新股认购抽签表,发生震惊全国的"8·10风波"。

1992年10月12日,国务院证券委员会、中国证监会成立。

1992年11月,沪市创出393点新低。仅5个月,沪指就跌去千点。

1992年11月,深宝安成为第一家境内发行转债上市公司,也是首家发行权证的上市企业。

1992年后,股票价格暴涨,人们糊里糊涂地开始炒股,莫名其妙地发了大财。

1993年2月至1996年3月期间,形成中国证券市场的第一次大熊市,主要是国家宏观紧缩遏制经济过热所致。

1993年,发行第二批认购证,这次投入者几乎全赔,从此认购证消失。

1993年4月13日,深圳证券交易所的证券市场行情借助卫星通信手段传送到北京。

1993年4月22日,《股票发行与交易管理暂行条例》正式颁布实施。

1993年5月3日,上证所分类股价指数公布,分为工业、商业、地产业、公用事业及综合共五大类。

1993年6月1日,上海、深圳证券交易所联合编制中华股价指数。

1993年6月29日,第一家H股上市公司——青岛啤酒在香港地区正式招股上市。

1993年7月7日,国务院证券委员会发布《证券交易所管理暂行办法》。

1993年,年中的金融整顿连带着证券市场也跟着泛绿。

1993年8月6日,上海证券交易所所有上市A股均采用集合竞价。

1993年8月20日,第一只上市投资基金——淄博基金产生。

1993年9月30日，中国宝安集团股份有限公司宣布持有上海延中实业股份有限公司发行在外的普通股超过5%，由此揭开中国收购上市公司第一页。宝安收购延中实业股权通过二级股票市场进行控股，产生"宝延风波"。

1993年10月25日，上海证券交易所向社会公众开放国债期货交易。

1994年4月，棱光股份成为第一家国家股转法人股公司。

1994年6月，哈岁宝成为第一家上网竞价发行股票。

1994年6月，陆家嘴成为第一家国家股减资公司。

1994年7月28日，《人民日报》发表《证监会与国务院有关部门共商稳定和发展股票市场的措施》。

1994年7月29日，产生股灾。

1994年7月30日，"停发新股、允许券商融资、成立中外合资基金"三大政策救市，上证指数从当日收盘的333.92点涨至9月13日的1052.94点。

1995年1月1日，实行T+1交易制度。

1995年2月23日，上海国债市场出现"327风波"。

1995年3月，证券市场已经发展4年多以后，才进入政府工作报告。

1995年5月17日，中国证监会发布《关于暂停国债期货交易试点的紧急通知》，协议平仓。

1995年5月18日，暂停国债期货交易试点，沪市A股跳空130点开盘，沪指当天涨幅40%多；留下新中国证券市场上最大的一个跳空缺口，成交量也巨幅放大至84.93亿元。

1995年5月20日，国务院证券委宣布当年新股发行规模将在第二季度下达，沪指瞬间跌去16.39%。

1995年7月11日，中国证监会正式加入国际证监会。

1995年，一汽金杯成为第一家亏损的上市公司。

1996年，上海证券市场犹如一个大转盘，从年初的500多点，一直冲到1250点；深圳证券市场更是疯了，从年初的900多点冲到了4200点。网下认购新股票需要上门带现金。

1996年4月1日，中国人民银行发布公告称，不再办理新的保值储蓄业务。

1996年4月24日，上交所决定调低包括交易年费在内的七项市场收费标准。

1996年4月25日，以合并方式组建申银万国证券股份有限公司。

1996年5月29日，道琼斯推出道琼斯中国指数、上海指数和深圳指数。

1996年9月24日，上交所决定，从10月3日起分别下调股票、基金交易佣金和经手费标准；同时对证券交易方式做出重大调整，即由原来的有形席位交易方式改为有形、无形相结合，并以无形为主的交易方式。自10月份起全面推广场外无形席位报盘交易方式。

1996年国庆节后，证券市场全线飘红。证监会意图降温，但行情仍节节攀高。

1996年12月16日，《人民日报》特约评论员文章《正确认识当前股票市场》认为"最近一个时期的暴涨是不正常和非理性的"，从而引发市场暴跌。

1996年12月16日，对沪、深证券交易所上市的股票交易，实行涨跌幅不超过前日收市价10%的限制。

1997年4月10日，发行可转换公司债券试点拉开序幕。

1997年5月，证券市场在重压之下进行调整。

1997年5月到1999年5月的下跌，是中国证券市场的第二次大熊市。

1997年6月6日，禁止银行资金违规流入股票市场。

1997年11月，经国务院批准，国务院证券委员会颁布实施《证券投资基金管理暂行办法》。

1998年3月23日，金泰、开元、兴华、裕阳、安信等五大证券投资基金以及南化转债、丝绸转债两个可转换债券相继登场，是专家理财证券市场金融衍生工具扩大的一种标志。

1998年度，央行先后在3月25日、7月1日、12月7日连续三次降息。

1998年4月28日，第一家ST股——辽物资A诞生。

1998年6月12日，国家宣布降低证券交易印花税，从单边交易千分之五降低到千分之四。

1998年12月29日，从初审到通过历时5年，《证券法》获得通过，自1999年7月1日起实行。

1999年初，相关部门酝酿了关于进一步规范和推进证券市场发展的若干政策意见。

1999年5月8日，中国驻南联盟大使馆被炸，中美关系极度紧张，5月10日证券市场开盘，上证指数下跌4.36%。

1999年5月16日，国务院批准了一份包括改革股票发行体制、逐步解决证券公司合法融资渠道、允许部分具备条件的证券公司发行融资债券、扩大证券投资基金试点规模、搞活B股市场、允许部分B股与H股公司进行回购股票试点等6条主要政策建议的文件，也就是通常说的搞活市场六项政策。

1999年5月19日，这一天成为中国证券市场历史上一个极其重要、极其辉煌的日子。在持续低迷后，沪、深证券市场走出了一轮强劲的上扬行情——"5·19行情"。

1999年6月15日，《人民日报》第二次在头版发表特约评论员文章《坚定信心，规范发展》。

1999年6月16日，证券市场行情继续上扬，沪指大涨5.23%。

1999年6月22日，中国证监会主席在学习《人民日报》评论员文章座谈会上讲话指出，要珍惜来之不易的大好局面，共同推动市场健康发展。

1999年6月28日，全国证券监管工作会议在北京召开。

1999年7月1日，《证券法》开始实施。上证指数大跌7.61%，549只股票跌停。此后大盘开始半年的阴跌回调，在7月20日（涨6.46%）、9月9日（涨6.59%）有较大反弹，随后均无功而返。经过6个月的调整后，于1999年12月27日调至1341点。

1999年9月9日，三类（计划内破产企业、计划外破产企业、退出市场企业）企业再度获准进入资本市场。

1999年9月10日，沪、深两市上市股票突破1000只。

1999年10月27日,国务院批准保险公司间接进入证券市场,证监会同时宣布国有股年内配售规模和定价标准。

1999年12月2日,国有股配售试点启动,中国嘉陵、黔轮胎进行试点。

1999年12月6日,财政部有关人士指出,国有股减持办法将出台。现在看来,拉上去正是为了配合国有股减持的启动,也为将来的大调整埋下了伏笔。

2000年

2000年是中国证券市场改革创新的一年,全年总体趋势为慢牛盘升的格局,个股涨幅不及1999年,但上证指数屡创历史新高,实现了"2000年见2000点"。

1月6日,"三大报"发表中国证监会主席周正庆的文章《为建设发展健康、秩序良好、运行安全的证券市场而努力》,市场认为利好,受此鼓舞,大盘连收两天中阳,1月6日涨3.85%,1月7日涨3.60%。

2000年1月14日,《保险公司管理规定》出台。

2000年2月13日,中国证监会发布《关于向二级市场投资者配售新股有关问题的通知》。

2000年2月14日,大盘接近涨停,上证指数大涨9.05%。

2000年2月24日,周小川任中国证监会主席。

2000年3月14日,中国证监会决定转配股从4月起逐步安排上市。

2000年4月26日,上证所编制基金指数,5月9日试发,基数为1000点。

2000年6月20日,深、沪证交所取消PT股跌幅限制,涨幅限制仍为5%。

2000年7月19日,上证指数慢牛盘升,首度突破2000点,创历史新高,当日以2000.33点开盘,收于1998.43点。

2000年8月22—25日,全国证券工作会议在北京召开,证监会规范向法人投资者配售新股行为。由于股指已处历史高位,市场对可能做出的政策不确定,大盘出现宽幅震荡。

2000年10月12日,中国证监会发布《开放式证券投资基金试点办法》。

2000年11月24日,中国证监会新闻发言人发表谈话,打击操纵市场行为。大盘当日跌3.12%。

2000年12月4日,中国证监会主席周小川表示,证监会有决心妥善解决A、B股和国有股不流通两大历史遗留问题。

2001年

2001年,中国证券市场再次经历由牛到熊的转换,上半年受到B股对外开放的利好刺激,上证指数震荡上行,创下2245.44点的历史最高点,此点位保持了5年半。之后证券市场见顶暴跌,上证指数从2245.44点一路跌至1514点,庄股连续大幅跳水,私募基金爆仓,券商全行业亏损,投资者损失惨重。国有股减持,大批上市公司增发新股,管理层清查违规资金,上市公司业绩作假等重重因素困扰着市场,市场出现"推倒重来"论。

2001年1月9日,中国证监会主席周小川透露,开放式基金面世在即。

2001年2月20日,中国证监会决定B股市场向境内居民开放。2月20—23日B股停止交易。2月26—27日继续停市。

2001年2月26日,中国证监会发布《亏损上市公司暂停上市和终止上市实施办法》。

2001年2月28日,B股市场复牌。上证B股指数连续4日涨停,两地B股两天开户32万户。上证B指从80点直上241.61点的历史最高峰。深证B指与沪市涨幅基本相当。但随后B股开闸放水的暴跌又让无数投资者深深体会了"暴涨必有暴跌"这个道理。

2001年3月7日,周小川纵论证券市场法人股流通:老的老办法,新的新措施;A、B股5～10年内不会合并。

2001年3月29日,中国证监会发布《上市公司新股发行管理办法》。

2001年4月27日,项怀诚指出:国有股减持方案不久将公布,减持数量将不会很大。上证指数高位宽幅震荡。

2001年6月14日,上证指数现历史最高2245.44点,国有股减持办法出台。减持国有股筹集社保资金,该办法主要采取存量发行方式,原则上采取市场定价。当日大盘跌1.78%。

2001年6月26日,国有股减持公司浮出水面,江苏索普、韶钢松山率先展开。

2001年7月24日,新股发售首开减持先河。广西北生等四家公司在招股说明书中表示:将有10%的国有股存量发行,其定价即为新股发行价。

2001年7月23—31日,由于国有股的高价减持,沪、深证券市场暴跌,上证指数收出七连阴。

2001年8月22日,首家在增发中减持国有股的公司产生,天大天财将采用市场定价方式出售减持国有股。

2001年9月4日,首只开放式基金——华安创新将发行。

2001年9月10日,庄股开始大幅跳水。由于被《财经》杂志披露业绩作假,银广夏(000557)开始连续跌停,其股价连续出现15个跌停,从停牌前的30.79元跌至6.35元,跌幅达79%。其当时作为深成指的成分股,严重拖累深成指。

2001年9月11日,美国发生"9·11恐怖袭击事件"。美国世贸中心大楼遭到两架被劫持飞机的撞击,全国范围内连续发生多起爆炸,全球金融市场动荡,欧洲各大证券市场开盘即出现暴跌。

2001年9月12日,沪、深证券市场低开,上证指数低开2.23%,由于内地证券市场与国外联动性不强,收盘微跌0.60%。

2001年10月15日,大盘最低已跌破1600点。周小川论市场:国有股减持具体做法可不断改进。

2001年10月24日,上证指数涨9.86%,深成指涨10.00%,大盘全线涨停。中国证监会宣布在首发、增发中停止国有股出售。证监会重申:国有股减持的目的是为广大人民筹集社保资金,同时也有利于改善上市公司的股权结构。

2001年11月12日,中国正式签署加入世贸组织议定书。

2001年11月16日,印花税税率下调,由于前期市场连续下跌已极度挫伤投资者的信心,投资者以逢利好出货的心态操作,大盘高开低走,收出长阴线。上证指数开盘涨幅6.42%,收盘涨幅1.57%。

2001年12月5日,中国证监会出台新退市办法。

2001年12月20日,周小川认为找到一个具有可操作性、多方共赢的国有股减持方案看来很有希望。市场刚喘了口气,国有股减持的阴影再度笼罩市场,这也为2002年开年后的又一次大幅暴跌埋下了伏笔。

2001年,上证指数收在1645.97点,下跌20.62%,深成指下跌30.03%。纵观全年,"国有股减持"成为热门关键词。

2002年

2002年中国证券市场继续调整,市场缺乏做多信心,尽管有"6·24行情",但全年指数继续呈现箱体震荡走低的特征。从月线上看,2002年6月前后的反弹恰似做了一个头肩顶的右肩,与"5·19行情"后的回调形成形态对称性。

2002年2月25日,沪、深交易所修改退市程序,PT制度将终结。

2002年4月1日起,上市公司例行停牌时间由半天改为一个交易小时。

2002年5月21日,证监会恢复和完善向二级市场投资者配售新股的发行方式,当日上证指数涨3.02%。

2002年6月20日,上证所拟更改成分指数,上证180指数将于7月1日诞生。

2002年6月24日,国务院决定停止在国内证券市场减持国有股,上市公司增发门槛提高。证监会制定《关于进一步规范上市公司增发新股的通知》,上证指数开盘涨幅达9.09%,全天震荡后涨9.25%收盘。

2002年7月1日,"180"取代"30",上证180指数正式发布。

2002年11月8日,党的十六大开幕,证监会、央行联合发布《合格境外机构投资者境内证券投资管理暂行办法》,QFII开闸,当日上证指数高开低走跌2.06%。

2002年11月15日,党的十六大在京胜利闭幕,党中央领导集体顺利实现新老交替。

2002年12月30日,周小川调任央行行长,尚福林出任证监会主席。

2003年

2003年中国证券市场呈现出低位整理的走势,全年波动幅度比2002年还小,市场在相对低位调整,孕育了一波跨年度的"五朵金花"行情。

2003年3月20日,伊拉克战争爆发,美国道指上扬。

2003年4月4日,沪、深证交所发布通知,警示退市风险将启用*ST标记。

2003年5月27日,我国证券市场首批QFII诞生,瑞银、野村获批。

2003年12月8日,经证监会同意,沪、深证交所当日起调整买卖盘揭示范围,提供5个最优买卖盘挡位的即时行情。

2003年12月19日,上证所宣布将于2004年初发布上证50指数。

2004年

2004年中国证券市场再次迎来调整的一年。年初至4月份,随着"国九条"的发布和以"钢铁、石化、金融、汽车、电力"五大价值投机板块引领炒作的"五朵金花"行情如火如荼地展开,上证指数出现当年最高点——1783点。

2004年1月2日,上证50指数亮相首日,涨1.14%。南方证券被行政接管。

2004年2月2日,国务院发布《关于推进资本市场改革开放和稳定发展的若干意见》(简称"国九条")。"国九条"提出:重视资本市场的投资回报,为投资者提供分享经济发展成果、增加财富的机会;鼓励合规资金入市;拓宽证券公司融资渠道;积极稳妥解决股权分置问题等。

2004年5月18日,深交所获准设立中小企业板块,恢复停止3年多的新股发行。

2004年5月27日,下午4点,中小企业板启动仪式在深圳举行,成思危、尚福林及耿亮出席。浙江新和成为中小板第一股,代码为002001。

2004年6月25日,中小板"新八股"首日上市,尽管八只股票同时上市,但仍出现爆炒。

2004年7月8日,上证所获准推出ETF(交易型开放式指数基金)。

2004年8月18日,深交所获准推出LOF(上市开放式基金)。

2004年8月31日,大盘震荡下探逼近1300点,证监会发布通知暂停发行新股,IPO定价制度酝酿重大变革,将推行首发询价制度,大盘当日涨1.72%。

2004年9月23日,电广传媒发布公告,首例上市公司"以股抵债"方案正式实施。

2004年9月27日,证监会发布《关于加强社会公众股股东权益保护的若干规定(征求意见稿)》。

2004年10月19日,央行、证监会联手落实"国九条",央行发布《证券公司短期融资券管理办法》,券商可发行短期融资券。

2004年10月25日,保险资金获准直接入市,落实"国九条"迈出重大一步。

2004年10月29日,央行9年来首次加息。

2004年11月5日,股票质押贷款办法出台。

2004年11月10日,企业年金入市即将启动。

2004年12月8日,证监会正式发布《关于加强社会公众股股东权益保护的若干规定》,出台分类表决制度。

2004年12月13日,新股发行询价制度将于2005年启动,年内不再首发新股。

2005年,中国证券市场在经历了4年调整后终于出现了历史性的转折。这一年是"股改元年",股改条件已具备,困扰市场15年的股权分置问题从这一年起进行改革;这一年,上证指数跌破了1000点整数大关,见到了三位数,也从此见到了一个超级大底。全年走势总体为探底回升、低位整理的基调。

2005年1月4日,上证所发布上证红利指数。

2005年1月17日,证监会宣布恢复新股发行,首支询价发行股票——华电国际招股说明书亮相。

2005年1月24日,印花税当日起由千分之二下调为千分之一,大盘涨1.73%。

2005年2月24日,首支ETF——上证50ETF闪亮登场,交投非常活跃。

2005年4月5日,由沪、深证交所联合编制的沪深300指数4月8日正式发布,该指数以2004年12月31日为基日,基点为1000点。

2005年4月13日,证监会负责人明确表示解决股权分置试点条件已经具备。

2005年5月9日,股权分置改革试点正式启动。首批股改试点公司确定:清华同方,金牛能源,紫江企业,三一重工。

2005年5月10日,南方证券关闭,行情持续低迷,券商关闭、破产消息接二连三传来。

2005年5月27日,北方证券被东方证券托管。

2005年5月12日,上证指数跌破1100点,盘中探至1099点。

2005年5月31日,亚洲证券关闭。

2005年6月6日,这个交易日注定将载入史册,整个证券市场都在关注1000点的得失。上午11:08,上证指数在又一波杀跌中跌破1000点整数大关,最低达998.23点。

2005年6月10日,指数长阳井喷,大盘暴涨8.21%。三一重工通过股权分置改革方案。

2005年6月14日,中央汇金公司拟出资重组银河证券。

2005年6月20日,42家公司获准进行第二批股改试点,不再进行第三批试点。

2005年8月24日,五部委联合发布《关于上市公司股权分置改革的指导意见》。

2005年9月5日,全面股改即将步入操作阶段,《上市公司股权分置改革管理办法》正式出台。

2006年

2006年起,沪、深证券市场走出了一轮爆发式的波澜壮阔的大牛行情,其力度之大,涨幅之大,不仅多年未遇,更创下了中国证券市场的种种历史之最。在经济高速发展、股权分置改革、人民币升值等利好的烘托下,上证指数持续上扬,更于当年年底一举突破2001年创造的历史最高点(2245点),不断创出历史新高,年线拉出了一根16年来最大的拔地长阳线,从年头涨到年尾,一年收复五年失地,多方牛气冲天,势如破竹。

2006年1月14日,中国证监会主席尚福林指出:年内基本完成股改。

2006年1月25日,大鹏证券成破产首例,资不抵债近28亿元,清算组已到场接管。

2006年2月14日,深证100ETF将登场。

2006年4月17日,证监会新闻发言人表示:新老划断拟分三步走。

2006年5月8日,"五一"长假后首个交易日,上证指数大涨3.95%。再融资重启,新老划断起步,《上市公司证券发行管理办法》开始实施。

2006年5月15日,沪、深证交所发布新交易规则,为T+0融资融券留下空间。市场再迎红色星期一,上证指数再涨3.82%,沪市成交量533亿,创下历史天量,两市212只非ST个股涨停,指数7个交易日涨幅近20%,强劲的走势令投资者大跌眼镜。

2006年5月18日,IPO新规今起正式实行。

2006年5月25日,全流通IPO第一单亮相,中工国际将发行6000万股A股。

2006年6月12日,中国银行启动A股路演。

2006年6月14日,G三一首开限售股流通先河,今日公告公司1093.6万股将于6月19日解禁。

2006年6月19日,首只全流通新股中工国际上市,发行价7.4元,首日爆炒,开盘17.11元,收31.97元。盘中最高50元,最大涨幅576%,令人咋舌。随后连续5天跌停。上市首日打破多项纪录:换手率94%,震幅466%。

2006年7月3日,融资融券试点将于8月启动。

2006年7月5日,中国银行上市,开创A股新蓝筹时代。

2006年8月21日,中国石化终于股改,现身第46批名单,股改方案于28日出台:10送2.8。

2006年9月15日,尚福林表示:证券市场进入新发展期。

2006年10月27日,中国工商银行A、H股两地同步上市。

2006年12月29日,2006年大牛市收官之战画上完美句号。最后一个交易日上证指数再创全年最高点——2698.90点,涨4.20%。中国银行出现第二个涨停。

2006年全年单边上扬,年收盘2675.47点,较去年涨130.43%,一举收复5年调整失地,为历史第二大年涨幅,仅次于1992年的166.57%。

2007年

2007年是中国证券市场继2006年全年单边上扬后继续出现大牛的一年,2000点,3000点,4000点,5000点,6000点……上证指数接连创出历史新高,涨到所有人意想不到的超高点位,人们对百元个股已习以为常,一天成交量几千亿元也成为平常事,市场一片狂热。全年总体为上扬,年底略有回落的走势。这一年,还诞生了政策干预证券市场的又一个代名词——"5·30"。

2007年1月8日,S股涨跌幅调整为5%。

2007年4月30日,中国证监会宣布首发、增发中停止国有股出售。

2007年5月9日,上证指数突破4000点。

2007年5月14日,证券市场连续上涨,管理层开始给市场降温,证监会发布《关于进一步加强投资者教育、强化市场监管有关工作的通知》,提出"买者自负"的原则。

2007年5月21日,央行出台调控"组合拳",利率、汇率、准备金率"三剑齐发",大盘低开3.17%后再被顽强拉起,收盘涨1.04%。

2007年5月30日,财政部29日晚宣布印花税从30日起上调为千分之三。当天上证指数大幅跳空低开5.71%,收盘大跌6.50%,成交量放到2757亿元的天量,深市成交1395亿元,两市合计一天成交4152亿元。

2007年6月5日,最低见3404点,5天最大跌幅达21.49%,之后强劲反弹,收盘涨2.63%,全天震幅达10.70%之后大盘二次探底至3563点后再次展开上扬行情,这一次由大盘股带领,中小盘股跟涨,涨幅远小于大盘。

2007年10月15日,上证指数突破6000点大关,党的十七大开幕。在7月—10月中旬3个半月中,中国远洋、中国人寿、中国平安、中国铝业、中国石化以及银行、券商、有色等板块都经历了大幅炒作,涨幅惊人,中国船舶的股价冲上300元……牛劲演绎到极致。

2007年10月16日,上证指数出现高点6124.04点。

2007年11月5日,两市第一权重股——中国石油挂牌上市,首日高开191.02%,开盘48.6元。高开低走收出大阴线,收43.96元,大盘跌2.48%,之后回落到4778点企稳。

2007年11月13日,CPI(居民消费价格指数)快速上涨,10月CPI为6.5%,创11年最高,通货膨胀担忧初现。

2007年11月27日,中共中央政治局会议提出,调控首要任务为防过热、防通胀。

2008年

2008年1月10日至春节,中国南方发生前所未有的雪灾,6省(湖南、湖北、安徽、贵州、广东、陕西)12条国道部分路段无法通行。雪灾似乎预示2008年多灾多难行情。

2008年1月16日,存款准备金率上调0.5个百分点,证券市场收跌2.63%。

2008年5月12日,发生汶川大地震。

2008年上半年,国外煤价、钢材价格、化肥价格以及许多化工产品价格暴涨,带动国内价格上涨。国内化工产品5—6月份出现井喷行情,通货膨胀形势严峻。

2008年6月7日,存款准备金率上调1%,达到17.5%。

2008年6月20日,南航认股权证终止交易,分文不值。该权证因股改送出14亿元。为抑制投机,管理层允许券商创设,增加到120亿元;股民亏损约50亿元。

2008年7月,存款准备金率再次上调,石油价格见顶暴跌。

2008年8月25日,证监会公布《关于修改上市公司现金分红若干规定的决定》,并公开征求意见,鼓励上市公司建立长期分红政策,进一步完善推动上市公司回报股东的现金分红制度。

2008年8月28日,证监会出台上市公司大股东增持新规。9月23日,汇金将通过证券市场增持三大银行股。

2008年9月14日,美国雷曼兄弟公司宣布破产。

2008年9月16日,人民币贷款基准利率下调0.27个百分点。

2008年9月19日,汇金开始回购三大银行股,印花税改为单边征收(千分之一)。证券市场大涨,银行股涨停。

2008年10月6日,国庆节过后,铜期货带领几乎所有期货包括粮食期货暴跌。因国庆期间,外盘大跌,中国休市,铜期货在不到一个月时间里出现10个跌停板。有色金属股随之暴跌。云南铜业从一年前的98元跌到7元附近,西部矿业与此类似。

2008年10月8日,存款准备金率下调0.5个百分点,一年期存贷款基准利率下调0.27个百分点。

2008年10月22—27日,在美国经济危机影响下,H股出现疯狂杀跌行情。国企指数跌到5802点。马钢H跌到0.87元,其前三季度利润是0.45元,每股净资产是3.7元。过后出现强劲反弹,一些H股公司宣布回购。

2008年11月11日,中国政府宣布4万亿投资计划,钢铁股、水泥股、工程机械股等强劲反弹。马钢H股不到两个月上涨2倍。

2008年11月26日,银行利率下调1.08个百分点,存款准备金率下调1~2个百分点,指数冲高收低。

2008年12月23日,年内第5次降息,降幅达0.27个百分点。

2009年

2009年1月6日,财政部部长谢旭人在全国财政工作会议上指出,2009年将实行结构性减税政策,继续执行暂免征收储蓄存款和证券交易结算资金利息所得税、降低证券交易印花税税率及单边征收政策。

2009年1月14日至2009年2月25日,国务院陆续通过了汽车、钢铁、纺织、装备制造、造船、石化、轻工、电子信息、有色金属和物流业等十大产业振兴规划,涵盖了解决就业、产业技术升级和结构调整等诸多方面。

2009年3月31日,中国证监会发布《首次公开发行股票并在创业板上市管理暂行办法》,明确创业板的上市发行门槛不变,仍采用两套上市财务标准,从5月1日起实施。

2009年4月3日,中国证监会发审委公告,已通过"会后事项发审委会议",否决了立立电子的上市申请。由此,立立电子成为中国证券史上首例"募集资金到位但上市申请最终被否决"的公司。

2009年5月12日,中国证监会颁布《关于基金管理公司开展特定多个客户资产管理业务有关问题的规定》,对"一对多"专户理财业务的投资者参与门槛、资产管理计划的设立条件、资产管理计划的销售方式以及开放参与和退出频率等做出明确规定,从6月1日起实施。

2009年6月6日,深交所正式发布《创业板股票上市规则》,从7月1日起实施。

2009年6月10日,中国证监会正式公布《关于进一步改革和完善新股发行体制的指导意见》,完善询价和申购的报价约束机制,杜绝高报不买和低报高买,同时网下网上渠道分开、网上申购设置上限,以提高中小投资者的中签率。

2009年6月18日,A股市场IPO在暂停9个月后重启,首单落定为中小板公司。桂林三金成为自2008年9月以来第一家获准新股发行的公司。自此开启了2009年天量融资的序幕。

2009年6月19日,财政部、国务院国资委、中国证监会、全国社保基金理事会宣布,股权分置改革新老划断后,凡在境内证券市场首次公开发行股票并上市的含国有股的股份有限公司,除国务院另有规定的,均须按首次公开发行时实际发行股份数量的10%,将股份有限公司部分国有股转由社保基金会持有,社保基金会对转持股份承继原国有股东的禁售期义务,并将禁售期延长3年。

2009年7月2日,中国人民银行公布《跨境贸易人民币结算试点管理办法》,明确跨境贸易人民币结算试点企业、清算行、出口退税等政策细节,从7月1日起实施。

2009年7月8日,银行理财资金禁入股票二级市场。

2009年7月17日,银监会主席刘明康要求加强风险管理,银行拨备覆盖率年内须提至150%以上。

2009年7月30日,证监会发布《期货公司分类监管规定(试行)(征求意见稿)》,拟将期货公司分为AAA、AA、A、BBB、BB、B、CCC、CC、C、D、E共五大类11个级别。根据同日发布的《期货市场客户开户管理规定(征求意见稿)》,期货市场将落实开户实名制,并实行统一开户。

2009年8月13日,证监会公布《证券投资基金评价业务管理暂行办法(征求意见稿)》,对基金评价机构的评价方法、信息采集、发布方式及行为进行规范,明确了从事基金评价业务的八种禁止行为。

2009年9月4日,银监会对《关于完善商业银行资本补充机制的通知(征求意见稿)》做出适当调整,对银行间交叉持有的次级债从附属资本中扣除,将按照"老债老办法、新债新办法"来执行,同时,银行互相持有的新增次级债将分年从持有方附属资本中扣除。

2009年9月13日,中国证监会有关部门负责人宣布,将于9月17日召开第1次至第4次创业板发审会,审核7家企业的发行申请。统计数据显示,这7家企业拟融资总额约为22.48亿元。

2009年10月11日,中国工商银行、中国银行、中国建设银行11日分别公告称,三行均于10月9日收到股东汇金公司通知,汇金公司于近日通过上海证券交易所交易系统以买入方式增持三行A股股份,汇金公司拟在未来12个月内(自本次增持之日起算)以自身名义继续在二级市场增持三行股份。

2009年10月12日,财政部公布了《金融控股公司财务管理若干规定》,对金融控股公司的资本、投资、经营、资产管理、风险控制、利润分配、信息披露等若干事项做出详细规定。对于混业经营的金融控股公司,该规定明确指出,资产负债率原则上应当保持在60%以下,不符合要求的,应当于6个月内予以调整。

2009年10月30日,筹备了10年之久的创业板开市,首批28只股票集体亮相,这些股票受到资金追捧。由于创业板遭遇过度炒作,这28只股票上市首日均被深交所按照规定进行了临时停牌,创下了中国证券市场的新纪录。

2009年11月17日,中国证监会颁布《证券投资基金评价业务管理暂行办法》,并自2010年1月1日起施行。为了防止投资者被短期、频繁的基金评价结果误导和注重对基金的长期评价,该暂行办法明确,基金成立不到三年不能参与评价。

2009年12月24日,央行定调2010年货币政策:引导金融机构均衡放款,避免过大波动,并严格控制对"两高"行业、产能过剩行业以及新开工项目的贷款。

2009年12月24日,中国证监会就《公开发行证券的公司信息披露编报规则第15号——财务报告的一般规定(2009年修订)》和《公开发行证券的公司信息披露编报规则第9号——净资产收益率和每股收益的计算及披露(2009年修订)》公开征求意见,修订净资产收益率和每股收益计算规则,对报告期发生以企业合并、发行股份购买资产等方式实现非上市公司借壳上市且构成反向购买等事项的财务处理做了进一步明确。

2010年

2010年1月8日,国务院原则上同意股指期货和融资融券试点。

2010年1月12日,证监会正式批准中金所开展股指期货交易。

2010年1月15日,股指期货投资者准入门槛确定。

2010年2月22日,中金所开始正式受理股指期货开户申请。

2010年3月19日,首批六家融资融券试点券商名单公布。

2010年3月31日,融资融券交易试点启动。

2010年4月16日,股指期货上市。

2010年4月22日,股指期货首批套保额度获批。

2010年5月17日,十家机构获首批基金评价资格。

2010年6月1日,创业板指数挂牌。

2010年6月11日,天津金融资产交易所开市。

2010年6月19日,人民银行宣布再启汇率改革。

2010年6月26日,国内最大人民币私募股权基金成立。

2010年8月20日,证监会启动新股发行第二阶段改革。

2010年9月6日,基金经理"老鼠仓"案首次被移送公安机关。

2010年9月8日,首家大陆企业在台湾挂牌上市。

2010年11月1日,首批创业板限售股解禁"开闸"。

2011年

2011年11月30日,人民银行宣布从12月5日起,存款类金融机构人民币存款准备金率下调0.5个百分点。从而使大型银行存款准备金率降至21%、中小银行降至19%。

2011年11月24日,国务院下发了《关于清理整顿各类交易场所、切实防范金融风险的决定》。

2011年12月20日,外汇局批准融通基金公司、大连华信信托各5亿美元和3亿美元的QDII额度。截至当日,外汇局批准97家机构QDII额度达749.47亿美元。

2011年12月20日,外汇局批准景顺资产管理有限公司、忠利保险有限公司、西班牙对外银行有限公司、国泰证券投资信托有限公司、复华证券投资信托有限公司等五家机构各1亿美元的QFII额度。截至目前,外汇局累计给113家机构批准QFII额度达216.4亿美元。

2011年12月30日,中国国家外汇管理局证实,已批准10家人民币合格境外机构投资者(简称"RQFII机构")投资额度共计107亿元人民币。12月以来,证监会加快QFII审批进度,单月获批QFII资格的机构数量达10家左右。而11月获批QFII数量仅2家,2011年前10个月获批QFII总数不过13家。

2011年12月30日,证监会发布《关于修改〈上市公司收购管理办法〉第六十二条及六十三条的决定(征求意见稿)》,向社会公开征求意见。该决定对一些行为的行政许可予以取消,明确因30%以上大股东每年2%自由增持行为、50%以上股东增持股份行为、继承、上市公司实际控制人不发生变更的发行行为引发的要约收购义务豁免不再需要履行行政许可审批程序。

2012年

2012年1月7日,中国金融界最高规格的全国金融工作会议闭幕,国务院总理温家宝强调:深化新股发行制度市场化改革,抓紧完善发行、退市和分红制度,加强证券市场监管,促进一级市场和二级市场协调健康发展,提振证券市场信心。

2012年2月18日,央行宣布,将于2月24日起,下调存款类金融机构人民币存款准备金率0.5个百分点。据1月底人民币存款余额80.13万亿元估算,这一调整将释放资金4000亿元左右。

2012年4月4日,中国证监会等相关监管机构决定增加500亿美元的QFII(合格境外机构投资者)和500亿元人民币的RQFII(人民币合格境外机构投资者,又称"小QFII")额度(合计3650亿元人民币)。

2013年

2013年全年停发IPO。中国证券市场在短暂的20多年历史里,共计停发了8次IPO,2013年停发整整一年,持续时间历史最长。在2013年,关于IPO重启的消息,市场上实际已经喊了很多次,直到11月30日证监会发布了《关于进一步推进新股发行体制改革的意见》,才终于坐实。

2013年8月16日,A股市场出现了史上最诡异的走势。从当日11:04开始,工商银行、中国石油、中国石化等蓝筹股瞬间涨停,并使大盘直接飙涨百点以上,最高涨至2198.85点,涨幅超过5%。8月18日,监管部门立案调查。经查明,光大证券利用内幕消息套利,使用策略交易系统以234亿元的巨量资金申购180ETF成分股,实际成交72.7亿元。此即"光大乌龙事件"。2013年11月14日,中国证监会发布《行政处罚决定书》,其相关责任人徐浩明、杨赤忠、沈诗光、杨剑波被处以终身证券市场禁入;对时任董事会秘书梅键的信息误导行为,责令改正,并处以20万元罚款;对光大证券处以共计约5.23亿元罚没款。

2013年6月24日,中国股市"黑色星期一"出现,当时流动性短缺的金融机构纷纷抛售资产,沪指跌幅超过5%。25日,两市继续惯性下挫,沪指一度跌至1845点。当日午后,央行千呼万唤始出来,向符合宏观审慎要求的金融机构提供了流动性支持,沪指报收红色"探底神针"。

2013年8月,上海自贸区正式获批,其相关概念股开始被市场所关注,嗅觉灵敏的资金陆续进场。经过一个多月的炒作,上海自贸区概念指数翻了一倍有余。其中,外高桥(600648)实现连续12个涨停板,最多涨至64元/股,翻了近4倍;上海物贸(600822)同样涨幅惊人,涨了两倍有余;其余成分股平均涨幅达1倍左右。

2013年10月,习近平主席和李克强总理在先后出访东南亚时提出了筹建亚投行的倡议。

2013年12月27日,国务院正式发布《关于进一步加强资本市场中小投资者合法权益保护工作的意见》。意见表示,要加快形成法律保护、监管保护、自律保护、市场保护、自我保护的综合保护体系,实现中小投资者保护工作常态化、规范化和制度化。意见提出,上市公司应当披露利润分配政策尤其是现金分红政策的具体安排和承诺。对不履行分红承诺的上市公司,要记入诚信档案,未达到整改要求的不得进行再融资。独立董事及相关中介机构应当对利润分配政策是否损害中小投资者合法权益发表明确意见。

2013年10月25日,中国人民银行授权中国外汇交易中心正式运行贷款基础利率(LPR)集中报价和发布机制。

2013年11月12日,中共十八届三中全会通过《中共中央关于全面深化改革若干重大问题的决定》,明确提出:加快推进利率市场化,健全反映市场供求关系的国债收益率曲线。完善金融市场体系是十八届三中全会的重要改革部分,在会后其改革细则逐步出台。并宣布将在2014年1月重启IPO,进一步推进股票发行注册制改革。

2013年11月30日,证监会发布《关于进一步推进新股发行体制改革的意见》,将于2014年1月重启IPO。

2013年12月14日,国务院发布《关于全国中小企业股份转让系统有关问题的决定》,"新三板"全国扩容,多层次资本市场建设取得实质性进展。

2014年

2014年,两大事件对中国证券市场影响很大:一是十八届三中全会后,中国深化体制改革全面启动;二是美国宽松货币政策全面推出。

2014年1月8日,IPO在时隔一年多后正式重启。

2014年3月21日,正式发布《优先股试点管理办法》。

2014年4月10日,证监会就开展沪港通试点发布联合公告。证监会指出,沪港通总额度为5500亿元人民币。

2014年4月18日晚间,证监会突然发布28家排队上市企业预披露名单;时隔2天之后,证监会于21日晚间又发布18家IPO预披露名单,这一系列举措预示IPO二次重启脚步临近。有分析人士认为,证监会深夜公布拟上市公司预披露名单,是IPO重启前夜对二级市场的试探,A股市场面临更多不确定性,创业板短期弱势格局难改。预计A股短期内将面临调整,创业板下行风险较大。

2014年5月9日,国务院发布《关于进一步促进资本市场健康发展的若干意见》(简称"新国九条"),明确提出,到2020年,基本形成结构合理、功能完善、规范透明、稳健高效、开放包容的多层次资本市场体系,对于加快完善现代市场体系、拓宽企业和居民投融资渠道、优化资源配置、促进经济转型升级具有重要意义。

2014年9月29日,中国新一轮改革开放的试验田——上海自贸区迎来了一岁生日。自2013年9月29日挂牌以来,上海自贸区已在投资管理、贸易监管、金融创新、事中事后监管制度等方面走出了一条改革创新的探索之路。

2014年11月17日,沪港通正式启动,香港地区金融业人士表示,期待已久的沪港通真正实现了内地与香港的互利共赢,将为未来两地金融领域深化全面合作提供借鉴。内地资本市场全面对外开放,意味着内地投资者全球投资的起步,意味着A股与成熟市场的全面接轨,有助于内地资本项目逐步开放及人民币国际化的进程。

2014年11月21日晚间,中国人民银行宣布自11月22日起,金融机构一年期贷款基准利率下调0.4个百分点至5.6%,一年期存款基准利率下调0.25个百分点至2.75%,同时结合推进利率市场化改革,将金融机构存款利率浮动区间的上限由存款基准利率的1.1倍调整为1.2倍。

2014年11月30日,酝酿20多年,存款保险制度将建立。经过20多年的酝酿,中国的存款保险制度终于破题。央行、国务院法制办就《存款保险条例(征求意见稿)》公开向社会征求意见,期限为30天。根据这一征求意见稿,存款保险实行限额偿付,最高偿付限额为50万元。

2014年12月5日,沪市成交6391.9亿元,深市成交4348.5亿元,两市合计成交10740.4亿元,不仅再度创出历史天量,而且在历史上首度突破单日成交1万亿元大关。

2014年12月12日,广东、天津、福建入围第二批自贸区试点。

2015年

2015年3月20日,证监会宣布,已批准中国金融期货交易所(简称"中金所")开展上证50和中证500股指期货交易,合约正式挂牌交易时间为4月16日。上海证券交易所(上证所)称,关于注册制相关规则的起草,需要对现行IPO规则进行全面的"立改废"。

2015年1月9日,股票期权交易办法公布,上证50ETF期权将于2月9日上市。

2015年2月5日,央行年度首次降准下调存款准备金率0.5个百分点。

2015年3月1日,央行首度降息,下调基准利率0.25个百分点。

2015年3月2日,沪港通可以做空A股,414只股票被纳入做空名单。

2015年4月3日,证监会审核中国南北车重组通过,中国神车诞生。

2015年4月13日,A股全面放开一人一户限制,每人可以开20个账户。

2015年4月20日,央行年度第二次降准,下调存款准备金率1个百分点。同日,A股现巨量成交,沪市单边成交额破万亿元。

2015年5月11日,央行年度第二次降息,下调基准利率0.25个百分点。

2015年5月19日,国务院发布"中国制造2025"。

2015年6月12日,沪指创下7年多来新高,达5178.19点。

2015年6月19日,两市仅千股跌停,沪指重创6.42%,创业板下跌5.41%。

2015年6月28日,央行年内首度实施"双降":降息0.25个百分点,降准0.5个百分点。

2015年6月29日,沪指跌破4000点,10天跌幅逾1000点,证监会安抚市场,融资融券业务风险总体可控。晚间,证监会回应证券市场回调。同日,亚洲基础设施投资银行协定签署,亚投行正式成立。

2015年6月30日,证监会三度发文认为强制平仓金额占市场交易量的比例很小,十三位私募大佬集体表示看好后市。

2015年7月1日,沪、深证券交易所下调A股交易经手费和交易过户费,证监会出台两融管理新规,券商自主确立强制平仓线。

2015年7月4日,A股史上第九次暂停IPO。

2015年7月7日,众多上市公司连续掀起"千股停牌新高潮"。

2015年7月9日,公安部副部长孟庆丰进场查做空。

2015年7月27日,A股狂跌8.48%,创8年最大单日跌幅。

2015年8月11日,人民币即期汇率跌至3年新低,单日跌幅创历史之最。

2015年8月23日,《养老保险基金投资管理办法》发布,规定入市资金比例最高限——30%。

2015年8月26日,央行年度第二次实施"双降":降息、降准都为0.25个百分点。

2015年9月2日,中金所单日开仓限制10手,股指期货名存实亡。

2015年9月6日,央行年度第三次降准下调存款准备金率0.5个百分点。

2015年10月23日,国信证券总裁陈鸿桥自缢身亡,曾是张育军的副手。

2015年11月1日,"私募一哥"徐翔被抓。

2015年11月6日,重启新股,宣布打新制度改革。

2015年11月13日,金融反腐进入深水区,姚刚落马。

2015年11月30日,人民币成功加入SDR,将于2016年10月1日正式生效。

2015年12月27日,全国人大通过IPO注册制改革,将于2016年3月起实施。

2016年

2016年1月

证监会表示,从2016年1月1日起,新股发行将按照新的制度执行。投资者申购新股时无须再预先缴款,小盘股将直接定价发行,发行审核将会更加注重信息披露要求,发行企业和保荐机构需要为保护投资者合法权益承担更多的义务和责任。

2016年首个交易日,作为熔断机制的基准指数,沪深300指数先后触发5%和7%的熔断阈值,股票现货和股指期货市场于13:33起暂停当日交易。指数熔断的同时,两市再现"千股跌停"。

上海证券交易所、深圳证券交易所、中国金融期货交易所于1月7日晚间发布通知,为维护市场稳定运行,经证监会同意,自1月8日起暂停实施指数熔断机制。

证监会于1月7日发布《上市公司大股东、董监高减持股份的若干规定》,自1月9日起施行。根据该规定要求,交易所需要规范大股东减持预披露行为,细化相关信息披露要求。

沪、深证券交易所1月9日发布关于落实《上市公司大股东、董监高减持股份的若干规定》相关事项的通知。通知明确,上市公司大股东通过协议转让方式减持股份的,单个受让方的受让比例不得低于5%,转让价格范围下限比照大宗交易的规定执行,法律法规、部门规章及本所业务规则另有规定的除外。

中国人民银行称,自2016年1月25日起,面向27家金融机构和注册在上海、天津、广东、福建4个自贸区的企业扩大本外币一体化的全口径跨境融资宏观审慎管理试点。

证监会发布了《公开发行证券的公司信息披露内容与格式准则第38号——公司债券年度报告的内容与格式》,详细规范了公司债券年度报告的内容与格式要求。为配合落实相关准则的实施,沪、深交易所分别发布了《关于做好债券发行人2015年年度报告披露工作的通知》。

2016年2月

央行、银监会于2月2日发布《关于调整个人住房贷款政策有关问题的通知》,要求在不实施"限购"措施的城市,居民家庭首次购买普通住房的商业性个人住房贷款,原则上最低首付款比例为25%,各地可向下浮动5个百分点;对拥有1套住房且相应购房贷款未结清的居民家庭,为改善居住条件再次申请商业性个人住房贷款购买普通住房,最低首付款比例调整为不低于30%。

国家外汇管理局于2月4日表示,放宽单家QFII机构投资额度上限,进一步扩大境内资本市场开放。

国务院印发《关于煤炭行业化解过剩产能实现脱困发展的意见》,明确用3至5年时间,煤炭行业再退出产能5亿吨左右。

中国人民银行于2月14日发布《全国银行间债券市场柜台业务管理办法》,规定年收入不低于50万元、名下金融资产不少于300万元、具有两年以上证券投资经验的个人投资者可投资柜台业务的全部债券品种和交易品种。

中国人民银行、发改委、工信部、财政部、商务部、银监会、证监会、保监会于2月16日发布《关于金融支持工业稳增长调结构增效益的若干意见》,从六个方面提出一系列政策措施。

中共中央决定,任命刘士余为中国证监会党委书记,免去肖钢的中国证监会党委书记职务。国务院决定,任命刘士余为中国证监会主席,免去肖钢的中国证监会主席职务。

央行于2月24日发布公告,允许各类境外金融机构及其依法合规面向客户发行的投资产品,以及养老基金、慈善基金、捐赠基金等央行认可的其他中长期机构投资者投资银行间债市,同时取消额度限制。

国务院印发《关于同意开展服务贸易创新发展试点的批复》,同意在天津、上海、海南、深圳、杭州、武汉、广州、成都、苏州、威海以及哈尔滨新区、江北新区、两江新区、贵安新区、西咸新区等地开展服务贸易创新发展试点,试点期为2年。

中国人民银行于2月29日宣布,自3月1日起,普遍下调金融机构人民币存款准备金率0.5个百分点,以保持金融体系流动性合理充裕,引导货币信贷平稳适度增长,为供给侧结构性改革营造适宜的货币金融环境。

2016年3月

央行副行长陈雨露3月2日在中美央行高端对话会上表示,目前正在建立利率走廊,改进公开市场操作,探索更多依靠央行公开市场操作所产生的利率作为中间值。

发改委于3月9日印发《长江经济带创新驱动产业转型升级方案》。该方案提出,加快创新驱动,促进产业转型升级,构建长江经济带现代产业走廊。

《中华人民共和国国民经济和社会发展第十三个五年规划纲要》于3月17日发布。

3月21日,上交所决定*ST博元股票终止上市。公司将于3月29日进入退市整理期,30个交易日后将被摘牌。

中国人民银行会同相关部门联合印发《农村承包土地的经营权抵押贷款试点暂行办法》和《农民住房财产权抵押贷款试点暂行办法》。"两个办法"从贷款对象、贷款管理、风险补偿、配套支持措施、试点监测评估等方面,对金融机构、试点地区和相关部门推进落实"两权"抵押贷款试点明确了政策要求。

3月25日,中国互联网金融协会成立暨第一次会员代表大会在上海召开。

中国政府网于3月29日公布了《国务院办公厅关于调整中国人民银行货币政策委员会组成人员的通知》,同意刘士余、宁吉喆担任货币政策委员会委员。

中国人民银行、银监会联合印发《关于加大对新消费领域金融支持的指导意见》,从积极培育发展消费金融组织体系、加快推进消费信贷管理模式与产品创新、加大对新消费重点领域金融支持、改善优化消费金融发展环境等方面提出了一系列细化政策措施。

国务院批转国家发改委《关于2016年深化经济体制改革重点工作的意见》(以下简称《意见》)。《意见》提出了10个领域共50项重点工作。关于深化资本市场改革,《意见》提出,推进股票、债券市场改革和法治化建设,促进多层次资本市场健康发展,提高直接融资比重,适时启动"深港通"。

2016年4月

银监会于4月5日发布《关于进一步加强银行业金融机构境外运营风险管理的通知》,要求银行业金融机构应根据自身业务特点、规模和复杂程度,结合总体业务发展战略、管理能力和能够承担的风险水平,审慎开展自营性境外投资类业务,充分考虑投资对象和项目风险、所在国家或地区的经济金融形势变化和市场波动带来的潜在风险。

多家上市公司于4月12日发布公告称,"徐翔系"投资平台持有的股份被轮候冻结,包括华丽家族(5.53,-1.25%,买入)(600503)、大恒科技(8.68,+0.70%,买入)(600288)、宁波中百(11.19,+0.36%,买入)(600857)、文峰股份(3.58,-0.56%,买入)

(601010)等。

国务院印发《上海系统推进全面创新改革试验、加快建设具有全球影响力的科技创新中心方案》。

中国基金业协会于4月15日正式发布《私募投资基金募集行为管理办法》，对私募基金的募集主体、募集程序、募集义务等进行了明确规定，要求募集机构需向特定对象进行宣传，设置不低于24小时的投资冷静期，并探索回访确认制度。

4月19日，中国银行间市场交易商协会组织市场成员制定了《不良贷款资产支持证券信息披露指引(试行)》，经审议通过并经中国人民银行同意，予以发布施行。

国内三大期货交易所于4月21日晚出台措施，抑制交易过热。其中，上海期货交易所上调黑色系商品交易手续费，大连商品交易所调整铁矿石和聚丙烯品种手续费标准，郑州商品交易所发布风险提示函。

中共中央政治局于4月29日召开会议，分析研究当前经济形势和经济工作，中共中央总书记习近平主持会议。会议强调，要坚持适度扩大总需求，坚定不移以推进供给侧结构性改革为主线，加快培育新的发展动能。要保持证券市场健康发展，充分发挥市场机制调节作用，加强市场监管，保护投资者权益。

中国人民银行于4月29日发布通知表示，在总结前期区域性、地方性试点的基础上，将全口径跨境融资宏观审慎管理政策推广至全国范围，并自2016年5月3日起施行。

2016年5月

5月1日起，全国范围内全面推开营业税改征增值税试点，建筑业、房地产业、金融业、生活服务业等全部营业税纳税人纳入试点范围，由缴纳营业税改为缴纳增值税。

5月1日起，《全国社会保障基金条例》开始施行。该条例规定，全国社会保障基金理事会应当审慎、稳健管理运营全国社会保障基金，按照国务院批准的比例在境内外市场投资运营全国社会保障基金。

中国证券投资基金业协会决定对中信信诚违规开展资金池业务的行为采取暂停备案6个月的纪律处分，并责令中信信诚对有关资产管理计划进行清理和整改。

国务院印发《关于促进外贸回稳向好的若干意见》提出，要多措并举，促进外贸创新发展，努力实现外贸回稳向好。

银监会牵头召开投贷联动试点工作启动会，会议部署了第一批试点具体工作，标志着投贷联动试点进入实施阶段。

银监会印发《关于规范商业银行代理销售业务的通知》，要求商业银行应对销售人员及其代销产品范围进行明确授权，禁止未经授权或超越授权范围开展代销业务，禁止非本行人员在营业网点从事产品宣传推介、销售等活动，不得将代销产品与存款或其自身发行的理财产品混淆销售。

中共中央总书记、国家主席、中央军委主席、中央全面深化改革领导小组组长习近平于5月20日上午主持召开中央全面深化改革领导小组第二十四次会议并发表重要讲话。他强调，供给侧结构性改革本质是一场改革，要用改革的办法推进结构调整，为提高供给质量激发内生动力、营造外部环境。

《全国中小企业股份转让系统挂牌公司分层管理办法(试行)》于5月27日发布施

行。该办法设置了3套并行标准,申请挂牌公司进入创新层的标准与已挂牌公司进入创新层的3套标准基本一致,但同时作了适当调整。

2016年6月

6月1日,丹东欣泰电气股份有限公司发布公告称,近日收到中国证监会《行政处罚和市场禁入事先告知书》,欣泰电气涉嫌欺诈发行及信息披露违法违规案已由中国证监会调查完毕,中国证监会依法拟对欣泰电气及相关责任人做出行政处罚和市场禁入措施。

6月6日,深圳证券市场迎来新一代交易系统正式上线运行的首个交易日。

中国证监会于6月7日发布2016年政务公开工作要点。其中指出,推进监管政策公开,围绕发展多层次股权市场、规范发展债券市场、推进期货市场建设、提高证券期货服务业竞争力、引导私募基金行业健康发展、扩大资本市场双向开放、防范和化解金融风险等重点工作,及时准确发布有关政策措施,回应社会关切,稳定市场预期。

6月17日,证监会就修改《上市公司重大资产重组办法》向社会公开征求意见。证监会表示,本次修订旨在给"炒壳"降温,促进市场估值体系的理性修复,继续支持通过并购重组提升上市公司质量,引导更多资金投向实体经济。

6月17日,证监会再次研究修订并正式发布了《证券公司风险控制指标管理办法》及配套措施,于10月1日正式实施。

人社部、财政部于6月21日发布《职业年金基金管理暂行办法》征求意见稿。根据征求意见稿,职业年金基金财产投资股票、股票基金、混合基金、股票型养老金产品的比例,合计不得高于投资组合委托投资资产净值的30%。

宝钢股份(8.23,-1.67%,买入)(600019)、武钢股份(0.00,停牌,买入)(600005)于6月26日分别发布公告称,接到控股股东宝钢集团、武钢集团通知,宝钢集团与武钢集团正在筹划战略重组事宜,重组方案尚未确定,方案确定后尚需获得有关主管部门批准。

6月27日起,全国股转公司对挂牌公司实施分层管理,并分别揭示创新层和基础层挂牌公司的证券转让行情、信息披露文件,"新三板"分层时代正式到来。

国务院总理李克强于6月29日主持召开国务院常务会议,部署促进川陕革命老区振兴发展,推动老区加快致富全面奔小康;原则通过《中长期铁路网规划》,以交通大动脉建设支撑经济社会升级发展。

2016年7月

财政部和国家税务总局发布《关于全面推进资源税改革的通知》,自7月1日起全面推进资源税改革。

沪、深交易所分别发布《上海证券交易所上市公司重组上市媒体说明会指引》和《重大资产重组媒体说明会备忘录》,对上市公司推出重大资产重组方案应召开媒体说明会的情形、方式和信息披露等做出明确规定。

7月3日,保监会对《保险资金间接投资基础设施项目试点管理办法》进行了修订,发布《保险资金间接投资基础设施项目管理办法》,简化行政许可,拓宽险资投资空间,并强化风险管控。

中国政府网于7月4日发布《国务院办公厅关于进一步做好民间投资有关工作的通

知》,对进一步做好民间投资有关工作进行部署。

证监会发布《上市公司股权激励管理办法》,于8月13日起施行。

证监会发布《证券期货经营机构私募资产管理业务运作管理暂行规定》。

《中共中央、国务院关于深化投融资体制改革的意见》于7月18日对外发布。该意见明确,坚持企业投资核准范围最小化,原则上由企业依法依规自主决策投资行为。

万科于7月19日表示,已向中国证监会、中国基金业协会、深交所、深圳证监局提交《关于提请查处钜盛华及其控制的相关资管计划违法违规行为的报告》。

证监会新闻发言人邓舸于7月22日表示,至今没有看到万科相关股东与管理层采取有诚意、有效的措施消除分歧,相反,通过各种方式激化矛盾,严重影响了公司的市场形象及正常的生产经营,证监会对万科相关股东与管理层表示谴责;对监管中发现的任何违法违规行为,都将依法严肃查处。

国务院办公厅于7月26日发布《关于推动中央企业结构调整与重组的指导意见》。

2016年8月

8月1日,中国证券投资基金业协会表示,根据2月5日发布的《关于进一步规范私募基金管理人登记若干事项的公告》,累计超过1万家机构已被注销私募基金管理人登记。

8月1日起,中国互联网金融协会组织制定的《互联网金融信息披露标准——P2P网贷》和《中国互联网金融协会互联网金融信息披露自律管理规范》开始向会员单位征求意见。

中国证监会新闻发言人邓舸于8月12日表示,证监会就《基金管理公司子公司管理规定》及《基金管理公司特定客户资产管理子公司风险控制指标管理暂行规定》公开征求意见。

8月18日,经国务院同意,国资委、财政部和证监会联合印发《关于国有控股混合所有制企业开展员工持股试点的意见》。该意见规定,员工持股总量原则上不高于公司总股本的30%,单一员工持股比例原则上不高于总股本的1%。

国务院办公厅印发《关于建立国有企业违规经营投资责任追究制度的意见》,这是完善国有资产监管、落实国有资本保值增值责任、防止国有资产流失的重要制度安排。

国务院印发《关于推进中央与地方财政事权和支出责任划分改革的指导意见》,对推进中央与地方财政事权和支出责任划分改革做出总体部署。

8月24日,银监会会同工信部、公安部、国家互联网信息办公室等部门研究起草的《网络借贷信息中介机构业务活动管理暂行办法》发布。

中共中央政治局于8月26日召开会议,审议通过"健康中国2030"规划纲要。

党中央、国务院决定,在辽宁省、浙江省、河南省、湖北省、重庆市、四川省、陕西省总计新设立7个自贸试验区。

8月31日,保监会印发《中国保险业发展"十三五"规划纲要》,提出"十三五"时期保险业的总体目标。

2016年9月

9月2日,上交所近日进一步修订了对地方融资平台的甄别标准,规定报告期内发行人来自所属地方政府的收入占比不得超过50%。

中国人民银行、国家外汇管理局发布《关于人民币合格境外机构投资者境内证券投资管理有关问题的通知》。该通知表示，国家外汇管理局对单家人民币合格投资者投资额度实行备案或审批管理。

中国人民银行、财政部等七部委联合印发《关于构建绿色金融体系的指导意见》，旨在鼓励更多社会资本投入到绿色产业，同时更有效地抑制污染性投资。

中国证监会消息，《关于修改〈上市公司重大资产重组管理办法〉的决定》于9月9日发布施行。此外，证监会修订并购重组规则，进一步缩短上市公司停牌时间。

中国证监会就《证券期货投资者适当性管理办法》公开征求意见，强调将适当的产品销售给适当的投资者，普通投资者在信息告知、风险警示、适当性匹配等方面享有特别保护。

全国股转系统发布《私募机构全国股转系统做市业务试点专业评审方案》，这标志着私募机构做市业务试点工作启动。

国务院印发《关于促进创业投资持续健康发展的若干意见》。

宝钢集团于9月22日晚间宣布，为促进我国钢铁行业健康发展，加快产能过剩行业兼并重组，经国务院国资委批准，宝钢集团与武钢集团实施联合重组，组建"中国宝武钢铁集团有限公司"，作为重组后的母公司，武钢集团整体无偿划入，成为其全资子公司。

证监会新闻发言人邓舸于9月23日表示，证监会正式发布并实施《公开募集证券投资基金运作指引第2号——基金中基金指引》，支持基金行业推出基金中基金。

中国国有企业结构调整基金股份有限公司成立大会暨揭牌仪式于9月26日在北京举行。至此，国资委主导的两大国企改革基金均落地。

《全国社会保障基金信托贷款投资管理暂行办法（2016年修订版）》于9月20日正式发布实施。

中国银行间市场交易商协会9月23日公告，在中国人民银行的指导下，交易商协会于当日发布修订后的《银行间市场信用风险缓释工具试点业务规则》。

9月30日，中国证监会发布《内地与香港股票市场交易互联互通机制若干规定》，并于发布之日起施行。

9月30日，深交所发布与深港通相关的八大业务规则。

·2016年10月

国务院于10月10日发布《关于积极稳妥降低企业杠杆率的意见》，这是我国防范化解企业债务问题的重要文件，也是推进结构性改革的重要举措。

发改委网站10月12日发布消息，发改委印发了《促进民间投资健康发展若干政策措施》，提出了26条措施促进投资增长。

国务院办公厅公布《互联网金融风险专项整治工作实施方案》，对互联网金融风险专项整治工作进行了全面部署安排。

10月14日，证监会发布《证券基金经营机构参与内地与香港股票市场交易互联互通指引》，明确证券公司、公募基金管理人开展内地与香港股票市场交易互联互通机制下"港股通"相关业务有关事项的具体要求。

全国首单地方国企市场化债转股项目落地:10月16日,中国建设银行与云南锡业集团控股有限责任公司签署市场化债转股投资协议。

全国中小企业股份转让系统于10月21日发布《挂牌公司股票终止挂牌实施细则(征求意见稿)》。

10月21日,中国证券投资基金业协会发布《证券期货经营机构私募资产管理计划备案管理规范第1-3号》文件。

中国共产党第十八届中央委员会第六次全体会议于10月24日至27日在北京举行。

证监会新闻发言人邓舸于10月28日表示,证监会对《期货公司风险监管指标管理办法》进行了修订,并将其提升为部门规章。同时,制定了《期货公司风险监管报表编制与报送指引》,作为实施该规章的配套文件,并就以上文件向社会公开征求意见。

国务院办公厅印发《关于加快发展健身休闲产业的指导意见》,部署推动健身休闲产业全面健康可持续发展。

2016年11月

证监会于11月9日下发通知,要求派出机构督促期货公司加强经纪业务风险管理,密切关注客户风险状况,加强对期货配资活动的风险防范。要求各期货公司不得从事配资业务或以任何形式参与配资业务,不得为配资活动提供便利。

证监会、财政部联合发布修订后的《期货投资者保障基金管理办法》及配套规定。为确保该办法的平稳施行,同步发布修订后的《关于期货交易所、期货公司缴纳期货投资者保障基金有关事项的规定》,自公布之日起30日后施行。

上交所50ETF期权上线一年多后迎来首个标的除息日:据华夏基金管理有限公司发布的《上证50交易型开放式指数证券投资基金利润分配公告》,50ETF除息日为11月29日,随之而来的是50ETF期权将迎来第一次合约调整。

11月15日,中国证券投资基金业协会发布《私募投资基金服务业务管理办法(试行)(征求意见稿)》,全面梳理了私募基金服务行业的业务类别,并提出将搭建基金行业集中统一的数据交换、备份、登记平台,打造基金行业大数据监管体系。

11月15日,中国证券投资基金业协会发布《公募基金管理公司压力测试指引(试行)》。

银监会就《商业银行表外业务风险管理指引(修订征求意见稿)》向社会公开征求意见。

证监会于11月25日发布公告,决定批准深圳证券交易所、香港联合交易所有限公司、中国证券登记结算有限责任公司等正式启动深港股票交易互联互通机制(简称"深港通")。深港通下的股票交易从12月5日开始。此举旨在促进内地与香港资本市场共同发展。

证监会批复沪、深证券交易所发布《分级基金业务管理指引》,明确了分级基金二级市场交易环节投资者适当性安排,将投资者适当性门槛定为30万元证券类资产。

《中共中央、国务院关于完善产权保护制度依法保护产权的意见》于11月27日正式对外公布,这是我国首次以中央名义出台产权保护的顶层设计。

2016年12月

财政部、国家税务总局、中国证监会于12月1日发布《关于深港股票市场交易互联互通机制试点有关税收政策的通知》，明确深港股票市场交易互联互通机制试点涉及的有关税收政策问题。

上海、深圳证券交易所于12月2日修订《融资融券交易实施细则》，对可充抵保证金证券折算率进行调整，并同步扩大融资融券标的证券范围。

中国证监会主席刘士余12月3日在中国证券投资基金业协会第二届会员代表大会上指出："希望资产管理人，不当奢淫无度的土豪，不做兴风作浪的妖精，不做坑民害民的害人精。""用来路不当的钱从事杠杆收购，行为上从门口的陌生人变成野蛮人，最后变成行业的强盗，这是不可以的。"

12月5日，深交所和港交所同时举行开通仪式，备受期待的深港通正式启动。

12月5日，保监会网站发布消息，近日，保监会下发监管函，对万能险业务经营存在问题并且整改不到位的前海人寿采取停止开展万能险新业务的监管措施。

继12月5日暂停前海人寿万能险业务后，保监会派出两个检查组分别进驻前海人寿和恒大人寿。

上海票据交易所于12月8日正式成立，中国工商银行成功完成首笔票据转贴现交易。

12月8日，银监会相关部门负责人表示，银监会已批准筹建11家民营银行，其中6家获批开业。

12月9日，保监会网站发布公告，近期恒大人寿保险有限公司（简称"恒大人寿"）在开展委托股票投资业务时，资产配置计划不明确，资金运作不规范。根据《保险资金委托投资管理暂行办法》等相关规定，保监会决定暂停恒大人寿委托股票投资业务，并责令其进行整改。

中国证券登记结算有限责任公司12月9日消息，该公司会同上海证券交易所、深圳证券交易所，发布实施了《中国证券登记结算有限责任公司、上海证券交易所、深圳证券交易所债券质押式回购交易结算风险控制指引》。

保监会主席项俊波12月13日在保监会召开的专题会议上表示，保险业一定要做长期资金提供者，而不是短期资金炒作者，要成为中国制造的助推器。保险业助推中国制造，就是要做善意的财务投资者，不做敌意的收购控制者。

2017年

2017年3月，中国证监会对鲜言等人操纵市场案采取"没一罚五"的顶格处罚，罚没金额合计34.7亿元。这是中国证监会有史以来最高金额的罚单，监管法网日益严密。

2017年5月27日，证监会发布了减持新规，从股东身份、减持通道、股票来源等多个方面升级了监管措施。这算是股票市场遏制大股东哄抬股价的有效对策。

2017年6月21日，全球领先指数供应商明晟（MSCI）宣布，决定于2018年6月将中国A股纳入MSCI新兴市场指数和MSCI ACWI全球指数。加入MSCI到底意味着什么？全球有超过750只ETF基金直接追踪MSCI指数，所投资的资金规模高达10万亿美元。A股市场加入MSCI新兴市场指数，国际投资者就可以通过追踪指数来配置A

股。很显然,这些国际资本的加入对上市公司、监管部门来说都是机遇与挑战并存。

2017年11月16日,贵州茅台股份终于站上了700元的关口。市场对白马股的争论也到了顶点——白马股业绩优良、高成长、低风险,这固然是价值投资首选。然而,一年之内翻一番,茅台市值几乎等于贵州全省GDP总值时,我们该想想:到底是白马股太少,没得选?还是非要让白马变黑马,最后变成"野马"?

2017年证券市场中占股票总数20%的大市值大盘蓝筹股连续上涨,其他80%的中小市值股票连续下跌。市场将2017年这种市场走势称为"二八现象"。

2017年10月17日,新一届发审委已经开始发审工作,IPO过会率从80%骤降至60%以下。牢牢管好发审权力就是对投资者负责。

2017年12月初,"铁公鸡"再次被中国证监会点名。证监会表示,对中长期没有现金分红的"铁公鸡"也将严格监管。2017年以来,监管部门已经多次"敲打"上市公司,"证监会要支持分红上市公司,对不分红的'铁公鸡'要严肃处理"。

附录 B
证券分析师执业行为准则

（2012年6月19日发布，2012年9月1日起施行）

第一条　为规范证券分析师执业行为，提高证券分析师专业水平，维护证券分析师良好职业形象，根据法律、法规、《中国证券业协会章程》及《发布证券研究报告暂行规定》（中国证监会公告〔2010〕28号）的有关要求，特制定本准则。

第二条　本准则所称证券分析师是指与证券公司、证券投资咨询机构签订劳动合同，并在中国证券业协会注册登记为证券分析师的人员。

第三条　证券分析师应当自觉遵守法律、法规、中国证监会的有关规定、行业自律规则以及所在证券公司、证券投资咨询机构的内部管理制度，规范执业行为。

第四条　证券分析师应当遵循独立、客观、公平、审慎、专业、诚信的执业原则。

第五条　证券分析师应当保持独立性，不因所在公司内部其他部门、证券发行人、上市公司、基金管理公司、资产管理公司等利益相关者的不当要求而放弃自己的独立立场。

第六条　证券分析师应当恪守诚信原则，其研究结论应当是证券分析师真实意思的表达，不得在提供投资分析意见时违背自身真实意思误导投资者。

第七条　证券分析师制作发布证券研究报告，应当自觉使用合法合规信息，不得以任何形式使用或泄露国家保密信息、上市公司内幕信息以及未公开重大信息，不得编造并传播虚假、不实、误导性信息。

第八条　证券分析师制作发布证券研究报告，应当基于认真审慎的工作态度、专业严谨的研究方法与分析逻辑得出研究结论。证券研究报告的分析与结论应当保持逻辑一致性。

第九条　证券分析师应当充分尊重知识产权，不得抄袭他人著作、论文或其他证券分析师的研究成果，在证券研究报告中引用他人著作、论文或研究成果时，应当加以注明。

第十条　证券分析师制作发布证券研究报告、提供相关服务，不得用以往推荐具体证券的表现佐证未来预测的准确性，也不得对具体的研究观点或结论进行保证或夸大。

第十一条　证券分析师制作发布证券研究报告、提供相关服务，应当向客户进行必要的风险提示。

第十二条　证券分析师应当通过公司规定的系统平台发布证券研究报告，不得通过短信、个人邮件等方式向特定客户、公司内部部门提供或泄露尚未发布的证券研究报告内容和观点,不得通过论坛、博客、微博等互联网平台对外提供或泄露尚未发布的证券研究报告内容和观点。

第十三条　证券分析师明知特定客户、公司内部其他部门的要求或拟委托的事项违反了法律、法规、中国证监会监管规定、行业自律规则以及公司管理制度的,应当予以拒绝,并及时向公司报告。

第十四条　证券分析师在执业过程中遇到自身利益与公司利益、客户利益存在冲突时,应当主动向公司报告。

第十五条　证券分析师的配偶、子女、父母担任其所研究覆盖的上市公司的董事、监事、高级管理人员的,证券分析师应当按照公司的规定进行执业回避或者在证券研究报告中对上述事实进行披露。

第十六条　证券分析师应当珍惜职业称号和职业声誉,以真实姓名执业。

第十七条　证券分析师只能与一家证券公司、证券投资咨询机构签订劳动合同,不得以任何形式同时在两家或两家以上的机构执业。

证券分析师不得在公司内部或外部兼任有损其独立性与客观性的其他职务,包括担任上市公司的独立董事。

第十八条　证券分析师在执业过程中,不得向上市公司、证券发行人、基金管理公司、资产管理公司以及其他利益相关者提供、索要或接受任何贵重财物或可能对证券分析师独立客观执业构成不利影响的其他利益。

证券分析师参加媒体组织的研究评价活动,应当经所在公司同意,秉承公平竞争的原则,不得以不正当手段争取较高的研究评价结果。

第十九条　证券分析师应当相互尊重,共同维护行业声誉,不得在公众场合及媒体上发表贬低、损害同行声誉的言论,不得以不正当手段与同行竞争。

第二十条　证券分析师通过广播、电视、网络、报刊等公众媒体以及报告会、交流会等形式,发表涉及具体证券的评论意见,应当严格执行证券信息传播及中国证监会的相关规定,准确地表述自己的研究观点,不得与其所在公司已发布证券研究报告的最新意见和建议相矛盾,也不得就所在研究机构未覆盖的公司发表证券估值或投资评级意见。

证券分析师通过论坛、博客、微博等互联网平台发表评论意见的行为应当符合上述规定。

附录 C
证券期货经营机构及其工作人员廉洁从业规定
（征求意见稿）

第一条　为促进资本市场健康发展，净化资本市场生态环境，保护投资者合法权益，切实加强对证券期货经营机构及其工作人员廉洁从业的监督管理，根据《证券法》《证券投资基金法》《证券公司监督管理条例》《期货交易管理条例》等法律法规，制定本规定。

第二条　本规定所称廉洁从业，是指证券期货经营机构及其工作人员在开展证券期货业务及相关活动中，严格遵守法律法规、中国证监会的规定和行业自律规则，遵守社会公德、商业道德、职业道德和行为规范，公平竞争，合规经营，忠实勤勉，诚实守信，不直接或者间接向他人输送不正当利益或者谋取不正当利益。

第三条　中国证监会应当加强对证券期货经营机构及其工作人员廉洁从业的监督管理。

中国证券业协会、中国期货业协会、中国证券投资基金业协会等自律组织依据章程、相关自律规则对证券期货经营机构及其工作人员进行廉洁从业的自律管理。

第四条　证券期货经营机构承担廉洁从业风险防控主体责任。

证券期货经营机构董事会决定廉洁从业管理目标，对廉洁从业管理的有效性承担责任。证券期货经营机构主要负责人是落实廉洁从业管理职责的第一责任人，各级负责人在职责范围内承担相应管理责任。

第五条　证券期货经营机构应当指定专门部门对本机构及其工作人员的廉洁从业情况进行监督、检查，充分发挥纪检监察、合规、审计等部门的合力，发现问题及时处理，重大情况及时报告。

第六条　证券期货经营机构应当建立健全廉洁从业内部控制制度，制定具体、有效的管控措施和事后追责机制，对所从事的业务种类、环节及相关工作进行科学、系统的廉洁风险评估，识别廉洁从业风险点，强化岗位制衡与内部监督机制并确保运作有效。

前款规定的业务种类、环节包括业务承揽、承做、销售、交易、结算、交割、商业合作、人员招聘，以及申请行政许可、接受监管执法和自律管理等。

第七条　证券期货经营机构应当制定工作人员廉洁从业规范，明确廉洁从业要求，加强从业人员廉洁培训和教育，培育廉洁从业文化。

证券期货经营机构应当将工作人员廉洁从业纳入工作人员管理体系，在遇有人员聘用、晋级、提拔、离职以及考核、审计、稽核等情形时，对其廉洁从业情况予以考察评估。

第八条　证券期货经营机构应当强化财经纪律，杜绝账外账等不规范行为。对于业务活动中产生的费用支出制定明确的内部决策流程和具体标准,确保相关费用支出合法合规。

第九条　证券期货经营机构及其工作人员在开展证券、期货业务及相关活动中,不得以下列方式向公职人员、客户、潜在客户或者其他利益关系人输送不正当利益:

(一)提供礼金、礼品、房产、汽车、有价证券、股权、佣金返还等财物,或者为上述行为提供代持等便利;

(二)提供旅游、宴请、娱乐健身、工作安排等利益;

(三)安排显著偏离公允价格的结构化、高收益、保本理财产品等交易;

(四)直接或者间接向他人提供内幕信息、未公开信息、商业秘密和客户信息,明示或者暗示他人从事相关交易活动;

(五)其他输送不正当利益的情形。证券期货经营机构及其工作人员按照证券期货经营机构依法制定的内部规定及限定标准,依法合理营销的,不适用前款规定。

第十条　证券期货经营机构工作人员不得以下列方式谋取不正当利益:

(一)直接或者间接以第九条所列形式收受、索取他人的财物或者利益;

(二)直接或者间接利用他人提供的内幕信息、未公开信息、商业秘密和客户信息谋取利益;

(三)以诱导客户从事不必要交易、使用客户受托资产进行不必要交易等方式谋取利益;

(四)违规从事营利性经营活动,违规兼任可能影响其独立性的职务或者从事与所在机构或者投资者合法利益相冲突的活动;

(五)违规利用职权为近亲属或者其他利益关系人从事营利性经营活动提供便利条件;

(六)其他谋取不正当利益的情形。

第十一条　证券期货经营机构及其工作人员不得以下列方式干扰或者唆使、协助他人干扰证券期货监督管理或者自律管理工作:

(一)以不正当方式影响监督管理或者自律管理决定;

(二)以不正当方式影响监督管理或者自律管理人员工作安排;

(三)以不正当方式获取监督管理或者自律管理内部信息;

(四)协助利益关系人,拒绝、干扰、阻碍或者不配合中国证监会及其工作人员行使监督、检查、调查职权;

(五)其他干扰证券期货监督管理或者自律管理工作的情形。

第十二条　证券期货经营机构及其工作人员在开展投资银行类业务过程中,不得以下列方式输送或者谋取不正当利益:

(一)以非公允价格或者不正当方式为自身或者利益关系人获取拟上市公司股权;

(二)以非公允价格或者不正当方式为自身或者利益关系人获取拟并购重组上市公司股权或者标的资产股权;

(三)以非公允价格为利益关系人配售债券或者约定回购债券;

(四)泄露证券发行询价和定价信息,操纵证券发行价格;

（五）直接或者间接通过聘请第三方机构或者个人的方式输送利益；

（六）以与监管人员或者其他相关人员熟悉，或者以承诺价格、利率、获得批复及获得批复时间等为手段招揽项目、商定服务费；

（七）其他输送或者谋取不正当利益的行为。

第十三条　证券期货经营机构应当对其股东、客户等相关方做好辅导和宣传工作，告知相关方应当遵守廉洁从业规定。

第十四条　证券期货经营机构应当定期或者不定期开展廉洁从业内部检查，对发现的问题及时整改，对责任人严肃处理。

责任人为党员的，同时按照党的纪律要求进行处理。

第十五条　证券期货经营机构应当于每年 4 月 30 日前，向中国证监会有关派出机构报送上年度廉洁从业管理情况报告。

有下列情形之一的，证券期货经营机构应当在五个工作日内，向中国证监会有关派出机构报告：

（一）证券期货经营机构在内部检查中，发现存在违反本规定行为的；

（二）证券期货经营机构及其工作人员发现监管人员存在应当回避的情形而未进行回避、利用职务之便索取或者收受不正当利益等违反廉洁规定行为的；

（三）证券期货经营机构及其工作人员发现其股东、客户等相关方以不正当手段干扰监管工作的；

（四）证券期货经营机构或者其工作人员因违反廉洁从业规定被纪检监察部门、司法机关立案调查或者被采取纪律处分、行政处罚、刑事处罚等措施的。出现前款第（一）项情形的，应当同时向主管纪检监察部门报告，出现第（一）（二）（三）项情形且涉嫌犯罪的，相关部门应当依法移送监察、司法机关。

第十六条　中国证监会在对证券期货经营机构及其工作人员的现场检查中，可以将廉洁从业管理情况纳入检查范围。证券期货经营机构及其工作人员应当予以配合。

第十七条　中国证券业协会、中国期货业协会、中国证券投资基金业协会等自律组织应当制定和实施行业廉洁从业自律规则，监督、检查会员及其从业人员的执业行为，对违反廉洁从业规定的采取自律惩戒措施，并按照规定记入证券期货市场诚信档案。

第十八条　证券期货经营机构及其工作人员违反本规定的，中国证监会可以采取出具警示函、责令参加培训、责令定期报告、责令改正、监管谈话、认定为不适当人选、暂不受理行政许可相关文件等行政监管措施。

第十九条　证券期货经营机构及其工作人员违反本规定，并构成违反《证券法》、《证券投资基金法》、《证券公司监督管理条例》、《期货交易管理条例》规定违法情形的，中国证监会可以采取限制业务活动，限制向董事、监事、高级管理人员支付报酬、提供福利，责令更换董事、监事、高级管理人员等行政监管措施，并按照相关法律法规的规定进行处罚。

第二十条　证券期货经营机构及其工作人员违反本规定第九条、第十条、第十一条、第十二条、第十三条、第十四条、第十五条规定，按照相关法律法规的规定进行处罚，相关法律法规没有规定的，处以警告及 3 万元以下罚款。

第二十一条　证券期货经营机构及其工作人员违反本规定,公司董事、监事、高级管理人员和其他人员负有管理责任的,中国证监会可以对其采取第十八条和第二十条规定的行政监管措施或者行政处罚。

第二十二条　证券期货经营机构工作人员违反相关法律法规和本规定,情节严重的,中国证监会可以依法对其采取市场禁入的措施。证券期货经营机构工作人员在开展证券期货业务及相关活动中向公职人员及其利益关系人输送不正当利益,或者唆使、协助他人向公职人员及其利益关系人输送不正当利益,情节特别严重的,中国证监会可以依法对其采取终身市场禁入的措施。

第二十三条　证券期货经营机构及其工作人员违反本规定,有下列情形之一的,中国证监会应当从重处理:

(一)直接、间接或者唆使、协助他人向监管人员输送利益;

(二)连续或者多次违反本规定;

(三)涉及金额较大或者涉及人员较多;

(四)产生恶劣社会影响;

(五)曾为公职人员特别是监管人员,以及曾任证券期货经营机构合规风控职务的人员违反本规定;

(六)中国证监会认定应当从重处理的其他情形。

第二十四条　证券期货经营机构通过有效的廉洁从业风险管理,主动发现违反本规定的行为,并积极有效整改,落实责任追究,完善内部控制制度和业务流程,及时向中国证监会报告的,依法免于追究责任或者从轻、减轻处理。

证券期货经营机构工作人员违反本规定,事后及时向中国证监会报告,或者积极配合调查的,依法免于追究责任或者从轻、减轻处理。

第二十五条　证券期货经营机构及其工作人员涉嫌违反党纪、政纪的,中国证监会将有关情况通报相关主管单位纪检监察部门;涉嫌犯罪的,依法移送监察、司法机关,追究其刑事责任。

第二十六条　本规定所称证券期货经营机构是指证券公司、期货公司、基金管理公司及其子公司。

本规定所称监管人员包括在中国证监会及其派出机构、行业协会、证券期货交易所、全国中小企业股份转让系统等单位从事监管工作的人员、发行审核委员会委员、并购重组委员会委员等。

第二十七条　私募基金管理人、其他公募基金管理人、证券期货投资咨询机构、证券资信评级机构、基金销售机构、基金托管人以及从事基金评价、基金估值、信息技术服务等证券期货服务类机构参照本规定执行。

第二十八条　中央纪委驻中国证监会纪检组及系统各级纪检监察机关对中国证监会、相关自律组织的上述工作开展监督、检查、问责。

第二十九条　本规定自公布之日起施行。

参考文献

[1] 尚桂珍.我国商业银行发展私人银行业务的 SWOT 分析[J].时代金融,2013(10):68.

[2] 李冰.商业银行投资银行发展现状和策略分析[J].中国经贸,2014(1):77.

[3] 陈静.关于我国商业银行开展投资银行业务的探讨[J].西南金融,2010(8):36.

[4] 王蕴.中国商业银行投资银行业务发展展望[J].吉林教育学院学报,2010(6):89-90.

[5] 郑君国.现阶段国内商业银行发展投资银行业务的主要障碍[J].经济研究参考,2010(18):21.

[6] 徐懿.我国投资银行业务的竞争格局分析[J].金融与经济,2010(11):17-19.

[7] 曹明.商业银行发展投资银行业务路径研究[J].现代金融,2010(4):3-4.

[8] 邢璨.中外商业银行投资银行业务比较研究[D].长春:吉林大学,2014.

[9] 郑智斌.人民币汇率波动对通货膨胀影响实证研究[D].昆明:云南财经大学,2011.

[10] 韩军军.交通银行投资银行业务发展战略研究[D].成都:西南交通大学,2013.

[11] 王长江.投资银行业监管:国际经验及启示[J].改革,2003(1):54-58.

[12] 王立荣.美国投资银行监管制度缺陷及其成因分析[J].金融教学与研究,2010(1):40-43.

[13] 黄志强.英国金融监管改革新架构及其启示[J].国际金融研究,2012(5):19-25.

[14] 王长江.投资银行学[M].南京:南京大学出版社,2013.

[15] 姜占英.后金融危机背景下我国投资银行业务监管研究[J].金融与经济,2011(2):63-66.

[16] 中国证券业协会.中国证券业发展报告(2016)[M].北京:中国财政经济出版社,2016.

[17] 杨洁.中美投资银行业务比较研究[D].天津:天津商业大学,2015.

[18] 王淑凤.中国银行投资银行业务模式研究[D].长春:吉林大学,2013.

[19] 黎洁.我国投资银行内部控制研究[D].成都:西南财经大学,2014.

[20] 徐明.我国投资银行业务结构优化研究[D].北京:对外经济贸易大学,2015.

[21] 王伟杰.我国投资银行发展前景研究[J].时代金融,2017(5):118-119.

[22] 孟宇.中国投资银行发展现状及对策探析[J].现代商贸工业,2015,36(24):6-8.

[23] 施海娜,徐浩萍,陈超.中小企业股权融资中投资银行市场竞争力构建与作用[J].金融研究,2011(2).

[24] 王博,孟祥嘉.我国投资银行现状及对策分析[J].现代商贸工业,2011(2).

[25] 张学涛,刘喜华,李敏.我国证券公司生产效率及效率持续性研究[J].华东经济管理,2011(12).

[26] 李自强.投资银行的业务创新分析[J].决策与信息,2006(11).

[27] 吴士君.投资银行业务求变[J].资本市场,2003(5).

[28] 杨树林,王晓刚.我国投资银行业务的现状、风险防范及业务创新[J].商业研究,2005(3).

[29] 胡挺,饶富液,郭斯.中国平安并购深发展的经济后果研究[J].华东经济管理,2011(11).

[30] 何小峰,黄嵩.投资银行学[M].北京:北京大学出版社,2011.

[31] 明杰.投资银行业务发展战略研究[J].社会科学,2011(2).

[32] 常玉苗,赵敏.我国投资银行业务模式的发展趋势展望[J].现代管理科学,2005(2).

[33] 叶至夏.关于金融危机时期我国投资银行风险管理的探讨[J].科技资讯,2015(7).

[34] 罗亚华.探讨中国投资银行风险管理存在的问题及解决办法[J].新经济,2013(23).

[35] 张守川.商业银行风险管理的转型升级[J].中国金融,2012(14).

[36] 翁媛媛.从高盛投资银行业务创新看国内券商投资银行服务转型[J].证券市场导报,2013(7):11-16.

[37] 陈野华,王玉峰,王艳.基于双重资本约束的投资银行全面风险管理体系构建——美国五大投资银行"终结"的启示[J].国际金融研究,2011(12):88-93.

[38] 刘江会.可信性、价值认证和投资银行声誉机制[J].财经研究,2007(9):124-143.

[39] 翟伟峰,季伟杰,贾金波.投资银行在企业并购中的效用分析[J].现代管理科学,2011(6).

[40] 张云峰.投资银行并购业务的竞争力分析[J].财贸经济,2003(7).

[41] 张坤.分析我国投资银行并购业务存在的问题及对策[J].中国外资,2012(10).

[42] 黄霞.企业并购中投资银行发挥的重要作用[J].现代交际,2015(10).

[43] 李慧.投资银行在企业并购中的作用[J].经济研究导刊,2014(10).

[44] 薛静.我国投资银行在企业并购中的作用与障碍分析[J].商场现代化,2014(1).

[45] 邓佳琪.我国投资银行并购业务发展现状及对策[J].中国商界(下半月),2010(5).

[46] 翁媛媛.中国企业并购市场空间及前景预测[J].证券市场导报,2012(11).

[47] 贝政新.投资银行学[M].上海:复旦大学出版社,2003.

[48] 李迅雷,李明亮.中国投资银行功能及其业务发展方向[J].上海金融,2014(3).
[49] 赵悦佟.中国投资银行并购业务竞争态势研究[J].商业时代,2011(29).
[50] 赵聚辉,徐晶,黄颖.我国商业银行开展投资银行业务的协同效应研究[J].辽宁师范大学学报(自然科学版),2016(1):23-29.
[51] 周莉.投资银行学[M].北京:高等教育出版社.2004.
[52] 甘忠锋.我国投资银行发展对策研究[J].时代金融.2007(2):36-37.
[53] 王旭.我国投资银行业发展存在问题与对策研究[D].桂林:桂林理工大学,2015.
[54] 白晓燕.人民币汇率制度改革历程及逻辑[J].世界经济研究,2008(12):29-34.
[55] 卜永祥.人民币汇率变动对国内物价水平的影响[J].金融研究,2001(3):78-88.
[56] 陈天阳,谭玉.IMF份额与投票权改革的困境及对策[J].国际金融研究,2013(8):22-32.
[57] 邓黎桥.人民币国际化:影响因素、政策配合与监管[J].重庆大学学报(社会科学版),2016(1):67-73.
[58] 冯便玲.化解外汇储备过高影响经济发展的几点建议[J].科技与创新,2016(5):33-34.
[59] 高海红.人民币国际化的基础和政策次序[J].东北亚论坛,2016(1):11-20.
[60] 高扬,何帆.中国外汇衍生品市场发展的次序[J].财贸经济,2005(10):3-9.
[61] 郭飞.外汇风险对冲和公司价值:基于中国跨国公司的实证研究[J].经济研究,2012(9):18-31.
[62] 江春.论货币自由兑换的制度基础[J].管理世界,2003(9):36-45.
[63] 井华,杜京哲.新型资本要素驱动中国创新[J].国际融资,2015(8):22-23.
[64] 李宏,钱利.人民币升值对中国国际资本流动的影响[J].南开经济研究,2011(2):16-27.
[65] 李建伟,余明.人民币有效汇率的波动及其对中国经济增长的影响[J].世界经济,2003(11):21-34.
[66] 李晓耕.布雷顿森林体系的解体与演变分析——基于美元霸权的视角[J].北京航空航天大学学报(社会科学版),2015(1):102-107.
[67] 李晓鹏.人民币汇率制度改革的背景及展望[J].金融论坛,2005(3):15-20.
[68] 刘艳.经济全球化背景下我国企业外汇风险问题研究[J].中国商论,2015(10):99-101.
[69] 卢万青,陈建梁.人民币汇率变动对我国经济增长影响的实证研究[J].金融研究,2007(2):26-36.
[70] 梅冬州,龚六堂.新兴市场经济国家的汇率制度选择[J].经济研究,2011(11):73-88.
[71] 齐海山.我国汇率政策的不足和完善措施[J].人民论坛,2016(1):74-75.
[72] 任康钰,张永栋.对近期新兴市场国家外汇储备变动的观察与思考[J].武汉金融,2016(2):4-9.
[73] 王爱俭,张全旺.论不同经济体制下利率与汇率的联动性[J].现代财经,2003,23

(9):12-15.

[74] 王慧.人民币国际化与国际储备货币体系改革[J].当代经济管理,2015(5):45-50.

[75] 王书杰.外汇储备的风险分析及规避[J].时代金融,2016(3):23-24.

[76] 吴春林.国际项目融资的外汇风险及其防范措施[J].国际经济合作,2010(12):47-52.

[77] 吴丽华,傅广敏.人民币汇率、短期资本与股价互动[J].经济研究,2014(11):72-86.

[78] 吴晓求.中国资本市场分析要义[M].北京:中国人民大学出版社,2006.

[79] 谢世清,曲秋颖.国际清算银行与国际货币基金组织之比较研究[J].宏观经济研究,2012(9):36-40.

[80] 熊小寒.亚投资银行——国际金融机构体系的"增量"改革[J].对外经贸,2015(9):109-110.

[81] 易纲.外汇管理方式的历史性转变[J].中国金融,2014(19):15-18.

[82] 张长龙.论世界银行集团治理结构的改革[J].国际观察,2007(6):27-33.

[83] 张爽.19世纪末美国金本位制的确立及对美国经济的影响[J].东北师范大学学报(哲学社会科学版),2014(5):118-122.

[84] 张瞵,刘晓辉.金融结构与固定汇率制度:来自新兴市场的假说和证据[J].世界经济,2015(10):3-29.

[85] 张培铭.我国利用外资现状及对策[J].合作经济与科技,2016(3):60-61.

[86] 祝国平,刘力臻,张伟伟.货币国际化进程中的最优国际储备规模[J].国际金融研究,2014(3):21-31.

[87] 彭清华,高材林,张伟.投资银行学概论[M].北京:中国金融出版社,1999.

[88] 奚君羊.投资银行学[M].2版.北京:首都经济贸易大学出版社,2003.

[89] 宋国良.投资银行学[M].北京:人民出版社,2004.

[90] 陈琦伟,阮青松.投资银行学[M].大连:东北财经大学出版社,2007.

[91] 阮青松,余萍.投资银行学精讲[M].大连:东北财经大学出版社,2013.

[92] 阎敏.投资银行学[M].北京:科学出版社,2015.

[93] 韩复龄.投资银行学[M].北京:对外经贸大学出版社,2009.

[94] 夏红芳.投资银行学[M].杭州:浙江大学出版社,2015.

[95] 唐礼智.投资银行学[M].北京:清华大学出版社,2014.

[96] 俞姗.投资银行实务[M].北京:北京大学出版社,2013.

[97] 任淮秀.投资银行学[M].北京:中国人民大学出版社,2006.

[98] David P Baron. A model of the demand for investment banking advising and distribution services for new issues[J]. Journal of Finance,1982(4):955-976.

[99] Czyrnik, Kathy, Klein Linda Schmid. Who benefits from deregulating the separation of banking activities? Differential effects on commercial bank, investment bank, and thrift stock returns[J]. Financial Review,2004(2):317-341.

[100] Richard KauffmanEmail, Barry Howcroft. Thought leadership in investment banking: The beginning of a new era[J]. Journal of Financial Services Marketing, 2003(3): 214-218.

[101] Stan X Li, Whitney Berta. The ties that Bind: Strategic actions and status structure in the US investment banking industry[J]. Organization Studies, 2002 (3): 339-368.

[102] Miles Livingston, Robert E Miller. Investment bank reputation and the underwriting of nonconvertible debt[J]. Financial Management, 2000(2): 21-34.

[103] Richard K Lyons, Jennifer A Chatman, Caneel K Joyce. Innovation in services: corporate culture and investment banking[J]. California Management Review, 2007(1): 174-191.

[104] Alan D Morrison, William J Wilhelm. Investment banking: Past, present and future[J]. Journal of Applied Corporate Finance. 2007(1): 8-20.

[105] Alan D Morrison, William J Wilhelm. The demise of investment banking partershisps: Theory and evidence[J]. Journal of Finance. 2008(1): 311-350.

[106] Robert J. Rogowski, Eric H Sorensen. Deregulation in investment banking: Shelf registrations, structure, and performance[J]. Financial Management, 1985(1): 5-15.

[107] Chung-Hua Shen, Hsiang-Lin Chih. Conflicts of interest in the stock recommendations of investment banks and their determinants[J]. Journal of Financial & Quantitative Analysis, 2009(5): 1149-1171.

[108] H Miyazaki, Y I Yoshizawa. International Comparison of Self-regulating Organizations of Investment Bank[J]. Chemical Techno-Economics, 2004, 16(1): 92.

[109] Stiroh K J. A portfolio view of banking with interest and noninterest activities [J]. Journal of Money Credit & Banking, 2006, 38: 1351-1361.

[110] Lieven Baele, Olivier de Jonghe. Does the stock market value bank diversification? [J]Journal of Banking & Finance, 2007, 31: 1999-2023.

[111] Adam B Ashcraft. Are bank holding companies a source of strength to their banking subsidiaries? [J]. Journal of Money Credit & Banking, 2008, 40: 273-294.

[112] Athanasoglou P E, Brissimis S N, Delis M D. Bank—specific, industry: Specific and macroeconomic determinants of bank profitability [J]. Journal of International Financial Markets Institutions & Money, 2008, 18(2): 121-136.